人文国际

Humanities International

——— 第9辑 ———

通识教育专辑

主　　编　周　宁
执行主编　盛　嘉

厦门大学通识教育中心

本刊宗旨

《人文国际》(*Humanities International*)是厦门大学人文学院创办的一份综合性的国际人文学术丛刊。本刊的宗旨是推动在新的时代社会背景下的人文学科的国际交流与发展。本刊将刊登来自世界各地不同学科领域中的专家和学者视野广阔、观念新颖的各类学术文章。本刊试图实现两种跨越与交流:一是跨越国家地理的疆界,通过搭建国际学术交流的平台,促进各国学者之间的交流与合作;二是跨越不同人文学科之间的界限,实现不同学科之间的了解、互动与渗透。同时,本刊也将努力寻求地方性文化与学术全球化之间的平衡,推动中国学术的国际化和多元化。

厦门大学人文学院

目　录

		本刊宗旨

通识教育

1	邬大光 周　宁 陈舒华	修学储能　先博后渊 ——"三人行"对话漫谈通识教育
5	李晓红	哈佛大学通识教育掠影
13	鲁西奇	关于通识教育课程体系的设想
17	贺祖斌	中国大学演变与文化反思
30	盛　嘉	启蒙运动的一个转折 ——伏尔泰和他的《哲学通信》
40	楼　巍	关于通识课"古希腊哲学"的一点想法

专　论

45	滨下武志	傅衣凌与中国社会经济史研究
53	谢　泳	陈寅恪与中国小说
59	谢晓东	再论朱子哲学中的道心人心问题 ——答许家星先生
71	陈秀端	融中西文化差异与冲突为一体 ——赵淑侠小说的文化内蕴
92	游　澜	沉默的言说 ——雷蒙德·卡佛短篇小说语言研究

中国现代文学文本再解读

105	谢楚婧	浅析鲁迅《兔和猫》中动物意象的象征意义
111	谢东玲	"新女性"的局限 ——从茅盾小说《创造》看"新女性"的三个特征
117	王晓平	婚恋综合症和身份焦虑 ——对张爱玲"闺阁小说"的心理—政治阅读
132	汤晓琳	呼兰河畔的"娜拉"言说 ——论萧红的女性自传体小说写作

139	董辰	寻找与审视女性身份的自我认同
		——论铁凝《玫瑰门》的性别书写

综述、访谈与人物

149	陈衍德	当今中国面临的最大挑战:资源与环境危机
		——从25年前《国情研究第一号报告》的警告说起
159	王承丹	卜弥格·丝绸之路·"哈尔滨人"
		——波兰汉学家爱德华·卡伊丹斯基先生访谈
163	张林明	辛亥的遗产
		——"辛亥革命研究"述评
175	郑启五	老校长的亲笔信
178	董立功	沈从文书信中的张以瑞案
185	章潇逸	图像与历史:以利用汉代图像资料研究历史为中心的讨论

书　评

202	李亚	日本阳明学的近现代
		——评大桥健二的《良心与至诚的精神史:日本阳明学的近现代》
208	吴强	台湾史研究的一部集大成之作
		——陈孔立《台湾史事解读》述评
213	吴菲吟	中国形象的塑造与建构
		——评吴光辉《他者之眼与文化交涉》
218	许昳婷	"解救"张爱玲
		——评周云龙《孤意在眉:1946和1947年的张爱玲》

《人文国际》诚挚征稿

修学储能　先博后渊
——"三人行"对话漫谈通识教育

邬大光　周　宁　陈舒华*

【"三人行"人物名片】

邬大光：厦门大学副校长，厦门大学通识教育中心主任，厦门大学高等教育研究院教授、博士生导师。

周宁：厦门大学人文学院院长，厦门大学通识教育中心常务副主任，中文系教授、博士生导师，长江学者特聘教授。主持厦门大学核心通识课程"跨界·对话"。

陈舒华：厦门大学艺术学院副院长，厦门大学通识教育中心副主任，钢琴教授、硕士生导师。主讲厦门大学核心通识课程"音乐的观念"。

题记：

2013年12月，厦门大学通识教育中心成立。2013—2014春季学期，通识教育中心为全校本科生开设了33门核心通识课程，2014—2015秋季学期，中心再推出34门核心课程。中心的成立不仅为每一位刚入学的厦门大学本科生开设了四年求学生涯的基本指南，也开启了关于通识教育课程模式的哲学认知与探讨：高等学府应该为大学生提供怎样的学习路径？学生在知识大爆炸的年代该学些什么？世俗功利化时代，通识教育是否大有可为？通识教育是否能够成为教育功利化的"救赎者"？当三位在高等教育研究领域走过数十年春秋的学者，回头审视历史，探索当今通识教育理念与模式时，这些是最急迫也是最艰难的问题。

最纯粹的回归：回归"人"的教育

十年来，通识教育改革在我国高水平研究生型大学不断推进。此前，我国高等学校施行通识教育的方式已有两种，一种是沿用"文化素质教育课程"或称"全校通选课"的新学分，这是1999年教育部在32所重点大学中引入的；另一种是2004年复旦大学大胆尝试的"复旦学院"模式，该模式形成了以学习通识性核心课程为主，以住宿书院制和导师制为辅的通识教育培养体系。去年，我校正式成立中国大陆第一个以推行通识教育为建设规划的高校组织机构——通识教育中心。对于我校此举的初衷，三位学者给出了一个一致的答案：为了回归教育的本质，即人的教育。

---

* 邬大光　厦门大学；周宁　厦门大学人文学院；陈舒华　厦门大学艺术学院　福建　厦门　361005

"虽然通识教育的概念是西式的,但其理念是传统化,很有中华文化底蕴的。"邬大光认为,通识教育理念在中国可上溯至先秦时代的六艺教育思想,在西方可追溯到古希腊先贤的通识教育理念。先秦诸子时代,孔子以《诗》、《书》、《礼》、《乐》、《易》、《春秋》六经为经,以传授六艺(礼、乐、射、御、书、数)为纬,贯通人与自然,使人成为品行高尚、才艺兼备、进退有仪的"谦谦君子";古希腊苏格拉底和柏拉图的教育理想,以培养自由公民的理想人格为目标,旨在训练公民的思辨能力、表达能力和艺术感受能力,强调"吾爱吾师,吾更爱真理"的探索求知精神。而通识课程与古希腊、先秦时代的教育理念一脉相承,都是着力于根本点——"人的教育"的问题。

陈舒华对"通识"也有着自己独到的理解:"通,并不是肤浅、普通的'通',不是浅尝辄止,而是融会贯通、触类旁通的'通'。这个'通'不是大数据时代网络能够给予的,它只存在于课堂中,通过课堂来完成思维的训练。识,也应该区别于仅是皮毛的知识,这个'识'是必须掌握学科认识事物的角度和深度,是一种有深度的认识。"

而在周宁看来,当今时代知识专业化愈演愈烈,高等教育也越来越有明确的职业目标,孔子"君子不器"的教育理想似乎已经成为一种美丽的过去式。但是,大学的本位不是把人教育成职业的工具,而是把人教育成完善的人。与此对照,周宁认为中国的本科教育长期以来发生了偏差,"学校不再是培养人的高等学府,而是培训专业工具的职业学院。今天在厦大设置通识课程,针对的就是高校越来越细化的专业划分,以及大学生日益强调就业的功利化倾向"。

周宁认为推广通识教育实际是一种回归,是对孔子和古希腊先哲教育理念的回归,回到古典时代,回到教育的起点,即关于人的教育。他希望通过通识教育课程,引导学生在大学里"发现自我,发现世界,定位人生"。即,通过通识课程,让学生在听课中发现自我兴趣,让他们在学习过程中打通不同学科之间的界限,构建一个完整的知识世界,从而清晰地规划出自己的人生发展方向。而这就是通识教育的定位。

最实在的探索:打造不可替代的通识课程

当今中国大学以现代学科分类设置院系机构,学科分类日益细密,学科与方向之间缺乏交流渗透,尽管许多高校以必修课或选修课的形式,设置了通识性课程,但大多都变成了各个专业的概论课,未能给学生专业性指导,这种概论课式的通识教育并不能让学生形成系统的知识体系,开启学生的扩散性、变通性、创新性思维。

21世纪,国内有许多高校开始尝试施行通识教育改革,如浙江大学、复旦大学,但实际效果似乎并非让人十分满意,如何结合实际情况,有针对性地打造具有不可替代性的通识教育体系,则是厦门大学通识教育中心一直在致力探索的问题。

对此,陈舒华坦言,学校的通识教育之路在起步阶段就危机四伏。信息网络化,知识大爆炸的时代,网络的普及让全世界的信息资源变得触手可及,也产生了海量的碎片化信息。任何人都可以通过网络轻松获取耶鲁大学、哈佛大学等世界一流大学的知识资源。"因此,我们在'战略'上必须要有所变化。即我们的通识课程要具有区别于网络资源的'不可替代性'。而课堂便是这种'不可替代性'最直接的实现载体。因为具有创意性、现场感、亲历性的课堂就是一堂好的通识课最关键的元素。"陈舒华表示,"通识课程尝试推行的是沙龙式授课与启发性教学,以此来突破传统课程重讲授轻互动的拘泥形式。比如'跨界·对话'这门课,每周邀请一位在特定研究领域钻研精深的学者前来授课,在课堂上实现师生之间的即时对话与平等交流。一个学期之后,学生们会懂得教授们的研究思维,而这远比学习到所谓的'知识'更重要。这就是认识的作用。这也是我们的通识课程与网络资源相比不可替代的地方。好比苏格拉底和孔子的弟子们,跟着他们游学一年,慢慢就会悟出点道理"。

厦门大学通识教育中心的课程设计理念基于问题,而不是基于学科;基于时代科学的最新成就,而不是传统的知识。周宁希望通过这个通识课程,搭建各个学科贯通、交流的桥梁,打通不同学科之间的坚实壁垒,打造特色课程及相对轻松的上课氛围,他认为自在的形式恰恰是现代教育所缺乏的。通识课上的授课内容和授课形式自由,但此自由并不是天马行空式的散漫自由,而是有一定的学理和逻辑线索。

与年轻人的互动,拉长了学者们的青春岁月,听众的存在也让知识分子们更关注于世界中最普遍和最本质的东西,正如周宁所说,"对我们老师而言,如何上好一门通识课也是一个考验。通识课程敦促老师发挥创意和创造性,使得我们更敏感,更关注时代,关注青年,关注前沿问题"。春季学期的通识课上,周宁会预留四十分钟到一个小时的时间作为学生提问环节,出人意料的是,没有一堂课学生是没有提问的。学生们接二连三"炮轰式"的问题常常让他很是欣喜:"学生的提问都很敏锐很有深度,很能挖掘自己。中国学生最大的一个问题就是不爱提问,但这个现象在我们的课堂上没有出现。"

最真切的期待:众学院齐心绘制"学科地图"

通识教育中心在厦大扎根将近一年,通过设立组织机构的形式来全面推广通识教育也取得了初步成效。两个学期下来,中心依托人文学院九个一级学科,联合艺术学院、医学院、信息与科学技术学院、外文学院等院系优秀师资力量,设置了67门具有开创性及代表性的核心通识课程,到2014—2015春季学期,中心将推出百门核心课程。课程主题既有人文经典解读,又有历史文化探究;既有公共知识的普及课,又有问题导向的专题课。

中心成立伊始,人文学院和艺术学院共同携手,带头扛起全校通识教育的课程,邬大光形象地将这两个学院称为"布道者",周宁则笑称自己为"试水者"。周宁认为,通识教育以自由高贵的人格培养与广博的知识储备为目的,人文学科在通识教育中占有重大比重。人文学院与艺术学院牵头探索通识教育之路义不容辞。但是,就内容上说,通识教育应该包括"自然科学+社会科学+人文科学",仅仅依靠人文学院与艺术学院是完全无法支撑一个现代综合性大学的通识教育体系,因此,他希望全校各个学院都能以更积极的姿态参与其中,共同挑起大梁,进一步完善厦大的通识教育体系。

陈舒华则根据第一学期的开课情况进行总结,大胆设想了未来由全校各个学院共同打造一套学生私人定制的"学科地图","每个学院精选几门高质量通识课程作为本科生的备选课。新生入学,便可根据自己的爱好、经历进行筛选,通过后台设置推荐选课,后台根据学生筛选的兴趣导向,为学生设计出一套为其量身打造的大学通识课程清单,给学生更好的引导"。

修学储能，先博后渊。如今，中心的通识教育工作已取得一定成效，尽管如此，通识教育的推动者们并不仅以此作为评价标准。周宁认为完整的人格是由知识、情感、价值构成的，而教育是形成完整人格的基础。但是，教育对人格的塑造并非一朝一夕即能显现，而是对学生的人格塑造产生潜移默化的影响。邬大光也认为，通识教育并不能即时检验，也不是两三年之后就能检验出来。结果如何，需要学生来体验，需要通过人生未来路来体验。

陈舒华当年在中央音乐学院求学时，清华大学的老师来讲了一堂经济学课，"课上坐得满满的，虽然经济跟音乐是八根子打不着的，但谁又知道多少人会因为这堂课日后成为经纪人？从我的学习经历来看，总有那么一两门课让我们终身忘不了，让我们在某一领域顿悟"。周宁说："这就是我的理想，我希望厦大的学生在十年、二十年之后回忆起来，能有那么一节通识课让他们记忆犹新。"

【原声回放】

邬大光：

★通识课程有两个层面，一方面是人的精神层面的完善，这是最高境界；第二个层面，通识教育也可以达到功利性的目的，关涉到一个人对世界的看法，对人的看法，对某一事物的看法，但是通识教育的最高境界属于精神层面。

★在建设通识教育体系中，不同学科的教育资源应该整合调动起来。不同学院、不同学科以轮流坐庄的方式，在课程设计中更强调思想性，强调底蕴，以更积极的姿态参与体系的建设中。

周宁：

★我要让学生在通识课程中，在不同学科的碰撞与交流中，发现自我，发现世界，定位人生。发现自我，即在听课中发现兴趣点，而不是盲目跟从高考填志愿时仓促决定的志向和兴趣点。发现世界，现在各个学科里所教授的知识都是分割的，条块状的，不同专业不同系院彼此之间都没有联系，不是一个完整的世界。人们的认识领域、视力越来越窄，思维越来越僵化，所以我们希望通过打通不同学科之间的界限，通过通识教育给人一个完整的知识世界。定位人生，人生的起点都有个高位，通识课程是教人寻找幸福的课程，给人一生规划的长远发展，帮助我们实现人的教育的理想。

陈舒华：

★科学地设置课程是通识教育中的关键。通识教育课程不是个大筐，并非什么课程都能往里装。我们要理解通识教育的内涵，梳理、建立一套科学合理的课程体系，要避免"通"就是"杂"，"多"自然"通"的误区，努力打造具有无可替代性、可持续性的精品通识课程。

哈佛大学通识教育掠影

李晓红*

2013年底,厦门大学依托人文学院成立了通识教育中心。一般教育界公认哈佛大学的通识教育历史悠久,且比较有特色,而哈佛大学也一直以其本科教育与通识教育为傲,笔者作为厦门大学人文学院分管本科教学的副院长,为深入了解国外高水平大学通识教育情况,于2014年1月—3月到哈佛大学进行了短期的学习访问。现将笔者所亲身感受的哈佛大学本科生教学与通识教育情况做一个简单的介绍。

一、哈佛大学本科生教育与通识教育简介

哈佛大学建立于1636年。目前她主要由以下几个学院组成:Harvard Faculty of Arts and Sciences(人文与科学学院,简称FAS)、Harvard College(哈佛学院)、Harvard University of the Graduate School of Arts and Science(人文与科学研究生院)、Harvard Business School(商学院)、Harvard Law School(法学院)、Harvard Kennedy School of Government(肯尼迪政府学院)、Harvard Divinity School(神学院)、Harvard School of Engineering and Applied Science(工程与应用科学学院)、Harvard School of Dental Medicine(牙科医学院)、Harvard Medical School(医学院)、Harvard School of Public Health(公共卫生学院)、Harvard Graduate School of Design[设计(研究生)学院]、Harvard Graduate School of Education[教育(研究生)学院]、Harvard University Division of Continuing Education(继续教育学院)、Radcliffe Institute for Advanced Study at Harvard University(拉德克里夫高等研究院)。哈佛大学的本科生教育主要由Harvard College(哈佛学院)以及Harvard Faculty of Arts and Sciences(人文与科学学院,简称FAS)承担。

哈佛大学的本科生招生数每年大约在1600人左右,新生入学时不分文理科全部进入Harvard College(哈佛学院),在大一和大二时接受通识教育,大二下学期选择专业,大三开始主要是进入FAS各系接受专业教育。FAS是哈佛最大的学院,有一千多名老师,学院设有三十多个系,主要有:Anthropology 人类学系、History 历史系、The Classics 古典系、Linguistics 语言学系、Philosophy 哲学系、Celtic Languages and Literatures 凯尔特人语言与文学系、Germanic Languages and Literatures 日耳曼语言与文学系、Romance Languages and Literatures 罗马语言与文学系、Slavic Languages and Literatures 斯拉夫语言与文学系、Comparative Literature 比较文学系、East Asian Languages and Civilizations 东亚语言与文明

---

* 李晓红　厦门大学人文学院　福建　厦门　361005

史系、South Asian Studies 南亚研究系、Near Eastern Languages and Civilizations 近东语言与文明史系、History of Art and Architecture 艺术史与建筑系、African and African American Studies 非洲与非洲裔美国人研究系、History of Science 科学史系、Astronomy 天文学系、Chemistry and Chemical Biology 化学与生物化学系、Earth and Planetary Sciences 地球与行星科学系、Economics 经济系、English 英语系、Government 政府研究系、Human Evolutionary Biology 人类进化生物学系、Mathematics 数学系、Molecular and Cellular Biology 分子与细胞生物学系、Music 音乐系、Organismic and Evolutionary Biology 有机与进化生物学系、Physics 物理系、Psychology 心理学系、Sociology 社会学系、Statistics 统计学系、Stem Cell and Regenerative Biology 干细胞与再生生物学系和 Visual and Environmental Studies 视觉艺术与环境研究系等。

大体来说,哈佛的本科生毕业时,只要从通识课程以及院系课程中修满32门课即可毕业并获得学位。当然,不同的系对学生毕业时还有一些相应的规定。

由于哈佛实行的是大一大二不分专业的通识教育,因此通识教育成为学生培养的重要环节。

一般认为,美国大学的通识教育始于20世纪初。从20世纪40年代开始,哈佛就把本科生的课程分成三个部分:主修课、选修课、通识课(此外还有写作课与课外活动)。近些年来,哈佛大学通过调查发现,在他们的毕业生中,只有10%的哈佛学生会选择以学术为业,而60%会进入商业、律师、医学等职业领域,因此哈佛大学认为在其本科生培养中,通识教育应该成为重要的环节。阿兰·布鲁姆在其《走向封闭的美国精神》一书中曾写道:"……在短短的四年中,他必须了解,在以往他所知晓的那个小小的世界之外还存在着更为广阔的天地,亲自领略它的乐趣,充分汲取知识的营养,以支撑自己去征服那片注定要穿越的知识荒漠。只要他想要获取任何高水准的生活,他就必须这样去做。如果他的选择不仅仅限于那些当时流行的或者是职业发展所提供的内容,而是关注那些能够使他自身全面发展的选择,那么大学生活是令人神往迷醉的,他可以成为自己所期望成为的一切,去关照和思索自己的种种选择。对于一个美国人来说,大学岁月的重要性是怎么估计也不会过分的。它们是使他文明开化的唯一途径……面对这样一个行将接受教育的人,我们必须思索这样一个问题:如果他能够被称为受过大学教育,他应当学习什么?"这段话也许可以成为哈佛大学进行本科生教育改革的注解,即本科生教育的重点,哈佛大学意识到应当从过去的职业教育,转变到使学生成为一个"全面发展的人",即"自由教育"。如学生将来有兴趣成为医生、律师、商人,则让他们再进入医学院、法学院和商学院进行职业训练。从2013年开始,哈佛新的通识教育计划正式推行,其重要举措是不设"核心课程",所有课程向学生开放,由学生自由选择。

进入哈佛的课程系统 Courses of Instruction 网站,可看到以下内容,有选课须知,更主要是课程类别:

| Introductory Notes 选课须知 | East Asian Languages and Civilizations | Mind, Brain, and Behavior |
| General Education 通识教育 | Economics | Molecular and Cellular Biology |

续表

Graduate Seminars in General Education 研究生通识教育	Engineering Sciences	Music
Core Curriculum	English	Near Eastern Languages and Civilizations
Freshman Seminars and House Seminars	Environmental Science and Public Policy	Neurobiology
African and African American Studies	Ethnic Studies	Oceanography
African Studies	European Studies	Organismic and Evolutionary Biology
Anthropology	Expository Writing	Philosophy
Applied Computation	Film and Visual Studies	Physics
Applied Mathematics	Folklore and Mythology	Political Economy and Government
Applied Physics	Germanic Languages and Literatures	Psychology
Archaeology	Global Health and Health Policy	Public Policy
Asian Studies Programs	Government	The Study of Religion
Astronomy	Health Policy	Romance Languages and Literatures
Biological Sciences in Dental Medicine	History	ROTC
Biological Sciences in Public Health	History and Literature	Russia, Eastern Europe, and Central Asia
Biomedical Engineering	History of American Civilization	Sanskrit and Indian Studies
Biophysics	History of Art and Architecture	Slavic Languages and Literatures
Biostatistics	History of Science	Social Policy
Business Studies	Human Evolutionary Biology	Social Studies
Celtic Languages and Literatures	Inner Asian and Altaic Studies	Sociology
Chemical and Physical Biology	Latin American and Iberian Studies	South Asian Studies
Chemical Biology	Life Sciences	Special Concentrations
Chemical Physics	Linguistics	Statistics
Chemistry and Chemical Biology	Literature and Comparative Literature	Stem Cell and Regenerative Biology

续表

The Classics	Mathematics	Systems Biology
Comparative Literature	Medical Sciences	Ukrainian Studies
Computer Science	Medieval Studies	Visual and Environmental Studies
Dramatic Arts	Middle Eastern Studies	Women, Gender, and Sexuality
Earth and Planetary Sciences		

由以上表格可见,通识教育只是哈佛课程系统中的一个部分,当然也是其中最基本的部分。其他则涉及上述几十个领域,给学生以宽广的修习空间。哈佛大学此次通识教育的改革,内容主要是重新划分学生需要涉猎的八大知识范畴领域。从 General Education 通识教育模块点击进入,可看到哈佛通识课程的八大知识范畴领域是：Aesthetic and Interpretive Understanding(艺术与诠释), Culture and Belief(文化与信仰), Empirical and Mathematical Reasoning(经验推理), Ethical Reasoning(伦理推理), Science of Living Systems(生命系统科学), Science of the Physical Universe(物理世界科学), Societies of the World(世界中的社会), United States in the World(世界中的美国)。

这八大类别中,每个类别都有几十门的课程,每个学期总共大约有三四百门课程供学生选择。

笔者仔细分析过这些课程,发现这些通识课程有些也放在院系的课程类别中,即某一门课程,它既是通识课,也是专业课程。这些通识课程,主要是由 FAS 的老师们开出,另外,一些学院如医学院等以及一些研究机构如性别研究中心、全球健康问题研究中心等,也会开出课程供学生选修。

二、Google 时代的教学

在大量的课程中,笔者主要听了以下十几门课程：Global Health Challenges: Complexities of Evidence-Based Policy(全球健康挑战), Forbidden Romance in Modern China(现代中国被禁锢的情感), Chinese Cinema(中国电影), Introduction to Western Music from Beethoven to the Present(从贝多芬到当代音乐), Classical Mythology(古典神话), Landmarks of World Architecture(世界著名建筑), The Tang(中国唐朝), American and European Art 1945—1975(1945—1975 年间的欧美艺术), Abnormal Psycological(反常心理学), Sexological Theories: From Krafft-Ebing to Foucault(性行为理论), Philosophy and Literature(哲学与文学), American Musicals and American Culture(美国音乐剧与美国文化),等。这些课程,基本上覆盖了哈佛大学通识课程的四大范畴。

哈佛老师上课时极具全球化视野。如 Global Health Challenges(全球健康挑战)课程,教授本身应该是世界卫生组织的顾问或专家,她的每一次课也都是一个专题,每次课程都有世界各国在某一种疾病或健康方面的数据,随时可以提供相当丰富的数据来佐证她的观点,而三四百人的学生来自世界各国,学生们可以很清楚地了解自己的国家在某一种数据中所处的地位,这有助于他们对自己国家卫生状况的了解,使他们具有一种全球化的视野。

哈佛的课程也极具综合性。如 The Tang(唐朝)这门课程,由东亚系著名的汉学家宇文所安(Stephen Owen)讲授,他的唐朝课,由北方与南方、长安城、唐太宗、韩国与日本、日常生活、晚唐、音乐的困境、民族与对外关系、艺术与绘画的观念、道教、唐玄宗与杨贵妃的传说、杜甫、政府管理、佛教、禅、白居易等专题组成,涉及唐代的历史、制度、宗教、音乐、建筑、事件、诗人等多个领域,要讲好这样一门课,老师本身即必须对唐朝有过文学、历史、哲学、艺术、宗教等全面的研究才可能讲得好。

哈佛的许多课程是邀请全世界的相关专家学者来授课。如世界著名建筑课,每次都是邀请一位著名的建筑艺术史教授来做专题讲座,笔者听过米开朗琪罗的雕塑与建筑、拜占庭时期的建筑、建筑的想象空间等几个专题,由于所延请的教授都是研究相关领域的专家,故每一次课自然都是非常的吸引人。

尤其值得一提的是,由于哈佛全校 WIFI 覆盖,很多学生都带着笔记本电脑来上课,他们对于老师所讲授的每一个问题随时可以进行 Google。如心理学课程老师一提到"双重人格",很多学生马上即进行 Google,有关"双重人格"的基本信息等他马上就从网上可以了解,这样对老师的授课是一个挑战。即老师在课堂上讲授的内容,一些基本的知识已经不再需要,老师必须更多地给学生讲"为什么"或方法论的问题,而且老师对所讲授的领域一定要做深入的研究,否则同学提出的问题可能会难住老师。因此,Google 时代的大学课堂与传统时代的大学课堂有本质性的不同,即知识的传授不再是重点,而是老师更多的需要讲方法论。

通识课的教授们的确都极具人格魅力,他们气质风格各异,有的咄咄逼人,锋芒毕露,有的娴雅恬淡,慢条斯理。他们并不是都喜欢课堂互动,一些教授会停下来问学生"Any question?"但更多的是口若悬河,因为只有一个小时的授课时间,而内容又很多,如果学生不举手提问,他是会一直滔滔不绝地讲下去,逼迫学生一直紧跟老师的思路。故在哈佛的课堂上,师生之间那种情感紧密的气氛很吸引人,常常让我感到只到下课时才松一口气。但不管授课方式差别如何、是否有大量的 ppt 课件,教授们的每一节课内容都十分地丰富,是扎扎实实的一个小时。常常有教授为自己还有一点内容没讲完或时间未控制好懊丧不已。因为哈佛的课程每一次就是一个小时,时间一到,学生不管是多大牌的教授他们也纷纷起身走人,如不如此,下一节课就会迟到,而下一节课的教授也经常是不等人的,到点开讲。因此,每位教授一定都要学会控制节奏,否则会发生你还在声嘶力竭地想讲完,学生却纷纷走人的尴尬场面。

而对于给大一大二学生上通识课的教授们来说,他们不仅要给学生某一领域的知识,还潜在地担负着吸引学生今后进入某个系所进行专业学习的任务,因此,老师课上得好坏自然会对学生起着不同的影响作用。哈佛的教授们,闲谈时会常常聊起谁谁的课选课学生达到全校第一位。之前的几个学期,东亚系包弼德教授的"中国"课以及 Michael Puett 教授的"中国古代哲学"课选课学生数都达到一千多人,名列前茅,作为自中国来的访问学者,笔者也感到与有荣焉。

哈佛的老师普遍对学生要求极其严格。第一次课,他们会提供给学生一个非常详细的 Syllabus,列明课程内容介绍,每一节课程讲授的内容、必读书目、交 Paper 的时间,以及半期考和期末考的时间。第一周是学生的选课周,选定之后却常常通过不了而放弃的人大有人在。故虽然哈佛学生四年只需要修完 32 门课,但要通过却是很不容易的。笔者在哈佛期间，正好碰到许多课程都进行半期考。笔者发现半期考完后，经常会有一半的学生不来了。因为他们知道自己考不好通过不了这门课，只好半途放弃。可见他们要通过一门课是相当不容易的。

由于哈佛把选课的权利和选专业的权利完全交到学生手上，所以学生选的每一门课都是他自己喜爱的，他在经过两年的听课后所选定的专业，也是自己在听了不同院系的通识课后选定的，因此在哈佛的课堂上，学生上课极其认真，因为那都是他自己喜欢的；老师上课也极其认真，因为会涉及自己的名誉以及影响学生今后是否会选择这个专业。师生之间彼此积极认真的态度，使每一节课都会变成获取学问的享受以及头脑的激荡，形成了师生之间教学相长这种良性的互动。

在大量的通识课程之外，学生还可以去听一些由博士生、硕士生以及本科生共同参与的Seminar（研讨班），这些Seminar通常人数控制在二十人左右，课程经常是以讨论的方式进行。如笔者常去参加音乐系的"美国剧场与美国音乐剧"课程，每次课程老师会邀请作曲家们来谈自己的音乐创作，之后组织学生进行讨论。讨论的主体是以博硕士为主，但一些本科生也会参加，这对本科生今后是否会选择这些系所为自己的专业起到极深的影响作用。

除了课程之外，哈佛每天还有大量的讲座。在学生的 My Harvard 系统中，有一个专门的 Lecture 栏，每天有什么讲座一目了然。哈佛的周一到周五每天大约有十几场讲座，这些讲座主讲者很少是本校的教授，基本上都是来自全世界不同大学的教授们，这是哈佛全球化的一个重要因素。哈佛不仅自己的院系设置非常全球化，而且很关注世界其他大学教授在做什么样的研究。在哈佛期间，我几乎每天都要听一到两场讲座，的确大开眼界。比如加拿大的教授讲埃及与加纳音乐的比较，日本学者讲战后艺术家如何用日常生活素材来创作音乐作品，印度教授讲印度与中国的天空军备竞赛，著名的爵士乐艺术家汉考克讲关于美国爵士乐发展的历程，等等。由于这些年中国在经济上的快速发展，因此哈佛每天的十几场讲座中至少有一到两场是关于中国研究的。比如耶路撒冷希伯来大学的教授主讲的关于中国农业考古，芝加哥大学教授主讲的关于中国妇女与棉花棉布生产，芝加哥大学某基金会主席主讲的关于中国当下经济发展的思考，等等。这些来自不同国家的学者们的讲座，不仅让学生产生学无止境的感慨，同时也成为培养哈佛学生全球化视野的一个重要管道。

三、回来后的思考

从哈佛的经验来看，通识教育是否能够做好，其关键在于是否能够将通识教育作为本科教学的一个重要环节。

去年底笔者到台湾开学术研讨会时，也特地拜访了台湾大学、台湾清华大学、成功大学、东海大学等几所学校的通识教育中心。一个感觉是，目前台湾很多大学进行通识教育已经十年了，取得了很好的成绩，但很多学校的通识课程沦为所谓的"营养学分"，他们也在反思这一情形。今年四月底笔者曾经收到台湾清华大学前资深副校长冯达旋教授寄来的他关于通识教育的演讲《博雅教育的目标》，他谈到自己 20 世纪 60 年代初期从新加坡到美国一所很不知名的小学校 Drew 大学读本科时，指导教授如何让刚入学的他不急着听物理专业的课，而先要多听听哲学、神学教授们的演讲，"我敢保证这一类的学术活动能把你的思维带到你从来没去过的地方(take your mind to where it has not been before)"。他认为目前台湾的各大学通识教育之所以并没有达到理想的效果,其中重要原因是当下台湾高等教育学界的人士多是在台湾读完大学服完兵役后到美国大学读研究所,故他们个人并没有像他那样对美国大学的通识教育有直接的体验与深切的体会,难免"隔靴搔痒"。

台湾大学在经过十年通识教育所出现的问题很值得我们思考。我们如果不能在制度层面将通识教育像哈佛那样作为本科教学的有机组成部分,也将很难突破。目前,厦门大学的通识教育主要依托人文学院进行,哈佛大学的通识课程也主要由FAS进行,但他们这个学院有三十三个系(其中人文类的有十六个系),全面覆盖文学、历史、人类学、哲学、语言学、音乐、社会学、经济学、统计学、心理学、科学史、数学、物理、化学、天文学等各大学科,故他们这个学院可以提供完备的八大类别的通识课程供学生选择。而对照哈佛的通识课程,我们厦门大学人文学院还有多个类别的课程不能提供。以我校现在的学院结构,当下要整合各学院一起来开通识课是有很大的难度的,好在厦门大学人文学院覆盖了很多的学科门类,很容易形成学科交叉,老师们的学术背景也利于他们开好通识课程,这也使我们能够理解为什么学校要将通识中心依托人文学院来建设。笔者这次在哈佛遇见了武汉大学、山东大学等几所大学的访问学者,他们学校都是将人文学院拆成文学院、历史学院、哲学学院等,目前弊端已经呈现,即要组建跨学科研究团队很困难,要做通识教育更是困难重重。他们都认为我校还是将文史哲各系合在一起设人文学院是很好的做法。

记得刚到哈佛去拜见哈佛大学副校长、分管通识教育的包弼德教授时,我就问他是否可以让我到哈佛通识中心去参访,他回答说:我们没有通识中心。当时我心中大为疑惑:通识教育在哈佛那么重要,居然没有通识中心?回来前我去辞别,又问了他一个问题:哈佛的老师通识课都上得那么好,是否学校在教师升等或聘任时,教学是很重要的考核环节。他的回答再次让我大跌眼镜:没有!我们和你们学校一样,升等时只看他的科研,教学好坏根本不看。不过他又说一句:既然他来申请教师的职位,课就一定得上好,不然去申请研究所的职位好了。即是说:课上得好,这是一个哈佛的教师最基本的条件,否则你都不好意思在学校再待下去。课上得好坏是一票否决的。

我现在想,哈佛的本科教学之所以让他们引以为傲,的确在于他们长时期以来对通识课程的不断经营与改革,以及教授们对课程本身的重视。课上得好虽然不是升等时的硬指标,但这种文化氛围却已经形成,即课上得好,已经被哈佛的教授们视为一种无上的荣耀。而尤为重要的是,通识课早已经有机地融入哈佛的本科教育中,重要到不需要再去强调了,自然也就不需要专门去设置一个中心。包弼德教授还介绍说他们目前本科教学的重心,已经主要放在面对网络时代的MOOCs课程建设上了,并还将网站地址发给我,让我去了解他们已经放上去的课程。

这次在美国期间,笔者除了在波士顿学习,也走访了纽约、华盛顿、洛杉矶和拉斯维加斯等城市。每到一地,笔者发现各个城市都有自己的文化特色。波士顿是一个比较古老传统的城市,因此她的文艺活动以传统的歌剧、交响乐、芭蕾舞为主;华盛顿则以丰富的博物馆文化吸引游客;纽约的百老汇每天有几十场音乐剧在上演;洛杉矶则是以好莱坞的电影文化以及环球影城吸引热爱电影的人群;拉斯维加斯的各大酒店为招徕顾客则是以各种令人眼花缭乱的秀为主。几乎每一个城市都有自己的城市文化,而相同的是不管是纽约的音乐剧、华盛顿的博物馆、洛杉矶的环球影城、拉斯维加斯的秀,以及波士顿的演出,几乎都是科技、人文与艺术的结合之下所产生的作品。

  这让我也回到大学教育上去思考这个现象。哈佛的大学教育，对每一个学生都是科技、人文与艺术并重，使之成为一个有丰富的心灵世界与情感世界的人，知道如何去欣赏美，并把自己对世界的理解用现代科技手段去表现出来。而当今的美国，则也是以其文化的创造力影响世界。

  在回国的飞机上，我看了一部影片《乔布斯传》。乔布斯所开发出的苹果系列产品，其大受欢迎的原因，正是因为这些产品都是科技、人文与艺术的结晶。而乔布斯本人，也许是美国大学的通识教育给我们最好的成功案例。

关于通识教育课程体系的设想

鲁西奇*

一、通识课程的宗旨与出发点

通识教育课程的内容,应当是讨论现代社会中的个人,在生存与生活中一定会触及、必然需要面对的问题,以及为了解决、处理此类问题而必须具备的知识、方法与思想。所以,通识教育,应当是人的教育,即怎样在现代社会中做一个人的教育。

不仅如此。通识教育还应当是专业教育的基础与出发点,应当赋予学生可以超越专业学习的、又可以运用于不同专业领域学习与研究的基础知识与方法。它既非人文社会科学的基础知识与方法论,也不是自然科学的基础知识与方法论,而是认知人、社会、世界与宇宙必需的知识与方法论。

通识教育还应当包括实践内容,它绝不应当是知识讲授,而应当是和同学们一起思考的过程。知识不是重要的,思考并找出答案(哪怕是错误的)才是最重要的。通识教育一定要尽可能地包括实践环节,首先是思考的实践,其次是人生的体验与社会的实践,再其次是政治的实践、探求新知的实践。

因此,我所理解的通识教育,是人的教育,思想的教育与实践的教育。其宗旨可以概括为怎样做人(怎样面对自己、他人、社会与世界)、怎样思考(怎样寻求解决问题的办法、形成自己的看待世界的方法与思想)、怎样求知(怎样探索未知的知识领域与未知的世界)。

二、第一种方案

基于以上理想化构想,可以将通识课程设计为四个板块:

(一)"人"

我们每一个人,认知世界的出发点,都是"自我"。由无数的自我组成或抽象出"人"。"我"或"人"是这个世界之所以存在的基础。对于今天大学生来说,"我"是最重要的。这个版块的核心是"我"。

所以,通识教育的出发点,就应当是"我"。我们的课程,不在于做老师知道什么,而是

---

* 鲁西奇　厦门大学人文学院　福建　厦门　361005

应当从学生需要什么出发。学生最需要的一个东西,就是"我"——我是什么,我的生存与发展,我怎样看待自己,等等。

围绕这一需求,可以设计并开设的课程主要有:

(1)身体,比如"身体的历史"、"疾病及其历史"(历史上的疾病)、"性与情感"。这一组课重点在作为物质存在的人。

(2)心灵与记忆,比如"心灵及其历史"(心灵史)、"记忆与回忆",等。这一组课程重点在人的心灵与记忆。

(3)生存与幸福,比如"生存之道"、"生计与职业"、"幸福论"等。侧重在于人的生存与发展,如何获得幸福等。

(4)死亡,比如"死亡"、"死亡的历史"、"死亡与生命"。这一组课程侧重于生命的本质。

(二)"社会"

"我"活在这个世界上,还需要面对"他人"。"我"与"他人"的交往,是"社会"之所以发生的起点。社会之所以形成,在于人与人之间的"交往"。交往构成组织,组织形成网络,网络构成一个更大的社会体系。所以,这部分版块的核心是"交往"。可分为三部分:

(1)交往与划分,开设的课程可以包括"交往行为与人际关系"、"我者与他者"、"身份认同"等。

(2)社会组织。最基本的人际交往是婚姻,最基层的组织是家庭,所以最基本的课程是关于婚姻与家庭的,可以开出若干课程,如"婚姻史"、"家庭史"、"婚姻与家庭"等。其次是共同体或社区,然后是社会组织。比如开设"共同体"或"社区"(社团)、"社会组织"等。

(3)社会与社会冲突,比如"社会形态"、"社会结构"、"社会冲突"。这些课程,既可以讲成历史的,也可以讲成社会学的、人类学的,对于学生来说,是会有吸引力的。

(三)"世界"

对他人的控制与剥夺,构成权力的基础;权力的占有与争夺,就是政治。权力与政治结构的稳定化,形成国家;国家间的争夺、冲突与平衡,构成国际关系。

我们每一个人,都处在权力的笼罩之下,不得不面对各种权力的压迫;同时,几乎每一个人,都在渴望权力。所以,这个课程版块的核心是权力。

(1)权力,比如"权力"、"权力与政治的实质"、"极权主义的起源"、"正义"、"公平与公正"等。

(2)国家,比如"国家及其类型"、"民主政体的形成及其演变"、"帝国"等。

(3)国际,国家间的关系,比如可以开设的课程有"全球化与全球化时代"、"从分散到整体的世界"、"国际冲突"、"地区冲突"、"文化冲突"等。

(四)"宇宙"

现代社会中的每一个人,除了生存在这个世界上之外,还生存在宇宙之中。关于宇宙,我们想知道什么呢?

(1)时间,比如"时间的历史"、"时间"。

(2) 空间，比如"景观"、"仪式空间"、"生活空间"。

(3) 信仰，宗教与信仰的核心，实际上是对宇宙本体的追问。所以，可以把宗教与信仰的内容，归入这一版块。开设的课程可以包括"上帝创造世界？"、"人民创造历史？""鬼神何在？"等。

(4) 宇宙，比如"宇宙的认识史"、"如何认识宇宙"等。

这一版块的课程，科学性较强，可以考虑由人文学者与科学家对话，比如"宇宙之美"、"物理学与美"、"数学之美"这样的课程，一定很有吸引力。

上述四个版块的设计，理想化成分较重，可能一时之间没有合适的教师开设，但如果一门课一门课地建设起来，一定会有很好的效果，真正的通识教育，应当也必须这么做，否则，真的不能说得上是通识教育，只是知识与专业课程的大杂烩。

三、第二种方案

上述设想，可能的确太理想化。在这种理想状态下，希望通识课程的板块设计能够完全打破学科分野，从人对自身与世界的认知来构建。然而在具体的实施过程中，是否能够真正将学科界限和专业知识打碎重组，实现起来是有难度的。在向理想模式过渡的过程中，亦可考虑遵循学生学习知识的步骤，依托学科模式构建通识课程的初期模板。

这一模式依旧由四个板块构成：元典、学科方法论、专业性知识、思想。

(一)"元典"

我们的知识与思想基础，有一部分是最基本的，这就是全人类都要思考的问题，以及围绕着这些问题的思考与解决而形成的、得到人类共同承认并遵守的某些价值观念。它不是普适价值，而是具有普适性的问题与相关思考。任何一种文化，都有对这种普适性问题的思考与认识。这就是"元典"，围绕元典的讨论与研究，是为元典学或古典学。其所阐释的认识，可以视为人类的公理，是人之所以成为人的最核心的观念。

此板块课程回归人文元典，原有"通识国学"、"通识西学"等古典学可纳入这一版块。课程内容应该是与同学一起研读这些元典，通过研读真正弄清楚这些元典的意旨与精髓。

(二)"学科方法论"

如果说元典告诉我们人之所以成为人的普适性观念与认识的话，那么，以此为基础，不同的学科，从不同的角度出发，去认识这个世界。几乎所有的学科，最终的目标，都是要认识这个世界。所以，学科的意义，不在于其研究对象不同，而在于其观察、研究这个世界的方法与路径不同。所以，人类认识世界的第二个阶梯，就是学科性认识与方法论。

比如历史学主要是在时间过程中观察世界及其变化，那么，历史学的根本方法就是时间方法，可以开设一门课，"时间与历史"，来讲历史学家怎样观察世界。又比如地理学主要用空间的方法观察时间，可以开设若干课程，讲明白地理学家怎样观察并研究世界。文学侧重于表达人的情感，"文学与情感"应当是一门不错的课程。同样，经济学假定人们遵守经济理性，所以，用经济理性来观察、研究这个世界。这个版块的课程不需要太多，重点在于讲清楚不同学科的基本理路与方法。

(三)"专业性知识"

在当今学科高度分化背景下,每一大学科又分成若干分支,这就是专业。专业是就专门问题展开讨论的学问,其所形成的认识,主要是就某些专门问题而形成的认识,并非现代社会的人们普遍需要的知识,所以有很多的局限性。就人文学科而言,其专门领域的知识,对于大部分现代人来说,并不是必然需要的。但只对少数人而言是有意义的。因此,专业知识课程的设计,实际上是面向与此专业相关联的群体的,比如文学史之于历史学者、历史学之于人类学者。专业知识论的课程可以开设比较多,但不应当成为通识课程的主体。特别要注意不能使通识课程成为专业性知识普及化的平台。这是一个误区,以为通识性课程就是将专业性知识浅显化、普及化。在以往关于通识课程的设计中,专业性普及化知识课程,占据了很大的比重。这种现象必须改正。如今,人们获取知识的能力和手段已非常强大,单纯以讲授知识为主的课程,完全不可能受到欢迎。我曾亲见课堂上老师讲授一般性知识时,学生迅速地在手机上查到,老师还没有讲完,学生已关上了屏幕。这使我很有感慨,意识到一般性知识已不能作为课程教学的主体内容。

(四)"思想"

在学科方法论、专业性知识之上的,是贯通各种学科、专业之后的思考,这就是思想。思想是超越学科与专业之上的、是多学科交叠融会之后思考的结晶。其主要内容是回应"元典"中所涉及的诸多基本问题,但同时对于各学科与专业又具有指导意义。一个真正的学者,是有思想的学者,这意味着他具备超越本学科知识、方法的能力与水平。

哪些课程属于思想性课程?主要应包括对人、社会、世界、宇宙有着高度概括与宏观思考能力的课程,它应当对人与世界的最基本要素做出思考与解答,可能非常难以开出。但如果能开出一两门,那一定会非常好。

这一种设计,除了元典与思想之外,学科方法论与专业性知识,均较多关照到现有学科专业知识体系,可行性较强,但如果以这两部分为主体,换汤不换药,其实很难达到通识教育的目标。如果使用这种方案,重心应放在元典课程与思想性课程的建设上,只有把这两方面做出来,才能真正有所创新,达到通识教育的目标。

中国大学演变与文化反思

贺祖斌*

【摘　要】 中国现代大学制度的兴起、形成和发展有100多年历史。中国大学的每一次变革都与政治时局紧密结合在一起,中国百年现代大学发展史可以用"十大"关键词概括:1861年大改良,1895年大学堂,1911年大动荡;1952年大调整,1958年"大跃进",1966年大革命,1977年大恢复,1990年大合并,1999年大扩招,2014年大转型。

【关键词】 中国大学　演变　文化反思

严格说来,中国现代大学制度的兴起、形成和发展才100多年历史。我认为,这百年大学发展史中,可分在1949年前和1949年后两大阶段。1949年前大体为三个时期:洋务学堂的兴起(1861—1894)、清末初创时期(1895—1911)、民国时期(1911—1949);1949年后也大体分三个时期:新中国建设期(1949—1976)、改革开放期(1977—1998)、大发展时期(1999—至今)。中国政治文化里喜欢用一个词,就是"大",中国大学的每一次变革都与政治时局紧密结合在一起,中国百年现代大学发展史分六大时期,也可以用"十大"关键词概括:1861年大改良,1895年大学堂,1911年大动荡;1952年大调整,1958年大跃进,1966年大革命,1977年大恢复,1990年大合并,1999年大扩招,2014年大转型。我想借用这十"大"关键词作为载体,对中国近现代高等教育的演变进行讨论。

1861年大改良

这一时期指的是洋务学堂的兴起(1861—1894)。

中国近代高等教育始发于洋务教育。两次鸦片战争失利、太平天国起义后,为救亡图存,兴起了一场"师夷长技以自强"的洋务运动(1861—1894),是近代中国第一次大规模的模仿、学习西方工业化的运动,是一场维护封建皇权前提下由上到下的"改良运动"。中国面临"三千年未有之大变局"(李鸿章),这是中国近代化之始,伴随着洋务运动、洋务学堂的兴办,中国近代高等教育从此开始。① 晚清社会进一步对外开放,清政府也出于洋务运动本身对于人才的需求,从19世纪60年代开始,开办了一批新式学堂。洋务运动期间,先后在中央和地方创办了30多所新式学堂。这些学堂中,著名的外国语学堂有1863年成立的京师同文馆、1863年成立的上海广方言馆、1864年成立的广州同文馆、1893年成立的湖北自

---

* 贺祖斌,广西广播电视大学　广西　南宁　530022
① 董宝良等编:《中国近现代教育思潮与流派》,人民教育出版社1997年版,第52页。

强学堂,这些学堂相当于中国最早的语言专科学校;而成立于1866年的福建船政学堂、1880年的天津水师学堂、1880年的天津电报学堂等,则相当于中国最早的技术专科学校和军事专科学校。洋务学堂是中国近代第一批新式专科学校,从此,近代高等教育由此开启。洋务学堂的产生,适应了"西学东渐"这一文化趋势,它培养了近代中国第一批翻译人才、外交人才、海军人才和科技人才,从而大大促进了中国教育近代化进程。

严格说来,最早建立的洋务学堂,开启了中国近代教育和高等教育的先河,但只是中国近代新教育的萌芽,可视为中国近代高等专门学校的雏形,还不属于真正的高等学校。

1895年大学堂

这一时期指的是清末初创时期(1895—1911)。

19世纪末20世纪初,是中国近代高等教育发展的重要时期。甲午战争(1894年)失败后至民国初年,这一时期,中国传统科举制被废除,现代化的教育制度开始确立,效法西方资本主义国家的教育,改革书院制度,推行现代学校教育。同时,中国近代高等教育开始在全国范围实施,这是我国高等教育发生重大转变的时期。中国第一批真正意义上的大学就是在这种情况下创建的。1895、1896和1897、1898年分别成立的天津中西学堂、上海南洋公学、浙江求是书院和京师大学堂一般被认为是中国近代大学的雏形。天津大学始建于1895年,其前身天津中西学堂改办为北洋大学堂(1903年改名北洋大学),是唯一经皇帝(光绪帝)御批建立的大学,是中国近代教育史上的第一所大学,颁发了中国第一张本科学历文凭。1897年,盛宣怀奏请在上海设立南洋公学,南洋公学分上、中、外及师范四院(师范院相当于师范学校,外院相当于师范学校附小,中院等于中等学校,上院等于大学)[①]。北京大学创立于1898年,初名京师大学堂,也是中国最早的国立大学,最初北大身兼中国最高学府与国家教育部的双重职能,可谓"上承太学正统,下立大学祖庭"[②]。

1902年,山西大学堂是中国第一所省立大学,以后各省相继仿效。1911年设立了留美预备分校"清华学堂",1925年该校大学部成立,1928年改名为国立清华大学。截至1911年,清末的高等学校,各省设立的高等学堂共27所。除公立高等教育机构外,清末高等教育还包括私立、教会高等教育机构,在全国共建立起10多所属于教会的高等教育机构,比如设立于1905年的私立学校的中国公学、1905年的复旦学院,等等。

中国近代高等教育的发展历经风风雨雨,其基本特征概括为"中体西用",即"中学为体,西学为用"。京师大学堂等最具有一定的代表性,学部规定,京师大学堂的教育宗旨是:以中学为主、西学为辅,中学为体、西学为用;培养通才,以忠君、尊孔、尚公、尚武、尚实定其趋向。[③] 从学生来源、管理方式到教育内容、方法和学风上看,西学成为教育内容的重要组成部分;从办学模式上看,参照美国大学的模式逐步发展起来。尽管如此,传统文化在中国

[①] 付燕鸿:《中国近代高等教育发展的历程及启示》,《考试与招生》2010年第3期。
[②] 一乙:《承太学正统,立大学祖庭——北大历史地位综述》,北京文化发展网,访问时间:2007年2月15日。
[③] 汤志钧等:《戊戌时期教育——中国近代教育史资料汇编》,上海教育出版社1993年版,第122页。

高等教育仍然占着主导地位。

1911年大动荡

这一时期指的是民国时期(1911—1949)。

民国时期分为北洋军阀政府(1912—1928)、国民党政府(1928—1949)。1911年的辛亥革命,推翻清朝专制帝制,建立了资产阶级民主共和政权。这一时期,是中国近代高等教育的拓展时期。

1.北洋军阀政府(1912—1928)。是指中华民国建国初期以北京为首都以天津为中心的中央政府与政治时期,这一时期北洋派在中华民国政府中占优势。北洋时期是"武夫当国"①,军阀割据,遍地枭雄,战乱频仍,风雨飘摇的北洋军阀统治时期,政局很不稳定,民生无保障,主政者对教育、对思想文化难以控制,不干预。尽管如此,中国近代的高等教育仍获得缓慢发展。北洋时期是中国现代大学教育的草创期,大学精神的形成期,大学数量不多,规模不大,但起点很高。当时的基本格局是公立、私立、教会三足鼎立。辛亥革命推翻了清王朝,结束了两千多年的封建帝制,为中国近代高等教育的发展提供了一个相对宽松的环境。1912年至1927年的十几年间,可以说是中国高等教育发展模式的多元化时期。这里不能不提一位重要人物,他就是蔡元培先生,他主持修订了新学制《壬子癸丑学制》,教育部还陆续公布了《大学令》、《大学规程》、《公立、私立专门学校规程》和《高等师范学校规程》等一系列有关高等教育的法规法令。作为民国初年教育改革的总设计师,1912年蔡元培亲手制定《大学令》,它"标志着中国近代大学理念由传统向现代转型的开始"②。1917年蔡元培出任北大校长之后,在北京大学实施他的大学理念——学术自由和教授治校。这一时期的大学,从地方分权制到实行选课制、学分制等也受美国高等教育的影响。应该说,从大学建立之初,在制度和思想上就接受了西方现代大学办学理念。

2.国民党统治时期(1928—1949)。1928年以后,进入国民党统治时代,包含抗战时期。在这一时期,民国政府对教育进行了一系列改革,高等教育在制度和内涵上有了较大的发展和变化。1929年7月南京国民政府公布《大学组织法》,同年8月公布《大学规程》,对大学设置进行了规定。大学设校分国立、省立、市立和私立;大学组织分文、理、法、教育、农、工、商、医8院,3院以上(必须含理、农、工、医各学院之一)得称大学,否则为独立学院;大学设研究院,大学附设专修科;1931年通令大学采用学年学分制。抗日战争时期,高等教育受到严重破坏,据统计,战前高等学校108所,从1937年7月到1938年8月被破坏91所。为保存国家教育实力,国民政府将一批著名大学迁到内地,北京、上海、南京、天津等地的一些著名大学迫于无奈,忍痛"西迁"、"南迁"。如中央、中山、交通、复旦等大学迁到重庆,武大内迁四川,浙大迁到贵州,北大、清华、南开内迁到云南组成西南联合大学,北平大学、北平师范大学和北洋工学院迁陕西城固成立西北联合大学。八年抗战,使具有了一定规模和知名度的中国大学遭受重创,但内迁使高等教育的基本力量得以保存,使师生不致流散,教学基本

---

① 陶菊隐:《武夫当国——北洋军阀统治时期史话》,海南出版社2006年版,第16页。
② 周谷平、张雁:《中国近代大学理念的转型》,《高等教育研究》2007年第10期。

维持战前状态,并获得发展。大学内迁的历史,是"中华民族抗战史的重要组成部分,是中国教育史中最为灾难深重、但又光辉难忘的一页"①。

我们今天在讨论这时期的大学时,免不了谈论民国时期的大学校长和大师们:蔡元培、梅贻琦、张伯苓、胡适、鲁迅、陈寅恪、马寅初、罗家伦、冯友兰、熊十力、梁漱溟、竺可桢、晏阳初、陶行知……民国时期为什么出那么多优秀大学校长和大师呢?我认为,中国经过两千多年的封建社会,清末民初,特别是经过辛亥革命、五四运动以后,西方思想涌入中国,思想解放促进社会的急速变革,社会在这种时期必定带来文化的复兴。另外,思想、言论和学术自由是产生大师的前提。这些大师们在一定程度上,影响中国文化的变革和社会发展的进程。但是,单靠少数闪耀的大师们改变不了国家的命运。梁启超在《过渡时代论》中谈到过渡时代容易出英雄的观点,但"凡一国之进步也,其主动者在多数之国民,而驱役一二之代表人以为助动者,则其事罔不成"②。

1949年前的中国大学虽已初具现代性大学的特征,但由于政治、经济、军事、文化等处于弱国的地位,时局动荡,社会不宁,大学饱受战乱与天灾之苦,整个20世纪的上半个世纪,中国的大学都是在动荡不安、烽火硝烟中艰难度过的。尽管如此,那个时代大学的学术精神值得后人尊敬。

1952年大调整

1949年后,新中国面临着建国初期国内外复杂的形势,正在探索建设社会主义的道路。1952年,教育部出台"关于全国高等学校1952年的调整设置方案",目的是学习苏联高等学校模式,对全国高等学校的院系设置进行了大规模的调整。把民国时期初步形成的高等教育体系改造成"苏联模式"高等教育体系。专业教育是苏联模式的特点,目的是迅速培养国家需要的各类专业技术人才,对人的全面发展教育关注不够。原来那些综合大学被拆散,变成文理学院、工学院、农学院、医学院、财经学院等各种专门学院、专门学校。当时,教育部规定,综合性大学,全国各大行政区最少有1所,但最多不超过4所;"少办或不办多科性的工学院,多办专业性的工学院";每个大行政区必须开办1至3所师范学院,各省可办师范专科学校,师范学院设系应严格按照中学教育所需。③ 经过对全国许多高等学校调整和分拆,发展独立建制的工科院校,相继新设地质、矿业、钢铁、航空、水利等专门学院和专业,工、农林、师范、医药院校的数量从108所增加到149所,综合性大学明显减少,高校数量从1952年的211所减少到1953年后的183所④。1949年前的那些著名大学,经历了面目全非的结构改造。伴随着政权更迭而进行的这场教育体制改革,经过这次大调整之后,新中国高等教育体系的格局基本形成。

1952年高等学校院系"大调整"的特点和影响:

---

① 饶俊、赵正:《浅谈抗战时期高校内迁》,《传承》2009年第3期。
② 李华兴编:《梁启超选集》,上海人民出版社1986年版,第166页。
③ 教育部档案:《1952年院系调整卷》。
④ 陈辉:《1952年中国高等院校的院系调整》,《当代中国研究》2003年第3期。

全面学习苏联高等教育。院系调整后,按照苏联工科大学教育模式按系设立专业,有计划、分专业培养技术人才。学制也进行了调整,取消学分制,实行学年制。制定统一的教学计划,使用苏联教材。学生在修业期间必须按照专业教学大纲的要求,完成每学年规定的课程和教学环节,不能自由选课,也不能转系或转专业。在"师范学院设系应严格按照中学教育所需"的思想指导下,造成至今难以调整的师范学院单一的专业设置。

综合性大学的调整。在院系调整中,对综合性大学冲击最大,特别是以号称中国高校"五大母校"为最:浙江大学、南京大学、厦门大学、武汉大学和中山大学,除浙大外,工科基本被剥离,文法商管医各科也大受损失。武汉大学有文、法、理、工、农、医等六个学院,调整后仅保留文、理两个学院;南京大学有文、理、工、农、医、法、师范等7个学院共35个系,经过院系调整后仅保留了文、理方面的13个系;清华大学的文史学科被整合到其他院校,成为一所单纯的工科大学。民国时期比较著名的国立大学,如广西大学、山西大学、云南大学、河南大学等,也遭受停办或拆分等命运,特别是广西大学,撤销后,一所实力较雄厚的综合性大学从此不在了,对后来广西高等教育发展影响至今。

学科布局的重新整顿。院系调整除保留少数文理科综合性大学外,按行业归口建立单科性高校,偏重工科,大力发展独立建制的工科院校,相继新设钢铁、地质、航空、矿业、水利等专门学院和专业。轻文理学科,人文科学从而遭到破坏,导致中国整整几代人缺乏人文精神的熏陶,道德水平严重滑坡;社会学、政法、财经等社会学科被停止和取消,导致了我国长期以来严重缺乏法律和金融人才,影响了我国的经济建设和社会发展。

私立大学的改造与退出。中央政府接办改造了60多所私立大学、取缔24所教会大学,取消了私立教育。由教会创办的几所著名大学,比如圣约翰大学是中国资格最老的教会大学,震旦大学则是由爱国神甫马相伯先生创办的,也都在大调整中被撤并。金陵、圣约翰、震旦、沪江大学,分别并入南京大学、复旦大学、交通大学、同济大学、华东师范大学等,这些私立大学,连同它们的校园和办学思想、精神,就此消弭于中国高等教育发展的历史长河。

1958年"大跃进"

1958年5月,中共八大二次会议,正式通过了"鼓足干劲、力争上游、多快好省地建设社会主义"的总路线①,随后发动了"大跃进"运动,在生产发展上追求高速度,以实现工农业生产高指标为目标。要求工农业主要产品的产量成倍、甚至几十倍地增长。"大跃进"运动免不了冲击高等教育。

1958年6月,刘少奇在全国教育工作会议上指示:"将来势必每个县有一所大学,准备十年达到这个目的。现在是否给每个县派一个、两个或几个大学生,这样学校就可以办起来了……"1958年8月毛泽东说:"农业大学办在城里不是见鬼吗?农业大学要统统搬到农村去。"②全国各行各业都在大跃进,高等教育规模的发展也突飞猛进,据统计,1956年全国高校招生18.5万人,1958年招生达26.6万,1960年招生增至32.3万。全国高等教育的院校

---

① 张晋藩等:《中华人民共和国国史大辞典》,黑龙江人民出版社1992年版,第99页。
② 毛泽东:《论教育革命》,人民出版社1967年版,第46页。

数也从 1957 年的 227 所,增至为 1960 年的 1289 所。而普通中学则从 1956 年的 6715 所增至 1958 年的 28931 所。到了 1958 年秋天,全国各地已经建立起了 23500 多所业余"红专"大学和半工半读大学。①

在这种情况下,办"大学"的条件可想而知。黑龙江省鹤岗市,只制作校牌,七天办起了一所大学。解决师资的办法是"大学生教大学生、高年级教低年级、专兼职教员相结合"。没有足够的生源,在政治优先的入学准入制度下,工人、农民、速成中学的工农毕业生和干部,只要具备推荐的条件,不需要经过考试就可以上大学,高校中工农学生的比例占一半以上。

另外,按照要求,从 1958 年起高考前对学生一一做政治审查,其依据是家庭出身和社会关系,并非个人表现或学习成绩。出身地主富农、资本家家庭的,家长被划为右派的,有海外关系的、社会关系复杂的学生基本上都是不宜录取和降格录取者。这些政策使大批优秀高中毕业生丧失了受教育的权利。

1958 年的"大跃进"不但造成了国民经济比例的严重失调,使经济建设遭到重大损失,也对高等教育造成了严重冲击和破坏,闹出了很多啼笑皆非的事情,高等教育质量严重下降。

1966 年大革命

中苏分裂以后,1960 年苏联从中国撤走专家,中国大学逐渐走上了一条摒弃一切外国"模式"的道路。1966 年 5 月 16 日中共中央下达的关于"文化大革命"的通知中,"无产阶级对资产阶级专政,无产阶级在上层建筑其中包括在各个文化领域的专政",以反对封建主义、资本主义、修正主义的名义,排斥外来文化、摧毁古代文化。1966 年 5 月,在"资产阶级知识分子统治我们学校"的"左"倾错误论点指导下,全盘否定 1949 年以来的 17 年教育工作。在十年动乱中,教育领域受到严重破坏。

高等教育体系受到破坏。根据杨能统计②,高等学校由 1965 年的 434 所减为 1971 年的 328 所,减少 106 所。其中原有政法院校 6 所被全部撤销,原有财经院校 18 所被撤销 16 所。被撤销、裁并、搬迁的院校都遭到严重损失。在十年动乱中,高等学校有四年停止招生(1966—1969);1970 年和 1971 年开始试点招收工农兵学员,每年只招 4.2 万人,而且招收的学生只有相当初中的文化水平。"文化大革命"的十年间,造成了人才青黄不接、知识匮乏的严重问题,估计为国家少培养了 10 万名研究生、100 多万名合格的本专科大学毕业生和 200 多万名中专毕业生,使我国科学文化教育损失重大,严重阻碍了社会经济的发展。

大批知识分子受到迫害。"文化大革命"的爆发导致全国所有学校进入停课状态,各级学校领导和教师,特别是一些学术上有成就的专家、教授,均遭到残酷斗争,身心受到极大的摧残。文化领域和知识分子遭受了沉重打击,正在接受教育的人被迫停止继续教育,没有接受教育的人丧失了机会。知识分子被批为"臭老九",多数被下放进行体力劳动,有些则遭

---

① 曾正德:《新解"见鬼论"及其对农林院校的影响》,《党史文苑》2009 年第 2 期。
② 杨能等:《对"文化大革命"进行全盘否定的原因分析及启示借鉴》,《党史文苑》2013 年第 4 期。

到残酷对待。

高考制度停止，人才匮乏。1966年"文化大革命"开始，高校停止招生，大批知识青年"上山下乡"到农村。1968年毛泽东在"七·二一指示"中说："大学还是要办的，我这里主要说的是理工科大学还要办，但学制要缩短，教育要革命，要无产阶级政治挂帅。要从有实践经验的工人农民中间选拔学生，到学校学几年以后，又回到生产实践中去。"[①]1970年8月，"文化大革命"期间，大学开始招收第一届工农兵大学生，不论文化程度、年龄大小，强调政治条件，只要被组织推荐，就可以上大学。据新华社1976年7月21日报道，全国"七·二一"大学从1975年上半年1200所猛增到1.5万多所。1973年举行了"文革"中唯一的一次高考，辽宁知青"白卷英雄"张铁生，以及宣称"大学就是大家来学"的五十多岁的农民王大学，这些都被称为大学生"楷模"。

教育结构单一，素质下降。由于批判了刘少奇倡导的"两种教育制度、两种劳动制度"[②]，成人教育机构也被破坏，造成教育的结构单一化。在"学制要缩短"的指示下，大学学制由"文革"前的4~6年缩短为2~3年。学生在校期间主要任务是"上大学、管大学、改造大学"，开门办学，阶级斗争是大学的主课，学工、学农、学军在课程中占很大比重，正常教育活动无法开展，学生的文化和专业素质严重下降，教学质量可想而知。

"大跃进"已经使中国高等教育遭受严重冲击，"文革"十年，可以说高等教育体系已经彻底被破坏，使我国高等教育质量和水平远远落后于西方国家。

1977年大恢复

1976年，"四人帮"倒台。1977年7月，中共十届三中全会闭幕，邓小平官复原职，8月主持召开科学和教育工作座谈会，做出了"今年就要下决心恢复从高中毕业生中直接招考学生"[③]的恢复高考决定。1977年9月，教育部在北京召开全国高等学校招生工作会议，正式恢复由于"文革"冲击而中断了十年的全国高校招生考试，以统一考试、择优录取的方式选拔人才上大学，招生对象是工人农民、上山下乡和回乡知识青年、复员军人、干部和应届高中毕业生，学生毕业后由国家统一分配。由此，中国重新迎来了尊重知识、尊重人才的春天。

1977年恢复高考，有570万人报考，只录取了27万，录取率仅4.7%；1978年又有610万人报考，原计划招生29.3万人，在各种力量的支持下，实际招收40.2万人。这两次高考，报考总人数达到1160万人。1977年恢复高考制度，引发了全社会的读书热，不仅改变了几代人的命运，也为我国经济发展培养了大批人才。同时，中国大学面临新的选择和探索，比如武汉大学率先实行学分制、主辅修制、双学位制、导师制、学术假制、自由转学制、取消政治辅导员，开了全国大学改革的先河，起到了积极的示范作用。作为在80年代初入学的这一代大学生，我清楚地记得：当时的大学生，关心国家的命运，有理想，追求真理，崇尚创新，关

---

① 毛泽东：《从上海机床厂看培养工程技术人员的道路》，编者按，《人民日报》1968年7月22日。
② 刘少奇：《我国应有两种教育制度、两种劳动制度》，1958年5月30日在中央政治局扩大会议上讲话。
③ 中共中央文献研究室编著：《总设计师邓小平》，贵州人民出版社2008年版，第37页。

注现实,勇于批判,大学的社团特别活跃。应当说,这是一个中国大学精神中兴的时代,大学站在社会进步的前沿,努力向世界学术前沿接轨。

另外,这里必须提一个特殊的群体——"老三届"、"新三级"。"老三届"是指"文革"期间应于 1966、1967 和 1968 年毕业的高初中学生,而"新三级"是指恢复高考进入大学的 1977、1978 和 1979 级大学生。"新三级"的大学生在年龄构成上从 14 岁到 30 多岁,跨越度很大。"新三级"的大学生在中国改革开放和经济建设中,发挥了填补人才断层、充当各行各业中坚力量的承前启后作用。"老三届"、"新三级"这一代人经历了新中国最困难和最辉煌的两个不同的时期,他们既经历了民族和个人的磨难,也赶上了国家经济高速发展时期。

中国高等教育"1977 大恢复"印证了恩格斯一句名言:"没有哪一次巨大的历史灾难不是以历史的进步为补偿的。"

1990 年大合并

当中国高等教育刚刚恢复正常运行之际,又面临新一轮改革——高校合并。

始于 1990 年的高等教育管理体制改革,经历了一个酝酿、探索、推进的过程。最初提出了共建、合作办学、划转、合并和协作办学五种形式。当时教育主管部门在实践基础上提出"共建、调整、合作和合并"的 8 字方针,要求到 2002 年左右基本完成高等教育管理体制改革和布局结构的调整,形成综合性大学、多科性大学和单科性大学比例合适的新格局。这是 1952 年院校调整以来,中国高校布局进行的最大的一次改革。据不完全统计,自 1990 年起,全国有 1000 多所高校和中等学校涉及合并,共形成了 400 多所合并的高校。

高校合并在一定程度上实现了对教育资源的重组与改进,使许多高校的规模效益、经济效益有了明显的提高,而单一性学科被复合性学科所取代,则使高校结构趋于合理。改革力图实现几个转变:一是由过去的专门院校为主体、封闭式办学向理工结合、文理渗透、日益综合化和多样化的转变;二是由中央政府管理为主向省级政府统筹和管理为主的转变;三是由单一政府拨款向政府财政拨款和宏观调控为主、多渠道集资、注重效率与公平的转变;四是促进了办学效率的显著提高和部门机构的精简压缩。这里经常举扬州大学的案例①,合并前,该校有 36 名厅局级干部,有处级机构 99 个,处级干部 444 名;合并后,厅局级干部 9 名,处级机构 24 个,处级干部 253 名。

高校合并在一定程度上达到以上几个目的,但带来的问题也无法回避:一是高校合并在一定程度上影响了大学的文化精神传承,特别是各个学校的历史不同,教师学生对学校"历史情结"不同,造成师生对学校的历史文化的认同感不强;二是贪大求全,办学效益难兼顾,合并后机构臃肿、责权不清、效率低下等等,"美丽的长春市坐落在吉林大学校园中"这一句俏皮话说明合并后吉林大学之"大";三是一些在国内外有影响的知名大学在合并后消失,当时有个观点"一流的医学院绝大多数都建在综合大学,著名的综合大学大多数都有高水平的医学院",在这种理念支持下,同济、协和、湘雅、华西等医科院校在合并后无影无踪,对这批丰厚的大学无形资产造成无法挽回的影响;四是合并后不同学校的文化融合,合并后

---

① 彭在钦:《全国高校合并风背后的喜与忧》,《大地》2001 年第 29 期。

学校的文化不一,造成了学校文化长期难以弥合。这种行政化的高校合并政策沿袭了一些"计划经济"的思路,部分高校合并缺乏科学的论证,对高等教育科学发展产生一定的负面影响。

1999年大扩招

实际上,高校合并之风尚未结束,"大扩招"即开始。在国家高层以"拉动内需、刺激消费、促进经济增长、缓解就业压力"的思想指导下,启动了高等学校扩大招生规模的"运动"。国际通认,美国著名的教育社会学家马丁·特罗,1973年提出"高等教育大众化"三阶段论,即高等教育毛入学率在15%以下时属于精英教育阶段,15%~50%为高等教育大众化阶段,50%以上为高等教育普及化阶段。

1978年,中国的高等教育毛入学率只有1.55%,1988年达到3.7%,1998年升至9.76%。1999年开始大学扩招,高等教育毛入学率快速上升,2002年达到15%,高等教育从精英教育阶段进入大众化阶段。[①] 2012年,中国高等教育毛入学率达到30%。2010年,提出的目标是到2015年高等教育毛入学率达到36%,2020年达到40%,"进入人力资源强国行列"的战略目标。[②]

1998年,全国普通高校招生108.3万;1999年,普通高校招生总数达153万人,比上年增加45万人,增幅达42%;2000年,普通高校实际招生为220万人,比1999年增加35%。此后,招生、录取比例逐年攀升:2008年,普通高校计划录取599万人,考生1050万,录取比例57%;2009年,普通高校计划招生629万人,考生1020万,录取比例62%;2010年,普通高校计划招生657万人,考生957万,录取比例69%;2011年,普通高校计划招生675万人,考生933万,录取比例72%;2012年,普通高校计划招生685万人,考生915万,录取比例75%。

根据统计[③],至2012年,全国各类高等教育总规模达到3325万人,高等教育毛入学率达到30%。2012年研究生招生59万人(其中,博士生6.84万,硕士生52.13万);在学研究生171.98万人(其中,博士生28.38万,硕士生143.60万)。普通高等教育本专科共招生688.83万人,在校生2391.32万人;成人高等教育本专科共招生243.96万人,在校生583.11万人。全国共有普通高校和成人高校2790所。

中国高等教育在启动扩招以来,发展的速度相当快,其积极一面是不可置疑的:一是在一定程度上满足民众对高等教育的需求,圆了许多考生的大学梦;二是未来整体提高国民素质,提升学历,缩小与国外受教育水平差距,为中国经济社会的发展培养了一大批实用性的人才,促进了我国社会经济的快速发展;三是为承担并完成高等教育大众化过程中的任务,催生了一大批地方应用型本科高等学校和职业院校,高等学校整体布局趋于合理;四是为中国大学的改革与发展注入了新的活力,大学的创新能力和科技服务社会能力得到进一步提

---

① 贺祖斌:《高等教育大众化与质量保障》,广西师范大学出版社2004年版,第8页。
② 中共中央、国务院:《国家中长期教育改革和发展规划纲要(2010—2020年)》。
③ 教育部规划司:《中国教育统计年鉴2012》,人民教育出版社2013年版。

升;五是在扩招初期一定程度上推迟初次就业时间,缓解就业压力;等等。

同时,"大扩招"给中国大学发展直接或间接带来了一些问题。

一是办学条件不足,质量无法保证。扩招之初,很多高校的教师队伍质量不高和数量严重缺乏、教学设备设施不足、校园建设都跟不上,导致高等教育质量和学生综合素质下降。二是高校负担加重,误导教育产业化。据不完全统计,至2009年,公办高校贷款规模高达3000亿元~3500亿元,尽管政府对2009年前的高校债务通过划债解决了大部分贷款,但时至今日,仍然有相当部分高校负担过重。扩招"促进经济增长"是当时一种普遍的观点①,实际上,在理论上误导了高等教育向"产业化"发展的方向。三是高校发展速度过快。1998年我国高校有1022所,到2012年达到2442所,增加了1420所,创造了每三天诞生一所大学的"奇迹"。四是大学生就业难问题日渐突出。从第一批扩招的大学生进入社会的2003年开始,大学生就业问题就开始成了全社会每年关注的热门话题②,大学毕业生由于扩招导致的教育质量下滑,专业与课程结构不合理,不适合市场需求也成了大学生就业难的原因。

为确保扩招后高等教育质量,教育行政部门实施了质量工程、教学评估、卓越计划、协同创新等系列措施,进行了及时有效的调控,并取得明显的效果。始于1999年的中国高校扩招③,短时间内使高等教育急剧发展,一定程度使高等教育系统超越自身的生态承载力而影响系统的生态平衡。

2014年大转型

我国经济快速发展和产业结构调整,对技能型人才需求量大,高校培养人才还不能完全适应经济社会发展的需要,职业教育结构不尽合理,质量有待提高,办学条件薄弱,体制机制不畅。为加快现代职业教育的发展,国家出台相关政策"引导一批普通本科高等学校向应用技术类型高等学校转型,重点举办本科职业教育。建立高等学校分类体系,实行分类管理"④。这些政策出台,目的是加快发展现代职业教育体系建设,培养培训了大批中高级技能型人才,提高劳动者素质、推动经济社会发展。这就意味着相对部分高等学校面临一次新的转型。

首先需要肯定的是,"建立高等学校分类体系"、"引导一批普通本科高校向应用技术型高校转型"的战略部署是科学、合理的,特别是新建本科院校定位模糊、办学同质化,造成人才培养结构与产业结构调整脱节,培养的学生缺乏核心竞争力,造成大学生就业结构性矛盾日渐突出。因此,"转型"是适应经济社会发展对高等教育改革的需要,关键是如何转?怎样转?如果转型仅仅是大学之外的政府、社会、企业等环境改善,而非大学内部的变革,即是外在的环境和政策的压力推动大学转型,那这种改革就难以达到分类指导、特色发展的目

---

① 徐琳:《高校扩招的积极作用与负面影响分析》,《西北工业大学学报(社会科学版)》2000年第2期。
② 贺祖斌:《困惑与选择——大学生就业问题》,《大学》2009年第11期。
③ 贺祖斌:《高等教育生态论》,广西师范大学出版社2005年版,第160页。
④ 国务院:《关于加快发展现代职业教育的决定》,国发〔2014〕19号,2014年5月2日。

标。另外,有人理解为将"转型发展"变成"转型职业教育"①,就违背了培养应用型人才"转型"初衷,如果将高等教育与职业教育对立起来,将会在战略部署上出现偏差。另外,这一批本科院校(主要是新建本科院校、独立学院)分各种不同类型,其学校办学定位、学科专业结构、服务面向等各有不同,如果将占全国一半的本科院校"转型职业教育",这本身就是违背了教育发展规律。因此,政府出台的政策中"采取试点推动、示范引领等方式"进行逐步推进"转型"是明智的。

这次"转型"刚刚开始,将意味着中国高等教育面临着一次新的变革,迫切希望"转型"从顶层设计到实际操作,在尊重高等教育发展规律的理性范围内有序展开,这样,中国大学必将站立在一个新的历史发展起点。

大学演变的文化反思

中国现代大学发展从最初的兴起,随着国家政治、经济的变革和发展,走过了百年不平凡的岁月,发生了翻天覆地的变化,高等教育总体规模已位居世界第一位,在高歌取得的成绩时,我们可以从文化视角进行反思和总结,有些现象和因素值得我们深思。

首先,中国大学发展的文化影响。

近百年来,中国文化经历了两次大的变革,一是"五四运动"对传统文化(特别是以儒家文化为代表)的否定以及对新文化运动的倡导;二是"文革"十年对中国传统文化的彻底摧残。这两次文化变革对大学发展有直接的影响。

"五四运动"将"中国现代化进程由器物、制度推进到文化层面"②,是在新的社会历史条件下的思想解放与文化启蒙、发展,进而引起政治的近现代变革。1905年,科举制废除,建立新式教育体系。在这种文化转换背景下,中国大学处在兴起阶段,吸收了西方大学先进的制度、文化,经过"大改良"、"大学堂"、"大动荡"的岁月。这时期的中国大学已初步形成现代性大学制度特征,同时由于一些仁人志士和文化先贤的直接参与,曾经出现大学发展的文化繁荣时期,但国力不强、时局动荡,大学饱受战乱与天灾之苦。

1949年新中国成立后,经历了政治、文化的大转折。国家面临复杂的国际国内形势,各种政治运动连绵不断,特别是经历"文化大革命"的十年动乱,使中国文化受到前所未有的摧残,中国大学的发展也随着政治运动历经了"大跃进"、"大革命"的极大冲击。直到"文革"结束,1978年中国进入改革开放时期,思想文化复苏,出现80年代的文化复兴,中国大学才真正进入了复苏时期,经历了"大恢复"、"大合并",大学管理制度与学术标准逐渐与国际高等教育接轨。之后,随着中国经济社会的高速发展,文化变得多元化,大学的外部需求和内涵建设需要,促使大学在"大扩招"中跨越式、大规模地扩张,中国大学进入大发展期;大发展必然带来大学的发展定位和发展方向问题,因而中国大学又面临一次向应用型大学发展的"大转型"。中国大学真正取得根本性变化和发展,是在20世纪的下半个世纪至今。但这60多年来,中国大学也经历了不平凡的岁月。每个阶段都有其特殊性,都有深刻的政

---

① 庞丽静:《600所本科转型职业教育 高等教育酝酿大变》,《经济观察报》2014年5月12日。
② 彭明:《五四运动与二十世纪的中国》,《中共党史研究》1999年第3期。

治、文化、社会背景和原因。

事实上,"中国现代大学的诞生恰恰以与中国传统文明断裂为标志"①,在长达一百多年的大学演变历程中,特别是20世纪中国教育体制中一种反传统心态,让中国传统的文化经典以"封建"、"糟粕"的名义排斥在大学教育之外,而西方文化也不可能替代中国传统文化,因而,我们不禁要问:中国大学的文化根基在哪里?

其次,中国大学发展的制度思考。

在大学发展过程中,出现了许多理念性、制度性的问题,这些问题的出现很大程度上是高等教育快速发展过程中所带来的,如果问题不解决,势必影响大学未来的发展。

高等教育发展规律问题。在我们高等教育发展过程中,一些政策不按照教育发展规律规划、协调发展,造成了许许多多的伤害。20世纪下半个世纪来,前期强调"教育为无产阶级政治服务",按政治需要发展教育,期间十年是"文革"动乱时期;后期,在市场经济指导下,大合并、大扩招虽然促进高等教育的发展,但也给大学带来了诸多问题。在中国高等教育发展史上,有多次"大"的变革,部分违背教育规律的改革措施对高等教育带来了伤害。教育有其自身的发展规律和运行机制,凡是属于不尊重教育规律的运动式改革,最终是无疾而终!高等教育应该回归自身发展规律,科学运行。

大学的行政化泛化问题。关于大学的行政化问题,这包含两大方面:一是政府对大学行政化管理,二是大学内部行政化管理。前者关乎大学自治问题,后者关乎大学学术自由问题,这两者都是现代大学制度建立的基本要素。目前,大学的经费分配、人事、招生、科研和职称评审权,多数不在大学自己,《高等教育法》所赋予高等学校的办学自主权至今无法完全兑现。大学这种行政化管理模式在一定程度上阻碍了高等教育的改革与发展。有学者认为"落实大学自主权,不在于要给大学多少权,而是应该明晰政府和大学的权力边界"②。

大学的人文教育问题。高等教育不只是专业教育,身心健全的人的教育亦不可忽视。我国高等教育存在"五重五轻"现象,即"重理工轻人文,重专业轻基础,重书本轻实践,重共性轻个性,重功利轻素质"③。近年来,大学教育存在的一个问题是人文教育的缺失,人文风气的淡薄,功利性教育的突出,导致以人文素质的不足为代价而换取专业知识的累积。大学教育越来越受到专业主义和实用主义取向的限制,过于注重专业教育和实用技能的培养,忽视人文精神的培养。正像北京大学钱理群教授说的:我们的大学正在培养一大批"精致的利己主义者",缺乏理想主义,这是我们高等教育需要警惕的。

最后,纵观中国大学的百年发展历史,我们知道,高等教育既要受不同时期的政治、经济、文化背景的国情影响,也要受高等教育本身发展规律的制约。高等教育快速发展过程中所面临的问题,必须在发展中来解决。因此,对于政策层面而言,既不能以强调国情的特殊性为由而排斥遵循高等教育的发展规律,也不能以与国际接轨为借口而置本国国情于不顾。对大学而言,正值国家迈向人力资源强国之际,天下有志有识之士,当以大学先贤为榜样,重振大学人文精神之风气,重树学界自由独立之风骨,引领社会道德理想之风尚,造就国家建

---

① 甘阳:《中国大学的根本致命伤》,《21世纪经济报道》2006年6月29日。
② 黄达人:《高校缺哪些自主权?》,《中国教育报》2014年4月21日。
③ 杨叔子:《杨叔子教育雏论选》,华中科技大学出版社2011年版,第89页。

设发展之栋梁。坚守着理想主义,在理想与现实中前行。这是在回顾和总结我国大学演变历史时给我们带来的启示。

The Reforms of Chinese University and the Culture Reflection on It

He Zubin

Abstract: The system of modern Chinese university has a more than 100 years history. It has experienced ten major reforms which were closely connected to the political situation: the dramatic improvement in 1861, the metropolitan college in 1895, the upheaval in 1895, the major adjustment in 1952, the great leap forward in 1958, the great revolution in 1966, the full recovery in 1977, the big merger in 1990, the increased enrollment in 1999, the transformation in 2014.

Key words: Chinese university; reform; culture reflection

启蒙运动的一个转折
——伏尔泰和他的《哲学通信》*

盛 嘉**

一

18 世纪欧洲启蒙运动之所以能够兴起的一个重要原因是,当时出现了一批有胆识的启蒙思想家。伏尔泰(Voltaire,1694—1778)就是其中的一位重要领军人物。他出生于英国革命(1688 年)之后的 1694 年,他去世 10 年之后,法国革命(1789 年)爆发,这期间,正是那个风起云涌的启蒙时代。

伏尔泰一生的主要目的就是要把人们从无知、偏见、愚昧、懦弱的境况中唤醒,把他们从教会的迫害和极权旧制度的压迫下解放出来。为了这一目的,他以各种方式,不懈奋斗了一生。他是一个多才多艺的人,一生著述丰富,在历史、哲学、文学等多个领域都有卓越的贡献。他一生经历坎坷,富有传奇性。他敢于蔑视权威,敢于发表自己的见解,坐过两次巴士底监狱。他的书被禁,人被驱逐,但他没有放弃自己的理想和追求。维克多·雨果(Victor-Marie Hugo,1802—1885)在纪念伏尔泰逝世 100 周年时说:"伏尔泰不只是一个人,而是整整一个时代。"要是没有伏尔泰,启蒙运动的历史可能完全不同。

伏尔泰生活的法国路易十五时代,人们没有言论和出版的自由。社会与政治的敏感问题是不允许公开讨论的。对专横的教会和旧制度的王权,人们只能唱颂歌,献赞词,不能批评和讽刺。面对这一严峻的社会现实,伏尔泰没有退缩和不作为。他在 1733 年发表了《哲学通信》(Philosophical Letters)一书,就是为改变这一状况而做出的努力。此书也称《英国通信》(Letters from England),是他第一部重要的启蒙运动著作。书中,伏尔泰介绍了他在英国的所见所闻。而此书的写作背景,则与他的一段经历有关。

1726 年 4 月,给旧制度不断制造麻烦的伏尔泰第二次被关进了巴士底监狱。不久他被放了出来,随后被驱逐出境。在欧洲辗转了一段时间之后,他怀着对法国专制政府极度的失望和愤懑的心情,越过了英吉利海峡,去了英国,当时他 32 岁。在英国住了 3 年。对他个人来说,这是一个改变他思想和命运的经历。对于启蒙运动来讲,则是一个重要的转折。

当时的法国和英国是两个截然不同的国家,它们有着巨大而深刻的差异。根据伏尔泰的观察,当时的法国至少落后英国 60 年。在历史上,英国率先走出了中世纪,是欧洲最早经

---

* 这是作者于 2015 年春季在厦门大学开设的全校通识课"启蒙运动"的讲义。
** 盛 嘉 厦门大学人文学院 福建 厦门 361005

历启蒙运动的国家。在社会发展的许多方面,英国都走在了法国的前面,特别是在政治改革上。1688年的"光荣革命"改变了国家君主极权的结构和性质。国王的权力得到了限制,贵族阶层得以与国王分享权力,议会控制了国家的税制,这些都给英国政治带来了新气象。在英国这种开明政治文化的比照下,法国更加相形见绌。这给年轻的伏尔泰留下了极深的印象。

除了政治上的相对开明之外,英国社会对宗教也持一种宽容的态度,这使得英国形成了一个宗教多元化的格局。宗教多元化的格局,给英国社会带来了活力,民众的自由程度明显优于法国。而在当时的法国,天主教占绝对的统治地位,迫害打压其他教派,宗教成了令民众恐惧的势力。

英国政治上的进步和对宗教的宽容,激发了社会文化的活力。早在1695年,英国就废除了新闻和书报检查制度。在欧洲,英国民众是最早享有出版和言论自由的。新的社会价值观使知识文人的社会地位得以提升。他们当中的一些人享有与王公贵族同样的社会地位。这给在法国受尽迫害、看着文人过着低三下四生活的伏尔泰带来了极大的震撼。

在伏尔泰的眼里,英国是一个宽容和理性的国家。在这个国家,理性变成了普世价值。英国是理性战胜邪恶和愚昧的范例。英国的文化和制度代表着人类历史发展的方向。伏尔泰把握了英国文明的一些核心价值,致力于把它们介绍给还处于专制下的法国。希望法国能够摆脱愚昧的极权专制;法国的人民能够从一种生活在恐惧中的状态,进入一个自由的境地。

二

《哲学通信》首先在英国出版。1733年在伦敦问世,三周内第一版就售光了。在1788年之前又重印了15次。一个法国人写的关于英国的通信,引起了英国人的好奇心。这本书在法国出版比在英国晚了一年,然而,它在法国的命运则是另外一番情形。1734年,《哲学通信》在法国出版时,遭到来自教会和君主极权政府的反对和封杀。天主教教会认为,此书反教会,传播异端。法国的法院宣判,这本书"有悖良好道德和对统治阶层的尊重",是一部传播危险信息的书,被列为禁书。启蒙运动的一个特征是启蒙思想家所写的许多重要著作都是当时的禁书。当时,《哲学通信》被当众撕毁、焚烧。出版商和书商被通缉,逮捕入狱。伏尔泰也被通缉,他不得不再一次走上了逃亡之路。然而,《哲学通信》仍在欧洲其他地方出版发行。在荷兰出版时,不到一年时间竟再版了10次。

那么,为什么这本书受到如此的欢迎呢?又是什么原因让法国的天主教会和专制政府对伏尔泰的《哲学通信》如此仇视和恐慌呢?这要从《哲学通信》文本的内容说起。

《哲学通信》一书由25篇通信构成。其中有7篇讨论英国的宗教,2篇关于英国的政府,5篇介绍人物,2篇讨论文人社会的状况,3篇关于牛顿的科学,1篇关于商业,2篇关于英国的戏剧,1篇谈学院制度,1篇介绍种牛痘,还有1篇评论帕斯卡的思想。

为什么伏尔泰把这样内容的书称为《哲学通信》?伏尔泰那时的"哲学"概念,与现在我们所讨论的"哲学"的概念不同。在启蒙运动早期,"哲学"一般指理性,以及与理性相关的事务。伏尔泰所写的这些关于英国的通信,主要讨论他在英国所观察到的与理性相关的人与事。

三

18世纪的欧洲是一个宗教社会,宗教的纠纷和迫害是欧洲一个普遍的现象。宗教的状况很能反映一个社会的状况,也集中了一个社会的诸多矛盾。英国在"光荣革命"之后,通过了《宗教宽容法》,在国内呈现出一个宗教的多元格局,并形成了一种宽容和信仰自由的风气,这为解决当时欧洲所面临的最为棘手的宗教问题提供了一种途径。在英国,伏尔泰发现,"这里是一个宗教教会林立的国度。一个英国人,作为自由人,可以沿着他所喜欢的道路进入天堂"。[①]

在英国各类的教会中,伏尔泰选择性地介绍了其中4种。它们是:一个正在兴起的,曾被视为邪教的公谊教,也称贵格教(Quakers);一个是相对而言当时处于统治地位的英国圣公会(Church of England);另一个是新教的长老会(the Presbyterians);还有一个是正在复兴的一个教会——反三位一体者教会,也是后来被称为的唯一神教教会(Unitarians)。

伏尔泰认为,在英国的各种教会中,公谊会的"教义和历史是值得一个求知人去探究的"。[②] 他不仅把介绍公谊会的文章放在《哲学通信》的首篇,而且还用了四封信的篇幅。他注意到,这是一个有着自由精神的教会,没有其他教会的那些繁文缛节。比如,信众不用接受洗礼而称信。该教会还抵制教会中的威权和等级制,聚会和祷告不用牧师来主持,实践一种自发性的祷告。更令伏尔泰赞叹的是,公谊会的德行,不依附任何政治权力,不随波逐流。在政治强权面前保持独立和尊严,反对专制极权政治,反对暴力和战争。公谊会还在教会里,提倡男女平等。

伏尔泰还特意介绍了公谊会的历史。他特别欣赏教会的创始人乔治·福克斯(George Fox,1624—1691)和将公谊会传到北美的威廉姆·宾(William Penn,1644—1718)。伏尔泰介绍了福克斯创建公谊会的经历,特别欣赏其虔诚的信仰、牺牲的精神和斗争的策略。对于威廉姆·宾,伏尔泰觉得,宾的杰出贡献不仅是将公谊会带到了北美,还因为他在北美建立了一个宗教信仰自由的社会,特别是通过立法来保证宗教信仰自由。伏尔泰介绍说,"他创立了很开明的法律。从他以来没有一条改动过。第一条就是关于宗教问题,不需虐待任何人,把一切信仰上帝的人都视同手足"。[③] 正是这些实践,造就了北美的"真正的黄金时代"。公谊会的历史就是一部争取自由和反抗压迫的历史。从伏尔泰后来的经历中,人们不难看出这两位历史人物对伏尔泰的影响。伏尔泰一生都在为宗教的信仰自由而抗争。69岁时,他还为反对法国的宗教迫害而写了《论宽容》这一小册子。在启蒙运动中,伏尔泰敢于挑战权威,坚定并有策略地将新思想和新知识介绍到当时愚昧、落后和专制的法国,一定是受到这两位历史人物的影响。

对于当时在英国社会占统治地位的圣公会,伏尔泰并没有采取简单的批判态度。尽管

[①] 伏尔泰:《哲学通信》,高达观等译,上海人民出版社2005年版,第22页。
[②] 伏尔泰:《哲学通信》,高达观等译,第1页。
[③] 伏尔泰:《哲学通信》,高达观等译,第14~15页。

英国圣公会的圣职人员"保留了许多天主教仪式,特别是收教会什一税,极其细心。他们也有虔诚的野心想做统治者",他们也曾参与过英国的党争与权力斗争,但伏尔泰注意到,在道德风尚方面,这些圣公会教徒比法国的天主教徒要超脱许多。他介绍说,"全体圣职人员都是在远离首都肮脏龌龊的环境,在牛津大学和剑桥大学培养出来的……这里的圣职人员全都是言行谨慎的人,而且几乎都是学究"。① 在欣赏圣公会人员的这些道德品质的同时,也注意到了他们与政治保持相对的距离。

作为一种曾在历史上参与过党争的占统治地位的教会,圣公会却能与政治权力保持一定的距离。在法国,占统治地位的天主教与王权勾结,形成了压迫法国人民的政治暴政和宗教暴政。伏尔泰对此极为愤慨,他提出要尊敬的是凭真理力量进行统治的人物,而不是依靠暴力来奴役人的人。

除了上面所讨论的两个教会,伏尔泰还介绍了在苏格兰的长老会和一个处在边缘地位的反三位一体者的小教会。伏尔泰之所以选择长老会,其中一个原因是,尽管它在苏格兰占统治地位,但它却能够"对其他的宗派还是欢迎的,并相处得相当好"。② 反三位一体教会之所以引起伏尔泰的注意,是因为这个教会不仅自身具有改革意识,敢于挑战正统的教义,而且还得到伏尔泰崇敬的牛顿(Isaac Newton,1642—1717)和洛克(John Locke,1632—1704)的认同。

英国宗教的多元化格局给伏尔泰留下了极深的印象。对此,他写道,"如果在英格兰只有一种宗教,怕的是可能出现专制,如果在那里有两种宗教,就可能互相扼杀,英国有几十个宗教,他们却能友好相处"。③ 看来,这种宗教的多元格局往往带来的是社会的相对稳定。相比之下,伏尔泰对法国的情形极为担忧。在法国,天主教一教独大,残酷迫害其他宗教,人们没有宗教信仰自由,生活在恐惧和愚昧之中。伏尔泰要改变这一现状,而这就是他在《哲学通信》中用多个篇幅介绍英国宗教的动机。当然,这也是此书一出版就遭到法国天主教封杀的原因。

通过观察和分析英国的宗教,伏尔泰认为,宗教多元化的基本前提是容忍。为此,他一生都在提倡容忍。他的那句名言,"我不赞同你所说的,但是我至死也要捍卫你把它说出来的权利",体现了启蒙运动的一个高尚的原则。

四

除了宗教多元化之外,英国开明的政治也引起了伏尔泰的注意。他用两封信分别介绍了英国的议会和政府。在《论政府》一篇中,伏尔泰分析了英国政府的结构和性质。他注意到英国独特的政府结构,政府由三部分构成:下院、上院和君主。这种结构使对权力的制衡成为可能,防止君主专制的出现。对此,伏尔泰写道,"英国是世界上抵抗君主达到节制君主权力的唯一的国家,他们由于不断地努力,终于建立了这样的开明的政府;在这个政府里,

---

① 伏尔泰:《哲学通信》,高达观等译,第23～24页。
② 伏尔泰:《哲学通信》,高达观等译,第27页。
③ 伏尔泰:《哲学通信》,高达观等译,第27～28页。

君主有无限的权力去做好事,倘使想做坏事,那就双手被束缚了;在这个政府里,贵族们高贵而不骄横,且无家臣;在这个政府里,人民心安理得地参与国事"。①

伏尔泰特别注意到,在英国议会中,"下院变得一天强似一天"。一方面,下院的议员与地方有诸多的联系;另一方面,它还具有决定税收的权力。对此,伏尔泰介绍道,"在此地,一个人,并不因为他是贵族或牧师,就能免征某些捐税;一切捐税都由下院来决定,因此,这个下院,论地位,它是第二,论权力,却是第一"。②

一个社会的进步和公平最好的标志就是其税制,而英国在这方面走在了法国的前面。伏尔泰写道,在英国,"当税收的法案经过贵族们的同意和国王的批准,大家就得按照法案纳税。每个人,不是按照他的身份(那是荒谬的),而是按照他的收入来纳税;没有庶民税,也没有任意的人头税,却有一种地道的土地税"。这种税制使得"没有人被蹂躏,也没有人抱怨"。看来,伏尔泰发现了当时的英国之所以比法国强大的一个原因。

作为一位启蒙思想家,伏尔泰并没有只是简单地描述英国的政府和它的税制,他还着意探讨英国开明政治形成的历史原因。他意识到,英国的开明政治并不是自然形成的,而是"与暴君的抗争中产生自由的结果"。③ 伏尔泰追溯英国的历史,找出英国政治相对开明的原因。在过去的历史中,英国和法国大多经历了内战和动荡,但两国却各自走出了不同的道路。

对此,伏尔泰分析道,"为了要在英国建立自由,无疑地他们付出了代价;正是在浴血奋战中,他们推翻了专制政权的偶像;然而,英国人并不以为付出了太高的代价,换来了良性的法律。在别的国家,骚乱和流血并不少于英国,无奈这些国家为争取自由而流的血却更加巩固了奴隶的身份"。④ 相比之下,"同一件事情,在英国这变成了革命,在别国只不过一次叛变而已。……法兰西的内战比起英国的内战,来得更漫长、更残忍,罪恶更多;然而,在这许多的内战里,没有一次是以争取贤智的自由为目标"。⑤

伏尔泰认为,与法国政府敌视英国的态度不同,英国并不要与法国为敌,"这个民族不但爱护自己的自由,而且还爱护他人的自由。英国人极力反对路易十四,因为他们相信他野心勃勃"。⑥

上述的文字显示出伏尔泰有一种过人的历史洞察力,他看出了英国从传统社会向现代国家转变的一个关键性的历史因素。英国之所以能够摆脱愚昧,走出黑暗,就是因为英国人民一直为追求自由而不断努力。他们坚持,一个政府不能限制人的思想和言论自由,他们反对以任何名义实行践踏自由的暴政。二百多年之后,阿娜·阿伦特(Hannah Arendt, 1906—1975)在她的《论革命》(On Revolution)一书中,也阐述了与伏尔泰相似的看法,认为以追求自由为目的的革命往往都会带来社会实质性的进步,而以其他冠冕堂皇的口号发动的革命,并不能带来真正的社会进步。⑦

---

① 伏尔泰:《哲学通信》,高达观等译,第37页。
② 伏尔泰:《哲学通信》,高达观等译,第43页。
③ 伏尔泰:《哲学通信》,高达观等译,第42页。
④ 伏尔泰:《哲学通信》,高达观等译,第37页。
⑤ 伏尔泰:《哲学通信》,高达观等译,第37~38页。
⑥ 伏尔泰:《哲学通信》,高达观等译,第37页。
⑦ Hannah Arendt, On Revolution, New York: The Viking Press, 1965.

英国是在当时的世界唯一以抵抗的方式达到限制国王的权力的国家。在这个过程中，产生了丰富的反抗思想和理论。这些理论不仅是英国政治的宝贵遗产，也成为后来美国革命的宝贵思想资源。这是后来美国革命之所以能够成功的原因之一。有历史学者称北美是启蒙运动成功的试验场，这是一个有历史眼光的判断。

五

英国自由贸易的理念和商业的发展是伏尔泰崇英的另一个重要原因。在英国，贵族没有轻视商业，各种宗教信仰的人可以在一起从事商业活动。而在法国，商人是没有社会地位的。英国的宗教多元化和开明的政治带来了社会的稳定，而稳定的社会有利于商业的发展。伏尔泰觉得伦敦的交易所是一个"比各种小朝廷还更值得的尊敬的地方"。他写道，"在那里你可以看到各民族的代理人为着人类的利益而聚集起来。在那里，犹太人、伊斯兰教徒和基督徒彼此相处好像是出于同一的宗教，他们只把异教徒的名号送给那些因为投机而破产的人们；在那里，长老会的信徒信任浸礼教的信徒，而圣公会信徒也接受公谊会信徒的诺言"。①

值得注意的是，伏尔泰并没有仅从经济利益的角度看待英国当时商业的发展，他还看到了商业发展对人的自由的促进，"商业使英国的民众富裕起来了，而且还帮助他们获得了自由，而这种自由又转过来扩张商业；国家的威望就从这些方面形成而壮大了"。② 英国是一个地处世界一隅的岛国，自然资源并不丰富。这个国家之所以能够在18世纪成为贸易强国，变成后来的军事强国，占据世界的霸权长达一个多世纪，归结起来是因为它的政治开明、宗教多元化，以及商业的发展和人民的自由。伏尔泰是最早发现其中奥秘的少数学者之一。

伏尔泰坚信，经济上的独立和富足不仅可以改变一个国家的命运，也可以保障这个国家个人的自由。他一生对商业感兴趣，关心贸易，自己也是赚钱的好手，为的是过一种有品位的生活，让自己处于有尊严、闲逸和自由的地位。启蒙运动之所以兴起，与一些启蒙学者的经济地位有关。除了伏尔泰之外，孟德斯鸠（Montesquieu，1689—1755）、狄德罗（Denis Diderot，1713—1784）、爱德华·吉本（Edward Gibbon，1737—1794）、达朗贝尔（D. Alembert，1717—1783）都是一些衣食无忧的人。启蒙运动的兴起与这些思想家的生存状况密切相关。他们代表了启蒙运动的许多积极的社会品质。而仅凭那些穷困潦倒的文人，往往无法胜任、发动和领导像启蒙运动这样的知识革命。

六

伏尔泰的出现，预示了启蒙运动中一个新的社会知识阶层的产生。这批人同以前文化复兴（Renaissance）③中的人文主义者有相似之处，但也有很大的区别。他们不是独善其身

---

① 伏尔泰：《哲学通信》，高达观等译，第27页。
② 伏尔泰：《哲学通信》，高达观等译，第48页。
③ "Renaissance"旧译为"文艺复兴"，其实，译为"文化复兴"更较为符合当时的历史涵意。

的文人,而是有着极强社会意识和群体认同的一批人。他们给自己取了一个名字:文人共和国(The Republic of Letters),这是在当时的体制之外的一个新的社会知识群体,并与旧制度保持着若即若离的关系。

他们是博学的继承者。他们既出色地发挥了前人们的优秀思想,又致力于研究前人所提出的关于人类生存的各类主题。他们坚信理性的力量,是一批具有独立思想意识的人。他们是18世纪当之无愧的知识精英。

伏尔泰注意到,一个民族或国家要走出愚昧和落后的状态,必须给文人以良好的社会地位。在英国,文人和艺术家享受着崇高的社会地位和待遇。这令伏尔泰感到振奋。他介绍到,"在伦敦差不多有八百多人有权公开发言,主持国家的利益;差不多有五六千人希望轮到他们来分享同样的荣耀;其他一切人自称为这些人的评判者,每人都可以发表印刷文章说明他对于公共事业的想法"。① 恰恰在这方面,法国的情形与英国大相径庭。在法国,政治和社会的敏感问题是不允许讨论的。愚蠢的教会、蛮横的王权和傲慢的贵族,竟可以不受惩罚地任意鞭笞和迫害文人作家。文人没有言论和出版的自由,也不允许批评教会和旧制度的弊病。一句话,"真理在法国被贫乏的经院哲学所迫害"。②

在伏尔泰看来,英国在当时之所以超越法国,就是英国允许各类的文人可以对他们所关心的政治、社会、宗教、文学、道德等问题发表各自的意见。无论他们的个性、出身和社会地位有多大差异,他们都可以在这个言论不受压制的国度里各抒己见。而他们的共同点是勇于批判现存的制度,为摆脱压迫,努力争取人人平等和自由的社会。

在《哲学通信》中,伏尔泰特意介绍了四位重要的英国人物。他们是学者法兰西斯·培根、思想家约翰·洛克、科学家伊萨克·牛顿和诗人蒲柏(Alexander Pope,1688—1744)。他的选择改变了过去那种以帝王权臣为中心的历史观和价值观。他的评判标准是,"我们应当尊敬的是凭真理的力量统治人心的人,而不是依靠暴力来奴役人的人,是认识宇宙的人,而不是歪曲宇宙的人"。③

在伏尔泰的心中,培根是"一位大哲学家、良好的史学家和出色的作家"。尽管他"生在一个没有人懂得写作艺术,更少有人懂得良好哲学的时代",④但伏尔泰认为,培根是带领人们突破经院哲学的人,"他很早就轻视一般大学里的所称的哲学;他就他影响所及尽力使这些为健全人类的理性而设置的团体不再继续使用它们那些'本质'、'恐惧的虚空'、'实体的形式'和一切不恰当的词语来糟蹋理性"。⑤ 伏尔泰还称培根是"实验哲学之父",特别推崇他的《新工具》一书。在这本书中,培根提倡以新的方式认识世界和追求科学,强调归纳法,为人们建立一种新哲学提供了框架,对后来的科学发展有着重要的影响。而培根也因此被视为欧洲科学革命的一位重要奠基人。

如果培根是开创科学事业的人物,那么伏尔泰认为,洛克是自柏拉图以来最伟大的思想家,因为洛克有一种大胆的怀疑态度,其学问是以人为中心,而不像当时的许多神父那样以

---

① 伏尔泰:《哲学通信》,高达观等译,第110页。
② 伏尔泰:《哲学通信》,高达观等译,第71页。
③ 伏尔泰:《哲学通信》,高达观等译,第56页。
④ 伏尔泰:《哲学通信》,高达观等译,第56页。
⑤ 伏尔泰:《哲学通信》,高达观等译,第57页。

上帝为中心。伏尔泰写道,"洛克阐明人类的悟性,就好像一位最好的解剖学家解释人体各部的关键一样。他处处借鉴于物理学……他也敢于怀疑;他并不给我们所不认识的东西轻易下定义,但逐渐地考察我们所想要的认识的"。① 正是洛克的这种态度和方法使他能够在对人的认识上做出了超越他人的贡献。洛克大胆地提出,人类的种种观念都是来自感觉,而不是像有些教士宣称的那样,来自所谓"天赋的观念"。人的观念来自感觉,知识来自经验。伏尔泰把这种新的认识论传到了法国。相比之下,伏尔泰觉得洛克的学问比法国的笛卡尔的要扎实可信。他以诙谐的笔触写道,"我们的笛卡尔,生来就是揭发古代谬误的,但是又换上了自己的谬误"。② 伏尔泰一生都对洛克充满敬意,14年后,他在《路易十四时代》一书中写道,"只有洛克才可以算是我们的时代胜似希腊最辉煌的时代的伟大榜样。从柏拉图到洛克,期间什么也没有。……只有洛克在一部满篇真理的书中阐明了'人类悟性',其中所有的道理都很明晰,因而使这部书完美无瑕"。③ 这里伏尔泰提到的这本书,是洛克于1690年发表的《人类理解论》。

伏尔泰用了四封信介绍科学革命的巅峰人物牛顿以及他的科学成就,他说:"使牛顿骑士享有举世盛誉的种种发现涉及宇宙体系、光、几何学上的无限量,以及他在休息时作为消遣的纪年学等多方面。"④伏尔泰认为牛顿之所以能够取得辉煌的科学成就,与他所处的环境和时代有关。"他最大的幸福不仅是生在一个自由的国度,并且也是在经院哲学的空谈已经被禁止、理性独受培养的一个时代里。"⑤从伏尔泰关于牛顿学说的介绍中可以看出,他的确在英国期间下了很多的功夫,研究牛顿的科学。伏尔泰是历史上最早、也是最有力地向法国介绍牛顿的人。他认为,"像牛顿先生这一种天才是属于欧洲所有的学院的,因为所有的学院有许多东西要向他学习"。⑥

作为一位文人,伏尔泰特别欣赏英国诗人蒲柏的诗。他称蒲柏是"英国的最漂亮、最正确,甚至是最和谐的诗人"。⑦ 也让他感到惊讶的是,许多英国人在家中都挂有蒲柏的画像。这种对文人和诗人的尊重,在当时的法国是不可想象的。在法国,文人要么变得很无耻,甘愿做专制王权的附庸,要么被压迫得噤若寒蝉,要么就被驱除出境,变成了流亡者。这样的国家真是让人感到沮丧和悲哀。

他还曾亲身参加牛顿的葬礼,看到王公贵族为其送殡,遗体被安葬在威斯敏斯特教堂,享有最高的国家荣誉。这给伏尔泰带来了很大的震撼,他写道,"牛顿先生在世的时候曾经受到崇拜,死后也得到了他所应得的荣誉。国家的要人互相争夺执拂的荣幸。请你走进威斯敏斯特去。人们所瞻仰赞叹的不是君王的陵寝,而是国家为感谢那些为国增光的最伟大人物所建立的纪念碑"。⑧ 在这里,伏尔泰其实发现了当时的英国之所以走在欧洲各国前列的奥秘。

---

① 伏尔泰:《哲学通信》,高达观等译,第62-63页。
② 伏尔泰:《哲学通信》,高达观等译,第62页。
③ 伏尔泰:《哲学通信》,高达观等译,第67页。
④ 伏尔泰:《哲学通信》,高达观等译,第76页。
⑤ 伏尔泰:《哲学通信》,高达观等译,第71页。
⑥ 伏尔泰:《哲学通信》,高达观等译,第133页。
⑦ 伏尔泰:《哲学通信》,高达观等译,第119页。
⑧ 伏尔泰:《哲学通信》,高达观等译,第128页。

英国的文人、学者和科学家不仅享有崇高的社会地位,他们自身还具有相对独立的意识。伏尔泰流露出对英国思想家所具有的启蒙的、普世的、怀疑的理性主义的欣赏。伏尔泰注意到,当伦敦皇家学会的会员忙着做研究的时候,法兰西学院的会员却在忙着给国王写颂词。[①] 英国的皇家学院,不受国家权力的控制,会员由同行评选。而在法国,法兰西学院的会员接受国王的俸禄,但他们不是认真做研究、写论文,而是阿谀奉承,热衷给君主和权贵们写颂词。

七

在《哲学通信》中,伏尔泰向人们展示了一种对他者文明开放、虚心学习的心态,一种新的价值观和政治勇气,一种独特的观察视野和分析能力,一种机智巧妙的叙述风格。从文化思想史的视角来看,一个人最初的著作往往代表着他最初的姿态,这一姿态对他后来的思想和学术常有着持久性的影响。伏尔泰后来在他的许多著作中,都曾发挥他在《哲学通信》的思想,如1734年的《论形而上学》和1764年的《哲学词典》。

对于法国启蒙运动,伏尔泰最重要的一个贡献就是有勇气和胆略将英国的经验介绍给了还在专制统治下的法国民众。他的这一做法和他的《哲学通信》是启蒙运动的一个重要转折点。《哲学通信》是将对自由精神的宣扬与对专制国家的批判结合起来的文本。在伏尔泰之前,还没有哪一个法国人敢于这样大胆地、正面地介绍英国。在法国专制统治者的眼中,英国是法国不共戴天的死敌,法国民众中也有相当一些人对英国持有偏见。但伏尔泰敢于突破专制政权设定的界限,大胆谈论禁忌的话题,这在当时是要冒很大的风险的。

是宣扬真理,还是苟且偷生?伏尔泰选择了前者,这使得伏尔泰当之无愧地成了启蒙运动的领军人物。那时去过英国的法国人不只伏尔泰一人,但他却敢于去做这件事。除了勇气和胆略之外,伏尔泰还有一种过人的价值判断。启蒙思想家大多都是具有很强价值取向的人,并且他们还勇于将自己的价值观付诸实践。伏尔泰开启了启蒙运动的一条新路径和一种新的时代精神。他的经历告诉我们:一个时代的思想家,不但是跨越国家地理疆界的,而且是超越时代的。他们不仅对自己身处的国家有切身的了解,而且对外部的世界也有敏锐而客观的认知,能在比较的视野中对人类的生存状况有着基本客观的判断。

伏尔泰的越境是一个多层次的越境。他从一个地域的文人变成了坚信普世价值的国际主义者。他抛弃了狭隘的民族偏见。不论是什么民族,哪怕是与自己结仇的民族,只要他们有优点和长处,就要以一种开放和认真的态度去学习。在这一点上,伏尔泰给法国人做出了榜样,也为后来的启蒙运动开了先河。没有这种越境和突破,一个欧洲广大范围内的启蒙运动就不可能兴起。在这个意义上讲,18世纪的启蒙运动其实也是一场跨越国家地理疆界的国际运动。

伏尔泰的越境还是对自我幽暗心理的一种突破。这是成为启蒙思想家的一个重要的前提条件。若不突破自我传统文化的禁锢和超越自我心灵的束缚,实现一种心态的转变,一个人对他者文明的认知就很难做到客观与全面。伏尔泰以他的言行向人们显示了一个启蒙思

---

① 伏尔泰:《哲学通信》,高达观等译,第133~135页。

想家的开放和坦然的心态。在他之后的许多启蒙思想家都有与此类似的越境和突破,卢梭和吉本等人也都有类似的经历。可见,历史上的这场启蒙运动还是一场人们的心态革命。

八

伏尔泰的越境可以视为法国启蒙运动的开端,他把思想的火种传了过去。在法国,启蒙运动作为一项事业出现了。法国的教会和极权专制政府焚烧、禁止伏尔泰的《哲学通信》,他们这样做并没有阻断伏尔泰的影响,相反,伏尔泰的影响却在一天天扩大,变成了一种不可阻挡的、进步的历史力量。

值得注意的是,后来爆发的法国革命中,对待英国的态度竟变成了一个划分标准。由此还引出许多,如自由与奴役、理性与愚昧之间的划分。这把火是伏尔泰点起来的。他逝世10年之后,法国革命爆发。谁曾想到一场改变法国历史命运,甚至世界格局的一场革命,有时竟可能缘起一个人的越境。

越境有时也会带来尴尬和无奈:伏尔泰的思想太具有颠覆性,而无法被巴黎当局所接受,但同时,他又有一种难以割舍的法国情结,只好选择居住在法国与瑞士边界的小镇费尔奈,度过晚年。他在那里为自己建造了一个陵墓,在墓碑上写了这样一句话:"聪明人会说我既不在里面也不在外面"。这真是一位越境者绝妙的表述,他生前很难归属,不属于任何地方,但他心向真理,他拥抱的是世界,他属于全人类!

关于通识课"古希腊哲学"的一点想法

楼 巍[*]

一

接下来要说的,是我作为一名人文学院哲学系的教师在厦门大学翔安校区上通识课的一点经验和想法。这些经验是很有限的,这些想法也没有完全成熟,但我还是希望它们能有一点超出自身的意义。

记得那是 2013 年的冬天,我们学院的秘书给我打电话,要我 2014 年春天去翔安校区开一门通识课,接完电话,我脑子里自动出现了一个概念:文化下乡。这概念虽然时髦,但就这个例子而言却十分贴切:翔安校区是厦门大学在岛外新建的校区,和前有胡里山炮台守护,后有南普陀寺坐镇,四处被鲜花簇拥的老校区相比,那里注定是"外乡"了。当时我还没去过,但心里已经有了一幅图像:校区本身当然是很壮观、漂亮的,那是典型的陈嘉庚式建筑,西式柱子、中式屋檐,端的是"穿西装、戴草帽",但学校四周一定全是农田,校外一定新修了一条宽敞而笔直的马路,而在这大搞建设的时代,马路上一定尘土飞扬。

至于要拿去下乡的"文化",我想来想去,也只能是"古希腊哲学"了。这门课其实很重要,因为正是古希腊人一劳永逸地奠定了西方哲学重理智、轻感官的思想特征,而古希腊哲学家的生活也因为离我们的生活十分遥远而具有一种陌生化的美学效果。这些哲学家们毅然地抛弃了一切感官经验,进行无所顾忌的玄想,将实证问题抛到九霄云外,不懈地寻找现象背后的本体,应该说,这一切都很有趣,让人很有兴味。

所以,虽然我的研究方向并不是古希腊哲学,但我还是决定带着这门课去搞文化下乡了。

二

有人建议把课名改一下,在内容不变的基础上,课名可以考虑改成诸如"认识你自己"或"西方文明探源"之类的,据说这样比较有吸引力(实际上我们学院的一些通识课名称确实走这个路线),但我不愿意,因为那两个名称都有点含混,而我喜欢清晰而明确的概念。我觉得"古希腊哲学"这个课名,就像"茅台酒"一样,无法再添加或删除任何一个字了。事

---

[*] 楼 巍 厦门大学人文学院 福建 厦门 361005

实证明,由于课名已明确告诉学生课程的内容,选课的学生反而更多,一开始有九十人,第一节课上完后,又加了三十多个。要说吸引力,似乎还是明确的东西更有吸引力吧。

选课的大多是理工科的学生,我当然希望他们上课的动机不仅仅是毕业需要这方面的学分,更希望他们真正对课堂的内容感兴趣,但他们又凭什么要对哲学,或者往大处说来的文科知识感兴趣呢?我想一定有一些文科老师思考过这个问题。

是啊,对理工农医类的学生而言,文科的知识有没有用呢?若从一种知识可被转变成经济效益,或者用来谋生糊口这样的角度看来,文科的知识对他们来说当然毫无用处(它的用处不在于此)。这个现象在人文学院内部也存在,比如哲学系的同学就好像因为历史、文学类的书"没有用处"而敬而远之,其实哲学系的同学看看历史或文学方面的书,也并不算浪费时间,也许反而对哲学的内功有帮助呢,这话反过来说也一样,历史或中文系的同学看看《西方哲学史》或《中国古代思想史论》并且将其看懂,也不无裨益。我自己是什么书都看的。

在上通识课时,面对着很多非人文学院的学生,面对着很多理工科的学生,站在讲台上的文科教师们大概有很多是靠着"大师的名气"而坚持下来的吧。所谓"大师的名气",换句话说,其实是人们(包括学生们)的恐惧感,比如他们知道柏拉图是个著名哲学家,但也仅此而已了,自己居然和柏拉图毫无关系,因此感到恐惧,这就像不远处来了一个绝对名人,自己居然没有去瞻仰,生怕落了伍,情况是一样的。柏拉图本人是不会来的,自己通过看书了解柏拉图又太累,现在来了一个讲柏拉图的老师,随便听听,总算和所谓"大师"亲密接触了一下。学生有这样的心态,并不足怪,学生抱着这样的心态来选课,教师不仅无须叹气,而且要表示欢迎。动机不重要,重要的是让孩子们在学完这门课后真正有所得,哪怕他们所得甚少,哪怕就那么一点点,也算成功了。一颗小种子,说不定能长为大树,一点想法,留在他们的心中,说不定也会长大,对他们的人生有所影响(且是正面的影响)。

三

说到影响,似乎就要说说通识教育或博雅教育对学生的作用了。复旦大学某任校长就说复旦大学的教育理念是"博雅教育",说"大学更重要的实际上就是教育你、教你具有巨大普适性的这样一种知识……拥有相当高尚的品德,能够引领社会走向美好","帮助学生孕育'自由意识'"[①]。

这位据说是"最有思想的大学校长",就其发表的演说来看,总体看法大致如下:人不能光有专业知识,有专业知识的人道德败坏带来的祸害更大,因此需要超出专业知识之外的更"博"的教育,这种教育使人成为道德高尚的人。("雅人",用他的话说是"淡定而自信"的复旦人),实在不济,也要做恪守道德底线的人。若大家都是这样的人,社会就美好了。

这有点像蔡元培的"美育"思想(但要把其中的哲学部分去掉),只不过蔡先生要"用美育代宗教",而这位校长是"用美育代德育"。我们可以对此提两点看法:

首先,这位校长是站在理工农医的角度,将文科类和艺术类的课程视为专业知识之外的

---

① 复旦学院主编:《复旦通识教育》,2014年3月,总第11期,第41页。

博雅教育的,然而文科类和艺术类也有自己的"专业知识",因此也要有"超出专业知识之外的博雅教育"。所以,应对"专业知识"这一概念做一个准确界定,在不同限定的前提下,要么把博雅教育变成"文史哲艺术"教育,要么将其泛化,变成"大学生本专业之外的其他学科",前者着眼于提高理工农医类学生的所谓"人文素养",后者着眼于对所有学生进行"通才教育"。"博雅教育"这个概念常让人想起前者,而"通识课"这个概念又会让人想起后者,尽管人们是把这两个概念混同起来使用的,我们现在就暂时把这一概念限定在前一种情况下吧。

其次,将读书视为修身的手段,这个看法本身是极好的,而且从古至今一直有人在实践,但如何用超出专业知识之外的教育("博"),来让学生成为品德高尚的人呢?如果光学文学、艺术、哲学、历史等就能带来良好的品德,那艺术系、人文学院的学生、教师岂不早已是德育的完成时了?即使博雅教育(或通识教育)能让人变"雅",那如何保证"雅人"就一定道德高尚呢?悠闲的雅人不一定"拥有相当高尚的品德",生活艰辛而恣睢的人也不是非得品德恶劣的,很多时候情况刚好相反。要打通博雅教育和品德之间的关系没那么简单,虽然并不是不可能。

那怎么办呢?最好先取消博雅教育和品德之间的联系,或者干脆宣布博雅教育就是无用之学,或者只是将通识课作为个人专业知识之外的"兴趣"类课程,交到学生手里。这些课是有学分,但上这些课不是为了学分,而是学生本来就感兴趣,或者本来没有兴趣,通过上课培养了自己的兴趣。现实中也有一些理工科的学生,因为上了通识课,要求转入哲学系或中文系的例子,这是因为他们培养起了兴趣,找到了自己的所爱。因兴趣而学,其乐融融,因毕业或学分而学,苦痛至极,这似乎才是"巨大普适性"。

对学生而言,特别是对于理工农医类的学生而言,专业课(必修课),甚至专业本身很多时候都是无法选择的(有的是调剂的),但通识课可以选择。他们终于有了久违的自由,有自由地根据自己的兴趣选择课程,或自由地培养自己某一方面的兴趣的自由。这一刻,他们觉得自己挣脱了现实的必然性,挣脱了"to be",触摸到了"should to be"。上了通识课,发现了自己真正的兴趣,想要换个专业,这是可以的,但这并不是说上通识课就是为了在专业上进行二次选择,上通识课没有或不应该有具体的目的,只是喜欢,仅此而已。

然而也有这样的情况:原本对比如说哲学模模糊糊感兴趣的学生,在上了哲学类通识课后,完全不感兴趣了;原本对哲学不感兴趣的学生,后来更加不感兴趣了。这类情况并不少见,这就牵涉到老师上课的方式了。同一个作家,比如米兰·昆德拉,有的老师讲起来就清楚明白、趣味横生,有的老师讲起来就稀里糊涂、味同嚼蜡,还不如自己回去看书。

这就对通识课的老师提出了较高的要求,学生可以自由地选择上一门课,也可以自由地选择上课时不听,躲在后面玩手机或做作业,这也不能全怪学生,因为他们真的没兴趣,而这又不是专业必修课。就我个人的经验而言,课上一百多个学生,大概有一半会专心听讲,在另一半中,又有一大部分是讲到有趣的地方,比如讲到某个古希腊哲学家的奇闻轶事时,就专心听讲。其余的一小撮,不管内容是否有趣,都在忙着自己的事。最后这一种人,我称之为"空转的齿轮"。"空转的齿轮"在所有课堂上都有,这里就不说了。

看来,最重要的是第二类人。然而,课堂上总不可能老讲花边消息和名人轶事吧,因为文史哲,乃至艺术,也都有它们自己的"专业知识",而这些专业知识其实并不比天文学和医学更简单。看电影,谁都喜欢,分析电影镜头的剪接,就没那么有趣了。我们以为文科好学,所以把文科变成理工科学生课余的一种调剂,让他们劳逸结合,这种观点虽然不正确,但流传甚广。

说到电影,电影理论中好像有一个"集体无意识"的概念,即好的电影要让观众集体进入无意识,像被催眠了一样,跟着电影走了。把这一套转移到教学上,我们似乎可以说,最好的教学就是让学生进入无意识,像被催眠了一样,跟着老师走。当然,这几乎是不可能的,但是,用学生感兴趣的小故事或小幽默引起他们的兴趣,让他们把注意力集中在老师身上,趁其注意力未消退,赶紧灌输一点"专业知识",或索性把"专业知识"融化在故事和场景中,不知不觉地灌输给他们并做一点总结,或者以发问的方式,让学生也来参与对正确答案(也是专业知识)的建构,都是可以做到的。我个人最喜欢最后这个办法。

这一切都需要一个前提,那就是老师要把上课的专业知识彻底搞懂,自己不懂,或者有点懂(也是不懂),只能越说越糊涂,完全搞懂、吃透、消化了,才有可能用学生爱听的语言重新表达出来,让他们也懂一点。当然,文史哲和艺术中注定夹杂着一些因为含混所以高妙的东西,也有一些"知识"似乎很难简单传递(比如审美力,所以我们可以不称其为知识),所以,就我个人而言,虽然有很多学生就喜欢那种含混而高妙的东西带来的晕乎乎的感觉,或者有的学生就是喜欢那种不容易说清楚或者说不清楚的"知识",但是至少我在上课时是不会去触碰这些的。上课力求清楚、明白,对于不容易说清楚的东西,就不说,对于说不清楚的东西,视其为无物。世间万物,寸心万绪,宇宙如此丰富,少掉几样没关系的。

四

那么通识课是否只是"有趣"而已呢?换言之,通识课和人们鼓吹的品德、社会美好是不是完全没有关系呢?有的,然而情况有点复杂。通识课一上台,老师或领导立刻在两旁展开两面旌旗,一面"品德",一面"自由意识",作为看客的学生最烦这一套,他们心想:"完了,说教要开始了。"这一代学生(生于 1990—1994 年间)都是个人主义者,最厌烦带有说教性质的内容,视其为强迫,欢喜自己下判断。尽管他们的判断有的很虚无,有的又很庸俗,有的很幼稚,有的又过分成熟(另一种幼稚),但这不是他们的问题,而是社会和时代的问题了。

给出选择项,让他们自己下判断,他们的判断也基本不会搞错的。

比如,我在上课时曾提到,古希腊哲学家大多是重理智而轻感官的,其中有一位名为毕达哥拉斯的,在意大利南部组了一个社团,因为蔑视感官,所以该社团规定成员(包括毕达哥拉斯本人)要将自己的肉体性生存限制在一个极小的范围内,只能吃面包喝清水,饮食极其简单、朴素,他们相信打压肉体就可让灵魂旷达,灵魂旷达就可以获得关于世界万物的"神秘知识"(其实是现象背后的数学形式)。

让学生们比较毕达哥拉斯及其学派和孔子及其"学派"在饮食着装上的规定。孔子有"七不吃主义",比如不得其酱就不食,东西割不正也不吃之类的,着装上冬天必穿皮袄,且要内外同色。一比较,学生也就明白所谓的"东西方文明之差别"了。我记得课堂上有一名学生情不自禁地表达了自己的判断:老师,我喜欢毕达哥拉斯!

因为情不自禁,所以这个判断很可爱,而且也是我想要然而又不能强行灌输的。

还有,在讲到犬儒学派时,讲到那个生活在一个大瓮里的第欧根尼(市面上流行的版本是说第欧根尼住在一个木桶里,这不对,他活在一口大瓮中,那瓮是用来埋死人的,相当于现在生活在一口棺材里),对亚历山大大帝说了一句:"不要挡住我的阳光。"搞得本想给第欧根尼散布一点自己的恩泽的亚历山大一脸无趣。

很多学生乐了,然而也有的学生陷入了沉思。

他们大概是这样想的:人为什么不能像第欧根尼那样率性地活着呢?为什么人要超出自己的基本生存需求,要争夺社会资源,要为个人私利而奋斗,并且全然不顾他人呢?人为什么要对"王公大人"趋炎附势、点头哈腰,恨不得将其大腿牢牢抱住呢?

看到他们思考得那般辛苦而认真,我对他们说:"所谓人文学科嘛,就是教你去尊重最平凡的人与事,去远离人们趋之若鹜的人与事。"他们似乎懂了,又似乎没懂,但是这句话他们记住了,我希望这句话就是前面提到的那颗小种子。

我认为这些就是道德上的教育。博雅教育不是教人去做雅人,雅人是没用的,而是让人去读圣贤书,借此去扬弃自己的时代,去接触和设想另一种生活方式,去触摸人类文明史上那些杰出的精神遗产,这些才是由内而外的滋养。

是要有道德上的教育,是要改造他们的心灵,但既不能说教,也不能事先宣布,而要用一种润物细无声的方式,娓娓道来的口吻,来做到这一点。虽然我自己做得不好,但是这个方法和这个目的,应该是正确的。

不过我得补充一下,我个人对通识教育或者博雅课程的理解是很有限的,还需要进一步的学习和交流。

五

最后再谈谈我个人的感受吧。

"古希腊哲学"课上的学生都很优秀,很聪明,具有很强的理解力,我很喜欢他(她)们(这说明厦门大学的生源很不错),其中有几个医学院的学生,智商和真诚度都很高,我特别喜欢。由于考试成绩也不错,所以我给他(她)们打了很高的分数。这里顺便说一下,通识课的分数不宜打得过低,毕竟这只是通识课。

想到这些学生,我还真有点怀念在翔安校区上课的那段时光。

那是美丽的春天和忧伤的夏季,夜幕就要降临了,我开车穿过翔安隧道,一出隧道,就能感受到那清新的海风。在那里,夕阳给原野打上了柔光,草木抖擞,万物欢腾,远方升起了炊烟,天地间泛出可有可无,安详宁谧,重返原初状态的意味。

我清楚地记得有一个初夏的夜晚,在上完课回家的路上,雷电交加,大雨如注,车子就像沉入了幽暗而奇异的海底,我什么也看不见,我想起了帕斯捷尔纳克的几句诗,名为《雷雨一瞬永恒》(飞白译):夏季就这样告辞了,在半途之中,脱下帽,拍一百幅眩目的照片,记录下黑夜的雷声隆隆……

傅衣凌与中国社会经济史研究*

滨下武志**

【摘　要】 傅衣凌教授开辟的中国社会经济史研究及其思想与方法,对于日本学术界关于中国历史的研究,带来深刻而广泛的影响。主要表现为三个方面:(1)立足于契约文书等民间历史文献,研究社会经济史;(2)将社会和经济联系在一起,根据历史材料,探讨经济发展与社会变迁的历史过程;(3)将综合研究与专门研究相结合。将傅衣凌教授的学术思想与方法,运用到许多学术领域中,将会有新发现。如海关资料就是丰富的社会经济史资料,可以据以研究内地市场体系及其变迁等问题。

【关键词】 傅衣凌　社会经济史　海关资料　市场体系

今天能有机会在厦门大学历史系做这场报告,我感到非常荣幸。我今天讲的主题是"傅衣凌与中国社会经济史研究"。我读研究生时的老师田中正俊教授跟傅衣凌教授有密切交流,我们在课上也曾学习过傅衣凌教授的书和论文,如《农民经济》、《一田两主》、《佃变》、《奴变》、《商业史》、《农村加工业史》等等,为我们理解中国农村社会经济的特征带来很大的影响。

除了在东京初次见面以后,我个人也跟傅衣凌教授有些来往。1980年,我第一次来到厦门。在来之前,我跟傅衣凌教授在东京已经有了来往。这对我个人的中国社会经济史研究有着非常深刻的影响。所以我非常高兴今天能有机会介绍我和我的老师跟傅衣凌教授交流的一些心得。我无法介绍傅衣凌教授的所有学问,我可以介绍的是我所学习到的那一部分。

一、傅衣凌教授与日本

日本学术界在战后对中国的研究发生了很大的变化,在这个变化的过程中,我想傅衣凌教授的影响最大。如傅衣凌教授所说,封建时代明清社会有一些传统性的规定,同时明清社

---

* 本文是滨下武志先生在厦门大学人文学院历史学系"傅衣凌学术讲座"第一讲(2013年12月18日)所作演讲的记录整理稿,水海刚副教授记录、整理,滨下先生校订定稿。滨下先生曾任日本东京大学、京都大学和龙谷大学等大学的教授,现任中山大学亚太研究院院长。他的主要研究领域是中国社会经济史、东亚经济史、东南亚华人华侨史等。滨下教授著述宏富,主要有《中国近代经济史研究——清末海关财政与通商口岸市场圈》、《近代中国的国际契机》、《香港:亚洲的网络城市》、《朝贡体系与近代亚洲》、《中国、东亚与全球经济》等,在国际学术界享有盛誉,具有很高的学术地位。滨下先生与厦门大学历史系,特别是傅衣凌先生以及杨国桢先生等很多学者都有着长期深厚的交往。

** 滨下武志　中山大学亚太研究院　广东　广州　510275

会里面也发生了一些变化。傅衣凌教授使用"市民"这个概念来介绍明清社会,并提出了封建社会研究的新内容和新方法,特别是商业史的新研究,为我们提出许多需要考虑的新方向。

以第一手史料来做社会经济研究,是傅衣凌教授提出的一种学风。这对我们有很大的影响,我的老师也受到了特别的影响。我的老师已经去世,他所处的时代是比较辛苦的。他开始做学问的时候,曾有机会与傅衣凌教授见过面。他常常告诉我们一定要学习傅衣凌教授的研究方法和视角。傅衣凌教授与我们在研究材料方面也有交流,我曾将韦伯的书寄给傅教授。

傅衣凌教授于1987年最后一次来东京。那时候傅衣凌教授对我说,他希望访问大概50年以前他在东京留学时生活的家。他记得那一家的姓叫作SOGA-SAN(曾我先生),在东京中野区。我用厚厚的电话名单去打电话询问。里面有160个左右的曾我先生。同时我有点担心。因为,已经过去50年左右了,傅衣凌教授在东京学习研究时的家人恐怕已经过世,他们的孩子们和后辈如果没有记录的话,很难再找到。之后我发现傅衣凌教授在东京时住的那家的一位老妇人的孙子记了傅衣凌教授的事。他把电话转给这个老妇人,然后我们就去访问中野区东中野的曾我先生一家。在重回访问的时候,曾我老妇人,傅衣凌教授及其夫人都感动地哭了。这个对我来说也是非常感动的回忆。傅衣凌教授的下一代学者,如杨国桢教授、叶显恩教授、陈支平教授、郑振满教授,还有中山大学的陈春声校长等,也都是我的老师们。我现在在中山大学任教,跟大家一起做研究,进行学术交流,能有很多机会继续学习傅衣凌教授的学问,感觉非常舒服。

二、傅衣凌教授的学问和学风

我们最早学习的傅衣凌教授的著作是《福建佃农经济史丛考》。傅衣凌教授首次在国内使用民间文书来讨论历史,讨论农村社会、商业史等。傅衣凌教授建立的这种历史研究方法,是我们一直所坚持的。学界的主要论点——明清社会变迁论和中国传统社会多元论,是吴承明教授也强调的概念。同时代的社会经济史学者也和傅衣凌教授一样,讨论明清时代历史的多元性,可见这种看法的重要性。对我们来说最重要的还是社会经济史研究。社会经济史研究将社会和经济连在一起,依据综合性的历史研究下比较有根据的历史材料,来探讨有关经济建立的历史过程。社会经济史是历史研究的一部分,而且非常基础的一部分。厦门大学的社会经济史研究为我们提供了很多研究契机,包括商业史研究、各种商人研究、商业机构研究、海外贸易研究等。因为民间社会不一定是固定的封建社会,具有多元性和多层性。因此,我们要从多样化的历史视角出发,按照流动或者流通的方面来进行商业史研究。我想傅衣凌教授可能是最早强调历史研究中商业史研究的重要性的学者。现在的工业化社会面临着资源、能源、环境、劳动力、世界市场等各种问题,我们要以此再去思考流通史和商业史的重要性。我认为商业史研究不一定在工业史研究之下位,商业化也不一定是工业化的前提。为了理解世界经济,商业史本身的和基本的重要性是不可忽视的。我想这是历史研究领域中的全球经济研究还需再考虑的一个问题。同时代的学者们已经开始接受傅衣凌教授的研究观点和方法,像1983年出版的《月港研究论文集》就是商业、贸易和港口研究影响的成果。我想这些是傅衣凌教授研究的主要内容。

大家都知道傅衣凌教授研究的范围很大，研究方法也是多样的。接下来我想就傅衣凌教授的历史研究谈些看法。按傅衣凌教授的说法，历史学科是一门综合性的学科，意思是指历史不一定是很多学科之内的一个分科，而是一门综合性的学科或者说学科上位的学问。这种提法是历史研究里很重要的理论。现在我们的研究越分越细，出现了很多专门化研究。但是，是否可以在综合性的方向来讨论历史是我们面对的问题。社会经济史里面也是有历史的，但经济史是历史学里面的经济史还是经济学里面的历史？经济史的前面是经济，后面是历史，所以历史好像是提供历史知识来服务另外一个学科。但是一种综合性的学科的历史应该在前面有历史的概念，所以我们现在需要思考这样一个综合性学科的内容。关于社会经济研究，傅衣凌教授也提到了布罗代尔的社会经济史的区域性研究。布罗代尔的地中海研究已经注意到这种研究方法的重要性。还有比较历史学。日本的讲座学派比较强调日本的封建社会的历史，注重进行比较史学研究。傅衣凌教授也提出，在日本经济史中，明治以后的主要的商人在江户时代已经开始出现。三菱公司的前身和三井公司的前身，都已在江户时代出现。它们可以与中国山西票号、徽商等商业团体的发展、变化做比较，还可以与欧洲的、意大利的商业资本做比较。这种比较研究是很重要的，这也就是历史研究里面的比较历史学。再者，对比较的前提的研究也很重要，所以还需要统计性或材料性的研究。比较历史学也是傅衣凌教授的提法。傅衣凌教授提出的方法问题和概念问题，我想都是现在越来越重要的课题。

还有就是学风。学风是比较暧昧的表现，但我们可以通过华南学术的学风或是闽南学术的学风，来聊些历史研究的特色。从我了解来说，福建、广东历史研究的学风特色，是以根本的史料来做研究。中山大学的陈春声教授、刘志伟教授和厦门大学郑振满教授、哈佛大学丁荷生教授等，都常常强调要以实地调查和原始史料来研究历史，特别是明清社会的民间史料，而不只是官方的史料。

接下来想谈谈研究方法的问题。这跟学术史有密切关系。我们目前研究的课题一定有学术史的背景，或者是一定有学术史的前提。我想现在你们的历史研究所面对的最大的学术史背景是革命时代前后的亚洲研究或者与战后冷战时代有关的问题。所以我最近很关注战后所谓冷战时代美国的亚洲政策和亚洲研究的关系和变化，这很像我研究的朝贡问题。从朝贡体系到条约体系，再看二者之间的关系，还是与战后美国的亚洲研究和亚洲政策有密切关系的。我越来越感觉到学术史的重要性，傅衣凌教授提出的这个批评性的学术史的观点是非常重要的。这样的一种学风维持比较困难，但消失却很容易。傅衣凌教授提出的问题也是现在我们所面临的课题，我想我们现在很应该学习傅衣凌教授那个时代的学人对历史研究所提出的各种各样的看法。今天的讲座内容虽是"傅衣凌教授与中国社会经济史研究"，但是我无法介绍傅衣凌教授所有的学问，我只能介绍其中非常小的一部分。

在讲座的前半段，我将按照我的历史脉络来介绍傅衣凌教授的学问和学风。在后半段我想介绍我自己现在所从事的研究，主要通过中国海关资料来介绍。

三、社会经济史研究与海关资料

我想在后半部分也简单地介绍一下厦门大学的另外一个学术传统——海关史研究。我于80年代后半期常常来厦门大学,访问海关研究中心的陈诗启教授,还有戴一峰教授、连心豪教授,进行海关史研究。我相信海关史研究最近已经开始了新的时代,所以我想介绍一下海关研究的新方向、新内容和新资料,并介绍最近以中山大学李爱丽教授为主的有关海关洋员的研究和以上海复旦大学吴松弟教授为主的海关资料的研究,以及港口、腹地关系的研究。最近海关学会开始非常强调海关资料的出版,大概在明年会出版260多本资料。我们知道海关统计材料已出版了190余本。我今天想介绍的是虽然属于海关但又不仅是海关的资料,我想把海关资料更多地看作与社会经济史有关的资料。说到海关,我们总会想到贸易。但是海关资料涉及更多的是贸易经济之外的、与社会经济有关的方面。所以我今天想介绍历史研究与海关资料研究的关系。

  海关资料的出现始于19世纪五六十年代,一直持续到现在。比较重要的旧海关资料截止于1945年。明清时代或是更早的时期开始就存在地方志资料,这些资料是我们进行历史研究的重要史料。但就时代问题、空间问题和时间问题来看,海关资料更具系统性。以前,海关资料主要用于对外经济关系、中央地方岁入关系等财政关系的研究,而很少用于民间社会经济的研究,而船运、邮政等问题都是我们需多加注意的内容。总的来说,海关研究中比较有特色的部分是邮政、海关与邮政、邮政与海外侨批问题,以及海关与内地常关的课税关系,茶叶、丝绸等主要的贸易商品。此外,香港的材料也非常重要。虽然海关资料一般很少涉及内地市场,但是在一段时间,内地市场也是十分重要的。内地市场、鸦片贸易、走私贸易、常关的税收、盐政等问题,都是后来施坚雅(William Skinner)教授考察国内市场圈、城市史等所必须考虑的内容。海关资料的研究已经超越海关本身,成为与近代社会经济有关的资料,特别是在城市化、市场化等问题的讨论上。所以,无论是主要的贸易史、税务史的研究,还是经济外交史的研究,都有了很大的发展。我认为现在的海关研究已经开始了第二代研究。第二代研究的内容转变体现在从以贸易统计为主的研究到内地市场的研究,从以制度为主的研究到海关的功能及作用的研究,从海关到社会文化学术方向的讨论,从以前的高级关员的研究到人事政策的研究。海关关员大概有2万多位,包括大量的洋员。我们现在可用统计资料来讨论海关的人事政策。连心豪教授也在进行这种方向的研究。英国Bristol大学的Vickers教授和剑桥大学的Hans van de Ven教授跟第二历史档案馆合作做了一个很大规模的海关资料胶片工程,大约十年前已经完成。虽然这个胶片仅仅是海关资料总量的一部分,但我们可以因此利用以前无法利用的资料。日记、回忆录、电报等这些以个人为主的而非官方的资料是第二代海关研究的主要资料。一些海关关员的孩子回忆其父亲的工作的回忆录,海关关员的孩子的时代的档案资料、来往的信或者谈公事的资料,都是值得我们注意的史料。此外,我们要特别注意总税务司的通令Circular of Inspectorate General of Custom,通令里面包括海关总税务司对地方海关有各种规定的内容。通过这些内容我们可以了解更具体的海关政策。例如,海关关税是如何规定的,胡椒的税率是怎么决定的,这是我们搞不清楚的。但是通令里面有些相关记载。比如说,胡椒的品种和分类是参照荷兰东印度公司在印尼做的分类。所以海关通令里的胡椒品种的分类不一定是一种实地的分类,而是一种规范性的分类。从这个角度来看,我们可以了解商品税率的分类不一定按照实地的商品来建立,而可能是以一个课税的目的来分类。大米也是如此,海关只对轮船课税,而不对大米课税。另外,朝贡贸易与海关关税的关系,也是比较微妙的。比如琉球虽然进行朝贡贸易,但琉球船只来到福州后,一方面派本地商人去苏州买生丝,一方面派去广州买英国的棉布。可见琉球已经在朝贡贸易制度下开始国际贸易。以官方资料中比较具体的领事报告或海关通令来看朝贡贸易和朝贡体系，我们可以看出19世纪以后兴起的海关贸易在很大程度上改变了朝贡贸易的关系。

现在海关学会开始准备编纂260多本厚厚的资料集（2014年8月份已经出版，广西师范大学出版社），包括所有与海关有关的资料。除了贸易资料，还有与社会、城市和医疗等有关的资料，这些海关资料为近代社会经济史研究及华南的社会经济史研究提供了新条件。就海关人事问题而言，通令里面有海关关员的生辰、人名、迁移、休假、薪水、各种各样的报告等具体的史料。此外，就题目来看，城市报告、医疗报告、邮政、万国博览会等相关资料以前都是分开单独的，使用于比较专门化的研究。但是海关资料之间都是互相关联的，我们可以利用海关资料的这种关联性进行综合性的研究。但目前来看，这样的题目却都是分开来研究讨论的。

海关资料里的统计、会计、财政问题也是应多加注意的，特别是会计问题。关于会计，通令里面有着十分详细的记载。按照傅衣凌教授提出的以原始资料来研究社会经济的观点，会计的账本、账簿都是可以利用的资料。对海关的会计账簿的研究，可与商人的账本、票号钱庄的账本进行比较。通过会计的方法来讨论，我们可以对资金的流动和利息的问题有比较清楚的认识。另外，我想海关资料还可用于市场的对比研究，这与施坚雅教授提出的国内市场的八个大市场模式相对应。按照市场关系提出港口模式跟内地市场的关系，施坚雅教授规定以内地市场来分类中国市场，不包括港口贸易市场。我想这可以与施坚雅教授的内地市场的模式进行比较研究。研究的大方向是通过海关资料来讨论亚洲经济问题的契机，或者说我所提出的亚洲经济圈问题。总的来说，第二代海关史研究的课题一方面是对以前的海关研究进一步拓展，譬如从港口城市的角度来讨论市场、人口流动、贸易等等。另一方面就是旧资料新解读以及新资料的应用，充分利用新出来的资料，或者是用以前的以贸易为主的统计性的资料中与社会经济文化、城市、港口有关的资料来讨论近代社会经济史研究。还有就是用第二代研究视角来回顾第一代的研究，这还是学术史的问题。对海关、清末民初的财政问题已经有很多研究，但如果从第二代海关资料研究来回顾第一代的研究的话有可能会发现新课题、新方向。而且现在资料的使用条件也有了很大提高，如复旦大学历史地理研究所的吴松弟教授主持收集了近300册的海关资料。这些史料为历史研究特别是社会经济史研究提供了一个比以前更好的条件。这是我现在比较集中的研究的内容。中山大学历史系李爱丽教授也在一直进行海关洋员的研究、洋员的回忆录研究，洋员的第二代研究，广东海关的研究以及更多的人事问题研究。

四、海关资料与内地市场问题

接下来，我想简单介绍一下内地市场的问题。（PPT）这是一位博士研究生通过内地的镇江海关资料来做的。之所以选择镇江是因为镇江处于长江跟大运河的交点，所以有关内地市场统计资料最多。像福州海关，水海刚教授已经依据内地的海关资料做了很好的研究，并国内第一次发表了有关福州腹地内地市场的重要论文。镇江是大运河与长江结合的地方，我简单介绍一下内地市场需要什么样的条件。大约350种小城镇资料都已经出来了，这是以前方志里面所没有的。1868年到1881年左右的这段时间是比较特别的,因为所有的海关为不让外国商人交纳内地课税而发行了通行证,优待免税。这种通行证记录下了商人所带的17种内外商品。所以在这十五六年之间,340多种城镇,包括五个省的府、县、镇,这种小规模统计都出来了。我想用GIS历史地理信息系统的方法来利用这样的统计数据。就数量而言,上海海关最多。这是税的收入(看PPT),利用GIS的方法可以看出量的大小。这是一个表现方法,从数量和内地市场、对外贸易这些方面来研究海关。这是另外一个。这是按照不一样的港口特征来介绍的。这是一个贸易方向。这是一种量的比较。利用GIS电子系统这种方法来统计量的变化,可以看出一般地方性贸易从一个城市到另一个城市的变化,不一定是要按照圈的方式而用延续线的方式来表现。对于比较大量的材料在内地市场的流动,我们可以用不一样的方法来研究。这里花了比较多的时间来做,一个一个填,将不同的行政单位、不同的商品合起来进行比较。用这样的做法所做的统计还没有完整成型,但这的确是与以往不同的方法。这是洋布变化的描写。这种变化也表示太平天国以后什么时候、什么地方或者什么贸易,比较具体的物品的贸易状况,特别是糖。就糖的历史来说,糖本来是国内商品,流通于国内市场。但是为了避免内地课税,内地商人先把糖运去香港,然后再进口。因此,有些虽为外国商品,实则国内商品,这需要细细分析。也可以按照颜色的分别来看每年的变化。所以从镇江到大运河、长江,可以按照不一样的商品的变化进行贸易统计。红色是府,蓝色是县,紫色是镇,这样一个变化。我们也可以利用其他的东西以自然的方式进行具体统计。这是研究经济史的专门方式。但是以这种方式来说,府的行政区应该大点,这是我们比较了解的,因为府的商业的功能比较大。但有的商品又出现不一样的现象。这是洋布,这是羊毛。这是县的,蓝色的部分也出来,所以县区的市场作用也不小,府、县之间的大小关系不是固定的。数量和变化可以从GIS了解,这是与以往不同的另外一种表现方法。利用GIS系统,我们也可以理解所有的商品在一个比较周期性的市场中的作用,这可以与方志记载相对比。还可以理解进口量的变化、按照时代变化之外的地方性变化。地方性的作用比较大。这是镇江的商品变化。这是我想的大概这样的一个方式。铁的市场比较集中。我们现在可以利用电子信息把握这些材料,这是经济史研究的重要方式。不过从更多的材料来看,我们可以提出一种比较不容置疑的部分,也可以用一种新的表现方式来讨论比较细的部分。这是一个例子,虽然还没有完整成型,但是如果用GIS方式来表现统计资料的话,我们以后可以用更多的统计资料来理解市场空间的变化。

五、历史研究的新课题

近年历史研究开始关注长期历史、大历史、长期延续性的历史。两年前,日本东北地方发生了大海啸。一位就读于日本东北大学的研究明清史的博士生,有两个月左右没有回信,我们非常担心她的安危。后来她回信写道,她因为小孩上学的缘故,每天往来于"浪分神社"。但是她不知道"浪分神社"名称的意思。其实这是因为五百年前在日本东北地方发生了更加厉害的大海啸,人们在浪到达的地方建立了一个神社,取名为"浪分神社"。从历史研究的角度来看,什么样的研究可以了解这个问题?五百年前的方志一定会有相关记载,如今有一位研究地震的学者已经开始研究方志。所以,这种长期历史的史料,自然灾害与地方社会之间的灾害资料，或者是自然科学和人文科学合起来的史料，对于研究人类与自然之间的人文社会里面的历史是至关重要的。

全球历史研究也开始成为一个非常重要的部分。通信网络、数字化和经济社会全球化等，为历史研究提出了一种全球式的视角。虽然环境问题、资源问题、气候问题、人口移动、医疗和疫病问题等比较新的题目不断出现，虽然我们还是要对资料问题、方法问题、统计问题等进行研究。这样一种全球历史研究变得越来越重要，以全球性视角来讨论史料成为一个新课题。

近来我想强调的是史料的"大一通"，这是跟中国历史的"大一统"有些接近的说法。以前分开的资料现在我们可以合起来，无论是西洋的、亚洲的还是地方的。最近《叶名琛档案》的回归就是一个典型的例子。刘志伟教授整理出版了《叶名琛档案》，共六本，使得我们今天可以看到第二次鸦片战争后被英国抢掠而去的珍贵史料。葡萄牙的澳门资料，西班牙的菲律宾资料，英国、法国、荷兰等国的东印度公司资料，还有后来国家外交时代外交领事资料，都是我们如今也需要参考的重要史料。我在九十年代的时候因为工作的缘故，开始关注琉球的《历代宝案》。这也是福建师范大学谢必震教授一直关注的史料。《历代宝案》所记载的时间跨度最长，也比东印度公司更早，是记载了明清时期444年的朝贡贸易、朝贡关系的资料。利用《历代宝案》来讨论东亚历史，我们可以看到历史的延续性。

我今天主要讲的是综合性的历史研究的方法，也是傅衣凌教授提出的历史研究方面的重要方法。我们现在依然在考虑傅衣凌教授提出的以基本原始史料为主的观点。同时，面对全球化问题，在历史研究中，我们要用全球化的视角来讨论现在我们所面临的新课题，比如与海关有关的资料条件得到了改善。所以我想历史研究的方法包括全球化视野，综合各种史料，进行更多的学术交流。当然还包括资料研究、学术史的讨论。这些都是我们现在面对的课题。也可以说：根据傅衣凌教授提出的原始史料研究为基础，我们现在面临全球性、综合性的历史研究。

附："傅衣凌学术讲座"缘起与宗旨

傅衣凌教授是中国社会经济史研究的奠基人之一。从20世纪30年代起，傅衣凌先生在学习、领会马克思主义历史观的基础之上，吸收传统学术和日本史学、西方社会学、经济学、民俗学的长处，采用社会经济史学的方法，对明清以来中国社会经济的结构、形态及其变动展开了深入细致的考察，相继撰写了《福建佃农经济史丛考》、《明清时代商人及商业资本》、《明代江南市民经济初探》、《明清农村社会经济》等论著，开辟了中国历史研究的社会经济史学派。

社会经济史学派有着鲜明的学术特点：第一，社会史与经济史相结合，强调除历史学以外的人文科学和社会科学知识，进行比较研究；第二，从考察社会结构的总前提出发，探求经济结构与阶级结构、经济基础与上层建筑之间的联系和互相影响，特别注重区域性的细部研究和比较研究，从特殊的社会经济现象中寻找经济发展的共同性；第三，特别注意发掘民间文献，以社会调查资料证史，把活材料与死文字结合起来。

傅衣凌先生具有崇高的学术声望，曾担任过厦门大学历史系主任、历史研究所所长、副校长，兼任中国科学院历史研究所研究员、中国史学会理事、福建历史学会会长，受聘日本京都大学人文科学研究所客座教授。他还应邀到国内外许多著名大学访问讲学,在日本、西方学术界都具有很高的影响力。

在傅衣凌先生的领导和影响之下,经过半个多世纪几代学者的不懈努力和长期耕耘,厦门大学中国社会经济史学科已经取得了在国内外学术界具有广泛影响的诸多成就,特别是在传统中国经济结构和社会结构的研究方面有着相当深厚的学术积累,并已形成一支学术视野开阔、理论素养深厚与实证研究经验丰富、学风端正、治学态度认真踏实、知识与年龄结构合理、内部和谐的学术团队,培养了一大批在国内外都有广泛影响力的卓越学者,特别是培养出多位国际知名的汉学家,成为在国际上有相当影响力、在国内人文社科领域处于领先地位的学术重镇。它的学术特色可以概括为:立足于中国东南沿海地区社会经济发展的历史进程,面向西太平洋广大区域社会经济体系与政治结构的形成与变动;立足于田野调查和民间历史文献的收集整理与分析,将区域个案、实证研究与理论思考、宏观把握有机地结合起来;立足于历史文化内涵的发掘、历史经验与教训的总结提炼,又注重经世致用,有用于世,努力将学术研究与现实社会经济发展需要有机地结合起来。

为了更好地继承、发扬光大傅衣凌先生和老一辈学者所奠基的学术传统,凸显厦门大学历史学科的学术优势和特点,继往开来,不断前进,经与各方协商并呈请人文学院同意,厦门大学历史学系教授委员会决定设立傅衣凌学术讲座,聘请学术功底深厚、视野开阔、学风纯正、学术背景与厦门大学有一定渊源的海内外著名学者,莅临厦门大学发表有深度的创新性研究成果。

(厦门大学人文学院历史学系)

Fu Yiling and Research on the Social and Economic History in China

Takeshi Hamashita

Abstract: The Chinese Social and Economic History initiated by Professor Fu Yiling, its ideas, methods and the specific areas of research, greatly influenced Japanese academic research on Chinese history. It is mainly manifested in three aspects: (1) Research on the Chinese social and economic history must be based on the contract documents and other historical documents form folk or grassroots community. (2) Considering the social changes and economic development, basing on historical materials, to explore the history of economic development and social changes. (3) Integrated using the comprehensive research and specific analysis, to study the Chinese history. There would be a lot of discovery, if we apply the ideas and methods of Professor Fu Yiling to any academic fields. For example, customs files is a wealth of information about social and economic history, if we study changes in the mainland market system and other issues based on the customs files, may be obtain any new understanding.

Key Words: Fu Yiling; social and economic history; customs data; market system

陈寅恪与中国小说

谢　泳[*]

上、陈寅恪阅读小说史

陈寅恪著述中，关于中国旧小说，提到最多的是《红楼梦》和《儿女英雄传》，相关论述，刘梦溪、刘广定、刘克敌和笔者曾有专文论述，[①]此处不赘。

陈寅恪特别喜欢阅读小说，《论再生缘》一开始，陈寅恪即说他对小说"虽至鄙陋者亦取寓目"，还特别提到自己喜读林译小说。[②]

1944年10月3日，陈寅恪在给傅斯年的一封信中说："知将有西北之行……此行虽无陆贾之功，亦无郦生之能，可视为多九公、林之洋海外之游耳。"多九公、林之洋是《镜花缘》中周游海外的人物。陈寅恪随手写出，可见对小说《镜花缘》非常熟悉。

1945年，陈寅恪在病中，吴宓曾"以借得之张恨水小说《天河配》送与寅恪"[③]同年夏天，陈寅恪有诗《乙酉七七日听人说水浒新传适有客述近事感赋》一首。《水浒新传》是张恨水1940年初在重庆创作的长篇小说，说明陈寅恪对张恨水的小说很有兴趣。陈寅恪的女儿曾回忆："父亲很欣赏张恨水的小说，觉得他的叙述，生活气息浓郁，尤其是旧京风貌，社会百态，都描绘得细致生动。"[④]

1945年秋冬两季，陈寅恪在英国得熊式一所赠英文小说《天桥》后，曾写有七绝两首，七律一首。第一首七绝中首句"海外熊林各擅场"，说明陈寅恪同时熟悉林语堂的小说。[⑤]

[⑥]陈寅恪一生文史研究，极重文体，对文体的敏感和自觉是陈寅恪学术中的一个重要关节点。他对中国小说情感的表现方式，特别是对男女情爱表达与文化间关系，也有极为细致的观察。陈寅恪说："吾国文学，自来以礼法顾忌之故，不敢多言男女间关系，而于正式男女关系夫妇者，尤少涉及。盖闺房燕昵之情意，家庭米盐之琐屑，大抵不列载于篇章，惟以笼统

---

[*] 谢泳　厦门大学人文学院　福建　厦门　361005

① 见刘梦溪：《陈寅恪与红楼梦》，中央编译出版社2006年版，第1～29页；刘广定：《大师遗珍》，文汇出版社2008年版，第15～34页；刘克敌：《陈寅恪与中国文化》，上海人民出版社1999年版，第166～177页；谢泳：《陈寅恪与〈儿女英雄传〉》，《文艺研究》2013年第11期。

② 《陈寅恪集·寒柳堂集》，三联书店2009年版，第67页。

③ 《吴宓日记》第9册，三联书店1999年版，第395页。

④ 陈流求等：《也同欢乐也同愁》，三联书店2010年版，第184页。

⑤ 《陈寅恪集·诗集》，三联书店2009年版，第54、55页。

⑥ 《陈寅恪集·寒柳堂集》，第68页。

之词,概括言之而已。此后来沈三白浮生六记之闺房记乐,所以为例外创作,然其时代已距今较近矣。"①此段议论表明陈寅恪熟读《浮生六记》并对其叙闺房私情的表达方式有很高评价。

《柳如是别传》"缘起"中,陈寅恪感慨:"寅恪以衰废余年,钩索沈隐,延历岁时,久未能就,观下列诸诗,可以见暮齿著书之难有如此者,斯乃效再生缘之例,非仿花月痕之体也。"②随口提到清代以妓女为主角的小说《花月痕》,足证陈寅恪对清代小说的熟悉。

1957年5月,陈寅恪在《丁酉首夏赣剧团来校演唱牡丹对药梁祝因缘戏题一诗》"金楼玉茗了生涯"后有一自注:"年来颇喜小说戏曲"③,"年来除从事著述外,稍以小说词曲遣日"④。说明小说是陈寅恪晚年主要听读体裁,表明陈寅恪由少年到晚年,对小说的兴趣始终未减。但在陈寅恪小说阅读史中,有一个奇怪的问题需要注意,就是在中国现代小说中,目前所见史料,只发现了他读过张恨水、林语堂和熊式一的长篇小说,而这几部长篇小说大体是一般认为的通俗小说,五四以后中国新文学运动中产生的小说,陈寅恪从未提及。陈寅恪少年时期曾随其兄陈衡恪在日本读书并与鲁迅相识,后鲁迅曾将译作《域外小说集》寄给过陈寅恪,⑤揆之常理,喜读小说的陈寅恪应当对新文学运动以来产生的小说有所措意,但陈寅恪文字中未见提及,此种从未提及或许也表明了陈寅恪的一种态度,而这种态度,我个人猜测大体是一种否定评价,也就是说,陈寅恪可能认为新文学运动以来的中国小说创作没有产生特别好的作品。

中、陈寅恪的小说观

陈寅恪认为林译小说结构精密,即举哈葛德(Henry Rider Haggard)小说为例。陈寅恪说:"哈葛德者,其文学地位在英文中,并非高品。所著小说传入中国后,当时桐城派古文名家林畏庐深赏其文,至比之史迁。能读英文者,颇怪其拟于不伦。实则琴南深受古文义法之熏习,甚知结构之必要,而吾国长篇小说,则此缺点最为显著,历来文学名家轻小说,亦由于是(桐城名家吴挚甫序严译天演论,谓文有三害,小说乃其一。文选派名家王壬秋鄙韩退之、侯朝宗之文,谓其同于小说。)一旦忽见哈氏小说,结构精密,遂惊叹不已,不觉以其平日所最崇拜之司马子长相比也。"⑥

此段议论表明陈寅恪对中国长篇小说的结构非常敏感,陈寅恪还说:"综观吾国之文学作品一篇之文,一首之诗,其间结构组织,出于名家之手者,则甚精密,且有系统。然若为集合多篇之文多首之诗而成之巨制,即使出自名家之手,亦不过取多数无系统或各自独立之单篇诗文,汇为一书耳……至于吾国小说,则其结构远不如西洋小说之精密。在欧洲小说未经

---

① 《陈寅恪集·元白诗笺证稿》,三联书店2009年版,第103页。
② 《陈寅恪集·柳如是别传》,三联书店2009年版,第4页。
③ 《陈寅恪集·诗集》,第126页。
④ 《陈寅恪集·柳如是别传》,第6页。
⑤ 顾农:《陈寅恪与鲁迅》,《鲁迅研究月刊》2002年第5期。
⑥ 《陈寅恪集·寒柳堂集》,第67页。

翻译为中文以前,凡吾国著名之小说,如水浒传、石头记与儒林外史等书,其结构皆甚可议。生之天才卓越,何以得至此乎?总之,不支蔓有系统,在吾国作品中,如为短篇,其作者精力尚能顾及,文字剪裁,亦可整齐。若是长篇巨制,文字逾数十百万言,如弹词之体者,求一叙述有重点中心,结构无夹杂骈枝等病之作,以寅恪所知,要以再生缘为弹词中第一部书也。"①

陈寅恪察觉中国长篇小说结构的弱点,建立在他对中国文学语言的基本判断上,陈寅恪一向认为,中国文学与其他世界诸国文学最大的不同是中国文学"为骈词俪语与音韵平仄之配合",因为"对偶之文,往往隔为两截,中间思想脉络不能贯通。若为长篇,或非长篇,而一篇之中事理复杂者,其缺点最易显著,骈文之不及散文,最大原因即在于是"。②

作为历史学家的陈寅恪,不但喜欢"以诗证史",也喜欢以"小说证史",如考证杨玉环入宫事实及崔莺莺身世以及《虬髯客传》暗指唐太宗等③,《论再生缘》考证中多处使用《红楼梦》、《儿女英雄传》史料。他早年研究佛经翻译文学,曾撰《西游记玄奘弟子故事之演变》,用佛经故事中土流传事例,考证《西游记》故事最初来源曾受佛经故事影响并提出了小说故事构思演变的几个公例。陈寅恪对小说在历史研究中的价值有非常清晰自觉的认识。他讲《太平广记》史料时曾说过:"小说亦可作参考,因其虽无个性的真实,但有通性的真实。"④陈寅恪所谓"通性真实",其实与恩格斯(Friedrich Von Engels)评价巴尔扎克(Honoré·de Balzac)小说时的名言表达的是同一意思。恩格斯说:"他的作品汇集了法国社会的全部历史,我从这里,甚至在经济细节方面所学到的东西,也要比当时所有职业的历史学家、经济学家和统计学家那里学到的东西还要多。"⑤巴尔扎克小说对时代反映的真实性,就是陈寅恪所说的"通性真实",即对时代精神的准确把握。

陈寅恪平生只写过一篇专门讨论中国小说的文章,但他关于中国小说叙述方式的观察却散见于诸多学术论文中,这些对中国小说的片言只语,处处体现陈寅恪对小说文体的深刻认识。他认为小说人物一定要描写详细,不避繁杂。陈寅恪说:"夫长于繁琐之词,描写某一时代人物妆饰,正是小说能手。后世小说,凡叙一重要人物出现时,必详述其服妆,亦犹斯义也。"⑥这个判断是建立在广泛阅读基础上得出的结论。陈寅恪还指出中国小说不善于叙述正式男女关系,主要是"以礼法顾忌之故……而于正式男女关系夫妇者,尤少涉及。盖闺房燕昵之情意,家庭米盐之琐屑,大抵不列载于篇章,惟以笼统之词,概括言之而已。"⑦这个观察相当细致,值得研究中国小说时特别注意,以此角度切入,可以观察中国小说叙述方式的诸多特征。在陈寅恪的小说观中,正式男女关系与婚外私情恰是小说中最需详细铺陈叙述之处。他评价元稹悼亡诗时,对元稹的叙事才能有这样的概括:"微之天才也。文笔极详繁切至之能事。既能于非正式男女间关系如与莺莺之因缘,详尽言之于会真诗传,则亦可推之于正式男女间关系如韦氏者,抒其情,写其事,缠绵哀感,遂成古今悼亡诗一体之绝唱。实

---

① 《陈寅恪集·寒柳堂集》,第 67 页。
② 《陈寅恪集·寒柳堂集》,第 67 页。
③ 《陈寅恪集·读书杂记二集》,三联书店 2009 年版,第 277 页。
④ 《陈寅恪集·讲义及杂稿》,三联书店 2009 年版,第 492 页。
⑤ 《马克思恩格斯选集》第四卷,人民出版社 1995 年,第 682 页。
⑥ 《陈寅恪集·元白诗笺证稿》,第 96 页。
⑦ 《陈寅恪集·元白诗笺证稿》,第 103 页。

由其特具写小说之繁详天才所致,殊非偶然也。"①陈寅恪认为小说叙述中最重要的是作者的"繁详"之才。陈寅恪同时指出,元稹能用古文试作小说而成功,因为《莺莺传》是自序之文,有真情实事。韩愈《毛颖传》则纯为游戏之笔,其感人之程度本应有别。陈寅恪总结到:"夫小说宜详,而韩作过简。"②

陈寅恪早年写《韩愈与唐代小说》,他的一个敏锐观察是唐代贞元时期是古文的黄金时代,同时也是小说的黄金时代。此时代里小说最明显的一个特点就是"驳杂",这是因为"唐代小说之所取材,实包含大量神鬼故事与夫人世所罕见之异闻"。③ 这个判断同样可以理解为是陈寅恪对小说题材来源的一个见解,当代小说家颇重加西亚·马尔克斯(Gabriel José de la Concordia García Márquez)《百年孤独》人鬼异闻相互交织的写法,其实中国小说起源中即包含了这样的叙述思维。

陈寅恪学术论文中最常引的一则笔记是宋代赵彦卫《云麓漫钞》中关于唐代举子"温卷"的记载。④ 所谓"温卷"即是举子应试前将自己所写文章投献给当世胜流,以求得他们了解。这些举子为让名人了解自己多方面的写作才能,常在一篇文章中使用多种文体,因为"此等文备众体,可以见史才,诗笔,议论"。陈寅恪由此判断,唐代小说起于贞元元和之世,与古文运动实同一时间,而其时最佳小说之作者,也即是古文运动中的中坚人物。因此唐代贞元元和间的小说,乃是一种新文体,不独流行当时,更辗转为后来所仿效,它与唐代古文为同一源起同一体制。陈寅恪对文体变革的基本判断是文体以符合当时接受情状为基本趋向。他曾指出佛经翻译,其偈颂在六朝时大体以五言为体,唐以后则多改用七言。陈寅恪说:"盖吾国语言文字逐渐由短简而趋于长烦,宗教宣传,自以符合当时情状为便,此不待详论者也。"⑤

任何文体的变革均有现实原因,陈寅恪对文体变革的敏感是他注意到了文体变革的现实原因与文体变革以适于接受为基本趋向,非如此不易收到实际宣传效果,他后来论述韩愈文学贡献时,也特别强调文体变革与宣传功效间的关系。因为文体变革的实际动因来源于改变僵硬既成文体,所谓公式文字。文体变革一定要适于现实接受习惯,这也是陈寅恪研究元白诗时,为什么要首先强调必须了解当时文体关系和文人关系的原因。陈寅恪指出:"小说之文宜备众体。莺莺传中忍情之说,即所谓议论,会真等诗,即所谓诗笔,叙述离合悲欢,即所谓史才,皆当日小说文中不得不备具者也。"⑥

下、陈寅恪自创文体

陈寅恪是有创造性的史学家,既然对小说文体有如此清晰认识,那么他会不会在自己史

---

① 《陈寅恪集·元白诗笺证稿》,第103页。
② 《陈寅恪集·元白诗笺证稿》,第119页。
③ 《陈寅恪集·讲义及杂稿》,第441页。
④ 《陈寅恪集·元白诗笺证稿》,第2页。
⑤ 《陈寅恪集·论再生缘》,三联书店2009年版,第71页。
⑥ 《陈寅恪集·元白诗笺证稿》,第120页。

学著作中尝试文体创新呢？我认为有这种可能。陈寅恪认为，唐代古文运动巨子，虽以古文试作小说而能成功，但后来的公式文字，六朝以降，还是以骈体为正宗。可见文体变革之难，所以他对文体变革的成功常常评价很高。陈寅恪说："惟就改革当时公式文字一端言，则昌黎失败，而微之成功，可无疑也。"①这个判断说明陈寅恪对小说文体适于产生更大影响有过深思。陈寅恪以为，古往今来，有创造性的作家总是在追求文体的变革。他曾指出，白居易的新乐府，虽然仍用毛诗、乐府古诗及杜诗体制改进当时民间流行歌谣，实与贞元元和时代古文运动巨子如韩愈、元稹以太史公书、左氏春秋之文体试作毛颖传、石鼎联句诗序、莺莺传等小说传奇，其所持的旨意及所用的方法适相符同。差异处，仅是一在文备众体小说之范围，一在纯粹诗歌之领域。陈寅恪认为，白居易的新乐府，实是扩充当时古文运动而推及于诗歌，白居易的追求是"以改良当日民间口头流行之俗曲为职志，与陈李辈之改革齐梁以来士大夫纸上摹写之诗句为标榜者大相悬殊。其价值及影响或更较为高远也。此为吾国中古文学史上一大问题，即'古文运动'本由以'古文'试作小说而成功之一事"。②陈寅恪的观察是"古文家以古文试作小说而能成功"实因为"古文乃最宜作小说"。③

陈寅恪晚年撰写的《柳如是别传》，向被学界认为是他晚年最重要的学术著作。但本书在文体上的追求似没有引起过研究者的特别注意。本书与一般学术著作体例迥异，明显特点是在著作中大量夹入陈寅恪旧诗，而考证钱柳诗，时时不忘叙述自己的经历和抒发自己的情感，甚至有些笔墨，我们可以判断为是陈寅恪以小说笔法虚构的细节，这也许就是陈寅恪自己所说的"忽庄忽谐，亦文亦史"。

陈寅恪元白诗研究中一个持续判断是元白诗建立在"文备众体"之上，非此不足以显示"史才、诗笔、议论"。《柳如是别传》恰是这个思想延续的选择。陈寅恪说："唐人小说例以二人合成之。一人用散文作传，一人以歌行咏其事。如陈鸿作长恨歌传，白居易作长恨歌。元稹作莺莺传，李绅作莺莺歌。白行简作李娃传，元稹作李娃行。白行简作崔徽传，元稹作崔徽歌。此唐代小说体例之原则也。"④以陈寅恪研究元白诗时的心理推测，似可认为《柳如是别传》的文体正是陈寅恪"史才、诗笔、议论"三者合一的自然选择，他追求的也是文备众体。"忽庄忽谐，亦文亦史"中的"庄"是考证，"谐"是小说，"文"是自己的诗，"史"即是"议论"。《论再生缘》、《元白诗笺证稿》完整成书与陈寅恪笺释钱柳诗，大体是同一时期，其中对文体的特别关注自然延续到自己的研究是很自然的事。1957年2月6日，陈寅恪在给刘铭恕的信中曾说："弟近年仍从事著述，然已捐弃故技，用新方法，新材料，为一游戏试验（明清间诗词，及方志笔记等）。"⑤可见陈寅恪对自己笺释钱柳诗所用文体有过成熟考虑，是自觉的"游戏试验"。

《柳如是别传》以咏"红豆诗并序"开篇。序中"红豆"是《柳如是别传》中叙事推演的主要意象，也可视为全书的主线，它要把全书重要细节全部与钱柳牵连，获得某种象征意味，类似于《红楼梦》中的"石头"。关于"红豆"，陈寅恪序言之外正文中还有这样一段叙述：

---

① 《陈寅恪集·元白诗笺证稿》，第120页。
② 《陈寅恪集·元白诗笺证稿》，第120页。
③ 《陈寅恪集·元白诗笺证稿》，第3页。
④ 《陈寅恪集·元白诗笺证稿》，第45页；《陈寅恪集·柳建如是别传》，第3页。
⑤ 《陈寅恪集·书信集》，第279页。

丁丑岁卢沟桥变起,随校南迁昆明,大病几死。稍愈之后,披览报纸广告,见有鬻旧书者,驱车往观。鬻书主人出所藏书,实皆劣陋之本,无一可购者。当时主人接待殷勤,殊难酬其意,乃询之曰,此诸书外,尚有他物欲售否?主人踌躇良久,应曰,曩岁旅居常白茆港钱氏旧园,拾得园中红豆树所结子一粒,常以自随。今尚在囊中,顾以此豆奉赠。寅恪闻之大喜,遂付重值,藉塞其望。自得此豆后,至今岁忽忽二十年,虽藏置箧笥,亦若存若亡,不复省视。然自此遂重读钱集,不仅藉以温旧梦,寄遐思,亦欲自验所学之深浅也。盖牧斋博通文史,旁涉梵夹道藏,寅恪平生才识学问固远不逮昔贤,而研治领域,则有约略近之处。①

考陈寅恪生平事迹,再细查陈寅恪关于"红豆"来历的叙述,虽不能断言陈寅恪绝无此种经历,但如此巧合确实近于小说家言。当时陈寅恪一家匆忙离开北平,到昆明之后陈寅恪身体大坏,右眼失明,以当时情景推测,如何"驱车往观"?似无此闲情"买旧书而得红豆",而小小一粒"红豆"?在颠沛流离中"若存若亡",完全是陈寅恪的心理感受。如此有趣经历,从未在陈家后人或当年与陈寅恪交往密友回忆中出现,判断为是陈寅恪用小说笔法照应《柳如是别传》起始"咏红豆"并以此寄寓自己的情感,似不无可能。

陈寅恪《柳如是别传》"缘起"中曾述及自己的写作动机有"亦欲自验所学之深浅也"的感慨,这个感慨表明陈寅恪晚年试图把自己一生所学集中在一部著作中体现,所以才有了《柳如是别传》这种独特文体。我个人以为《柳如是别传》是一部合诗、小说、传记和学术考证为一体的著作,它是一个和谐整体,处处体现陈寅恪良苦用心,是陈寅恪晚年全部才华的集中表现,同时也开创了一种新文体,在"史才、诗笔、议论"之外,又加入了"小说和传记"写法,所以此书可当学术著作看,更可当传记和小说读。

2014 年 6 月 30 日于厦门

---

① 《陈寅恪集·柳如是别传》,第 3 页。

再论朱子哲学中的道心人心问题
——答许家星先生

谢晓东*

【摘　要】《朱子语类》是门人记录的朱子的话语或对话,对于研究朱子哲学来说,具有不可避免的局限性。当《语类》和朱子本人的权威论著发生冲突的时候,必须确立合理的解决冲突的规则。从文献来看,许文所提供的四条语录的效力是很可疑的。就义理而言,许文存在三个问题:把两个范畴"欲"与"人欲"直接等同;模糊了"人欲"一词的价值取向,从而客观上导致了"人心"与"人欲"难以区分;在如何对待程、朱人心人欲说的不同上陷入了两难。在许文的论证存在上述基本缺陷的情况下,其批评就是无法成立的。

【关键词】　朱熹　《朱子语类》　欲　人欲　人心　道心

朱子哲学具有"致广大、尽精微,综罗百代"的特点。历代以来,关于朱子哲学的一些重要问题,学者们有时会有不同的理解。对于朱子的心性论(道德心理学),就更是如此了。以"十六字传心诀"为中心的道心人心问题,是心性论及道统论的核心问题,故而吸引了不少学者的热情关注。自2003年以来,笔者曾经发表过一系列的相关论文,引起了海峡两岸学术界的注意,且多得到正面引用与回应。不过,许家星先生撰文[①]对该系列研究中的基础性论文《〈朱子语类〉中两条重要语录辨误》(以下简称"谢文")提出了商榷。许先生愿意花费大量时间与精力对拙文提出批评,这种精神令人钦佩。但是,在反复阅读该文(以下简称"许文")之后,笔者认为,许文的论证是站不住脚的。

一、重申《朱子语类》的局限性

谢文所质疑的两条语录和许文的反质疑的基本材料,均出自《朱子语类》。因此,首先从大处着眼考察《朱子语类》本身的价值和局限性,就是非常有必要的举措了。正是基于这个理由,谢文就曾经特别强调指出,"从历史上看,对待《朱子语类》之学术价值主要有两种

---

* 谢晓东　厦门大学人文学院　福建　厦门　361005
　基金项目:中央高校基本科研业务费专项资金资助项目"政治哲学视域下的朱子研究"(2013221002);国家社科基金项目"政治哲学视角下的先秦儒学与古典自由主义研究"(10CZX020);福建省新世纪优秀人才计划(闽教科[2013]41号)。
① 许家星:《人心与人欲——〈朱子语类〉中两条重要语录辨误》之辩误》,《学术界》2012年第7期,第126~134页。

态度。其一是持怀疑甚至否定态度……其二是持肯定态度"。但是,"上述两种态度有一个共同点,即都不排除门人弟子记录失真的可能性"。①因而,问题的关键在于如何对待《朱子语类》里的门人记录。就此而言,黄幹的观点具有典型性。

黄氏的地位比较特殊,他是朱子的高足兼女婿,也是比较公认的"道统传人"。嘉定八年(1215年),首部《朱子语录》出版。黄幹当时就明确指出:"记录之语,未必尽得其本旨。而更相传写,又多失其本真。甚或辄自删改,杂乱讹舛,几不可读。"(《书晦庵先生语录》)②作为朱子的忠实门徒,深知《朱子语录》对于理解和研究朱子本人的思想,具有天然的局限性。原因有三:第一,门人记录的朱子的话语,和朱子的本旨可能存在差异。而下列至少三种情况,都可能会导致上述差异。其一,门人记录的朱子的话语,很可能不是实时记录而是后来回忆的,故而可能回忆不准确。其二,即使门人记录的话语忠实地描述了某时朱熹的话语,也可能只是部分地而非全部地记载了下来。其三,即使门人记录的话语忠实地记叙了某时朱熹的全部语言(这从逻辑上看是可能的),但是可能不是朱子的晚年定论,而是探索中的不成熟观点。第二,门人记录了朱子的话语之后,再从私人的记录到和友人之间的互通有无相互抄送,再到把自己记录的以单行本的形式出版,再到把个人记录的材料或出版物汇编在一起出版成为《朱子语录》,这中间会经历多次"传写",很可能在这一漫长的过程中"失其本真"。第三,前面两种情况都假设了门人主观上还是很想忠实地记录和传写朱子的言语的,而最后一种导致《朱子语录》的局限性的理由之要害则是,门人发挥了自己的"主观能动性",或多或少地删除、增加甚至改文字。③从意义理解的层面来看,这些做法可以区分为两种情况,一是改变了朱子话语的原意,二是保持了原意。不管属于哪种情况,难免会影响《朱子语录》的可靠性。从客观性的角度而言,上述导致《朱子语录》具有内在局限性的三种基本原因都令人难以容忍,故而黄幹不满地认为《朱子语录》"杂乱讹舛,几不可读"。正是由于这些原因,他甚至都没有为首部《朱子语录》提供其所记录的朱子话语。

虽然黄幹有不同意见,但是《朱子语录》毕竟出版了。这时,比较理性的态度是:如何正确对待《朱子语录》?尤其是:如何正确处理《朱子语录》和朱子本人的权威著作的关系?众所周知,朱子的著作极为丰富,其思想又是居于集大成的地位。在这种情况下,一些学者可能对朱子本人的浩瀚的著作望而生畏,而退而求其次通过阅读比较容易的《朱子语录》来学习和研究朱子的思想。④在《朱子语录》出版后,黄幹立刻就警醒到这一点。他写信给《朱子语录》的编辑者李道传,强调指出,"不可以随时应答之语易平生著作之书"。(《饶州刊朱子语续录后序》引)⑤可以说,黄氏的态度是非常明确的,他反对那种抛开朱子本人的著作,而通过二手材料《朱子语录》来学习和研究朱子的思想。在他看来,《朱子语录》的价值,应该是在朱子本人的著作之下的。作为《饶州刊朱子语续录》的编辑者李性传,他对于《语录》的价值持较为正面的态度。但是,即便如此,他也有所保留。可以在黄幹担忧的基础之上,提

---

① 谢晓东:《〈朱子语类〉中两条重要语录辩误》,《中国哲学史》2004年第1期。
② 黄幹:《勉斋集》,文渊阁四库全书本第1168册,第239页。
③ 诚如陈荣捷所言:"《语类》既为门人笔记,不免诠释引申。"参见氏著:《朱子》,三联书店2012年版,第96页。
④ 陈荣捷说道:"学者讨论朱子,几乎全靠《语类》。"参见氏著:《朱子新探索》,华东师范大学出版社2007年版,第272页。
⑤ 转引自黎靖德编:《朱子语类·序目》,中华书局1986年版,第3页。

出一个一般性问题:如果语录和朱子本人的著作发生冲突的时候,那么其解决冲突的规则是什么呢?对此,李性传的看法比黄榦的要具体一些。"故愚谓《语录》与《四书》异者,当以《书》为正。而论难往复,《书》所未及者,当为助。与《诗》、《易》诸书异者,在成书之前亦当以书为正,而在成书之后者,当以《语》为是。学者类而求之,斯得之矣。"(《饶州刊朱子语续录后序》)①这个原则很重要,下面具体分析之。首先,《语录》与《四书》不一致的地方。《四书章句集注》是朱子一生心血所在,其权威性众所周知。故而,如果《语录》说法和《四书》有异,那么应该以《四书》为是。具体到本文,朱子在《中庸章句序》中明确提出了道心人心的晚年定论,一切与之相冲突的《语录》的相关提法都必须受到抑制。第二,《语录》与五经不一致的地方。在朱子有明确的关于五经的论著的地方,《语录》里面记载的话语可能在此之前,也可能在此之后。如果是前者,则当以朱子本人的论著为准;如果是后者,则以《语录》为准。具体到本文,朱子在去世前两年(1198年),完成了关于五经中的《尚书》的《大禹谟解》,他在该注里也阐发了和《中庸章句序》一致的道心人心思想。②在此,凡是与之相冲突的《语录》的相关提法都必须受到抑制。第三,《语录》与四书五经之外的朱子的其他论著不一致的地方,其原则参照第二条执行。

在谢文中,反复强调了作为第二手材料的《朱子语类》对于研究朱子思想的局限性。但是,许文通篇的行文都自动忽略了笔者的这一论证,这种做法有什么意味深长的含义呢?

二、文献证明效力薄弱

通过上文的论证,可以得出一个结论:因为《朱子语类》不是朱子本人的著作,而是门人弟子的记录,所以其就不一定反映了朱子本人的观点。我们知道,朱子道心人心思想的晚年定论是以《中庸章句序》和《尚书·大禹谟解》为代表。谢文中所认定的两条语录,因为和朱子权威著作中所体现的晚年定论不一致,所以笔者才不厌其烦地详细论证其是"问题语录"。但是,许文却认为那两条语录没有问题。而他所依据的文献都是《朱子语类》中的效力很有限甚至是无效的材料。因为根据上文所提到的解决《语录》和朱子本人的权威的四书五经的著作的冲突的规则,当然应该以朱子的论著为准绳而不是相反。其实,许文也是赞同这一原则的。比如,他说道,"朱子在具体时机下提出某种与其定见不同的说法,是非常正常的,并不能就此判定这种说法一定是错误的。"③(注:引文中的着重号乃笔者所加,下文同)从逻辑上看,不能说许先生的观点没有道理。但具体到我们所讨论的问题,该提法就经不起仔细分析和推敲了。许先生在此处暗示,朱子本人在道心人心问题上确实是有"定见"(可以谨慎地相信就是笔者所认为的晚年定论)的。到此为止,双方是有共识的。但是,许先生与众不同的地方是,为不同于定见的说法的正当性提出了辩护。笔者以为,许先生的观点可以具体分析一下。第一,关于"与其定见不同的说法"的时间点。可以认为,"与其定见不同的说法"只有在定见产生之后出现的才有意义。因为之前产生的不同的观点,可以通

---

① 转引自黎靖德编:《朱子语类·序目》,第3页。
② 谢晓东:《寻求真理——朱熹对道心人心问题的探索》,《河北大学学报(哲社版)》2005年第3期。
③ 许家星:《人心与人欲——〈《朱子语类》中两条重要语录辩误〉之辩误》,第128页。

过"发展"一词来消除它们之间的不一致性。需要指出的是,许文似乎混淆了"与其定见不同的说法"的时间点。因为他的诸如"若如此处理,将导致对朱子思想成熟的复杂性、艰巨性的遮蔽"的提法,似乎又暗示了"与其定见不同的说法"是出现在"定见"之前。"与其定见不同的说法"可以出现在朱子本人的论著中,也可以出现在并非朱子本人著作的《语类》中。根据笔者的研究,前者并不存在,所以只能是后者。而许先生所要捍卫的就是并非朱子本人著作的《语类》中出现的和朱子的"定见"不同的说法的正当性!第二,关于"与其定见不同的说法"的"不同"一词的解读。"不同"可以区分为与定见矛盾的和与定见不矛盾的这么两种类型。内在于本文来说,如果是后者,那么没有讨论的价值,因为只是表述有不一样的地方但是基本意思没变。如果是前者,那就要极为谨慎了。根据逻辑学的矛盾律,和"定见"相矛盾的所谓"说法",其存在价值和意义是不言而喻的。而许先生所要捍卫的就是并非朱子本人著作的《语类》中出现的和朱子的"定见"相矛盾的说法的正当性!

许文的论证策略之一是诉诸历史。比如,他认为,"140卷的全部《语类》中,有不少说法与《集注》不相应,有的直接标明'记者之误'、'传写之误'、'记录有误'、'此言盖误'、'集注非定本'等。但这两条'问题语录'在《语类》编辑者及历代朱子学者看来,却并未视为记录之误"。① 在我看来,这个论证的逻辑效力非常有限。前人没有发现有误,并不意味着就没有错误。举个或许不恰当的例子,在伽利略做著名的比萨斜塔实验之前,近2000年没有人怀疑亚里士多德的结论。但是,其结果是不言而喻的。更何况是一群平常人所记录的朱子的话语!? 就此而言,笔者对那两条语录的怀疑,并非多此一举。

早在朱子去世之后不久,他的弟子们曾就人心道心问题展开过比较激烈的辩论。② 其中,黄榦和李道传、李方子就道心、人心之别的书信交流就是辩论的一个重要组成部分,而他们就具有明显不同的看法。对此,真德秀从第三方角度对黄、李之辩予以了评论。他认为,黄榦的观点是根据朱子的权威著作《中庸章句序》和《尚书·大禹谟解》得出的,而《语类》和《文集》中个别赞成二程人心人欲说的言述,只是"一时问答之辞故也"。③ 这也说明,即便是朱子的及门弟子,许多人对朱子"人心"、"道心"的理解,和朱子本人的思想,也还是存在明显差别。他们在记录朱子的相关话语时,完全可能是按照自己的理解记录。这同时也证明了笔者的观点,《语类》的相关话语可能存在严重问题。

从文献证明的角度而言,许文还存在一个致命缺陷:如果要否定拙文的观点,他就必须从更为可靠的文献入手来反驳之,比如通过朱子本人对四书五经研究的更为权威的文本。但是,他并没有这么做。

退一步讲,即使是许先生所引用的《朱子语类》中所谓朱熹晚年同样肯定"人心人欲说"的四条语录,也是问题多多。为了论证的需要,现抄录许文所提供的四条语录如下:

1. "方伯谟云:'人心道心,伊川说,天理人欲便是。'曰:'固是。'"(《语类》卷七十八,第2670页)

2. "问:'动于人心之微,则天理固已发现,而人欲亦已萌。天理便是道心,人欲便

---

① 许家星:《人心与人欲——〈《朱子语类》中两条重要语录辩误〉之辩误》,第128页。
② 王宇:《人心道心之辨与后朱熹时代朱子学方法的奠定》,《哲学研究》2011年第3期。
③ 真德秀:《西山读书记》卷三,文渊阁四库全书本第705册,第81~84页。

是人心'。曰:'然'。"(《语类》卷七十八,第 2667 页)

3. "程子曰:'人心人欲,故危殆;道心天理,故精微。惟精以致之,惟一以守之,如此方能执中。'此言尽之矣。……圣人心法无以易此。"(《语类》卷七十八,第 2669 页)

4. "有天理自然之安,无人欲陷溺之危。"(《语类》卷十三,第 389 页)

先看许文所引用的语录四,"有天理自然之安,无人欲陷溺之危",许文认为,朱子在去世前一年(1199 年),吕焘所录的这条语录"明确提出'人欲之危'"。① 读者可以发现,这个所谓的"明确提出"的"人欲之危"的命题,根本就不"明确",而是许先生自己的提炼。但是,即便存在"人欲之危"的命题,笔者也看不出这条语录能够说明朱子同样肯定了"人心人欲"说。其实,在《语类》卷七十八中,不是没有提供给许先生同类的炮弹,但他没有使用,而是引用了和论证主题关系不大的边缘性语录四。笔者觉得有必要把它展示出来。"人心者,人欲也;危者,危殆也。道心者,天理也;微者,精微也。物物上有个天理人欲。"②对于许先生的论文来讲,这应该是一枚重磅炸弹,许文却弃而不用,岂不可惜? 其实,许先生不是不想用,而是不能用。因为这条窦从周所录的语录,在同页廖德明也记录了。但关键在于,廖氏在该条语录之首有"窦初见先生"的时间限定词,据此可以推断出该对话发生在公元 1186 年朱子 57 岁时,即朱子道心人心思想成熟之前两三年。朱子道心人心思想的晚年定论阐发于 60 岁所作的《中庸章句序》,此前,他有人心人欲等同的观点,此后,他是明确反对人心人欲说的。明白了这一点,就可以理解许文的良苦用心了。

语录一和语录二的证明效力非常有限,因为前者记录了方伯谟引用伊川的话语:人心道心等同于天理人欲,后者记载了人心便是人欲。对这两种提法,朱熹的反应是答以"固是"和"然",却根本不是记录的朱熹本人的直接话语。即便是这样,这两条语录的证明力也是很有限的。笔者曾经有专文③论证过这个问题,故而为了避免重复,本段仅指出其结论如下。语录二乃郑可学所录,根据《朱子语录姓氏》,郑氏所录均在辛亥(1191 年)。但是,笔者已经证明,该指引是错误的。田中谦二认为,郑子上归事朱子四次,首次在 1187 年春至 1188 年春,其次在 1190 至 1191 年,复次为 1192 至 1193 年,最后一次是在 1198 年秋冬之间。④ 于是,有充分的理由相信,语录二应该是第一次归事朱子时所闻,那时,朱子还没有确立道心人心思想的晚年定论。在这种情况下,朱子是可能认同二程的观点的,所以就出现了郑子上和朱子师徒的如上问答。至于许文所引用的语录一乃节引,该条语录乃滕璘所录,郑子上也参加了该次谈话,故而也有记录。但是,郑子上的语录中没有滕璘所记的关于道心人心便是天理人欲的话语。这是因为,很可能郑子上在 1189 年就已经掌握了朱子关于人心不同于人欲的新说,故而他在辛亥就可以不记录这种过时的人心人欲说。而滕璘此前没有受过类似的洗礼,于是就抄录了方氏的那个说法。方伯谟此人,根据陈荣捷的研究,是"淡于

---

① 许家星:《人心与人欲——〈《朱子语类》中两条重要语录辩误〉之辩误》,第 128 页。
② 黎靖德编:《朱子语类》卷七十八,第 2017 页。
③ 谢晓东:《朱熹的〈文集〉与〈语类〉中几则重要材料年代新考》,《中国哲学史》2014 年第 1 期。
④ 田中谦二:《朱门弟子师事年考》,收入(日本)《东方学报》第 44 期,1973 年,第 147~218 页;第 48 期,1975 年,第 261~357 页。

义理,浓于文词",①故而对人心与人欲的精微差别,可能较难以把握。在他说出那种伊川关于人心人欲等同的话语时,朱熹或许也懒得纠正。朱熹虽然没有直接纠正,但也强调了人心道心不是有两物。这或许是抽象肯定具体否定的做法。

语录三克服了语录一和语录二的间接性的毛病,记录的是朱熹本人的话语(暂且假定是)。《语类》告诉我们,该条乃张洽所录。对于这条语录,许文颇为重视,认为是张洽癸丑(即 1193 年)所录,并认为该语录表明,"朱子称赞程子人心人欲说穷尽心传之旨"。许文认为,该条语录是在《中庸章句序》多年之后,故而证明了朱子晚年在特定语境下,依然肯定"人心人欲"说。但是且慢,该条语录的时间点存在很大的不确定性。根据《朱子语录姓氏》可知,张洽所录为丁未(1187 年)和癸丑(1193)所闻。也就是说,张洽所录之语录的年代有两种,分别是 1189 年(《中庸章句序》撰写年)之前两年的 1187 年和 1189 年之后四年的 1193 年。该条语录到底反映的是何年的对话,对于许文来说,至关重要。但是,这么重要的一个有待证明的问题,许文却草率地写道,"此处据前后《语类》当为后者"。② 我想问的是,许先生是怎样根据前后《语类》就判断出这点了呢?能否把你的判断根据以及证明过程展示给大家看呢?相反,笔者从义理证明的角度出发,再加上语录年代有两种的信息,却可以明确认定这段语录的年代应该是 1187 年,即在朱子形成道心人心思想的晚年定论之前两年,因而是不成熟而后来又摒弃了的观点。

到目前为止,笔者逐条反驳了许文所提供的作为所谓"事实"的四条语录。接下来,考察许文所提供的关于义理的说明。

三、"欲"与"人欲"可以直接等同吗?

朱子哲学是一个比较严密的系统,而这很大程度上又是通过分析范畴及其相互关系来达到的。内在于本文,特别需要厘清"欲"、"人欲"、"人心"、"道心"和"天理"这五个范畴之间的关系。其实,就此而言,笔者也有专门研究。③ 为了避免重复,笔者简单描述上述范畴及其关系如下。在朱子哲学中,"人欲"的本义其实是指"私欲",天理人欲论的精确说法应该是天理私欲论。陈来曾经总结道:"宋明儒者所说的'存天理、去人欲',在直接的意义上,'天理'指社会的普遍的道德法则,而'人欲'并不是泛指一切感性欲望,是指与道德法则相冲突的感性欲望。"④朱子哲学中"人心"、"道心"范畴的含义还是较为清楚的。"人心"指的是人的感觉与需求,它包含两层意思:其一是指知觉即感觉,其二是指欲望即人的需求。而不管是心理活动还是行为,只要符合或体现天理即是道心。人心合乎理即为道心,道心乃人心之合理状态。上文讲过,人心的第二层含义是"欲"。张岱年等人已论证"欲当即理",即

---

① 陈荣捷:《朱子门人》,华东师范大学出版社 2007 年版,第 30～31 页。
② 许家星:《人心与人欲——〈《朱子语类》中两条重要语录辩误〉之辩误》,第 128 页。
③ 谢晓东、杨妍:《朱子哲学中道心人心论与天理人欲论之内在逻辑关系探析》,《江苏社会科学》2007 年第 2 期。
④ 陈来:《宋明理学》,辽宁教育出版社 1991 年版,第 2～3 页。

遵循道德法则的"欲"是天理,与道德法则相冲突的"欲"是人欲(私欲)。① 换句话说,在朱子哲学中,人欲与天理均是通过"欲"这一中介实现的。天理在人心上获得表现,合乎性理之人心即天理。人欲乃天理之"安顿得不恰好",因而人欲乃人心不合乎性理之状态。朱子认为,"人心者,气质之心也,可为善,可为不善"。当人心受道德理性的控制时,其表现为善的道心或天理;当它摆脱道德理性的控制时,其表现为恶的人欲。从人心提升/上达即为道心或天理,从人心坠落/下达即为人欲。换言之,就如何实现人心而有天理(道心)人欲之分途。这就是笔者以前所提出的"人心通孔说",并视之为理解朱熹道心人心思想的一把钥匙。通过"人心通孔说",不但沟通了朱子哲学中的道心、人心与天理、人欲这两对重要范畴,而且还把它们连接起来构成了一个整体,即"道心或天理与人欲之实现必须以'人心'为基础。相应地,道心或天理与人欲便是因实现'人心'之路径不同而发生的分化,它们都是'人心'的产物。"②

确立上述分析架构之后,接下来考察许文存在的一些根本问题。笔者以为,许文的最大问题是:把"欲"与"人欲"这两个范畴直接等同。他常常把这两个词在同一个意义上使用,而且还经常互换。在论文的结尾处,许先生对自己的观点予以了总结。"当人心这一概念包含人的基本欲望时,对此欲望是控制而不是消除之;反之,当人心不包含人欲时,则成为天理的对立面,应当消除。朱子对人心、人欲的使用理解,存在这两种不同情况,故其说法灵活多样而非单一绝对,故此两条语录不可视为误。"③根据许文的指引,"这两种不同情况"应该指的是,"人心"是否包含"人欲"。但是,许文在这段引文中的表述却是,"人心"是否包含"人的基本欲望"和"人欲"。而我们知道,"人的基本欲望"指的是"欲"或"欲望",它和"人欲"是明显不同的两个概念。但是,许文却公然把"欲"与"人欲"相等同。假如笔者的判断合理,那么来看一下,把"人的基本欲望"或"欲望"用"人欲"来替换时,会发生什么情况?替换后的表述如下:"当人心这一概念包含人欲时,对此人欲是控制而不是消除之;反之,当人心不包含人欲时,则成为天理的对立面,应当消除。"学习过逻辑学的读者可以发现,在同一个陈述中,A既包含B又不包含B,这是一个矛盾。我们都知道该如何消除矛盾!或许许先生可以申辩道,不能够把"人的基本欲望"或"欲望"用"人欲"来替换。那好,我们就保持许文的形式,使用逻辑学的表述方式就是,A包含B,A不包含C,且B≠C。如果是这样的话,还是存在"这两种不同情况"吗?答案是不言而喻的!!

或许,我们可以站在许先生的立场,设身处地地为他考虑一种有利的理由,那就是许文在此处表述不严密,因而可以重构其表述,或者在原文中找到更为合理的陈述。为了避免许先生认为重构的表述会歪曲其意思,咱们还是选择后者吧。"事实上,朱子对人心、人欲的关系存在对立或包容两种看法。当认为二者对立时,则否定人心人欲说;认为二者包容时,则肯定人心人欲说,这取决于对人心、人欲的理解。"④在这里,许文认为人心与人欲之间存在"对立或包容"两种关系,这和其结论中的"两种不同情况"是兼容的,因而可以认为这句

---

① 张岱年:《中国哲学大纲》,中国社会科学出版社1982年版,第455页。
② 谢晓东、杨妍:《朱子哲学中道心人心论与天理人欲论之内在逻辑关系探析》,《江苏社会科学》2007年第2期。
③ 许家星:《人心与人欲——〈朱子语类〉中两条重要语录辩误〉之辩误》,第134页。
④ 许家星:《人心与人欲——〈朱子语类〉中两条重要语录辩误〉之辩误》,第130页。

话更能代表其意图。但是,这个表述只是一个形式上的表述,对其具体含义的判断需要特别的语境,或者说,"这取决于对人心、人欲的理解"。把这个表述形式化为,A 和 B 对立,A 包容 B。A 和 B 对立,这个比较好理解,比如"存天理、灭人欲"这个陈述,就体现了这种形式。A 包容 B,这就需要仔细分析了。依许文的理路,此处的日常语言"包容"似乎应理解为数学或逻辑词语"包含"。因而,可以把 A 包容 B 表述为,B∈A。而"包含"又可以具有两种形式,A>B 或 A=B。当然,许文并没有能够区分到底是"人心"包含"人欲"还是"人心"包含于"人欲"。根据许文的内容,可以认为他要表达的是前者。

可以把许文关于人欲与人心的三种关系的陈述整理如下。其一,人欲属于人心。许文认为,"'人欲'概念包含在'人心'中,是人心的一个方面,指人心之欲望。人心与人欲并非对立,而是包容关系"。① 其二,人欲与人心等同。许文认为,"朱子也是把人欲与人心等同使用的"。② 其三,人欲与人心对立。首先,许文提出,"可以说,人欲在朱子那里是与天理相对立的概念,代表了否定面,与人心不可等同"。③ 不等同是对立的必要条件。其次,许文并没有明确提出人欲与人心对立,但是他相当程度上暗示了这一点。比如,朱子"将人心与人欲、道心与天理并提"。④ "朱子对人心与人欲关系的看法源于二程……这种惟危的人心就是人欲,是天理的对立面,应当克除之。"⑤ 从形式上看,许文似乎完整地提供了三种关于人欲与人心关系的表述。

许文之所以能够得出上述结论,其基本手法是,把"欲"与"人欲"直接等同。信手拈来几处。"以饮食寒衣之基本欲望为证,指出就通常意义而言,这种人欲并非不好,只有当它与义理相脱离的情况下才是不好。"⑥"朱子认为人心最重要的方面就是知觉、人欲,故总是把饮食之欲视为人心,此人欲与人心一般,并非一定是负面价值。"⑦"人心来源于形气之私,形体的存在必然有人欲,如我欲仁、饥食渴饮之类。"⑧"坚决主张人欲的不可缺少,批评即便是佛教空虚之学也离不开饥渴吃穿的欲望,以此证明人心的不可消除。"⑨上述四句话有一共同点,即可以把加着重号的"人欲"替换为"欲"或"欲望"。替换的结果是对于"人欲"一词理解的歧义消失了,表达不但符合了朱子哲学的原意,而且行文也流畅了。问题在于,许先生为何要放弃简明扼要、意思明确的表述,却偏偏要反其道而行之呢?

许先生之所以如此,是因为他认为,"对朱子人欲说应具体细致分析"。他的具体做法是,区分广义的人欲和狭义的人欲。狭义的人欲,"特指过分的不合理的欲望,是不应该存在的"。⑩"可以说,人欲在朱子那里是与天理相对立的概念,代表了否定面,与人心不可等同。"而广义的人欲,其所指乃是,"当朱子单独说人欲时,人欲所指较广,在价值上中立,可

---

① 许家星:《人心与人欲——〈《朱子语类》中两条重要语录辩误〉之辩误》,第 129 页。
② 许家星:《人心与人欲——〈《朱子语类》中两条重要语录辩误〉之辩误》,第 132 页。
③ 许家星:《人心与人欲——〈《朱子语类》中两条重要语录辩误〉之辩误》,第 134 页。
④ 许家星:《人心与人欲——〈《朱子语类》中两条重要语录辩误〉之辩误》,第 130 页。
⑤ 许家星:《人心与人欲——〈《朱子语类》中两条重要语录辩误〉之辩误》,第 129~130 页。
⑥ 许家星:《人心与人欲——〈《朱子语类》中两条重要语录辩误〉之辩误》,第 129 页。
⑦ 许家星:《人心与人欲——〈《朱子语类》中两条重要语录辩误〉之辩误》,第 131 页。
⑧ 许家星:《人心与人欲——〈《朱子语类》中两条重要语录辩误〉之辩误》,第 131 页。
⑨ 许家星:《人心与人欲——〈《朱子语类》中两条重要语录辩误〉之辩误》,第 132 页。
⑩ 许家星:《人心与人欲——〈《朱子语类》中两条重要语录辩误〉之辩误》,第 131 页。

善可恶,是必须而不可以消除的"。① "但是单独言'人欲',则并没有反面意,人欲更多的指示私欲,和天理之公相对应。"② 最后一句的表述很不清晰,但是不影响许文的基本做法。

在笔者看来,许文从广义和狭义的角度区分"人欲"一词的做法是完全失败的。因为其所理解的广义的"人欲",其实指的就是"欲"或"欲望"。而朱子(甚至包括程子)从来没有说过要消灭人的"欲"或"欲望"。"欲"和"人欲"的区分极为明显,根本没有必要床上架床。从这一点来看,许先生的做法根本没有必要。因为,学界的共识是,朱子和宋明新儒学中的"人欲"的含义是"私欲",是属于恶的,是必须根除的。但是,许文的做法,彻底混淆了"欲"和"人欲"这两个具有明确所指的概念,在两种概念之间随意摆动,并经常为了自圆其说把分明是"欲"的地方偏偏用"人欲"来指称。虽然许文自称,"朱子对人心、人欲的使用理解,存在这两种不同情况,故其说法灵活多样而非单一绝对"。但是在我看来,"活"倒是"活"了,"灵"却没有看到。而且,不能"灵活"得让大家摸不着头脑。

四、许文对"人心"与"人欲"的"新区分"的后果

许文的做法,事实上正是犯了笔者当年所担心的错误,即导致了"'人心'与'人欲'难以区分,模糊了'人欲'一词的价值取向,使朱子区分这两个概念的努力受挫,遮蔽了朱子哲学的真面目"。③ 就此而言,许文这个新样本的存在,更是反证了笔者当年的工作是颇为必要的。正如识者所云,"'人心'与'人欲'之区分对于理解朱子思想乃至整个宋明儒学而言,至为重要"。④ 事实上,许文也认识到了这一区分的重要性,"此问题看似一字之差,然却颇为重要。"⑤ 不过,认识到是一回事,是否做到,那是另外一回事。

首先,许文模糊了"人欲"一词的价值取向。比如,"意在强调此种人欲的必要合理性"。"故必要合理的人心、人欲,也需要道德之心为其主宰。"⑥"此人欲与人心一般,并非一定是负面价值。"⑦"坚决主张人欲的不可缺少。""人欲的价值正负由有无义理来主宰决定。"⑧ 可以说,许文对于"人欲"的上述规定,是对学界共识的挑战,因而具有"创新性"。在许文这里,"人欲"变成了待确定的,因为其并非一定是负面价值,因为其价值正负需要由有无义理主宰来决定。过了一会儿,"人欲"又成了"不可缺少"、"合理的"、具有"必要合理性"了。明眼人不难看出,这就是"人欲也未便是不好"的现实版。这不正是笔者在2004年论文的证明中所要努力避免的吗?!

其次,许文的做法导致了"'人心'与'人欲'难以区分"。请看许文的阐述。"可见朱子也是把人欲与人心等同使用的。""总之,朱子关于人心的论述,皆是以人欲为立足点。""朱

---

① 许家星:《人心与人欲——〈朱子语类〉中两条重要语录辩误〉之辩误》,第131页。
② 许家星:《人心与人欲——〈朱子语类〉中两条重要语录辩误〉之辩误》,第134页。
③ 谢晓东:《〈朱子语类〉中两条重要语录辩误》,第127页。
④ 李明辉:《朱子对"道心"、"人心"的诠释》,《湖南大学学报(社科版)》2008年第1期。
⑤ 许家星:《人心与人欲——〈朱子语类〉中两条重要语录辩误〉之辩误》,第127页。
⑥ 许家星:《人心与人欲——〈朱子语类〉中两条重要语录辩误〉之辩误》,第129页。
⑦ 许家星:《人心与人欲——〈朱子语类〉中两条重要语录辩误〉之辩误》,第131~132页。
⑧ 许家星:《人心与人欲——〈朱子语类〉中两条重要语录辩误〉之辩误》,第132页。

子认为人心最重要方面就是知觉、人欲。"①上文分析过,许文认为"人欲"的价值正负待定。而我们知道,朱子明确指出过,"人心者,气质之心也,可为善,可为不善"。在这种情况下,似乎在朱子哲学中,"人心"与"人欲"都是"可善可恶"的,因而意义都差不多。这正是许文的观点,他"勇敢地"认为,"朱子也是把人欲与人心等同使用的"。笔者曾经指出,把人心人欲化,是朱子中年时的不成熟的观点,其晚年定论是人心不是人欲,二者差别很大,不可等同。② 假如朱子在五十岁时就去世了,那么,许文就是站得住脚的。但是"很遗憾",朱子又活了二十一年,从而可以发展完善自己的学说。朱子是前进了,但是许先生却没有前进。至于本段关于许文的另外两处引文,更是把"人欲"归结为朱子哲学中关于"人心"的规定性里的"立足点"与"最重要的方面"。这和朱子本人的看法大相径庭,明显是许先生的看法而不是朱子的看法。如果根据本文所指出的关于许文的最大问题的论证,那么可以发现,该两处的"人欲"应该都是"欲"之误。

综合前面的分析,可以得出结论,许文的做法,客观上使得朱子区分"人心"与"人欲"这两个概念的努力受挫,从而遮蔽了朱子哲学的真相。其最为根本的原因是,为了反击笔者的观点,许文必须为"人欲也未便是不好"这一明显站不住脚的观点辩护。为了捍卫这一观点,他不得不首先把"人欲"等同或泛化为"欲",然后再通过"欲"所具有的特性来曲为"人欲"辩护。从这一视角来看,许文不但是混淆了概念,而且还偷换了概念。而根据笔者的论证,在朱子哲学中,人欲是人心向下坠落的结果,因而它们之间既不是对立的关系,也不是包含的关系。

五、在程子与朱子之间:人心人欲说

许文还存在的问题是,为了批评笔者对两条问题语录的论证,尤其是笔者对"人欲也未必便是不好"的否定性论证,于是他就引入了《朱子语类》中的几条语录,试图证明朱子在《中庸章句序》之后也同样肯定了"人心人欲说",从而试图在文献上驳倒笔者。与此同时,为了从义理层面支持自己的文献证明,而提出了一个关于人心与人欲之关系的似是而非的论证。在他看来,二程的道心人心说是自己论点的天然支持者。于是,他就陷入了两难。这是因为,一方面要把朱子打扮为二程道心人心说的支持者,另外一方面又不能完全忽略朱子与二程的明显不同。这种两难,从一个侧面凸显了许文的所谓义理证明是一个明显的失败。

许文对程子的"人心人欲、道心天理"的说法颇为推崇。他认为二程此说"简明扼要地凸显了理欲的对立",故而支持者众多。③ 更有甚者,他甚至认为,朱子关于道心人心的晚年定论,和二程的上述说法,"并无本质差别,不过表述清晰与否而已"。在这种情况下,"故朱子晚年有时持有程子之说并不奇怪"。④ 有了这样的认识,于是,他就引用了《语类》中的三条所谓朱子晚年赞成程子人心人欲的话语。但是,朱子又确实明确反对过程子的观点,

---

① 许家星:《人心与人欲——〈《朱子语类》中两条重要语录辩误〉之辩误》,第132页。
② 谢晓东:《寻求真理——朱熹对道心人心问题的探索》,《河北大学学报(哲社版)》2005年第3期。
③ 许家星:《人心与人欲——〈《朱子语类》中两条重要语录辩误〉之辩误》,第133~134页。
④ 许家星:《人心与人欲——〈《朱子语类》中两条重要语录辩误〉之辩误》,第134页。

"'人心,人欲也,'此语有病。虽上智不能无此,岂可谓全不是"。① 基于众所周知的原因,即便是观点不同,朱子对二程也是很少直接批评的。因而类似这种明确否定二程观点的"重话",颇为少见。所以,许文才会说,"这一说法仅见于此"。关于朱子对二程人心人欲说的评价,许文的看法是"有所矛盾"。这种矛盾体现在,"在早年形成独立看法之前,朱子采用二程之说,将人心与人欲、道心与天理并提"。而"到了晚年,朱子思想有所变化",对程子人心人欲的说法"不乏批评"。② 他所认为的"矛盾",在笔者和其他一些研究者看来,并不是矛盾,因为那是朱子不同时期的看法。③ 许文之所以如此认定,那是因为其缺乏一种发展眼光来看待朱子对程子的观点的前后明显矛盾之处。根据笔者的研究,在早年和中年时,朱子的道心人心陈述并没有自己的独立话语体系,而处于一种依附地位。在此阶段,朱子接受了二程"人心人欲,道心天理"的观点。但是,朱子后来发展了独立的道心人心思想,从而明显区别于二程。要是如许文所言,程朱之观点"并无本质差别",那么朱子严厉批评程子,就应该是无聊的无病呻吟! 但朱子显然不是无病呻吟! 比如,捍卫师说甚严的黄幹,就严格区分了程朱对"人心"一词的诠释。"伊川及朱先生人心之说,语意自不同,不可合而为一。伊川直作恶说,朱先生只将作人所不能无说。语自不同,今合而一之,非也。要之,人心特发于形气之私,圣、愚、贤、不肖皆不能无,不可便谓之人欲。"④

对此,许先生也是心知肚明的,他也不否定"朱子对程子人心人欲说的确进行了修正"。但是,根据许文关于人心人欲的基本论证的逻辑,他不应该得出这个结论,而应该得出朱子强调了程子人心人欲说的另外一个向度,即程子所说的人欲是广义上的可善可恶的。但是许文没有彻底坚持这个论证理路,而是又滑向了朱子的观点,并基于朱子的观点,指出了程子人心人欲说的问题。"朱子对程子说的不满意,在于要肯定饮食等基本欲望,而不是否定。"这句话非常令人费解,难道程子否定了"饮食等基本欲望"?! 想程子不至于如此!"如果按照人心人欲说,则饮食基本欲望无法安顿。人欲成为必须克除的对象,程子说的最大问题在于天理人欲相对立,不可并存;但道心、人心却不是消灭关系,而是主导、化解关系,朱子必须给人心,即人的基本欲望留一个空间。故他批评佛老之说,再三肯定人心,人的基本欲望不可消除。"⑤根据许文对人欲说的"具体细致分析",得出的结论应该是朱子在吹毛求疵。因为许文对人欲的相关分析,也可以使用在程子那里,而不能采取双重标准。如果把许文对人欲的相关分析应用到程子那里,朱子对程子的批评就是不相应的,因为"二者并无本质差别"。"故道心人心之别亦可谓天理人欲之分。"⑥看来,关于道心人心与天理人欲的关系,朱子的晚年定论和二程的看法,是有本质差别,而不仅仅是"表述清晰与否而已"。

笔者以为,许先生在此陷入了一个难以自拔的困境。为了替自己的观点张目,而忽视了

---

① 黎靖德编:《朱子语类》卷七十八,第2010页。
② 许家星:《人心与人欲——〈《朱子语类》中两条重要语录辩误〉之辩误》,第130页。
③ 林月惠:《异曲同调:朱子学与朝鲜性理学》,台大山版中心2010年版,第247~248页。在该书第248页的脚注21,详细列举了古今中外学者对朱子"人心道心"说的前后期不同的四种说法,其中的一种就是笔者的观点。林氏所引用的四种观点是:卢酥斋和李退溪的前后期说,韩南塘和唐君毅的四阶段说,大陆学者谢晓东的早、中、晚三阶段说,以及台湾资深韩国儒学研究者蔡茂松的五阶段说。
④ 真德秀:《西山读书记》卷三,第83页。
⑤ 许家星:《人心与人欲——〈《朱子语类》中两条重要语录辩误〉之辩误》,第134页。
⑥ 许家星:《人心与人欲——〈《朱子语类》中两条重要语录辩误〉之辩误》,第132页。

同一个概念在不同的人那里可能存在重大差别。比如,"人心"一词在二程和朱熹等人那里,其含义是不一样的。正因为如此,所以宋明新儒家关于道心人心之关系问题,就形成了三种基本主张:道心人心统一论(朱熹、陆九渊)、道心人心对立论(王阳明、二程、湛若水)和道心人心一体论(刘宗周)。① 为了增强自己论证的力量,许文借助于二程的权威来曲折反驳笔者对两条问题语录的论证。这本身没有问题,问题在于,许文过于为二程旧说做辩护,并且常常把朱子打扮为二程旧说的忠实拥护者。于是,他就无法做到对程朱在道心人心问题上的真正的切割,进而也就无法合理解释程朱之差异了。

道心人心问题不但在中国新儒学的发展中具有重要影响,而且在东亚儒学中也具有崇高地位。比如,朝鲜朝的儒家,就曾围绕道心人心问题展开过长期的激烈的辩论。中朝儒者对道心人心问题的分析与思考,均是以朱熹的观点为中心的。于是,他们就面临一些问题:如何认定朱熹的真正的晚年定论? 如何处理不同的文本所涉及的思想冲突? 解决这些问题的关键是如何恰当处理《朱子语类》所提供的相关说法。就此而言,需要再次强调一遍,对于研究朱子哲学,《朱子语类》固然具有相当的价值,但是使用者也必须要慎思明辨,从而批判性地使用其中的语录。否则,可能会造成比较严重的学术问题。我们所反驳的许文,就是这么一个典型案例。因而,更为稳妥的做法是,以朱熹的权威论著为基础,以《朱子语类》为补充。当然了,这种做法,就其实质而言还是哲学史研究的理路。而哲学研究的理路则是,跳出朱熹观点的束缚,回到问题本身,平等对待朱熹和其他儒者的观点,并对其观点的利弊得失予以客观评价。这是有待学者们的共同努力的。

Restatement the Problem of Moral Mind and Human Mind in the Philosophy of Master Zhu Zi
——Replying to Dr. Xu Jiaxing

Xie Xiaodong

Abstract: *Zhu Xi's Analects*, compiled by his disciples, has some inner limitations in the course of studying Master Zhu's philosophy. We must erect reasonable rules to deal with the conflicts between the Analects and Master Zhu's own authoritative works. The four quotations provided by Prof. Xu have skeptical effect from the perspective of document. There are at least three flaws in Prof. Xu's paper from the perspective of thoughts. Firstly, it identifies the two categories directly between desire and the selfish desire; Secondly, it blurs the value orientation of the word of the selfish desire and consequently there are some difficulties in distinguishing desire and the selfish desire; Finally, it falls into dilemma to how to treat the differences between the Cheng Brothers' and Master Zhu's theory of the selfish desire. The criticism is not successful because of the above defects in the arguments of Prof. Xu's article.

Key Words: Zhu Xi; *Zhu Xi's Analects*; desire; selfish desire; human mind; moral mind

---

① 谢晓东:《宋明理学中的道心人心问题——朱熹与心学的思想比较》,《厦门大学学报(哲社版)》2009 年第 6 期。

融中西文化差异与冲突为一体
——赵淑侠小说的文化内蕴

陈秀端[*]

【摘　要】 无根的漂泊感、边缘人的聚散心态，带来海外华文作家所处双重身份的矛盾，也让他们在身份认同上产生前所未有的困惑与彷徨。海外华人女性双重身份所处的困境，明显地表现出西方异质文化对东方女性在性别与种族的双重歧视与边缘化。因此，作为欧华文学具代表性的女作家赵淑侠，她的小说作品，不仅有自身经历过、见闻过的异域浪子的悲歌，更有华人女性在异质文化语境下所特有的双重身份的女性书写。这样的文本策略与书写维度，使其小说的文化内蕴呈现出不同于一般的独特性。其中，最大的特色就是：融中西文化差异与冲突为一体。

【关键词】 赵淑侠　漂泊感　身份认同　异域浪子　文化差异

一、前言

赵淑侠小说的文化内蕴，最大的特色是融中西文化差异与冲突为一体。

"文化"一词，拉丁语是cultura，德语是Kultur，英语则是culture。所谓"文化"，是指生物在其发展过程中，逐步积累起来的一切跟自身生活相关的知识或经验。换句话说，文化就是生物适应自然或周围环境的体现，也是生物认识自身与其他生物的体现。不同学科，对于"文化"一词也有不同的理解。有些学者从哲学角度解释文化，认为：文化从本质上讲是哲学思想表现形式。哲学的时代和地域性，往往决定文化的不同风格。一般而言，哲学思想的变革会引起社会制度的变化，对于旧文化的镇压和新文化的兴起也有连带的影响性。因此，有些学者从存在主义的角度认为，文化是对一个人或一群人的存在方式的具体描述。因为，人类存在于自然中，也存在于历史和时代中。时间，是一个人或一群人存在于自然中的重要平台，社会、国家和民族（家族），则是一个人或一群人存在于历史和时代中的另一个重要平台。所以，存在主义的学者认为，"文化"是指人们在这种存在过程中的言说或表述方式、交往或行为方式、意识或认知方式。[①] 其实，文化不仅用于描述一群人的外在行为，它还特别包括作为个体的人的自我心灵意识和感知方式，甚至是一个人在回到自己内心世界时一种自我的对话与观察的方式。我认为，不管从生物的发展过程或从考古学的立场，还是从哲学

---

[*] 陈秀端　厦门大学人文学院　福建　厦门　361005
① 以上数据，参考维基百科，自由的百科全书 http://zh.wikipedia.org/zh-tw/%E6%96%87%E5%8C%96。

角度来分析,任何对"文化"的定义都避免不了历史与地域的时空影响。相同的,也因为历史与地域截然不同的时空环境,东方与西方、中国文化与西方文化之间,由于地域不同、居住民族不同,加上语言、文字的不一样,本来就存在着极大的差异性。至于两种文化之间所产生的差异性,对于不同民族所形成的文化心理的反差,更是无可避免的现实问题。赵淑侠生于中国,深受中华文化的熏陶,又居西方世界三四十年之久,同时拥有生于中国而居于西方这种得天独厚的条件,因此小说作品中,把人物命运和中西文化差异与冲突融为一体的特色,加深了作品文化内蕴的艺术风格。也因为具备了深厚的文化内蕴,赵淑侠小说在揭示人物的内心活动,在表现人物命运方面,都比其他作家来得更为深刻、也更耐人寻味。

中西文化的差异性极大,生活在欧美西方异质文化语境下的海外华文作家,因为文化差异而造成了文化心理的反差性,文学创作往往受到深切影响。特别是20世纪中叶,华裔女性在写作方向上有了极大转变。经过早期反抗的述说、自传体的运用,以及社会文献式的再现之后,她们各自从不同的侧面去书写,去展现华裔在异域生活的各种困境,以及寻求心灵家园的浪子悲歌。这种具有鲜明特点的文本策略,是华裔女性在异质文化语境下,重现自我与族裔文化的有效方法。肖薇也指出,"少数族裔的华人在欧美主流社会中,将文学文本作为中介,与种族主义、种族偏见、性别歧视以及一切不公正的社会现实所进行的奋斗,重现了华裔女性在确定和维护自我,张扬族裔文化、性别个性中书写心灵世界的轨迹"。① 华裔女作家把自己对世界独特的理解和把握,成功融入她们的文学创作里。在她们的文学文本中,以极富文化内涵和性属意识的符号,用自己对中文和英文的驾驭方式和艺术编码,将中华文化的信息,将边缘族裔的生存状况和权利,以及性别同一性、对人类以及生命的思考,有机地融入自己的文本中,再用文字符号持续她们的精神探寻。

女性书写在异质文化语境下的主动介入,最主要的包括双重身份、边缘书写、族裔形象、自我形象,以及性属意识等几个大方向。② 在瑞士住过三十几年的赵淑侠,面对长期异域生活的所见所闻、所经历的种种困境,特别是身为少数族裔的华人,在欧洲主流社会遭受的不公平对待,诸如种族主义、种族偏见、性别歧视等问题,她也和其他欧美的华人女性作家一样,以她自己独特的书写维度和文本策略,将自己对西方世界深入的理解和把握,透过小说创作,以她的文学文本作为中介,重现上述引文:"华裔女性在确定和维护自我,张扬族裔文化、性别个性中书写心灵世界的轨迹"。因此,赵淑侠的小说作品,我们看到的不仅有作者自身经历过、见闻过的异域浪子的悲歌,更有华人女性在异质文化语境下所特有的双重身份的女性书写。

二、异域的浪子悲歌

赵淑侠小说,所以受到海内外华人的欢迎,和作者着意在人物描写中,发掘深厚的高层次文化内涵是分不开的。小说中的人物绝大多数是知识分子,赵淑侠有些以留学生故事为题材的作品,更直接涉及中西文化差异性的深度探讨。长篇小说《我们的歌》、《赛纳河畔》、

---

① 肖薇:《异质文化语境下的女性书写——海外华人女性书写比较研究》,巴蜀书社2005年版,第148页。
② 参考肖薇:《异质文化语境下的女性书写——海外华人女性书写比较研究》。

《春江》中,故事的情节及场景,几乎全在欧洲这个西方文明最发达的世界。以清末名妓赛金花一生为题材的《赛金花》,其中也有七章的篇幅描写金花随洪文卿出使欧洲的情节。因此,作品中涉及中西文化差异性,及其带给小说人物在文化心理的反差性等问题,赵淑侠都有极深入的描写。

在西方异质文化语境下,赵淑侠对小说人物在文化心理上的反差性描写,首先表现出来的是作品中处处可见的浪子悲歌。

《赛纳河畔》中,以男主人公柳少征居住的法国巴黎为故事的场景。其中,赵淑侠以插叙、倒叙的手法,将柳少征在中国大陆颠沛流离的童年遭遇,以及在台湾孤苦无依的青少年时期,一段段串联起来。《春江》中的刘慰祖,一开始出现在小说中的场景也是欧洲,是在他从德国法兰克福,经过海德堡与瑞士巴塞尔,直达巴黎的火车上。随着记忆中逐渐升高的愤怒情绪,刘慰祖在回忆过往的情节里,小说才陆续出现香港、台北等地的场景。《我们的歌》所描写的故事,是从余织云到德国留学开始。之后,她与江啸风的恋爱、与何绍祥婚后的生活,也都是在德国、瑞典、瑞士等欧洲国家。这之中,虽然穿插着一小段余织云赴美与好友相聚的情节,以及一些余织云在台湾的过往回忆,但直到小说最后,随着余织云的返台探亲,场景才短暂地在台湾出现。至于江啸风,他与余织云的认识、恋爱都在欧洲发生。小说中,有关江啸风的故事情节,可以说都是在欧洲的德国。至于何绍祥,从他的出现到小说结束,都在欧洲的西方世界。虽然,小说最后他告诉妻子余织云将来要回台湾贡献所学,那也是透过书信说明的。

这些以欧洲为背景的长篇小说,主要人物在欧洲生活的日子,都经历一段漫长的时间。这些异域的天涯游子,由于华人的身份特征,让他/她们在身处的西方世界里,常被西方异质文化远远地拒绝于千里之外,加上根深的本土文化所引触的乡愁,使他/她们更无法完全与主流的欧洲社会相契合。因此,异域的浪子心声所谱出的浪子悲歌,在赵淑侠小说作品中表现得特别突出。《我们的歌》中,一向不认同东方、不认同中国的何绍祥,即使早已取得德国国籍,不管他有多优秀、多出类拔萃,也一样被排拒在西方科学界之外。因为,西方人的优越感自始至终都一样,他们之视东方、之视中国为劣等、为野蛮的观念,始终不曾改变。中国人黄皮肤、黑头发、黑眼珠的身份特征,是不容改变的事实。异质文化语境下的生存空间,对于身处边缘文化身份的华人族群来说,还有因漂泊离散所带来的离家之苦。这种因漂泊离散而对异质文化语境所产生的艰困感,吴婉筠在研究女游书写、女书与女性谱系的书写策略时,也提到:"正因为身处相异文化群体之间、处于边缘疆界所产生的矛盾与张力,离散主体总是徘徊在自我认同的歧路上,必须不断重新定位、不断寻找属于自己的位置(positioning),因而形成艺术再现领域中漂泊离散的美学。"[①]一位欧洲华文作家协会的会员黄世宜,就指出,"欧洲不像东南亚,不是美加澳,是西方文明艺术的发源地,移民政策也抓得更紧,这里的华人有更深切的惆怅孤寂感。在这片处处是文采的大地上,我们这群炎黄子孙要为自己的文化做些甚么,需要加倍又加倍的努力"[②]。由此可见,身处边缘文化身份的华人族群,在欧洲这个西方文明艺术的发源地、这个异质文化语境下的生存空间,相对于东

---

① 吴婉筠:《差异的美学——女游书写、女书与女性谱系书写策略研究》,(台湾)天主教辅仁大学比较文学研究所博士论文,2010年,第32页。
② 赵淑侠:《风飞云会,这边景色正好——欢庆欧作协双十年华》,载欧洲华文作家协会编:《迤逦文林二十年:欧华作协成立二十周年纪念文集》,(台湾)秀威信息出版2011年版,第16页。

南亚、美加澳等其他国家而言,他们所遭受的阻力更大、所要面对的困难也更多。

身份的特征和外部的生存环境,是决定海外华人文化诉求的主要因素。赵淑侠以华人作家,长期生活在西方世界异质文化语境下,特别能感受到所处的边缘文化身份。这种边缘文化身份,往往促使华人作家在"本土文化"与"异质文化"之间,形成难以化解的距离。这样的距离,其实就是流动在本土与异域之间的一种空间感。有学者因此认为,它会导致一种"不即不离"的特有形态。因为,前者会使他们不断产生并强化乡愁和寻根意识。而后者,则会使他们始终处于一种对比和反审的思考之中。① 西方世界异质文化语境下,华人作家这种"不即不离"的特有形态,在赵淑侠小说作品中所激发出来的乡愁与寻根意识,是相当浓厚的。同时,对于本土文化与异质文化之间的对比和反审的思考,在赵淑侠小说作品中也处处可见。李丛中读赵淑侠长篇小说,即指出:"描写人物的命运系于不同的文化背景、不同的文化观念和文化心态的差异与冲突之中,却是赵淑侠小说的新的切入角度。"②我认为,就是由于有了这个新的切入角度,让赵淑侠的小说剖析海外华人、海外华人女性在中西文化冲突下的身份认同与性别意识,有了更多于其他人的独特表现。

海外华人身份中最具鲜明特征的内涵,可以从她们的文本中明显看到,那就是:家园和异域的双重本土化和文化意识。在知识分子移民的不断增加下,这种双重文化意识所形成的历史感在他们的文本中也更为突出。换句话说,家园和异域,两者所引触的双重本土化和文化意识,不仅是海外华人身份中最鲜明、最具特征性的表现,这种双重文化意识在华人作家的文学文本中,还很自然地形成一股极为突出的历史感。肖薇评欧美一代的华人作家时,亦指出:"历史感、乡愁情绪、无根感和漂泊感成为他们作品叙述的基调和故事的主线。正如欧洲代表性女作家赵淑侠在《西窗一夜雨》中所说的那样'我也不相信有哪个居住在海外的中国人,会在感情上和精神上全无负担,'漂泊感'似乎是我们这一代海外中国人的共同感觉。因此,我毫无保留地写出了这些天涯游子的真实面貌,他们的苦乐和辛勤奋斗的过程,感情上的流浪感和文化上的乡愁。'"③所谓漂泊感,是一种精神上的流浪感,是精神放逐后的一种无依无靠但又寻求依靠的情感。这样的一种情感,它本身就带有一种女性的特征。这是一种寻根的母性文化意识。当一个女性作家写这种情感时,她的母性文化意识最明显的表现,就是对情与美的追求。在欧洲生活三十几年的赵淑侠,对于这样的"漂泊感"体会特别深刻。因此,她的许多文学作品无论是散文或长、短篇小说,诚如上文她在《西窗一夜雨》一书中所言,能毫无保留地写出这些海外华人、这些天涯游子的真实面貌,包括他们生活中的苦乐和辛勤奋斗的过程,以及他们在感情上的流浪感和文化上的乡愁。因此,赵淑侠的小说虽不能以史诗般的气势,展现华人社会变迁的宏阔场景,她那细腻真切的笔触,却为旅居海外的华人,特别是知识分子的悲欢离合,描绘出一幅属于他们的命运图。

长期在海外孤军奋斗的海外华人,他们深切感受到的"漂泊感"来自只身在异域生活的孤单岁月。因为,家乡景物望不见,西方异质文化更增添感情上的流浪感和文化上的乡愁。这些有家归不得的天涯游子,强忍着这份漂泊感、这份乡愁,绝大部分的人是因为更深远的

---

① 参考肖薇:《异质文化语境下的女性书写——海外华人女性书写比较研究》,第 92 页。
② 李丛中:《中西文化的差异与人物命运的变迁——读赵淑侠的长篇小说》,载赵淑侠作品国际研讨会组委会编:《赵淑侠作品国际研讨会论文集》,作家出版社 1996 年版,第 127 页。
③ 肖薇:《异质文化语境下的女性书写——海外华人女性书写比较研究》,第 40 页。

理想还未完成。《我们的歌》中,为了多看多闻,学得扎实而技巧臻熟,回乡贡献所学,江啸风不辞辛劳远赴欧洲,在遥远的他乡、在西方各国东飘西荡。这种"漂泊感",在四处奔波的生活中、在多年的异域岁月里,让他无法形容对台湾的关怀与想念。深夜漫步中冉冉而来的乡愁,因此常激发江啸风作曲的灵感。感情上的流浪感、文化上的乡愁,在民族意识极强的音乐家江啸风身上,是相当强烈的。因此,当其他留学生徘徊在"回去"与"不回去"的选择中时,江啸风自始至终都坚持着"回去"的决定。其实,徘徊在"回去"与"不回去"的矛盾与抉择中,是许多海外华人、海外留学生最感困扰、也最常遇到的问题。60年代到欧洲的赵淑侠,应该也不例外。

西方华文女作家,是在"留学生文学"中逐渐成长起来的,她们大都有着中国生活的经历和背景。20世纪60年代前后,由台湾到海外的于梨华、聂华苓、陈若曦、欧阳子、赵淑侠、丛苏等,这些被称第一代的女作家更是如此。她们之中,有些是在大陆度过动荡的童年时期,在台湾度过成长的青少年时期,大学毕业后才到欧美留学。而她们的怀乡意识,则大多是在成长之地台湾及根之所在的大陆之间游移。因此,余织云也好、江啸风也好,都可说是赵淑侠藉以书写当时身在海外的留学生们,心中那份在成长之地台湾及"根"的大陆之间游移的怀乡意识。

《赛纳河畔》、《春江》两部小说,赵淑侠选择以男主角为故事的主轴,从中探讨华人在异域异质文化下的浪子悲歌,是颇具独特书写的。范铭如在论述海外女作家的母国情结时,即指出,"饶富趣味的是,探讨海外经验的留学生文学,主角的性别往往关系着小说的主旨。当小说的主题触及移民的'根源'时,几乎都会塑造出男性角色为国族象征。这个倾向不仅存在于男作家的文本中,更明显地出现在女作家的作品里"。① 在赵淑侠的小说作品中,我们看到她透过主角人物的性别探讨海外华人、留学生的问题,也透过主角人物的性别阐述小说中所要表现的理念。如《春江》中的刘慰祖,是小说中的男主人公,也是极为特殊的一个角色。他勇于向封建传统、向封建家长制挑战的精神,可以说是作者藉以抗议父权社会不合理的制度与男权中心思想掌控一切的封建传统。以述说男性的故事为主线,赵淑侠同时融入自身经验所感受的不合理传统观念带给女性的迫害与痛苦。在控诉女性被迫害的同时,经由刘慰祖童年的不幸遭遇、经由封建传统男权中心思想带给他生母的不合理对待,赵淑侠同时引出了"男性"可能和"女性"一样,直接或间接地遭受封建男权的迫害。因为,相较于昔日养尊处优的刘慰祖,改名"刘浪"后的刘慰祖,离开他厌恶的封建家庭,自然也脱离了封建男权中心。相对的,自我放逐到西方世界的欧洲,虽然离开中国封建男权中心,但是他同时也丧失在东方的、中国的封建体制下的男性特权。因此,刘慰祖像一般无家可回、无国可归的天涯浪子,漂泊在欧洲的一些角落。海外华人在异域异质文化下的浪子悲歌,在自称是"无祖可慰"的刘慰祖内心深处,同样未曾间断。因此,他曾经不由自主地跑回台北的家,也偷偷去看过住在香港的生母。最后,甚至还为了儿子而重燃生命的热情。

在刘慰祖身上,我们清楚看到:一向为封建男权话语中心的中国男性,一旦远离家园、脱离封建男权中心,他们的遭遇便和女性一样,所拥有的男性特权便会荡然无存。肖薇也指

---

① 范铭如:《嫁出国的女儿——海外女作家的母国情结》,载简瑛瑛主编:《女性心/灵之旅:女族伤痕与边界书写》,(台北)女书文化出版2003年版,第233页。

出,"女性述说男性的故事,并以自身的解说融入其中,因而在重构传说中的寓言的同时,对男性所拥有的特权加以剥离"。① 因此,赵淑侠以女性作者述说刘慰祖这位男性的故事、重构刘慰祖这位特殊男性的浪子形象,是有其书写上的深刻意义。

《赛纳河畔》中,赵淑侠笔下的柳少征和她自己一样,从年幼时期到青少年阶段,都因为深受战争影响而不得不逃离家园,四处为家。以柳少征这位男性故事为题材,同时也说明了在战乱的年代里,不分男女老少谁都无法不受战争之害。可笑的是,几乎毫无例外的一个事实是——战争,多半来自男性的争权夺利所致。吴庆宏指出,吴尔芙认为:"男人职业生涯的出路之一是战争,他们为了某种荣耀、某种需要,某种可能由战争带来的满足感,竟然野蛮杀戮,以表现他们的阳刚特质,获取一种莫名的兴奋与快感,完全置人类文明的崩溃于不顾。"②为一种莫名的兴奋与快感,而置人类文明的崩溃于不顾,战争之于男性是如此轻率。难怪吴尔芙会以"男权社会的局外人"身份,冷眼旁观男性社会资本主义制度和帝国主义所带来的灾难。在她认为,这些都是男权政治体制下的产物,是源自男性对权势的渴望、对财富的贪婪,甚至抱持强烈的占有、斗争、厮杀的病态热情。③《赛纳河畔》中,柳少征一生的不幸遭遇,源自日本帝国主义侵华战争所带来的离乱之苦。曾经因战争而同样遭受离乱之苦的赵淑侠,以女性作家述说男性的故事,又以自身的解说融入其中,因此对于柳少征这位男性,她不仅重构了他不同于传统形象的男性,而且也具体呈现出柳少征原有的、应该拥有的传统男性特权,因战乱而从来就不曾拥有过就消失得无影无踪的处境。其实,这样的情形并非只有柳少征,他不过是在战争中同样丧失男性特权的所有苦难者的一个代表而已。在颠沛流离的日子里,这些因战乱而生活在逃难日子里的男性和一般女性一样,都难逃战争所带来的恐惧与痛苦。

从《赛纳河畔》中的柳少征来看,赵淑侠以男性分身代言海外女作家对母国的思慕与渴望之情,正如同范铭如所言,"即使比男作家多用女性主角,海外女作家的小说有此二分法:运用女性主角探讨个人的、小我的、触及性别、种族与阶级等具体社会问题,男性主角则隐含着国族寓言,统摄海外华人,甚至全部中国人的整体性命运。我们因而发现一个特别的现象,当海外女作家表达她们对母国的思慕与渴望时,叙述中辄以男性分身代言"。④ 这样的题材——以男性的遭遇来突显由男性所带来的战争,同样对男性造成莫大伤害的事实,我认为更能控诉男性霸权、男性斗争、厮杀的病态发展,对全体人类所带来的危害。因此,赵淑侠选择以男主角的故事作为小说叙事的主轴,从中探讨华人在异域异质文化下的浪子悲歌,不仅是她颇具特色的书写魅力和文本策略,同时更是她深具时代与社会意义的一种书写目的。

"乡愁、漂流、寻根"三者,都是海外华文文学作品中极为重要的母题。在离散与漂泊的生活中,移民海外、身在异域的海外华文作家们,始终抛不开的是对家乡深深的眷恋。而这份"家"的眷恋,绝大多数是根源于自己生长的祖国,不管那是中国大陆还是台湾。

移民海外的华文作家们,各有其不同原因的"自我放逐"。有些人是由于家庭因素,于是"自我放逐"到海外去;有些人则可能由于政治变动的因素,被迫"自我放逐"而移民海外;

---

① 肖薇:《异质文化语境下的女性书写——海外华人女性书写比较研究》,第145页。
② 吴庆宏:《吴尔芙》,(台北)生智出版社2002年版,第203页。
③ 参考吴庆宏:《吴尔芙》,第202页。
④ 范铭如:《嫁出国的女儿——海外女作家的母国情结》,第234页。

有些人也可能是由于文化理念的歧异,引起他"自我放逐"移民海外的强烈意念;而更多的人,则可能是因为本身出国留学,最后选择移居西方世界的欧、美各国。无论他们是出于什么样的原因,在长期"自我放逐"中所产生的离散与漂泊之感,很自然地就深藏在他们内心深处、在他们的潜意识中。因此,多年漂泊的日子里,浓浓的乡愁同时也引发他们强烈的寻根意识。于是,种种或隐或明的祖国情结,很自然地在这些充满"离散"情怀的海外华文作品中,表露无遗。吴婉筠在探讨海外新移民女性作家聂华苓与严歌苓作品时,也指出,"我企图就聂华苓以及严歌苓对于'乡'的认同上,如何因为地域性/土地认同与个人成长与文化背景的差异与书写的语言而产生歧异,又如何借着说故事、写故事而得到肯定自我的勇气与自我认同的建构,就如同奈波尔(V.S. Naipaul)体认到放逐与失根之苦,视写作为自我发现之旅,与故土切离之后透过文字重建失去的乡土"。① 借说故事、写故事,建构肯定自我、自我认同的勇气;将写作视为自我发现之旅,并透过文字重建失去的乡土。这些,都是海外作家们在深切体验"放逐与失根"之苦时,以"文学文本"为中介以寻求心灵深处的家园。不到三十岁的年纪就移居海外,而今依然身在欧美的赵淑侠,漫长的异域生活与西方异质文化语境下,让她看尽、也尝尽海外移民者的种种困境、种种辛酸。这之中,有她个人自己的切身经验、也有她周遭人群的实际遭遇。而身为欧洲华文文学颇具代表性的作家,赵淑侠更深切感受到华人作家所处的边缘文化身份,因此她选择以"文学文本"为中介,将移民海外的异域游子的乡愁、漂泊感,以及渴望"寻找家园"的心声,全部融入她的文学创作中。

赵淑侠几部以海外为题材的长篇小说,对于离散文学的母题——乡愁、漂流与寻根,表现得最淋漓尽致、也最令人印象深刻的作品,是《赛纳河畔》及《我们的歌》。美国华人女作家李黎指出,"二十世纪中期以后的海外华人,是中国有史以来最大规模的知识分子的海外移民。这在中国近代史上算是没有大规模战乱的一个时期,却也是国家断然分裂的时期。……'认同'的危机不仅在母体文化与客观文化的对峙中,甚至产生在面对自己祖国的彷徨中!个人的失根、祖国的纷争,使得海外的中国人背负着比任何一个其他国家作客异邦的'外国人'更深重的历史负荷"。肖薇也指出,海外华人女性书写的文学创作:"在二十世纪八十年代以后,流亡感——外在的流亡和内心的流亡往往交织在一起,成为华人作家反映移民经历和情感难以割舍的一个重要部分。"②赵淑侠生长、经历的时代,是二十世纪三四十年代,中国最多事、也最动荡不安的年代。从中国大陆到台湾、从台湾再到欧洲、美洲,赵淑侠一生丰富的人生经验,居然赶上这股中国有史以来最大规模的知识分子海外移民的"离散"浪潮。这样颠沛流离的人生,是充满辛酸与曲折的。这样的人生阅历,在赵淑侠的文学创作中也起了重大影响。因此,"离散主题"的书写是赵淑侠长篇小说中颇为突出的表现。

《赛纳河畔》,亦名《漂泊的爱》。男主角柳少征一生的颠沛流离,使他的人生历程一如他的名字,年少随抗日的父亲东躲西藏,后又跟随舅舅逃离中国大陆,犹如年少出征的战士。从此,大江南北、台湾、巴黎,四处为家。而年少的那个"家",从他离开后就再也没有回去过。因此,我们可以说:柳少征移民海外的"流亡感",其实是极为强烈的。大半辈子的流亡生活,使他一如女性般地受宰制,被打压、被迫四处迁移。中国之大,竟没有他容身之处。最后,只能被迫远离故土,屈居巴黎王子先生街那赖以维生的小小空间"古今书屋"。柳少征

---

① 吴婉筠:《差异的美学——女游书写、女书与女性谱系书写策略研究》,第45页。
② 肖薇:《异质文化语境下的女性书写——海外华人女性书写比较研究》,第60页。

的"流亡感",就是由外在的流亡和内心的流亡所交织而成的。柳少征之外,《赛纳河畔》中"离散"生涯的小说人物,还有石海泉、林蕾,以及许多离乡背井远到欧洲辛苦工作却客死异乡的华工们。在移民心态问题的探索里,赵淑侠也涉及因离散所引起的中西文化的冲突与代沟问题。面对中西文化的冲突,人在巴黎、栖身于西方文明最感骄傲的都会区,柳少征的解决方法是窝在他的"古今书屋"中,独守着一屋子的中文书籍,独乐于这些可以让他与自己文化不被切割的自满。在与侄子柳润明、女儿柳正明的相处上,柳少征一样面对两代间因文化价值观的不同而产生的代沟问题。

"离散"生活中所要面对的第一个问题,往往就是个人的"身份认同"。其次,有面对中、西文化不同见解所带来的冲突,有两代间对东、西方以及对传统思想所产生的不同认知所带来的代沟问题。《我们的歌》中,赵淑侠对离散主题的移民心态问题的处理就有极深入的描写。远赴欧洲留学,由于背负着家人的期待,余织云只能独自承受着"人在异乡为异客"的孤寂处境。在全然陌生的国度,在完全不同的西方文化社会里,来自东方、来自台湾的余织云,在一切以西方为中心的环境下,必须面对种种"东方移民者"的问题。在处理离散环境中移民心态问题的同时,我们也看到赵淑侠对传统封建的强烈抨击。抨击东、西方世界里,一切以男性为中心的父权制思想,对女性的束缚、歧视与压迫等种种不合理对待。因离散处境所带给女性"对主体性的焦虑与思索",也是赵淑侠小说中一再探触的题材。婚后的余织云和何绍祥,常因文化价值观的差异而时起冲突。这种文化价值观的差异,一方面是男权至上的传统社会观,对女性的束缚与不合理对待所激发出来的结果。另一方面,则来自余织云生活周遭所遭受到的西方世界对有色人种的歧视。因此,女性对主体的焦虑与思索,常在余织云内心不由自主地出现。

"家园"(home)和"离散"(diaspora)始终是后殖民文学[①]黏浓胶着、流动不安的主题。其实,在当代世界,家园已经不是一间终身厮守的暖室,而是变动不居的驿站。也可以说,家园只是一捆随身携带的文化资产,而不是居住的有形空间。然而,在多数海外华人的心中,所谓的"家园"却仍然是那个一生一世都魂牵梦系的故土——中国大陆/台湾。因此,当这样的"家园"长系心中时,他们在西方异域的浪子情怀,所谱出的浪子心声往往是悲切多于欢欣,因而能格外动人、也格外扣人心弦。《我们的歌》是一部描写欧洲留学生故事的长篇小说。小说中,对于中西文化的差异性,赵淑侠不仅从自己曾有过的切身感受与体验,透过小说人物在欧洲西方世界的生活探讨中西文化的不同;同时,更深一层从中西文化中,比较两种文化所造成的文化心理的反差,分析两种不同文化间文化观念的正确性与积极性,指出其中谬误与消极的文化行为。这些表现,都是赵淑侠这部小说吸引广大读者、特别是知识分子的地方。

把人物的命运和中西文化的差异与冲突融为一体,是赵淑侠在《我们的歌》中最突出、也最令人印象深刻的表现手法。由于主角人物都是从台湾远赴欧洲的留学生,在原有的中

---

① 堵建伟指出,"后殖民主义强调从自身的知识出发,许多这些知识都在漫长的反殖运动中得以详述。后殖民主义就是这些反动知识的统称,这些知识来自属民、被逐者,尝试改变我们赖以为生的词汇和价值。……后殖民文化分析关注的,便是抗衡从前主流西方观点的理论结构及其阐释。如 Robert J.C. Young 提出的,后殖民主义大多基本上是'民粹式'(populist),意即肯定平民百姓及其文化价值。故此后殖民主义应该是阐释受支配阶级和人民的'属民的'(subaltern)政治,是由下而上。"(摘自:http://www.ln.edu.hk/mcsln/8th_issue/key_concept_01.shtml)

华文化思想背景影响下,这些有着深厚中华文化内蕴的小说人物,生活在西方异质文化的语境中,除了因中西文化的差异性所带来的冲突外,小说中的三位主角,更因为中西文化的差异与冲突而有着截然不同的命运。这种中西文化的差异性,带给小说人物在文化观念上的不同表现,影响故事情节的发展,也影响小说的结局。除中西文化的差异性外,赵淑侠在小说中还探讨了西方异质文化语境下,种族主义、种族偏见、性别歧视,以及华人在西方世界所面对的一切不公正的社会问题。如,在西方科学界出类拔萃的何绍祥,因"黄皮肤、黑头发"的"中国人"特征,而被拒绝担任欧洲先进国合力组成的研究机构的"所长"一职。汤保罗,一个台湾去的留学生,由于他和一位德国女孩订婚,被女孩曾经担任纳粹时代秘密警察的父亲,不由分说地一顿拳打脚踢与唾骂。之后,还被告发引诱未成年女孩而被判驱逐出境,汤保罗只好以自杀收场。小说中,这种种族主义、种族偏见的现象,也同时出现在余织云小儿子汉思的身上。

20世纪80年代以后,外在的、内在的双重流亡感往往紧密地交织在一起,成为海外华人作家藉以反映移民经验和内心情感难以割舍的一个重要题材。《赛纳河畔》,就是赵淑侠表现这种移民经验与内心情感最具代表性的作品。男主角柳少征,颠沛流离、浪迹异域的一生是整部长篇的故事。柳少征的故事,同时也是赵淑侠藉以表达长年客居海外,心中对家园、对故土的怀念之情。小说中,赵淑侠就是以柳少征这个男性分身,作为她倾诉对母国的思念与关心的代表人物。对于海外女作家这种母国情结,范铭如还指出,"在运作中文写作的同时,父权规范依然渗透在象征语序中,藉由语法惯性影响她们——在父权论述的常则里,男性才被赋予谈论家国议题的特权;而异性恋霸权更暗示宣扬母女相斥,母子相吸的假说。她们必须虚构出一个男性分身,迂回倾诉对母国的思念与关心"。① 以巴黎做背景的《赛纳河畔》,柳少征正是赵淑侠所虚构的一位男性,是她用来迂回倾诉心中对母国的思念、对故土的关怀之情。因此,柳少征的浪子心声、柳少征的浪子悲歌,不仅有着一般海外华人同样哀伤的曲调,由柳少征内心深处的"乡愁"所激发出、所谱出的心曲,更足以说明赵淑侠内心的祖国之情与故土之思。

三、双重身份的女性书写

由于远离故土与海外独力奋斗的特殊经历,海外华人女性作家与本土女性作家,在创作上有其截然不同的一面。吴玲瑶在《欢庆丰收:女性文坛繁花硕果》一文中也提道,"以往听到'海外'、'华文'、'女作家'几个名词,联想起来都可能有边缘、受歧视、弱势的经验,流放到海外无论是自愿或被动,故乡的失落总是悲情与无奈"。② 这是族裔与性别差异,让海外女性作家在困境与思考中,激发出独具特色的女性文学作品。这些作品,富于张力和审美意味的复调式书写,提供我们研究女性文学丰富的文本。这是海外华人女作家不同于本土女性作家的地方。多重文化的复杂背景,凸显出碰撞下的女性生存状态和性别意识,形成海外

---

① 范铭如:《嫁出国的女儿——海外女作家的母国情结》,第241页。
② 吴玲瑶、吕红主编:《女人的天涯:新世纪海外华文女性文学奖作品精选》,麦田图书公司(原河北教育出版社)2008年版,第3页。

华人女性作家所具备的"性别与文化"的双重身份,也让她们在异质文化的语境下的女性书写,相较于男性作家与本土女性作家,更富有独具特色的差异性表现,这是她们对世界的思考、领悟和表述所呈现的独特性。因此,海外华人文学作品的女性书写,不仅是一种特殊区域的女性书写,同时也是西方主流社会中少数族裔的文学创作。

无根的漂泊感、边缘人的聚散心态,带来海外华文作家所处双重身份的矛盾,也让他们在身份认同上产生前所未有的困惑与彷徨。然而,在困惑与彷徨中,他们深切体悟到的是:唯有坚持以汉语写作,让汉语象形文字中所包含的中华民族独特的主体意识突显出来,才能摆脱华人族群"失语"的生存状态,也才能突破个人在西方异质文化语境下的种种困境。几十年的异质文化语境下,赵淑侠坚持运用汉语的努力,正是华人族群藉以摆脱"失语"的生存状态的一种最有效的方式。因为,在异国他乡使用汉语写作,实质上是通过对汉语的认同与坚持,来建构属于自己的精神文化家园。而且,还彻底摆脱了因使用其他语言所造成的失语状态和无根心理。从此,华人族群就再也不必停滞在心理无根的漂泊时期。而且,一方面可认真建构新的文化身份;另一方面,也能重新开始在异域成长的他者生活。

海外华人女性双重身份所处的困境,明显地表现出西方异质文化对东方女性在性别与种族的双重歧视与边缘化。刘岩在《差异之美:伊里加雷的女性主义理论研究》一书,引伊里加雷的观点指出:"性别差异是最根本的差异,因为这是人与人之间最自然的差别。种族差异等其他文化上的差异则使得性别差异变得复杂化。如果人们能够首先学会尊重性别差异,那么,尊重其他的差异也才会成为可能。"①海外华人女性在西方世界里,之所以被歧视、之所以被排挤,也就是因为在种族、文化与性别上的多重差异,使华人女性的地位显得更为特殊,也使她们的双重文化身份更见复杂性。因此,在文学创作上,这些海外华人女性书写所涉及的内容除了种族主义外,更有主流与边缘的书写。这也是中国文化与异质文化相互碰撞下最具代表性的文本。当代文化与文学研究中,性别、族裔与文化等三大重要问题,海外华人女性书写中就有极充分的反映。在遥远的欧洲、在西方异质文化语境下,生活三十几年漫长岁月的赵淑侠,不仅身为女性作家,而且又来自东方的台湾,因此在性别意识与文化差异的双重影响下,她所具备的"性别与文化"的双重身份,非但让她深刻感受到华人女性、华人女性作家,在西方世界、在西方异质文化下所遭受到的不平等、所遭遇到的不公平对待;而且这些深刻的感受,在赵淑侠文学作品中也有极深入的描写。特别是,她的几部以欧洲为背景的长篇小说,赵淑侠透过其中女性人物的刻画,所呈现出来的"性别、族裔与文化"等问题的探讨,使她的小说创作有更深一层引人深思的社会意义。

赵淑侠是欧洲华文作家中颇具代表性的作家。她的文学作品所代表的时代与社会意义,有其举足轻重的文学史地位。铁陀在《我们的歌》序文中也提到,"赵女士羁旅欧洲十余年,处此国家多难的时刻,她的思想仓库里充满各色海内外中国人为生存奋斗的悲欢故事"。② 对于赵淑侠的文学创作,他认为赵淑侠:"写作态度严谨,不做作,不拖沓,选材极精。

---

① 刘岩:《差异之美:伊里加雷的女性主义理论研究》(*Sexual Difference*:*The Philosophical Vision of Irigaray*),北京大学出版社 2010 年版,第 151 页。
② 铁陀:《赵淑侠著〈我们的歌〉序》,载赵淑侠:《我们的歌》,(台北)"中央日报"出版社 1987 年版,第 4 页。

对人物的塑造,情节的铺排,技巧圆熟而高妙。"①这些,都是赵淑侠独具特色的表现。女性主义学者伊兰·萧华特(Elaine Showalter)指出,女作家有自己独特的话语与表现方式。因此,透过女作家们的文本分析,我们就能更清楚:"了解女作家们的自我意识如何在文学中从一个特殊的位置和跨度来表达自己,发展变化以及能走向何处,而不是想窥探一种天生的性别姿态。"②在赵淑侠的文学作品中,我们看到她身为女性作家,如何用她自己独特的话语与表现方式、如何从一个特殊的位置和跨度来表达自己,并在其文学作品中突显出女性的"自我意识"。因此,细读赵淑侠的文学文本,透过作品中所展现出海外华人女性的不平等地位,我们可以探讨长期在异质文化下生活的赵淑侠,是如何以她个人所具有的性别与文化的双重身份,表现长年旅居海外的华人女性的生活经验和深切想法。同时,在细读文本与文本分析的过程中,我们更可进一步从女作家笔下的阴性特质、从女性书写的叙事角度与叙述策略,了解赵淑侠如何以一位海外华人女性作家的双重身份,让她笔下的女性跃升到一个"自动自觉的主体"地位,而不再停留于传统的、男性作家笔下的"被看者"阶段。

(一)双重文化背景与边缘书写

林镇山评韩秀③短篇小说集《一个半小时》时,指出:"从韩秀的《一个半小时》我们嗅不出女性主义文学的硝烟,只有在戮力表达女性精致的真实感受的时候,才微微泄露出一丝女性文学(women's literature)的气息。"④赵淑侠的小说其实也具备了这样的相同点。因此,大部分学者都从"失根"、"离散"的主题探讨赵淑侠的小说,正因为从作品表层我们一样嗅不出女性主义文学的硝烟味。但是,当赵淑侠致力于女性主角内心精致而真实感受的刻画时,作品里层所流露的就不仅仅是一丝女性文学的气息而已。因为,它所展现出来的是极强、极重的女性意识与女性主体性的女性主义特色的女性文学。以《我们的歌》为例,赵淑侠在小说中的女性书写,便是一部足以代表此种特色的文学作品。女主角余织云,可说是作者藉以呈现海外华人女性,在异质文化语境下如何提升女性"自我意识"的典型代表。小说中,从余织云的茫然踏上留学之路、在德国的留学生涯,到定居瑞士的婚姻生活,以及在欧洲西方世界的种种描述,都清晰可见赵淑侠在异质文化语境下的女性书写,其实正是海外华人女性在西方异质文化语境下的现实写照。这些现实生活上的写照,包含了性别问题、族裔问题与文化问题等,都一一浮现在小说的情节里。而且,随着余织云在欧洲生活的时间愈久,这些问题就愈见清楚地呈现出来。另一方面,这些"性别、族裔与文化"问题的不断出现,同时也迫使余织云的女性自我意识,随着在异域生活的日子愈久而日愈提升。从逐渐苏醒到追寻、再由困境到出路等一连串的改变,余织云最后如蚕蛹般,突破生活上、情感上的层层束缚,破

---

① 铁陀:《赵淑侠著〈我们的歌〉序》,第3页。
② 陶丽·莫依(Moi, Toril):《性别/文本政治.女性主义文学理论》,林建法,赵拓译,时代文化出版社1992年版,第2页。
③ 韩秀,林镇山《文化/文学的产销——探索女性书写的新/心版图》指出,"韩秀,生为纽约客(New Yorker)、启蒙于新疆的戈壁滩、现今'归宗'俯仰于星条下"。"韩秀的父亲是美国人,母亲是地地道道的中国人,她自小在翻天覆地、打倒美帝的共产革命下,从压顶的石缝中,挣扎、委屈/萎躯、长大,神州阅历、儿时沧桑,尔后,竟汇聚成串串、绵延不断的历史虚耗、虚耗历史的孤绝感叹。"
④ 林镇山:《文化/文学的产销——探索女性书写的新/心版图》,《文学台湾》2003年第1期,第248页。

茧而出。她不仅认清自己的生活方向、追寻到人生真正的目标;而且,挣脱困扰她多年的生活困境,也找到未来的新方向。

女性自我意识的提升,究竟是由"外力促成"、还是"女性自身的醒觉"?这是许多女性主义批评家所关注并深究的问题。我认为,"外力促成"与"女性自身的醒觉",看似两种截然不同的影响力,其实不过是一体两面的问题。因为,若没有女性自身的觉醒力量,外力再强大也无法促成女性自我意识的提升。看看几千年来,不管历史有多少变化、社会有多大转变,许多女性始终无法改变其"从属"、"附庸"于男性的处境。相同的,若没有外力的促成,让女性有了自我意识提升的机会,几千年来的历史传统、社会文化所加诸女性身上的种种约束,女性想要寻求自我意识的提升,谈何容易?因此,唯有"外力促成"与"女性自身的醒觉"的双重力量的相互影响,才能成功地提升女性的自我意识。《我们的歌》中,余织云由苏醒到追寻、由困境到出路等一连串的改变,一方面是性别、族裔与文化等问题的"外力促成";另一方面,则是由于余织云"女性自身的醒觉"。于是随着小说情节的发展,余织云的女性自我意识便逐渐提升了。因此,从余织云身上我们印证了"外力促成"与"女性自身的醒觉"的双重力量,对女性自我意识的提升所带来的影响性。

分析性别问题与种族、阶级、殖民、国族认同的瓜葛纠缠关系,是后殖民主义论述的特色。所谓"后殖民",等同于"非白、非欧",或者是"非欧却在欧洲之内"。邱贵芬指出,"后殖民女性主义抗争不仅从事性别批判,亦企图颠覆女性主义内部的中心——边缘权力结构,抵制从西方/白人/中产阶级女性角度出发的女性主义"。[①] 相同的,余织云这位被西方女性排挤的"非白、非欧"的东方华人女性,"非欧却在欧洲之内"的种种生活困境,正足以说明后殖民女性主义所要抗争、所要颠覆与所要抵制的"从西方/白人/中产阶级女性角度出发的女性主义",是有其社会现实与深刻历史意义的。除了持续探讨种族、殖民等权力结构互相镶嵌下,女性的角色和处境之外,晚近后殖民女性主义论述者,同时也注意到新殖民势力运作对女性的影响,因此更进一步开拓了后殖民女性主义论述的另一思考面向。这样的发展,有助于加强女性主义论述里素来较居边缘弱势的阶级思考,真正落实女性主义所关照的"种族、性别、阶级"三者结构互动下女性情境的原则。《我们的歌》中,透过余织云在异域的生活困境,赵淑侠双重文化背景与边缘书写,关照种族、性别、阶级三者结构互动的女性情境,也同时挑战西方主流既有的权力和特权,并且拒绝承认西方文化至高无上的地位。

性别、族裔与文化等问题,是多年海外生活的华人女性不可避免的问题。赵淑侠笔下的余织云也不例外。从她踏上欧洲的第一天开始,性别、族裔与文化等问题,便如影随形地紧紧跟在她的身边。因为当时台湾出国热的风潮,让许多人像被冲昏了头似的,一窝蜂地往国外跑。遗憾的是,没有几个人会先去思考,在不同历史、不同社会与文化背景的西方异域,身为华人、特别是身为华人女性在异质文化语境下的个人处境,会有哪些困难的地方?因此,当面对"文化、族裔与性别"等问题的陆续到来时,心中所激起的本土文化、种族意识与女性自觉,便逐渐影响着、甚至左右着海外华人,特别是海外华人女性的生活,以及他/她们对身份认同的种种困惑。余织云便是这之中的一个例子。

所谓"认同",戴国辉指出:"社会科学领域里的'认同'概念是Erikson所提的。'认同'

---

① 邱贵芬:《后殖民女性主义——性别、阶级、族群与国家》,载顾燕翎主编:《女性主义理论与流派》,(台北)女书文化事业有限公司2008年版,第350页。

二字有它正负两面的意义。若当名词来用则其意义类似于'自我同定'的。而Erikson的identity的内涵是辩证的、是动态的、是历史连续的、是环境及社会变动所制约的,甚至包括人性心灵从幼年到老年心灵变动的总合性过程。所以在心理学上而言,可称之为人的自我同定;在社会学上可称为人的自我存在证明;在哲学上则可称为人的主体性。"①身份认同,其实就是一种主体性的坚持。肖薇则认为,"身份认同的确定不仅是生理和地域因素,而且还有外在的和社会因素的影响。新移民一般在新的国家都会产生某种陌生感和疏离感"。②离得越远、看得越多,在异域与本土之间两相比较下,才更能感受到自己的家国之爱有多深。江啸风毅然地选择回去自己的地方、创造属于自己的歌,正是西方世界带给他的疏离感,让他始终无法在它身上取得身份认同。因此,他的身份认同自始至终都属于自己的国家。余织云所面对的,也是这种在新的国家都会产生的某种陌生感和疏离感,以及来自不同文化、不同族裔与不同性别等问题所带来的种种生活困扰。与何绍祥结婚后的余织云,离开德国、定居瑞士。瑞士,是欧洲著名的美丽国度。然而,许多瑞士公民对待有色人种、对待亚洲人、对待中国人,都很不友善。种族问题,是海外华人最常碰到的、也是不得不去面对的问题。住在瑞士高尚住宅区的余织云,左邻右舍也都是西方世界的白人家庭。在欧洲住的时间愈长,她所遭遇到的、甚至后来儿子小汉思逐渐成长中所受到的种族歧视,愈让她深深感受到一个海外华人、特别是一个华人女性,在西方世界、在异质文化下生活,心灵上的孤单与无助。西方世界根深蒂固的民族优越感,是不分男女性别、也不论学养高低的。只要是东方人、亚洲人、中国人等有色人种,全都在被排挤、被孤立、被边缘化的行列里。

不少后殖民女性主义者认为,白人女性主义论述在刻画非洲或亚洲地区女性时,总不自觉地复制着殖民论述,未能深入去思考文化差异所牵涉的种种现象,却一味以美欧西方中心的价值标准,视非亚地区女性为落后、保守。这种以美欧西方中心的价值标准,视非、亚地区女性为落后、为保守的价值观,是海外华人女性在欧美西方社会被歧视、被边缘化的原因,也是许多华人女性被白人女性所排挤的主要原因。邱贵芬也指出,"许多后殖民主义者认为西方主流女性主义传统以性别抗争为主轴的思考模式忽略了一个重点:女性主义抗争不必然是男人与女人的战争;在许多第三世界地区里,妇女遭遇的压迫反而是与其他社会因素——如种族、殖民、阶级等——有关联"。③ 史碧娃克(Gayatri Chakravorty Spivak)甚至表示:女性主义所要质疑的问题不应该是"我(女人)是谁?"(Who am I?)而应该是"谁为异女?"(Who is the Other Woman?)。所谓"异女",黄心雅指出,"异女的形象为当代的女性主义论述所重视已有二十年之久,修瓦特(Elaine Showalter)在一篇勾勒美国黑人研究和女性主义批评平行对应历史的文章中,即以'惊异的女性和他者'(uncannily feminine and Other)开宗明义,在此,'惊异的女性和他者'意指'女性主义论述中的异女,即为学术界外

---

① 戴国辉:《台湾客家的认同问题》,载《戴国辉文集》第四册,(台北)远流出版事业有限公司、南天书局有限公司联合出版2002年版,第220页。
② 肖薇:《异质文化语境下的女性书写:海外华人女性写作比较研究》,第89页。
③ 邱贵芬:《后殖民女性主义——性别、阶级、族群与国家》,第347页。

真实生活中的女性,或是第三世界①/族裔的女性'"。② 当女性主义者反对文学史上的性别歧视时,"异女"议题其实是很显然地挑战了女性文学史中的种族歧视。余织云,正是这种身为学术界外真实生活中的女性,又是来自东方有色人种的华人女性,同时也是修瓦特所谓的第三世界/族裔的女性,具备女性主义论述中的异女形象。因此,一种异质文化语境下被排挤、被孤立、被边缘化的愁绪,常激起余织云在海外、在欧洲西方世界里,对本土文化的种种怀念与深浓的乡愁。

余织云外表看来华贵丰富而热闹的生活,始终无法填补她内心永远隐藏着的、连自己都无法用言语来形容的空虚感。这种无法形容的空虚感,源于余织云内心所缺少的一种真正属于自己的踏实感。因为,她和何绍祥所建立的家不仅在西方世界的欧洲,而且还是在一个充满对有色人种歧视的、不属于自己的国度。范铭如评论海外女作家的母国情结时,指出:"由于肩负回馈与期许,留学生即使选择居留异域也很难切断对原乡的认同、思念,或者愧疚。海外华人虽然自愿滞留,但是处境与艾德华·萨依德(Edward Said)所观察的流亡者类似,同样'存在于一种中间状态,既非完全与新环境合一,也未完全与旧环境分离,而是处于若即若离的困境,一方面怀乡而感伤,一方面又是巧妙的模仿者或秘密的流浪人。'"③在新、旧若即若离的困境中,因怀乡而感伤的余织云,内心空虚感所交织的复杂情感正是如此。这是一种空虚、苍白、失落、无根的感觉,是一种来自心灵深处最难排解的孤单与落寞。这种移民者最常出现的感觉,其实很常在余织云的心中油然而生。因为,在西方人眼里当时的中国人都是贫穷的。因此,中国移民者被排挤、被歧视、被边缘化的现象是极普遍的。即使当时的台湾人大都不愁吃穿、生活也算富裕。这种现象,如邱贵芬所认为,"由于被殖民女性所遭受的剥削和种族、国家、阶级等社会政治关系密切,后殖民女性主义思考所呈现的面貌,往往不仅是两性资源分配不均或男女关系在各体制层面上不平等的问题,更经常结合国家在全球权力结构被分派的弱势位置所带来的种种女性产生冲击的问题"。④ 两性资源分配的不均、男女关系在各体制层面上的不平等,在全球权力结构中,国家被分派的弱势位置,的确为女性带来种种冲击。余织云所感受到的不平、失落、无根,就是源于西方世界传统观念上,一向对东方中国抱持着"弱势位置"的误解。

种族歧视问题,甚至还向下延伸到余织云才几岁大的儿子身上。因为,有色人种的孩子,在学校要常常受到歧视。中国人成了不受欢迎的民族,是以主流地位自居的西方世界,对待有色人种、对待中国人一向的歧视态度。肖薇也认为,海外华人:"不论他们的语言和举止与主流社会有多么接近,他们的眼睛和肤色就决定了他们在这一社会所处的边缘地位。

---

① 六十年代,"第三世界"已普遍被用来指涉亚洲、非洲、拉丁美洲等贫穷、国民教育落后、人口成长快速,而经济又无法自主的国家。七十年代初期,"第三世界"一词成为描述发展中国家的通俗名词。其本身是中性的,但因指涉众多贫穷落后国家,又代表东西意识形态对抗中的另一股力量,故在当时冷战局势里,"第三世界"意味着美苏两大集团外的第三势力。而就八十年代起的南北经济对抗来说,"第三世界"正代表了南半球众多的贫穷落后国家。http://tw.knowledge.yahoo.com/question/question? qid = 1405101405819。

② 黄心雅著:《三个女性文本与异女的疗愈神力》,叶惠莲译,载简瑛瑛主编:《女性心/灵之旅:女族伤痕与边界书写》,(台北)女书文化出版社2003年版,第266页。

③ 范铭如:《嫁出国的女儿——海外女作家的母国情结》,第238页。

④ 邱贵芬:《后殖民女性主义——性别、阶级、族群与国家》,第342页。

难以达到真正意义上的认同和实际所处的边缘地位,遂成为海外华人身份的一个特征。"①在西方异质文化语境下,由于自己身为华人女性"文化与性别"的双重身份,余织云得忍受被歧视、被排挤与被边缘化的处境。在陌生的国度、在遥远的西方世界,唯一的亲人小汉思,也要忍受着"族裔问题"所带来种种被歧视、被排挤的命运,要承受比她更早、更多的种族歧视问题,背负着海外华裔"被边缘化"所要面对的种种负担。这是余织云最感忧心忡忡、也最觉寝食难安的。因此,她的忧郁指数又逐渐升高。"不如归去"的孤单与寂寞,常如泉涌般袭上心头。这样的感觉,也是赵淑侠这位长期生活在异域的海外华人女性作家心中最常有的。因此,她以一个过来人的海外华人女性,采用"全知观点、旁观叙述第一人称"的叙事方式,将余织云生活上的窘境与怅惘落寞之情,尽现于读者眼前。李丛中因此明白指出:"摇摆于中西文化之间的余织云,其爱情、婚姻、家庭和命运,必然处于两种文化冲突与撞击的颠簸之中,余织云诚然是脆弱的。"②余织云如此,其他身处海外、在异质文化语境生活的华人女性,在西方世界的双重文化身份与边缘地位,谁能例外?

(二) 女性话语权的寻回

古老欧洲历史,造成西方根深蒂固的民族排外,甚至是严重的种族歧视,这在欧洲许多国家、许多地方都是常见的社会现象。《我们的歌》中,随着小汉思慢慢长大所带来的"文化、族裔"等问题的陆续出现,在异质文化语境下长期隐忍的余织云,其实早已在这些"外力促成"下,逐渐提升她的"女性自我意识"。另一方面,多年婚姻生活中与何绍祥在观念上的冲突不断发生,激起余织云女性自身的觉醒,也提升余织云的女性自我意识,因而渐渐在生活中寻回属于女性的话语权。

结婚以后,余织云才了解何绍祥这个大家看来温吞、斯文、像是没一点脾气的人,其实也有他专制、固执的一面。因为,凡是他决定的事就没有谁可以改变。在许多观念上,他与余织云有着完全不同的看法。首先,是身份认同的问题。何绍祥常强调他是德国人,要求余织云要忘掉自己是中国人这回事。对于一个自幼到大都在台湾生长、生活,又深受中华文化影响、中文系出身的余织云而言,要她忘掉自己是中国人、要她完全脱掉华人身份去接受移民国的文化身份,谈何容易?其实,不要说余织云这样背景的人,对于一般移民者而言恐怕也一样困难。肖薇就指出:"移民者的身份在很大程度上是由某人自己的生活经验和文化认同所决定的。……文化身份并不像加入外国国籍一样简单。文化的定义虽然可以是多种的,但其最基本的含义之一是某个民族经过漫长的历史变迁所逐渐累积的精神状态、具有特征的物质产品以及特定的行为方式和思维习惯。"③由此可见,对于身处欧美的西方世界中的海外华人及其族裔,文化身份的认同恐怕才是最让人困扰、也最不容易做到的。单就身份认同这件事,余织云与何绍祥之间的争执是很常见的。为了"中国人"的身份认同,余织云最不能接受的是,何绍祥居然有好几回不承认自己是"中国人"的事实。甚至,每当自己或小汉思遭受西方人歧视、排挤、怒骂时,何绍祥的态度总是指向余织云太浓厚的"中国"观念。长期累积下来,当在台湾拿公费出国的何绍祥,竟把一切成就都归功于"自己辛苦闯出

---

① 肖薇:《异质文化语境下的女性书写:海外华人女性写作比较研究》,第89页。
② 李丛中:《中西文化的差异与人物命运的变迁——读赵淑侠的长篇小说》,第131页。
③ 肖薇:《异质文化语境下的女性书写——海外华人女性写作比较研究》,第88页。

来,没有靠任何人"时,终于激起余织云满怀的伤痛与不满。她怒斥何绍祥,还说他是个冷酷、自私、对谁都没有热情的人。这些严厉的批评,是余织云长久以来对何绍祥的失望与隐忍所累积的。在这同时,余织云终于下决心带小汉思回久别的台湾。这是余织云女性自身的觉醒——做个自动自觉的主体,不再时时刻刻依靠何绍祥。虽然有点迟,但是回台湾后的余织云,找回昔日充满信心的自我,也找到她的生活新方向。短暂的分离,也让何绍祥看清自己不容否认的华人身份而重新思考未来,他们濒临破碎的婚姻才得以挽回。

在儿子小汉思的教育问题上,余织云和何绍祥也有着截然不同的态度。归根究底,是两人在文化认知上的差异太大。除了身份认同与孩子教育,何绍祥对西方文化、对西方人的处处迁就与屈从的态度,是最让余织云感到委屈与难过的。肖薇就指出,"华裔女性在异质文化的语境中同时作为华人与女性,这双重身份不仅需要面对种种形式的种族主义,而且必须面对男权世界的支配"。① 婚后的余织云,在异质文化语境下同时作为华人与女性,这种双重身份让她承受了莫大的压力与困扰。因为,在西方世界多年的异域生活里,余织云既要忍受西方人自以为优越的"高雅"文化的种种歧视与排挤;有时,又要受制于何绍祥的"夫权"这种男权世界的支配,因此她的生活常常充满不快乐的黑色情绪。特别是,何绍祥对"女性"的看法,有时还免不了一般男性的观点。他认为,科学胜过文学,女性在一起就是谈谈家常。余织云却质疑:"为什么女人在一起就一定要谈家,要说些没脑筋的话?你以为女人最高的价值就是生一张漂亮面孔和一张大学毕业文凭吗?只有你们弄科学的在一起谈科学才是正经,我们弄文学的就不该谈谈文学和思想?"② 这种打破"男优女劣"的传统观、打破"科学胜过文学"迷思的看法,非但是余织云对何绍祥的反驳,更是她表达女性自我意识的具体行动。

赵淑侠笔下女性自我意识的提升,最具代表的人物就是《我们的歌》中的余织云。从她身上,我们清楚看到一个女性自我意识的提升、看到一个女性如何逐渐寻回女性的话语权。余织云由苏醒到追寻、再由困境到出路等一连串的自我觉醒,贯串着整部小说的情节发展。跟着"出国热"潮流,茫然出国的余织云在出国之后不久,便徘徊在感情的十字路口。与江啸风之间的交往,常因为"回去"与"不回去"的问题而争辩不休。这个时候的余织云,感到茫然无措的是"个人感情"与"家人期待"的两难抉择。当她为了"家人期待",而忍痛放弃个人感情时,其实,她的盲目出国梦已渐渐苏醒。因此,她的情感常不由自主地让她考虑回去与江啸风共创理想。只是,她的理智总让她想起母亲一再说过的话而作罢。与何绍祥结婚后,长期生活在西方异质文化语境下的余织云,特别是儿子小汉思日愈长大后,来自文化、族裔与性别等方面的问题,常带给她莫大困扰。与何绍祥在许多观念上的不同,更让她有孤单、落寞的不快乐。每一次的困扰、每一次的不快乐,都让她的女性自我意识逐渐觉醒。最后,在经由苏醒到追寻、经由困境到出路的过程中,余织云女性意识、女性自觉的苏醒,让她重新找回昔日充满自信的自我,也找回女性原有话语权。多年异域生活、异质文化影响下,那股被歧视、被排挤、被边缘化所带来的困扰与不愉快,在她逐渐明朗的生命意义与生活目标确定后,也都一扫而空。

在欧洲的西方社会里,余织云既是中国男性世界的女人,又是白人世界中的华裔女人。

---

① 肖薇:《异质文化语境下的女性书写——海外华人女性书写比较研究》,第70页。
② 赵淑侠:《我们的歌》,(台北)"中央日报"出版社1987年版,第503页。

她所承受的伤害与压抑是多重的,因此女性意识、女性自觉所带给她的反抗力量,也是一种必然的现象。这种现象,如同肖薇所说:"中国移民是带着自己的传统走向异邦的。所以,身处异域的中国女性较之同一族裔的男性来说,更是多了一层不同的境遇。她们所受到的伤害是多重的,她们在欧美世界中作为华人,在中国男性世界中作为女人,在白人世界中又作为华裔女人。在这几重世界中,她们都是位于最底层的。对于这种多重的压抑,女性的反抗是必然的,而华人女性的书写也就成为一种极有意义的行为。"①赵淑侠正是通过小说作品里的女性书写,藉由余织云表达"在欧美世界中作为华人、在中国男性世界中作为女人、在白人世界中又作为华裔女人"的海外华人女性的多重身份的角色;同时,也成功反映了所有海外华人女性在这几重世界之中、在位居社会最底层的处境下,所要面对的多种沉重压抑与困惑,以及女性自我意识提升的自觉与反抗。这样的华人女性的书写,毫无疑问的就是一种极具时代与社会意义的表现。

(三) 女性气质与男性气质的置换

《赛纳河畔》中的女主角——夏慧兰,也是赵淑侠双重身份女性书写的典型代表。不过,夏慧兰与余织云是两种截然不同的典型。余织云的女性自我意识,是经由苏醒到追寻、再由困境到出路等一连串的改变,才逐渐地提升。至于夏慧兰,她在《赛纳河畔》中的出现,却是一个能自我表述、能自动自觉的主体,一个完美女性的代表。

夏慧兰"近乎完美"的女性形象,可以看作是赵淑侠心目中的一个理想人物。王宗法亦指出,"平心而论,就品貌、学识和实际作为而言,夏慧兰的确是人见人爱的一个既有中国古典淑女风韵,又有西方现代开放意识的新式才女典型"。② 兼具东西方优质内涵的夏慧兰,她的女性气质、她的新女性形象,更被涂文晖以"东方奇女子"视之。夏慧兰是比利时的文学博士,研究儒学的专家学者,并受聘到巴黎第四大学做研究工作。这些高学历与学术上的地位,说明夏慧兰事业的成功,也说明夏慧兰所拥有的女性自我意识、能自我表述、能自动自觉的生命主体性。在巴黎华人圈里,夏慧兰是个极不平凡的名女人。但是,她总是予人温柔谦虚、开朗诚恳的印象,一点架子也没有。因为,她具备中国儒者温柔敦厚的风范外,还一如她的名字"慧兰"一样,拥有聪明过人的智慧、有着蕙质兰心的气韵。赵淑侠笔下的夏慧兰,是用她身为女性作家的视角所书写的女性形象,和一般男性作家笔下的女性形象迥然不同。对于书写女性与女性书写的问题,伍宝珠就认为:"为了冲破传统男权的樊篱,女作家会刻意挑战传统父权'大叙事'的书写策略,以'琐碎、闲话家常'的叙述模式书写,又或是改装或改写既有的符码,作为反抗传统书写模式的工具。"③《我们的歌》中,从余织云的出国留学到结婚、生子,在欧洲西方世界里生活的种种处境,赵淑侠就是以这种"琐碎、闲话家常"的叙述模式书写,作为她突破西方二元对立的关系,以及冲破传统男权的樊篱,并刻意挑战传统

---

① 肖薇:《异质文化语境下的女性书写——海外华人女性书写比较研究》,第72页。
② 王宗法:《都有一颗中国心——〈赛纳河畔〉的人物形象》,载赵淑侠作品国际研讨会组委会编:《赵淑侠作品国际研讨会论文集》,作家出版社1996年版,第210页。
③ 伍宝珠:《书写女性与女性书写——八、九十年代香港女性小说研究》,(台北)大安出版社2006年版,第188页。

父权"大叙事"的书写策略。① 在《赛纳河畔》里,赵淑侠对夏慧兰则以改装或改写既有符码的叙述模式书写,作为她反抗传统书写模式的工具。夏慧兰,拥有博士的高学历、有不同于一般女性的气质与风度,研究的还是哲学——这个男性认为是"女性禁区"的学术领域。在学术研究上,还深获西方哲学界的肯定。这样的书写策略,不仅以女性的自动自发为主体,也打破了"男尊女卑"、"男优女劣"的传统观,很明显的是一种改装、改写既有符码的叙述模式。

对于夏慧兰,赵淑侠更透过柳少征的眼睛,让我们有了近距离的认识:"她的鼻子小巧精致,挺直而不露骨,窄窄的鼻孔下是涂着口红的轮廓丰满的嘴。也多亏她生了一张这样富有性感线条的嘴唇,不然就显得太素净、太严肃。她的眼睛并不大,而且是单眼皮,但跟微微上飘的苍烟眉配在一处,就更形容出一分古典的婉约。她有张光润的长圆形脸儿,宽宽的额头旁,乌黑的秀发扫过右边的眉梢,大波浪直流到脑后挽梳上去,看着是健康而俏丽。"②鼻子小巧精致,轮廓丰满、富有性感线条的嘴唇,微微上飘的苍烟眉、宽宽的额头,光润的长圆形脸儿与大波浪直流到脑后挽梳上去的乌黑秀发,衬托出夏慧兰的古典婉约与健康俏丽之美。这么细节的描述,清楚呈现赵淑侠心中完美的、理想的女性形象。细节描述的历史与女性特质之间,往往存在着极为错综复杂的关系。女性主义文学评论学者内奥米·肖尔(Naomi Schor)曾经在她的《阅读细节——美学和女性》(*Reading in detail: aesthetics and the feminine*)③一书中指出,细节的描述很多时候是女性内心想法的反映。对夏慧兰如此细节的描述,正反映出赵淑侠内心对女性美丽特质的想法。为了突显夏慧兰女性特质的完美,赵淑侠笔下的夏慧兰更是一位善解人意、热心助人的女性。在林蕾缠绵病榻之际,夏慧兰所表现出来的女性情谊,是相当令人感动的。夏慧兰的与众不同,赵淑侠更着眼夏慧兰在学养上所表现出来的傲人成就。因为,学术界的成就非但是赵淑侠突显海外华人女性在西方世界、在西方学术界的优异表现,以挑战二元对立关系中西方世界一向对东方、对海外华人的歧视。同时,夏慧兰这位华人女性在西方世界所绽放的异彩,更是作者赵淑侠藉以打破"男强女弱"传统社会观的迷思。

女性气质与男性气质,都是社会建构下的性别角色。琳达·麦道威尔(Linda McDowell)就指出,"虽然大家愈来愈认可社会经验的多元与差异,但相信女性气质属于女人,而男性气质属于男人,认为这种区别的说辞很恰当的信念,仍然极为强大。如同玛西主张的,'深刻内化的二元论(dualism)……结构了个人认同和日常生活,经由建构社会关系与社会动力的运作,影响了其他人的生活,并且从西方社会深刻的社会哲学基础,导引出阳刚/阴柔的符码'(1995:492)。尽管事实上,女性主义者令人信服地证明了二元假设的错误性质,但是二元性别划分的信念,仍然是当代社会实践的关键要素"。④ Myung Ja Kim 亦曾指

---

① 传统父权"大叙事"的书写策略,是一种以家国宗族的男性史为主体,并以时间次序为纵轴的大叙事方式。
② 赵淑侠:《赛纳河畔》,(台北)纯文学出版社 1986 年版,第 53 页。
③ Naomi Schor, *Reading in detail: aesthetics and the feminine*, New York: Methuen, 1987, pp.1 ~ 184.
④ 琳达·麦道威尔(Linda McDowell)著:《性别认同与地方——女性主义地理学概说》,徐苔玲、王志泓译,(台北)群学出版有限公司 2006 年版,第 15 页。

出,"性别角色是社会建构的,而非生理性的,男子气概与女性气质都是强加在男女身上的"。① 对于这种社会建构下的性别角色,赵淑侠也表现出不同的看法。夏慧兰这样一位在西方哲学界有杰出表现、活跃于西方学术界的华人女性,相对于学文学、写文学作品、以"老鼠式"的生活态度,在巴黎度过近二十年的柳少征,两人的性别角色与处世态度,和传统社会里的"女性文静、男性好动"迥然不同。这是夏慧兰与柳少征两人性别角色的置换,同时也揭示一般标帜着"传统"的女性气质与男性气质,并非女性/男性的"本质",而只是因为所处"位置"使然。这种情形,如同范铭如在评论徐薏蓝的短篇小说集《碎影》时,所提到的:"当立足的物质条件更多,女性的欲望不再是根据男性自我仿制的欲望呈现,而是不可知、不可定义的,也因此是男性的威胁。当女性主体性不再是男性可想象固定时,男性的主体性也跟着动摇。"②在西方异质文化语境下,赵淑侠所塑造的夏慧兰双重文化身份的东方华人女性的出色表现,一方面是用以颠覆西方社会传统印象里,牢固的二元对立关系中东方是劣质的、女性是边缘的迷思;另一方面,也是赵淑侠藉以颠覆传统社会观念里刻板印象的女性气质与男性气质的书写策略。

(四)二元对立的颠覆与融解

夏慧兰的学术成就,使她能受聘到巴黎第四大学做研究工作,这是华人女性在西方世界极难得的机会。因为,海外华人女性"文化与性别"的双重身份,常是她们跻身国际舞台、西方世界的绊脚石。而赵淑侠,却透过改装、改写既有符码的叙述模式书写,改写传统的西方世界对华人、对华人女性的歧视,藉西方学术界肯定身为海外华人的夏慧兰的成就,甚至给予身为海外华人女性的夏慧兰,进入巴黎第四大学做研究工作的机会。这样的女性书写,是赵淑侠打破东、西方社会里"男尊女卑"、"男优女劣"的传统观;同时,也是她反抗西方歧视东方、歧视有色人种极为成功的书写策略。

另一方面,夏慧兰对中国儒学的研究,深受西方国家学术界的肯定,也是赵淑侠反抗西方世界二元对立关系中,"西方"优于"东方"传统观念的一种书写策略。这样的书写策略,更强有力地颠覆西方牢不可破的二元对立关系。另一方面,夏慧兰的那一场演讲中,赵淑侠还透过柳少征与范则刚的一小段对话,呈现中国文化在西方世界所得到的肯定与敬佩。而且,安排一位叫德浮的西方教授,让他说了一段十来分钟对中国儒家思想的体会。仰之弥高,玄奥无比,是当时西方人对中国文化的肯定与佩服。在欧洲西方世界,赵淑侠对中国文化的宣扬,不遗余力。她所努力的,便是让西方世界看到中华文化的博大精深。她所期待的,更是如何透过中华文化的博大精深,让西方人改变对东方的、中国的一切偏见与歧视。因此,夏慧兰这位原本来到德国学西方哲学的东方女子,后来转为中国儒学的研究,又在西方学术界大放异彩,其实正是赵淑侠别具用心的一种文本策略。

赵淑侠对夏慧兰"新女性"的塑造,可以说是赋予她太完美的女性形象。可贵的是,赵淑侠笔下夏慧兰的女性形象,截然不同于男性作家笔下一般的女性形象。因为,夏慧兰拥有自我表述的能力,可以在哲学的领域和男性站在同一个学术殿堂;夏慧兰更是个能自动自觉

---

① Myung Ja Kim:《回到教室——经由〈苏拉〉和〈紫色姐妹花〉唤醒女性的性意识与主体性》,载简瑛瑛主编:《女性心/灵之旅:女族伤痕与边界书写》,(台北)女书文化出版社2003年版,第200页。
② 范铭如:《众里寻她:台湾女性小说纵论》,(台北)麦田出版社2008年版,第65页。

的主体,可以凭自己的意志自由选择自己感情的归向,充分展现出女性的自我意识。伍宝珠评论香港八九十年代的女作家时,提到:"八九十年代,香港女作家笔下的'新女性'、'颓废男'形象的塑造,甚至重掌历史话语权,都带着反体制的挑衅。"①赵淑侠笔下的夏慧兰,就是一个有自我表述能力的人、一个能自动自觉的主体。她是一位重掌历史话语权的女性。这是赵淑侠精心塑造的新女性形象。特别是,她让夏慧兰从事哲学的研究工作,甚至还一前一后研究西方哲学与中国哲学,这些全都是男性公认的"女性禁区"。这样的女性书写,自然是一种反体制的挑衅。

为了更多方面呈现中华文化的博大精深,为了更进一步证明东方的、中国的文化是如何吸引西方人,赵淑侠安排一段极动人的小说情节——夏慧兰与前男友何汉源的故事。何汉源这位中德混血儿,也是赵淑侠刻意塑造的特别人物。李丛中读赵淑侠的长篇小说,也指出:"小说中所描写的夏慧兰与何汉源的爱情故事,更是中西文化间相互尊重与相互沟通的一种象征。何汉源这个中国男人与德国女人所生的混血儿出现在作品中,当然不只是表明东方人与西方人血统上的联击,更主要的是在暗喻中国文化与西方文化间存在着的纽带。"②小说中,何汉源所代表的意义其实是极重大的。虽然,他在小说中所占的篇幅不过几页。除了带给夏慧兰哲学研究上的转向外,拥有一半西方人血统、又在欧洲的西方世界里成长、生活的何汉源,赵淑侠更藉由他对中国文化深切的喜爱,透过他对中国文化丰富底蕴的惊奇,表现出一个年轻学者、特别是一位西方人对中国文化的认识与理解,以此说明东方文化的"优"与"精"绝不亚于西方。这样的文本策略、这样的书写维度,所代表的意义更是深远。因为,赵淑侠所要挑战的、所要反抗的,正是西方牢不可破的二元对立关系,长期以来对东方的、特别是中国文化的误解与歧视。同时,透过何源汉这位中德混血儿对中国文化的热爱、透过夏慧兰同时在东、西方哲学的研究与学术上的表现,赵淑侠其实也在颠覆西方二元对立关系时,试图融解长久以来东、西方的二元对立关系。

四、结语

李丛中从中西文化的差异与人物命运的变迁,读赵淑侠的长篇小说时提出这样的看法:"如果说,长篇小说《我们的歌》所展现的是中西文化的不可调和的矛盾与冲突的话,那么,另一部长篇小说《漂泊的爱》③所展示的则是中西文化相互借鉴、相互融合的可能性。如果说,在《我们的歌》中,中国文化处于被压抑、被轻视的地位的话,那么,在《漂泊的爱》中,中国文化和西方文化一样,则得到理解和尊重,得到肯定和发扬。"④在《我们的歌》与《赛纳河畔》中,从余织云到夏慧兰都可见赵淑侠双重身份的女性书写,不管是以"琐碎、闲话家常"的叙述模式,书写余织云;或者是改装、改写既有的符码、以反抗传统的叙述模式,书写夏慧

---

① 伍宝珠:《书写女性与女性书写——八、九十年代香港女性小说研究》,第236页。
② 李丛中:《中西文化的差异与人物命运的变迁——读赵淑侠的长篇小说》,载赵淑侠作品国际研讨会组委会编:《赵淑侠作品国际研讨会论文集》,作家出版社1996年版,第133页。
③ 《漂泊的爱》,即《赛纳河畔》。
④ 李丛中:《中西文化的差异与人物命运的变迁——读赵淑侠的长篇小说》,第132页。

兰;两者都是赵淑侠冲破传统男权的樊篱,并藉以挑战传统父权"大叙事"的书写策略。同时,这样的双重身份的女性书写策略,更是赵淑侠反抗西方世界传统二元对立关系中,一向对东方、对中国的一切错误认知与种族歧视。因此,在打破"文明的西方"、"野蛮的东方"这一层迷思上,它所代表的意义是格外深远的。另外,在更深一层的意义上,这同时也是赵淑侠努力化解西方世界对东方文化的排斥与歧见,以达到其小说作品"融中西文化差异与冲突为一体"的文化内蕴。

沉默的言说
——雷蒙德·卡佛短篇小说语言研究

游 澜*

【摘 要】 雷蒙德·卡佛因其小说简约质朴的文风而被20世纪80年代美国评论界誉为"极简派"小说主将,但"极简主义"这一术语并不足以概括卡佛短篇小说的语言特质。卡佛短篇小说语言艺术的独特性在于他对"沉默"与"言说"关系的把握,这与其小说内在的语言观念以及人物精神特质息息相关,也与其"作者—读者"主客体关系的建构有着内在关联。

【关键词】 雷蒙德·卡佛 沉默 暗示 作者 读者

"极简主义"在20世纪80年代美国短篇小说复兴运动中占据主流地位。作为这场"新小说"运动的引领者,雷蒙德·卡佛及其短篇小说理所当然地被评论界贴上了"极简派"的标签。卡佛取法海明威"冰山原则",以精炼的篇幅、明了的情节和质朴的文风描绘了美国后工业时代底层大众的凡庸生活,于琐碎的日常细节中发现"存在"的无限意蕴。这种独特的叙事方式使卡佛区别于库弗、罗斯等擅长使用后现代实验主义技法进行创作的小说家。

"少即是多"虽是卡佛短篇小说创作的重要原则之一,但"极简主义"显然并不足以概括卡佛短篇小说的艺术全貌。卡佛本人对"极简主义"的标签不十分认同:"在我的小说中,我努力避免任何不必要的细节描写。但这并不说明我是一个极简主义者。"[①]

"极简主义"这一术语聚焦卡佛短篇小说语言风格的外部特征,却忽略了其语体风格与人物特质、思想意蕴以及叙事策略之间有机统一的关系。事实上,卡佛对"沉默"与"言说"因素的运用才是构成其小说独特艺术张力的关键所在,也是解析其短篇小说内在语言观念以及"作者—读者"主客体关系的核心所在。

"沉默者"的双重意蕴

阿瑟·M.萨尔茨曼在《理解雷蒙德·卡佛》一书中援引威廉·卡洛儿·威廉斯《裴特森》中

---

* 游澜 厦门大学中文系 福建 厦门 361005
① Raymond Carver, William L. Stull, Marshall Bruce Gentry, *Conversations with Raymond Carver* (Literary Conversation Series), Mississippi: University Press of Mississippi, 1990, p.75.

的话语来阐释卡佛笔下小人物们无可名状的痛苦:"他们的言语消失在被囚禁的交流欲望之中。"①

确乎如此。20世纪后半叶,在经历过越南战争、林肯遇害、水门事件种种危机之后,美国政治局势日趋保守,美国民族精神中自信乐观的一面也日渐消退。在这样一个"梦想失落的时代"里,没有社会地位、物质资料和精神信仰保障的中下阶层是衰颓时势首当其冲的受害者。

卡佛笔下挣扎在破碎生活边缘的小人物们均有程度不等的沟通障碍症。当他们的内心世界受到来自生活灾难性变化的冲击时,支离破碎的情感和思绪不断地积聚,却无法找到恰当的出口。于是,暴力或沉默便成了他们内心状态的外在呈现方式。

在雷蒙德·卡佛的短篇小说中,无论是"沉默"还是"暴力",都代表了人物内在自我的异化和言说能力的缺席。从某种意义上说,"暴力"亦是另一种形态的"沉默"。它是一种扭曲、外化了的"沉默",它以物理性的攻击行为取代了符号性的言说行为。事实上,在卡佛的短篇小说中,直露的暴力宣泄并不多见。对于卡佛笔下那些饱受生活磨难的底层人来说,"沉默"才是他们面对各种困境时的常态。

"沉默"在卡佛短篇小说人物的对话中扮演了至关重要角色。它或者暗示了人物的自我封闭状态,或者暗示了人物的语言表达障碍。卡佛小说对话中的"沉默"不同于海明威的"俭省"。海明威短篇小说的人物对话过程尽管出现了大量空白,但对话双方却能够互相理解,反而是读者被置于理解的盲点中而不得不自行串联意义的断片。卡佛短篇小说人物的对话方式实现了对"海明威式对话"的反转:读者能够根据作者的提示,理解文本中人物的处境及其无法言表的内心痛苦。但是,小说中的人物却陷入了错愕迷惘之中,既无法理解自身的处境也无法使自己的痛苦为他人所理解。

《请你安静些,好吗?》中的拉尔夫在发现妻子玛丽安两年前的背叛行为后,整夜离家到下等酒吧和赌场里去寻找慰藉:他试图与牌桌上的人交谈以纾解情绪,却被骗走了所有的钱;他试图用酒精麻醉痛苦,却在踉跄中因踩到别人的脚而被猛揍了一顿。清晨时分,他两袖空空、满身伤痕地回到家中,将自己锁在了盥洗室内。玛丽安不停地用言语向其示好,得到的却是拉尔夫沉默的回应和决然的否定:"走开,玛丽安……请你安静些,好吗?……别说了,求求你。"②拉尔夫本人的沉默暗示其言说能力的丧失。面对婚姻情感的灾难性变化,他内在的言说机制已经无法整合起因外在冲击而碎裂的情感和思绪。而他向玛丽安所要求的"沉默"是一种心理上的应激性防御措施,因为玛丽安的声音印证了她的存在,而她的存在则不断提醒着拉尔夫那道情感伤痕的存在。于是,失语状态和应激性防御一同在拉尔夫身心周围布下了严密的自我封闭的围墙。正常的人际沟通变得不再可能。

《还有一件事》中的 L.D. 失业、酗酒、一蹶不振。他的妻女终因无法忍受他的恶劣行径,威胁说要将其赶出家门。一气之下 L.D. 收拾行李佯装离家,却惊讶地发现她们对自己竟真的没有半点留恋:

---

① Arthur M. Saltzman, *Understanding Raymond Carver*, Columbia: The University Of South Carolina Press, 1988, p.22.

② Raymond Carver, Will You Please Be Quiet, Please? *STORIES*, New York: Vintage Books Edition, 1992, p.250.

> "我会保持联络的,雷。玛克辛,你自己最好也离开这个疯人院。"
> "你把这里变成了疯人院,"玛克辛说,"如果这里是疯人院,那是你造成的。"
> 他放下箱子,把剃须袋放在箱子上面。他直起身来,面对着她们。
> 她们向后退了退。
> "当心点,妈。"雷说。
> "我不怕他。"玛克辛说。
> L.D.把剃须袋夹在胳膊下面,拎起了箱子。
> 他说:"我只想再说一件事。"
> 但他想不起来是什么事了。①

在此段对话之前,L.D.因为被妻女逼迫出走而一个劲儿地咒骂自己的家庭。然而当他拿上行李佯装出走时,才蓦然发现了妻女对自己真切的敌意。L.D.怎么也想不到,自己佯装离家的举动不仅没有挫败妻女的愤怒,唤醒她们的不舍之情,反倒确证了他在她们心目中的恶劣形象。当L.D.发现自己正处于"被对立"和"被隔离"的人际状态时,他的内心遭受了强烈的情感冲击。这种冲击使他原本的情感观念和自我意识发生了碎裂,他与外界的交流欲望也被他人的敌意抑止了下去。L.D.于是丧失了作为交流基质的语言和思维能力,他与家人之间的相互理解变得愈加困难。

在卡佛的短篇小说中,对话往往是人物情感交锋的中心场域,而无论是在《还有一件事》、《请你安静些,好吗?》还是其他反映美国中下阶层家庭关系的作品中,那些谈话中的沉默者往往也是家庭、婚姻情感困局中的受害者和弱势者。

斯皮瓦克认为:"语言本身是由世界和意识决定的,语言的范畴中包含着世界和意识的范畴。能发出自己的'声音'表明其拥有自己的世界和自我意识,反之,则表明世界和意识对他的'外在化'。"②在卡佛的小说中,那些中下阶层小人物脆弱的自我意识和世界观总是难逃后现代社会动荡不安的生活方式和变幻莫测的情感关系的冲击。每当这样的冲击发生时,外在现实作为一种异质性存在强行撞入"受害者"原有的意识空间,使其原本的世界观和自我意识发生碎裂,他们的情感和思绪因而成了无法被语言机制所整合的碎片。他们既无法理解自身的处境也无法理解他人的想法。思维和情感的困难使他们陷入了失语状态。而他们的"沉默"在话语交流场中竖起的防御性屏障,也让他人无从理解他们自己。这样一种恶性循环的"沉默"状态成了卡佛小说人物之间冷漠对立的情感关系、凝滞不畅的交流形式的标志。

卡佛小说中另一种类型的"沉默"出现在人物的"讲述"行为之后。

讲述不同于对话。对话是即时性双向信息的交换,讲述则是主体向客体单向信息的传递。在卡佛的小说中,对话者的思维过程因为不断受到来自他者话语的刺激而呈现出断续状态,而讲述者的思维过程则相对完整清晰。卡佛小说中的人物讲述发生在别人身上的故事,也不讳言发生在自己身上的。"讲述"使得理性参与进感性经验的历史性梳理当中,主

---

① Raymond Carver, *What We Talk about When We Talk about Love Stories*, New York: Vintage Books Edition, 1989, p.159.

② 朱立元:《当代西方文艺理论》,华东师范大学出版社 2005 年版,第 426 页。

体可能借由"讲述"来传达某种明确意义,又或者试图通过"讲述"来理解个人存在的历史性处境。在卡佛的小说中,但凡有"讲述"出现的地方,"沉默"几乎总是如影随形。

不同于前文所述的对话中出现的"沉默",这种类型的"沉默"表现的不是人际的二元对立,它显现的是人对更高意义上"存在"的"领会"。卡佛的小说尽管充满了神秘色彩,但其作品中的神秘"本体"不是宗教意义上的神明,而是存在主义意义上那个不可见的"本体"——大写的存在(Being)。

《当我们谈论爱情时我们在谈论什么?》中两对恩爱夫妇聚在一起喝酒、闲谈爱情。他们在遇到现任伴侣前都曾和他人有过爱情或婚姻关系。然而,四人中的梅尔认为,他们虽然经验丰富,却并不真正懂得爱情。梅尔是一名外科大夫,为了证明自己的观点,他讲述了一件发生在医院的爱情故事:一对老夫妇在车祸中幸存了下来。"丈夫抑郁了好久。即使在得知他妻子能活下来后,他的情绪依旧低落。但不是因为这场事故……而是因为他透过(绷带)眼洞看不到她。"①梅尔的故事使在场所有人都陷入了沉默。

"梅尔看了看大家,想说点什么,却又摇了摇头。
……
我们都看着梅尔。
'你们明白我说的吗?'他说。"
可能这时候我们都有点醉了。阳光从房间里逐渐消退,从它进来的那个窗子退了出去。尽管这样,没有人站起身来,去打开头顶的灯。②

在梅尔讲述这个故事之前,两对夫妇闲谈着,每个人都表达了自己有关"爱情"的看法。但是,那些当事人自以为是"爱情"的东西几乎都遭到了同伴的反驳:特瑞认为自己的前夫"爱你爱到杀死你"的行为也是一种"爱情"表白,其余人听了唏嘘不已却无法苟同;劳拉和尼克认为自己知道什么是爱情,那就是现在他们俩之间的甜蜜关系,可是特瑞和梅尔却以过来人的经验提醒他们新鲜感过后,坏日子在后头。这些"爱情"在不同人眼中各个呈现出充满激情却失于偏激、令人陶醉却无法持久的矛盾差异性,因而无法获得所有人的理解和肯定。然而,梅尔所讲述的老夫妇的爱情故事中传达出的"真爱观"却没有引起任何争议。这种"爱情"在"两两相望""舍我其谁"的唯一性中,显现出近乎"神圣"的无限和完满。

这种"绝对爱情"使众人陷入了震惊以及试图消化震惊的失语状态。每个人的言说方式不尽相同,然而每个人的"沉默"却是相通的。"沉默"使人产生了一种神秘共鸣,使人共享一种同质化的交流。海德格尔认为,"比起口若悬河来,沉默可能更本真地形成领会"。③于是这两对夫妇不再争论不休,而是在"沉默"中形成了对"绝对爱情"的共同"领会",并觉察出自己原先所持爱情观念的片面和肤浅。

在《平静》中,理发师比尔向"我"讲述了顾客艾尔伯特风流的过往和病苦的现状:艾尔伯特过去是个花花公子,享乐游艺样样精通,颇受女人们的欢迎。而现在年老的他患上了肺

---

① Raymond Carver, *What We Talk about When We Talk about Love Stories*, p.151.
② Raymond Carver, *What We Talk about When We Talk about Love Stories*, pp.151～152.
③ 马丁·海德格尔:《存在与时间》,陈嘉映、王庆节合译,三联书店 2012 年版,第 192 页。

气肿,已经时日无多。比尔的讲述使"我"和他本人都陷入了沉默:

> 我们一起看着镜子,他的手还框住我的头。
> 我看着自己,他也看着我。
> 如果他看出了什么,他并没有说出来。①

"我们"看到了什么?比尔没有说出来的东西是什么?又是什么使"我们"陷入了"沉默"?是"我们"对于时光变幻的慨叹,还是对命运无常的唏嘘?

在这里,"存在"显示出了它无形的力量。当"我们"意识到自己正受控于这种绝对力量之时,"存在"以其无限性碾碎了主体自我意识的幻想。面对不可言说之物,"我"和比尔陷入了"沉默"。"我们"以无言的默契达成了对"存在"的共同"领会"。

正如海德格尔所说,"对某某事情滔滔不绝,这丝毫也不保证领会就因此更阔达。相反,漫无边际的清谈也起着遮盖作用,把已有所领会和理解的东西带入虚假的澄清境界……沉默却不叫黯哑。哑巴反倒有一种'说'的倾向。缄默才揭露出'闲言',并消除'闲言'"。②

无论是在《当我们谈论爱情时我们在谈论什么?》还是在《平静》中,卡佛小说中人物的"沉默"与"言说"并不如它们表面所示:"沉默"非但不是"空无",反而是另一种意义上的"言说";而通常意义上的"言说"往往无法捕捉住"真实",反倒指向了"虚妄"。当人物间的闲言为"沉默"所消除时,"存在"也就骤然进入了人物的意识空间,此时,人物的"沉默"诉说着表象之上那个"不可见之域"。

梅洛—庞蒂认为,"不可见的领域虽然是语言的基础,然而它本身却是沉默无言的"。③我们可以说,卡佛文本中的"沉默者"是有着双重意蕴的。它既可指代在闲言中陷入"沉默"的人物,也可指代沉默无言的"存在"本身。卡佛小说对话中的"沉默"主要是情感维度的,代表着"沉默者"自我封闭的状态和沟通能力的丧失,此时,人物自我意识中的"它者"是人际情感和日常生活中的"变化";卡佛小说人物讲述行为之后的"沉默"是反思性质的,代表着"此在"④对更高意义上的"沉默者"——"存在"的领会,此时,主体意识中的"它者"是时间、命运与世事的"变化"。

在卡佛的小说中,所谓的"变化"指的不是人物内在自发的可控行为,而是一种控制着人物的外在力量。它象征着美国进入后工业时代以来的那种碎裂、分散、流动、易变、无序、偶然、不确定的社会生活特质。在后现代社会充满不安感和危机感的生存状态下,主体精神中的"英雄性"与"神性"色彩日渐消逝。小人物们深恐于命运之不可控性,日益沉溺于琐碎庸常的日常生活之中,放弃了对所谓"中心"、"终极"、"本质"的追求。

与此相应是一种"去中心化"的后现代语言观:指能在增补的锁链中不断地延异,却始终无法指向意义中心,语言行为日益演化成一场自我指涉的游戏。在这样一种后现代语言观念的统摄下,"现实"还能否被真实地言说呢?

---

① Raymond Carver, *What We Talk about When We Talk about Love Stories*, p.121.
② 马丁·海德格尔:《存在与时间》,陈嘉映、王庆节合译,第 192 页。
③ 赵敦华:《现代西方哲学新编》,北京大学出版社 2001 年版,第 153 页。
④ 海德格尔创造的哲学术语,德文为 Dasein,英文为 being there,即存在主义意义上的"人"。

维特根斯坦告诫写作者们:"现实中只有特殊狭小的一部分,语言才能有意义地言说。剩下的,大部分现实,属于不可言说的范畴。"①这是否意味着后现代的写作者们将放弃但丁式或浮士德式的、对"不可言说之域"的追寻探索,奄然熄灭对"存在"、"真理"、"终极"等问题的言说冲动呢?

事实情况可能并不简单。就卡佛的写作而言,其短篇小说中虽未出现德里罗《白噪音》中那样大段有关死亡哲学的沉思和终极问题的论辩,但是,作为一名严肃文学的作者,卡佛并没有将这些重大问题彻底搁置起来,而是明智地采用了一种比较迂回的方式去接近那个语言所无法描摹的"不可见之域"。

语言好比希腊神话中伊卡洛斯的蜡翼,过分接近意义的光源可能使之消熔殆尽。超越语言的承载极限去抵达那个不可言说的领域,势必危害到语言本身。出于对语言准确性的追求以及对真实"存在"的谦卑态度,卡佛放弃了冒险的尝试:"不能言说的东西,我们必须将之归于沉默。"②卡佛在文体风格上选择了以"简洁"代替"繁复",在叙事技巧上选择以"沉默暗示"代替"直接言说",这与他思想意识深处内在的语言观念是息息相通的,与他所关注底层人物群体的精神特质也是紧密关联的(低级体力劳动者,缺乏良好的教育,拙于言语表达)。

在这种艺术表现形式中,作者、叙述者以及读者之间的关系也变得复杂微妙起来。作者不再是全知全能的上帝,叙述者也不可能代替人物说出他所无法言表的东西,而读者的权力则因作者的沉默而得到了加强。作者放弃其言说权力之处,是读者运用其想象力填补"空白"之处。这种阅读行为使读者与作者之间达成了无声而默契的合作交流。

沉默的作者与参与型读者

劳伦斯·斯特恩在《项狄传》中写道:"没有一位深谙礼节、举止得体的作者会擅自设想一切:你对读者的理解所能表示的最真诚的尊重就是友好地将这一问题一分为二,留给他遐想的空间,同时也留给自己想象的余地。对我而言,我总是对读者表现出此种敬意,尽我所能去使他的想象力同我的一样繁忙。"③同斯特恩一样,卡佛也在写作上赋予了读者极大的尊重度。他能够使作者沉默之处,亦即文本的空白与含混之处,成为读者想象力活动的主场。

我国学者虞建华总结美国七八十年代的"极简派"小说叙事特征道:"极简主义彻底扬弃'作者中心'的内视角'叙述',将'读者中心'的外视角'展示'理念推向极致,奉为圣训。"④这一描述虽然抓住了极简派小说的几个重要特征,但与卡佛短篇小说的叙事模式并不完全相符。

---

① 转引自乔治·斯坦纳:《语言与沉默》,李小均译,上海人民出版社2013年版,第29页。
② 乔治·斯坦纳:《语言与沉默》,李小均译,第104页。
③ 转引自沃尔夫冈·伊瑟尔:《怎样做理论》,朱刚、谷婷婷、潘玉莎译,南京大学出版社2008年版,第74页。
④ 虞建华:《极简主义》,《外国文学》2012年第4期,第91页。

卡佛的短篇小说并不排斥内视角的"叙述"法。事实上，他的大部分作品都是透过人物的眼光来观察和感受外部世界的。第三人称内视角与第一人称内视角的运用在卡佛短篇小说创作中实属常见。第一人称内视角甚至能够使卡佛最大限度地发挥其自然质朴的口语化文体风格。但与同时期大多数美国后现代作家不同的是，即便是运用这种限知型视角进行的创作，卡佛也极少沉溺于"作者中心"的自恋化独白。

在很多时候，卡佛小说中的第一人称叙述者多半是在讲述着"别人"的故事，如《马辔头》中的"我"讲述了发生在霍利斯一家人身上的生活悲剧，《维他命》中的"我"看到了周围人混乱失败的生活状态，《第三件毁了我父亲的事》当中的"我"目睹了"哑巴"是如何走向自我毁灭的。而在那些以第一人称内视角讲述的、发生在叙述者本人身上的故事的作品中，人物的叙述方式大多也是自我观察式的，而非自我剖白式的。

卡佛具自陈道："相比起人物正在想什么，我更感兴趣的是他们正在做什么……说到底，人物的行为似乎比他们做那些事的原因更让我感兴趣。"[①]在卡佛的小说中，作者往往是不在场的。作者退隐于叙述者之后，并通过叙述者的眼光"观察"这个世界，而不是通过叙述者之口来"言说"自我内心的感受。

这种将主要注意力集中于人物所做所说、而非所感所想的"行为主义"叙事模式必然是"读者中心"的。因为在这样的小说当中，人物的心理和情感没有被叙述者逻辑化、因果化，而是碎片状地散置在人物的言行细节当中，有待读者自行收集、整理，用想象填补这些碎片之间的"空白"，使它们串联成完整的意义锁链。

在卡佛的小说中，你不可能读到诸如"她是在与一种慢性强迫失败症打交道"[②]或"他是一个不合时宜，不得其所的人"[③]诸如此类对人物精神、气质、性格具有高度评判性和概括力的句子。如果卡佛笔下的人物正处于某种异常的精神状态中，作者也不会以那种极富自信力的判断句直接告知读者，而是通过文本中人物言行细节的排布来给予读者暗示。

《我能看见最微小的东西》中的"我"半夜起来查看发出异常响动的院门，却发现了邻居山姆正在栅栏边除虫。山姆告诉"我"，他每晚都能在这里看到那些正在侵占"我们"草地的"鼻涕虫"。"我们"简单地交谈了几句，便各自回家。

山姆"半夜除虫"的习惯显然是异于常人的。这样的素材如果交到了擅写"畸人"的舍伍德·安德森的手中，可能会是另一番景象。安德森会让山姆先生自述其身世，着重刻画使其性格发生畸变的心理创伤事件，使读者得以窥见山姆先生幽深的内心世界和被残酷扭曲了的人性诉求。卡佛并不是安德森式的"人物志"作家，他不会刻意强调人物精神上的"异变性"，他甚至还有意淡化了这种"心理畸形"，使其包裹在人物日常化的言行之中。

在这篇作品中，卡佛用了几个散置的细节来暗示山姆可能陷入的精神状态：他有张忧伤的大脸；他的前妻死于急性心脏病发作；他与"我"丈夫克里夫之间的友谊毁于一次醉后争吵；他已戒酒并屡次向"我"问询克里夫的近况，希望与其重修旧好；他对"杀虫"有着异乎寻常的执着和热情。

这些碎片化的细节之间充满了意义的空白点，亟待读者想象力的填补使之成为一幅完

---

① 雷蒙德·卡佛：《大教堂》，肖铁译，译林出版社2009年版，第237页。
② 理查德·耶茨：《十一种孤独》，陈新宇译，上海译文出版社2012年版，第79页。
③ 舍伍德·安德森：《小城畸人》，吴岩译，上海译文出版社1983年版，第39页。

整的山姆精神肖像:山姆是孤独的,他小心翼翼且卑微地渴求着友情的温暖("我们"的院门很可能是山姆打开的);山姆是忧伤的,妻子的死亡给他造成了巨大的心灵创伤,这样的创口即使在他重建家庭后也无法愈合;山姆的内心是空虚而偏执的,他戒除了酒瘾却染上了"半夜除虫"的怪癖。卡佛的短篇小说往往充满意义的不确定性,以上推测也只能算是读者多元化想象中的某一种。

《我能看见最微小的东西》中的叙述者是以一种稀疏平常的口吻来交代山姆的"伤心往事"的。叙述者可能确实觉察到了山姆精神/情感上的某种异常,但叙述者对自己的感觉仍不能报以确信的态度。因为这种"异常"不是外发式的,而是内爆型的。这种内爆型的精神/情感异常又为人物日常生活化的活动场景和对话氛围所遮蔽。同时,卡佛在文本中并未给出任何有关人物精神状态的明确评判,这又在另一个层面上加深了文本意义的不确定性。

事实上,卡佛不会对笔下的人物做出道德评判,他也不会将自己的价值观以说教的方式强加给读者。这种不流露作者态度的叙事策略被安德鲁·里维称为"装聋作哑"(playing dumb)[①]。

在卡佛的大多数作品中,"装聋作哑"的作者隐退于叙述者之后,并通过叙述者的眼光观看世界。然而,卡佛小说中的叙述者往往是不可靠的,他们不是有意淡化了矛盾,就是在无意间扭曲了事实。这些挣扎于破碎生活边缘的底层人不是麻木庸碌地生存着,就是深陷酒精瘾的泥淖,或是为情感困局所牵绊,以致失去了明辨是非的能力。他们大多缺乏良好的判断力和理解力,既无法正确理解他人的意图也无法理解自身的处境。他们惯于在叙述中使用诸如"好像"、"也许"、"可能"等似是而非、使文本信息含混化的字眼。

以《我能看见最微小的东西》中的句子为例。山姆向"我"挥手告别时,"用手抹过他银色的头发,像是要把他们一次性地永远抚平"[②];回到家中的"我"躺在克里夫身边,听见"他的胸腔里像是卡着个什么,在那里慢慢滑动。不知道为什么,这让我想到了山姆·劳顿往上面撒药粉的东西"[③]。叙述者这些意义含混的话语中充满了隐喻化的暗示。她似乎模糊地感受到了某种精神启示,但却无法将之明晰地表达出来。"我想了一小会儿屋子外面的世界,然后,除了想着我得赶紧睡着外,我不再想其他任何东西。"[④]叙述者最终放弃了思考,抑制住了自己的言说冲动。

叙述者的言说无能以及作者的沉默增强了读者独立破译文本谜团时的难度和快感,"这种快感混合着对自己知识的骄傲,对无知的叙述者的奚落,以及与沉默的作者的共谋感"[⑤]。叙述者含混的话语唤起了读者的注意力,使读者努力调动自己的才智与沉默的作者进行隐秘的交流,在文本的确定性部分以及不确定部分之间找出意义的脉络,进而破译文本的谜团。

叙述者为什么强调山姆的动作像是要把头发一次性抚平?山姆抚平头发的动作与去除

---

① 转引自唐胜伟:《体验终结:雷蒙·卡佛短篇小说结尾研究》,上海世界图书出版公司2011年版,第135页。
② Raymond Carver, *What We Talk about When We Talk about Love Stories*, p.35.
③ Raymond Carver, *What We Talk about When We Talk about Love Stories*, p.36.
④ Raymond Carver, *What We Talk about When We Talk about Love Stories*, p.36.
⑤ W. C.布斯:《小说修辞学》,华明、胡晓苏、周宪译,北京大学出版社1987年版,第336页。

"鼻涕虫"的动作之间有什么关联性？克里夫喉咙里滑动的响声为什么会让"我"想到园子里的"鼻涕虫"？两者之间有什么相似性？

那些无处不在的正侵袭着"我们"园地的"鼻涕虫"虽然体型微小，数量却大得惊人；它们的存在虽然不会对人类的生命构成威胁，却无时无刻不在侵蚀着人类的"领地"；它们和无时无刻不在侵扰人们日常生活的"烦恼忧愁"有诸多相似点。作者是否在以"鼻涕虫"的意象象征人生无数的"烦恼忧愁"呢？

如果这种象征意象的假设成立的话，那么，山姆想要一次性抚平头发的动作和"半夜除虫"的偏执举动之间就有了共同的象征意义——它们均是山姆表达自己渴望彻底清除人生烦忧的一种"仪式"。熟睡中的克里夫发出了类似鼻涕虫滑动的响声，则显示了"鼻涕虫"/"烦恼忧愁"之无处不在的特性。没有人能摆脱它们，无论是昏睡着的还是清醒着的。

《我能看见最微小的东西》中的不可靠叙述者"我"，因为在思考与言说能力上的怠惰/缺陷造成了叙述话语的含混性。而《家门口就有这么多水》中的不可靠叙述者则呈现出了卡佛小说另一类型的含混——因心理畸变而引发的视角含混。

《家门口就有这么多水》中的叙述者克莱尔的丈夫斯图尔特和朋友们在河边野营时发现了一具女性浮尸。他们用尼龙绳将尸体拴住，继续玩乐，直到第二天离开营地时才打电话报警。斯图尔特等人的冷漠行径激起了克莱尔的义愤，更唤醒了她的童年阴影——对男性潜在暴力倾向的恐惧（克莱尔儿时曾耳闻同镇女孩遭一对兄弟奸杀后抛尸河中的惨事）。

试看下文：

> 我离开大路，熄了火。我能听见树林下方河水的声音。这时我听见小卡车开了回来。
>
> 我锁上车门，摇起车窗。
>
> "你怎么了？"这个男人说。他敲了敲窗玻璃。"你没事吧？"他手臂靠在车门上，脸贴近车窗。
>
> 我瞪着他，想不出还能干什么。
>
> "你没出什么事吧？怎么把自己锁在车里了？"
>
> 我摇摇头。
>
> "把车窗摇下来。"他摇摇头，看了眼高速公路，又回过头来看我。"把窗子摇下来。"
>
> "对不起，"我说，"我得走了。"
>
> "打开门。"他说，好像没在听。"你会闷死在里面的。"
>
> 他看着我的胸脯，我的腿。我知道他正在干这个。
>
> "咳，蜜糖，"他说，"我只不过是想帮帮你而已。"①

以上文字记录了克莱尔驱车赶往被害女孩葬礼途中的"遭遇"。在克莱尔看来，卡车司机是不怀好意的，他善意的举动背后是对女性肉体的觊觎。

然而，作者在文本中也提供了充足的反向信息，使读者能够做出与克莱尔相反的判断：

---

① Raymond Carver, *What We Talk about When We Talk about Love Stories*, p.86.

童年心理创伤的复发可能使克莱尔患上了被害妄想症。神经症极有可能歪曲了克莱尔对于事物的客观判断。因为,在克莱尔的想象世界里,包括斯图尔特在内的所有男性早已成了潜在的侵害者。

克莱尔对斯图尔特的殷勤示好报以无情冷淡;克莱尔匆忙从加油站"逃走",拒绝男性员工为她的汽车做安全检查;克莱尔甚至把送花小男孩当成了潜在侵害者,不自觉地拉紧了睡袍的领子。

在"卡车司机事件"中,克莱尔的妄想症愈演愈烈。她在还没有见到卡车司机以前就已经对其起了戒心,这是有悖常理的;卡车司机可能仅仅与她同路,而她却判定其为"跟着我",这显然是一种过度防御;克莱尔总在不该减速时减速,不该加速时加速,超车后又莫名其妙地开离了主道,不免令人怀疑其精神状态是否正常。总之,克莱尔诸多异常的表现确实可能引起有心人善意的关切。卡车司机为免克莱尔自戕,出于善意一再要求她摇下车窗也不是不可能的。

但是,卡车司机的"过度关心"里是否含有"性"的意味呢?他在与克莱尔并排驱车,互相打量的过程中是否对她"起意"了呢?而他在劝说克莱尔打开车门的同时是否确实也在打量她的肉体呢?卡车司机的行为动机是"善",还是"恶",抑或是"善"与"恶"的含混并存呢?我们无法做出确信无疑的判断。

这种事实和道德判断上的困难,一方面缘于作者在叙事中的沉默和隐退(读者无从判断作者的价值立场,也无从判断可靠的叙事究竟是什么),另一方面则缘于叙述者视角的含混性。

叙述者克莱尔并没有陷入全然的疯狂,她的视角尚未被神经症彻底地扭曲、异化和封闭。当克莱尔用其"被害妄想症"的视角"观察"人世的时候,她依然能够觉察到他人对自己"异常"行为的"反观察"。于是,在克莱尔悉心构筑的"妄想狂世界"里,现实世界的客观标准还是通过他者的目光渗透了进来。双重视角注视与反注视的并置反映出克莱尔内在价值观念的混乱,而她有关"两性"和"爱"的思考也均以无解之悖谬告终。

在这篇充满事实和价值判断之困难的小说中,隐含作者的沉默以及叙述者视角的含混性增加了读者解谜的难度。读者很可能徘徊于"现实世界"和克莱尔"妄想世界"的双重价值标准之中,陷入无所适从的两难境地,在解开文本"谜题"的过程中遭遇前所未有的挫败。但是,所谓"客观"与"真实"原本就是难以判定的。叙述者视角的含混性反映的不正是"人"在做出价值判断时的矛盾心态吗?文本世界的不确定性反映的不正是现实世界的不确定性吗?

斯皮瓦克认为,"其他种类的话语总是趋于求得有关某一处境的终极真理,而文学尽管属于这类话语,却呈现出有关人类境遇的真理正在于其无法发现"。[①]《家门口就有这么多水》的文本本身就是一个无解的谜题,又或者说其问题本身就是答案。正如卡佛在访谈中提到的那样,"如果作家有职责的话,不是提供结论或是答案。如果一个小说能够回答它自己……那就够了"。[②]

事实上,卡佛对小说创作和阅读所寄予的价值期望并不仅止于"提出问题"或"得出结

---

① 朱立元:《当代西方文艺理论》,华东师范大学出版社 2005 年版,第 425 页。
② 雷蒙德·卡佛:《大教堂》,肖铁译,第 235 页。

论","任何形式的艺术都不仅仅是自我表达。它是一种交流"。① 这种"交流"存在于小说文本之中,表现为人物自我封闭状态的打破以及与他者关系的重建。这种"交流"还存在于文本之外,表现为读者与作者在阅读行为中的合作。

在卡佛的小说中,有"一种来自于作者沉默的消极特征方面的积极贡献"。② 作者刻意噤声之处,即文本的空白与含混处,构成了文本的不确定部分。读者在阅读过程中运用自身的想象力使文本的确定部分与不确定部分发生连接,以此找寻沉默的作者在文本中埋藏下的意义线索,进而填补空白、厘清含混,与作者共同完成文本意义的建构。

这种"合作型"的作者—读者关系建立在以"交流"为核心的艺术观念上,反映出20世纪七八十年代美国文坛摆脱后现代主义孤芳自赏的"形式试验"后,向现实主义传统的回归。卡佛的短篇小说创作就属于这股现实主义回潮中的重要组成部分。

卡佛自陈道,"我写那些不受关注的人群的故事……我不把自己视为他们的代言人,我是他们那种生活的见证人"。③

作为底层生活的见证人,卡佛以"沉默"的言说方式"为沉默者发声"。在卡佛的短篇小说文本中,空白与含混对应于现实生活的碎片化与不确定性,也对应于人物言说能力的丧失和内在价值观念的混乱。这些"未言之言"背后隐喻和象征意义的开掘,有赖于沉默的作者与参与型读者的合作。作者暗示与读者想象力的结合使得文本"沉默"处成为意义汇集的中心,使得卡佛短篇小说中的"沉默"亦成为一种"言说"。这种"沉默的言说"是底层人精神特质与生活状态的外在呈现,也是卡佛短篇小说语言艺术"内容"之于"形式"的必然选择。

【参考文献】

[1] Raymond Carver, William L. Stull, Marshall Bruce Gentry, *Conversations with Raymond Carver* (Literary Conversation Series), Mississippi: University Press of Mississippi, 1990.

[2] Raymond Carver, *What We Talk About When We Talk about Love Stories*, New York: Vintage Books Edition, 1989.

[3] Raymond Carver, *Will You Please Be Quiet, Please? STORIES*, New York: Vintage Books Edition, 1992.

[4] Raymond Carver, *Where I'm Calling From SELECTED STORIES*, New York: Vintage Books Edition, 1989.

[5] Raymond Carver, *Cathedral Stories*, New York: Vintage Books Edition, 1989.

[6] Arthur M. Saltzman, *Understanding Raymond Carver*, Columbia: the University of South Carolina Press, 1988.

[7] Mathias Keller, "*Minimalism*" in Raymond Carver's "*Collectors*", Baton Rouge:

---

① 雷蒙德·卡佛:《大教堂》,肖铁译,第238页。
② W.C.布斯:《小说修辞学》,华明、胡晓苏、周宪译,第337页。
③ 转引自虞建华:《极简主义》,第94页。

GRIN Verlag, 1998.

[8] Kathryn Hume, *American Dream, American Nightmare*: *Fiction Since 1960*, Beijing: Foreign Language Teaching and Research Press, 2012.

[9] James Joyce, *Stephen Hero*, London: Jonathan Cape, 1956.

[10]卡萝尔·斯科莱尼卡:《雷蒙德·卡佛一位作家的一生》,戴大洪,李兴中译,龙门书局2012年版。

[11]唐胜伟:《体验终结:雷蒙·卡佛短篇小说结尾研究》,上海世界图书出版公司2011年版。

[12]舍伍德·安德森:《小镇畸人》,吴岩译,上海译文出版社1983年版。

[13]理查德·耶茨:《十一种孤独》,陈新宇译,上海译文出版社2010年版。

[14]海明威:《海明威短篇小说全集》(上),陈良廷译,上海译文出版社2011年版。

[15]海明威:《海明威短篇小说全集》(下),蔡慧译,上海译文出版社2011年版。

[16]唐·德里罗:《天秤星座》,韩忠华译,译林出版社2013年版。

[17]唐·德里罗:《白噪音》,朱叶译,译林出版社2002年版。

[18]萨克文·博科维奇:《剑桥美国文学史》第七卷《散文作品(戏剧和小说)1940年—1990年》,孙宏译,中央编译出版社2011年版。

[19]艾默里·埃利奥特:《哥伦比亚美国文学史》,朱通伯等译,四川辞书出版社1994年版。

[20]李公昭:《20世纪美国文学导论》,西安交通大学出版社2000年版。

[21]M.H.艾布拉姆斯:《文学术语词典》,吴松江等译,北京大学出版社2009年版。

[22]袁明:《美国文化与社会十五讲》,北京大学出版社2003年版。

[23]王长荣:《现代美国小说史》,上海外国语出版社1992年版。

[24]罗小云:《超越后现代:美国新现实主义小说研究》,北京大学出版社2012年版。

[25]刘绪贻:《美国通史:1945—200》第六卷《战后美国史》,北京大学出版社2003年版。

[26]丹尼尔·贝尔:《资本主义文化矛盾》,严蓓雯译,江苏人民出版社2012年版。

[27]马丁·海德格尔:《林中路》,孙周兴译,上海译文出版社1997年版。

[28]马丁·海德格尔:《存在与时间》,陈嘉映、王庆节合译,三联书店1997年版。

[29]斯拉沃热·齐泽克:《暴力:六个侧面的反思》,唐健、张嘉荣译,中国法制出版社2012年版。

[30]乔治·斯坦纳:《语言与沉默》,李小均译,上海人民出版社2013年版。

[31]佳亚特里·斯皮瓦克:《从解构到全球化批判:斯皮瓦克读本》,陈永国、赖立里、郭英剑译,北京大学出版社2007年版。

[32]沃尔夫冈·伊瑟尔:《怎样做理论》朱刚、谷婷婷、潘玉莎译,南京大学出版社2008年版。

[33]W. C. 布斯:《小说修辞学》,华明、胡晓苏、周宪译,北京大学出版社1987年版。

[34]朱立元:《当代西方文艺理论》,华东师范大学出版社2005年版。

[35]赵敦华:《现代西方哲学新编》,北京大学出版社2001年版。

[36]唐胜伟:《论雷蒙·卡佛短篇小说结尾的"不确定性"》,《外语与外语教学》2011年

2月。

[37]李公昭:《论卡弗短篇小说简约中的丰满》,《当代外国文学》2005年3月。

[38]虞建华:《极简主义》,《外国文学》2012年7月。

[39]唐伟胜、曹恒林:《历史、自我与叙事形式——论雷蒙·卡佛短篇小说"不确定式"结尾及其成因》,《求是学刊》2012年1月。

Dumber Narration
—Language study on Raymond Carver's short fiction
You Lan

Abstract:Raymond Carver was one of the most important writers in the renaissance of short fiction in American 1980s. He was famous for his brief writing style as a "Minimalism Writer". But actually, "Minimalism" can't generalize the language features of his fiction art. The key to understanding Raymond Carver's short fiction is analyzing the relationship between the "silence" and "narration" he organized in the fiction. This is not only associated with Raymond Carver's language and humanity idea of his fiction writing, but also helps him to build a new kind of "Author-Reader" relationship.

Key Words:Raymond Carver; dumber; imply; author; reader

浅析鲁迅《兔和猫》中动物意象的象征意义

谢楚婧*

【摘　要】《兔和猫》是鲁迅著名小说集《呐喊》中的一篇文章,文中文笔犀利讽刺,文思精细透彻,频频出现的动物意象是此文中不可忽视的亮点。作者对白兔、黑猫等动物的描写细腻形象,对动物情感的把握清晰分明,富有象征意义。本文旨在以《兔和猫》文章内容为基础,从文中动物意象出发,联系鲁迅的思想状态与特定的时代背景,浅析动物意象的象征意义。

【关键词】　动物意象　象征意义　时代背景　人生态度

引　言

《呐喊》共收录鲁迅小说14篇,它们平实中藏有锋芒,幽默里蕴藏嘲讽,展现了鲁迅在特定时期下的思想变化与精神状态,折射了一个时代的社会风貌,也为后世学者认识特定时代下的中国社会与了解鲁迅文学作品独特的艺术价值提供了条件。《兔和猫》作为《呐喊》中的最后一篇,除了具有上述的种种特点外,大量的动物意象是这篇文章另一特色,白兔、黑猫、小狗等动物意象在文中频繁出现,它们的形象不只是简单代表自身的存在,还带有作者所寄予的情感和内涵,拥有深层次的象征意义。

论者已经看到,小说很明显是"借动物来表现人","特别是作者自身对社会、对人生诸多问题的深刻思考和不懈追究"[①]。但这种观点没有看到动物与人们的相似性以及确切的身份对应关系,对具体对象的生活境遇与苦难缺乏深入分析。因此,本文试图从《兔和猫》的内容出发,结合特定时代背景与作者思想状态,浅析文中动物形象的象征意义,指出动物与人类的对应关系,探讨特定时代下特定人物的处境,力图从意象层面加深对鲁迅文学创作思想与人生态度的理解。

一、白兔与弱势群体

由三太太买回的一对白兔是文中出现次数最多的动物意象。这两只兔子模样天真烂漫,性格活泼可爱、聪明勇敢、温顺友善,当它们被带进院子时,面对生疏的环境与陌生的人

---

*　谢楚婧　厦门大学人文学院　福建　厦门　361005
①　陆汉军:《鲁迅小说〈兔和猫〉象征性内涵粗解》,《南宁师范高等专科学校学报》2000年第1期。

类,它们"竖直了小小的通红的长耳朵,动着鼻子,眼睛里颇现些惊疑的神色"①;当它们看见壁纸和木器脚时,总忍不住扑上前去抓撕啃咬,玩得不亦乐乎;桑子是它们最爱的食物,当它们面对抢食的鸦鹊时,便"躬着身子用后脚在地上使劲的一弹,砉的一声直跳上来,像飞起了一团雪"②,将夺食的鸦鹊吓得四处逃窜;当孩子捉它们来玩耍时,"他们很和气,竖起耳朵,动着鼻子,驯良的站在小手的圈子里,但一有空,却也就溜开去了"③。鲁迅用充满童趣、轻快温馨的文字将白兔作为动物的生存状态和行为表现刻画得栩栩如生,同时从侧面展现人们对幸福美好、宁静祥和的生活氛围的渴望。

然而,白兔在此文中不只是扮演了动物的角色,它在隐藏层面上其实是与存活在中国半殖民地半封建社会中的弱势群体相对应的。这些人拥有纯真善良的天性,向往自由自在、和平幸福的生活。但是在现实生活中,无论是物质生活还是文化教育,他们都处于社会的底层,是社会财富、权力、地位金字塔的最低端,是地主剥削、殖民压迫及政府统治的最主要受害者,虽然他们在自身利益面临侵害时,曾如文中白兔驱赶鸦鹊一样,以实际行动做出反抗,捍卫属于自己的权益,同时也似文中白兔产子一般努力扩大自己的力量与资本,以求在严峻抗争中拥有源源不断的人员助力,在深化斗争社会影响的同时增加获胜的几率,但是残酷黑暗、堕落腐化的社会现实与凶狠毒辣、强大顽固的中外势力使他们的反抗道路充满荆棘坎坷,缺乏充分斗争条件与实力的弱势群众,在封建主义和帝国主义两大浪潮的冲击席卷下,力量更加脆弱分散,斗争革新思想被扼杀在摇篮中,陷入了人人自危、惶恐不安、生不如死的境地。

对于弱势群体、下层人民遭受的悲惨对待与沉重压迫,鲁迅在文中用黑猫垂涎兔肉,狠盯并伺机杀死小白兔的情节进行表现。但在黑猫杀死小白兔之前,鲁迅对两只大白兔的行为提出了质疑:"那两匹又出来了,大约小兔是生下来都死掉了,因为雌的一匹的奶非常多,却不见有进去哺养孩子的形迹"④,在黑猫吃掉两只小白兔后,鲁迅则写道:"据说当初那两个被害之先,死掉的该还有,因为他们生一回,决不至于只两个,但为了哺乳不匀,不能争食的就先死了"⑤,而这些句子中所潜藏的大白兔的行为,暗示着弱势群体愈来愈弱的内在原因。

现实是无情的,优胜劣汰的法则适用于所有生物,包括人类,强大的竞争压力在人降生于世的那一刻起,便缠绕其身,挥之不去,而这种竞争力在弱者中更是严苛,普通失败者面临的后果有可能是财富的减少、权力的丧失、声誉的损害抑或是地位的降低,但弱势失败者则面临的后果往往是死亡。然而,竞争固然残酷可怕,却并非不可战胜,古往今来,逆流而上、成就辉煌的胜利者比比皆是,为何弱势群体不能像他们一样顽强生活,奋力抗争,收获胜利?这就不得不谈到鲁迅"哀其不幸,怒其不争"的感叹以及中国国民性的弱点,惨无人道的打击与压力确实在一定程度上激起弱势群体的愤怒,但这种愤怒并非精神层面的大彻大悟,而是单纯的三分钟热度,缺乏与敌对势力周旋到底的持久力,随着限时冲劲的逐渐消散,革命决心动摇分裂,斗争的失败轻易摧毁了他们的反抗挣扎的欲望,而他们也在失败中颓废消沉,并渐渐接受惨无人道的现实,最后形成不管不顾,自轻自贱,懒惰散漫,得过且过的人生

---

① 鲁迅:《呐喊》,人民文学出版社1973年版,第139页。
② 鲁迅:《呐喊》,第140页。
③ 鲁迅:《呐喊》,第140页。
④ 鲁迅:《呐喊》,第140页。
⑤ 鲁迅:《呐喊》,第142页。

态度,就像文中放弃喂奶的大兔子,它的行为无疑使小兔子的存活率进一步降低,在实现白兔家族繁荣兴盛目标的道路上可谓南辕北辙,缺乏新生活力的白兔家族依赖老一辈的支撑,在面临敌对势力的夹击时势必遭受更大危险。常言道:"可怜之人必有可恨之处",弱势群体愈来愈弱,很大一部分原因在于他们缺乏高度斗争觉悟与坚定意志信心,并在被世俗沾染而形成的错误人生态度的控制下进行内部力量的自我消耗。

二、黑猫、鸦鹊与黑暗势力

黑猫和鸦鹊是《兔和猫》中与白兔对立矛盾的存在,虽然它们表面上是两个不同的动物意象,但在本质上相差无几,同是一丘之貉,故而将他们放在一起探讨。

对于鸦鹊,鲁迅没有外表形象上的刻画,而是写到了它们与白兔争夺食物的行为。在文中,鸦鹊妄图抢夺白兔食物,却不敌白兔弹腿蹦跳的冲击而被迫放弃,仓皇而逃,它们好比封建落后的中国社会中的地痞无赖,终日无所事事,不思进取,只会将心思花费在如何霸占弱者利益的问题上,并满足于从同胞处掠夺而来的种种好处,欺善怕恶、混吃等死的他们对解决国家问题和危难毫无贡献,反之,他们的存在,只能让动荡不安、危机重重的中国更加迅速沦陷。

鸦鹊夺食固然可恶,但同黑猫杀兔相比,却是小巫见大巫。在文中,鲁迅对鸦鹊夺食一事这样写道:"三太太说,鸦鹊到不打紧,至多也不过抢吃一点食料"①,而谈及黑猫则说:"可恶的是一匹大黑猫,常在矮墙上恶狠狠的看,这却是要防的"②,显然在三太太眼中,鸦鹊虽好抢夺,但所抢之物并不贵重,不过是些食物一类的小便宜,不会造成毁灭性的后果。但黑猫不同,它是"要防的",比起鸦鹊见食就夺的幼稚行为,它更爱"在矮墙上狠狠的看",它善于放长线钓大鱼,知道伺机而动,夺取大利。

同鸦鹊一般的地痞无赖在现实社会中虽三五成群却缺乏训练,力量薄弱,在白兔般群众的愤怒反抗面前显得不堪一击,而黑猫象征的地主与侵略者拥有丰富的物质资源、训练有素的部下与只手遮天的权势,两者实力天差地别。螳螂捕蝉,黄雀在后,鸦鹊实质上不过是黑猫象征的大地主、大势力者操纵局面的棋子,前者在日常生活中不安本分、无事生非,以便为后者的图谋不轨制造机会,如果只注意跳梁小丑的可笑行径,则无法看清幕后黑手的罪恶。

大地主、外国侵略者等是蹂躏中国大地使之日益支离破碎的强大黑暗势力,他们是吸血的螨虫,不知节制地榨取着中国人民的血汗,手段凶狠毒辣,将中国人民逼上绝路。黑暗势力在中国土地上为非作歹,底层人民痛不欲生,却苦于他们狼狈为奸的强大势力,只得自咽苦水,无可奈何。唐代杜甫曾作诗曰:"朱门酒肉臭,路有冻死骨"③,近代中国社会惨淡荒凉的景象与之相比,只怕有过之而无不及。

"嗥的一声,又是两条猫在窗外打起架来"④,这是文章中提到的黑猫打架事件,对应到现实生活中便是黑暗势力的矛盾与冲突,粥少人多,虽然黑暗势力有着共同的目的,但他们

---

① 鲁迅:《呐喊》,第 140 页。
② 鲁迅:《呐喊》,第 140 页。
③ 彭定求、曹寅编:《全唐诗》,上海古籍出版社 1986 年版。
④ 鲁迅:《呐喊》,第 143 页。

在利益获得与分配等问题上矛盾重重,同时本质恶劣的他们在利益争夺上不择手段,肮脏丑恶的嘴脸暴露无遗,在利益分配上皆不肯让步于对方,因而甚是乐意用诡计与暴力解决问题。正所谓"狗咬狗,一嘴毛",黑暗势力的缠斗在近代中国社会中可谓司空见惯,且常以两败俱伤收场。

对于这些中国土地上的螨虫,鲁迅的态度是深恶痛绝的,珍爱生命、同情弱小的他奉行着"不恕敌,不修善"的人生信条,正如他文中所写"那黑猫是不能久在矮墙上高视阔步的了,我决定的想,于是又不由的一瞥那藏在竖几上的一瓶青酸钾"①。对敌人的宽和忍让只会助长他们的嚣张气焰,甚至被"爱瞎嚷嚷"的他们反咬一口,而装模作样、毫不彻底的打击就如隔靴搔痒,也是无法从根本上解决问题的。"鲁迅的人道主义是革命的人道主义,而不是单纯的怜悯和同情","为劳苦群众争'个性',不是希望他们忍耐,而是希望他们抗争;不是希望他们谅解压迫者而是希望他们报复、复仇"②,所以对于黑暗势力,应坚持以实际行动给予他们沉重打击,让他们闻风丧胆,不敢再兴风作浪。

三、狗与爱国知识分子

《兔和猫》中,黑猫作为反派角色,受到了来自两方的威胁,其中一方是人类,另一方是一只小狗,文中鲁迅称之为"S"。常言道:"敌人的敌人就是朋友",当黑猫象征的大地主、外国侵略者等黑暗势力对白兔象征的社会底层民众屡屡构成威胁时,小狗S象征的爱国知识分子用自身能力化解了多次危机,保护了社会弱势者的安全。

近代中国饱受战火,国门洞开,西方思想大潮席卷中国大地,以儒学为代表的中国传统封建思想受到前所未有的冲击,中国人民精神上的桎梏在思想大潮的冲击下分崩离析,启蒙解放思想逐渐占领人民精神高地,一批受过良好教育、忧国忧民的爱国知识分子登上历史舞台,他们试图在精神层面解放团结民众,为革命抗争破除思想禁锢,但他们对弱势群体的身份判定存有迷惑,对他们缺乏深入的认知与了解,不知对他们采取正确合理的行动,如文中小狗S在见到白兔时,它"闯过去一嗅,打了一个喷嚏,退了几步"③。但知识分子之所以称之为知识分子的重要原因之一便是他们面对迷惑,不知所措时,愿意接受正确的教导,来完善自己的知识,解决内心的困惑,重新调整自己的策略与行为,就像文中小狗S在三太太警告不准咬白兔后,便自觉退开并担起保护白兔的责任。

近代中国知识分子虽然大部分处于初级阶段,但这并不影响他身上一致强烈的社会责任感,一开始知识分子们对底层人民群众抱有怀疑谨慎的态度,敌友界限及团结观念尚未得到完全的定义与形成,这使得他们在救国道路上缺乏足够的群众基础,孤军奋战的他们思想和行动上常脱离社会实际,偏向空想化,但在明白底层民众是完成革命的重要基础力量与强大后盾后,他们运用自己的知识努力清除封建思想残余,力求启迪民智,凝聚人心,实现革命成功、国家振兴的伟大理想。

---

① 鲁迅:《呐喊》,第144页。
② 《鲁迅研究》编辑部:《鲁迅研究》第9辑,社会科学出版社1985年版。
③ 鲁迅:《呐喊》,第139页。

然而，虽然爱国知识分子明白了保护底层人民的重大意义，但他们仍然容易被虚假美好的现实表象所迷惑，而无法对问题进行深入剖析，无法从根本上保护人民群众的利益。在文章中，当两只小白兔被黑猫杀害后，鲁迅不禁感慨道："那两条小性命，竟是人不知鬼不觉的早在不知什么时候丧失了，生物史上不着一些痕迹，并 S 也不叫一声"①，知识分子们好似文中的小狗 S，沉醉于革命成功后现世安稳、岁月静好的美梦，对在虚浮飘渺假象下渐渐失去的人民力量与利益毫无知觉，这无疑意味着他们在保护团结民众，实现革命救国理想上仍有很长一段路要走。

鸽子和老鹰、苍蝇和壁虎是《兔和猫》中出现的两对与白兔和黑猫关系相同的意象，前者皆丧生于后者口中，然而这一条条宝贵生命的消逝却未在尘世中留下半点痕迹，结果人们对它们不但没有半点念想，还疑惑它们是否曾经存在。在吃人的近代中国社会中，鸽子和苍蝇好比无所依靠、势单力薄的弱势者，无时无刻不在遭受着苍蝇被壁虎般剥削者的虐待与掠夺，沉重的压力让他们毫无喘息之机，紧绷的弦易断，在剥削者非人的对待下，一条条脆弱渺小又可贵的生命如流星般陨落，沉溺于浑噩生活态度的世人，双眼被假象蒙蔽，情感麻木冷漠，丝毫察觉不到生命消逝的哀嚎，无法发现脚下累积的无数白骨，更不能认知社会吃人的滔天罪恶。

"假使造物也可以责备，那么，我以为他实在将生命造得太滥了，毁得太滥了。"②鲁迅在小白兔死后心生悲凉，抑郁不已，又由白兔的死亡联想到鸽子、苍蝇的凄惨际遇，然而三者的消亡在常人眼中，不过是自然界弱肉强食、优胜劣汰法则作用下不足为奇的现象，万年春也曾指出"黑猫之于小白兔，并非'阶级敌人'，也不是'社会法则'所决定的，而是动物本能需求的'生物链'所决定的，是无意识的'吃'和'被吃'"③，但在鲁迅看来，却是黑暗现实中强者对弱者毫无人道的绝对性欺压，和弱者无权无势、无力自我保护以及社会对阶级矛盾的放任与对弱者权益的无视。

深受西方先进思想洗涤的鲁迅，将白兔、鸽子、苍蝇等生物与近代中国新生的群众力量相联结，眼见朝气蓬勃、风华正茂的年轻一辈在敌对势力的打击迫害下或误入歧途，或生不如死，鲁迅不禁对造物者的所作所为感到不满，生命的独特性与珍贵性因造物的随意性而荡然无存，滥造滥杀的做法在病态封建法则的掩护下显得合乎情理。作为彻底的反封建斗士，鲁迅的复仇欲望通过其文字展现得淋漓尽致，"能杀才能生，能憎才能爱"④是他对自我原则的阐释。但他也指出"造物太胡闹，我不能不反抗他了，虽然也许是倒是帮他的忙了"⑤，经历地主与侵略者连番折腾的中国社会早已乌烟瘴气，民不聊生，激烈的抗争运动虽是在黑暗势力中刷新存在感的做法之一，却也间接地顺应了造物"将生命造得太滥了"的恶作剧，但相较于复仇，鲁迅还是更注重唤起中国人民对忽视已久社会弱势群体的关注与怜爱，更倾向于给予弱者更强大、更全面的帮助与保护，就如钱理群所提到的"中国国民性中缺少'爱'与

---

① 鲁迅：《呐喊》，第 143 页。
② 鲁迅：《呐喊》，第 143 页。
③ 万年春：《论鲁迅小说中动物意象的象征性》，《南洋理工学院学报》2009 年第 5 期。
④ 鲁迅：《且介亭杂文》，人民文学出版社 2006 年版。
⑤ 鲁迅：《呐喊》，第 144 页。

'诚',是他最感痛心的"①。鲁迅在知晓复仇重要性的基础上升华得出了关爱的必要性,体现了其思想结构的完整性与思想内涵的深刻性延伸发展到了更加开阔的境界。

结　语

《兔和猫》中,不同动物意象有着个体独特的象征意义,但是所有动物意象相互串联后,直接对应的是鲁迅高尚的人道主义关怀,他珍惜生命、关爱弱小、疾恶如仇,黑猫与白兔,凶狠与温顺,强烈的色彩和性格对比展现他善恶分明的性格特点与细致入微的观察力,文中小动物的遭遇既是对敌对势力的抨击,也是对社会保护力度不足的批评,还是对关爱生命、扶持弱小、打击罪恶行为的呼唤。

总而言之,鲁迅用犀利的笔法将《兔和猫》中的动物形象刻画得入木三分,动物意象在他笔下已经不是简单代表动物的存在,而是被寄予了强烈情感与张扬个性的富有象征意义的载体,是鲁迅在深刻洞悉近代社会残酷黑暗生存境遇的基础上,抛开理想化的虚浮想象,通过细致入微的观察创造出来的,具有深刻复杂的丰富性与不可言喻的内在意蕴。论者看到,"鲁迅思想和知识结构之一,是动物行为学及其与人类行为的比较。这在人类生命本体和对人的生存、温饱和发展的探索中,具有独特的思想意义和文化意义"②。他运用犀利细腻的笔触,穿过了时过境迁、物是人非的迷雾,在还原它们本质面目的同时,直刺中国人民深藏内心的苦痛与无奈,呈现出了一个时代的残缺与真实。因此,研究鲁迅笔下这些动物意象的象征意义,能促进我们了解近代中国社会生活与鲁迅的思想情感。

On the Symbolic Connotation of the Animal Imageries in Lu Xun's "Rabbits and Cats"

Xie Chujing

Abstract: "Rabbits and Cats" is one of the articles in Lu Xun's Outcry. The fabulous and ironical style of writing, the fine and thorough idea, and the frequent appearance of animal images are the highlights of this article which cannot be neglected. The author's description of animals such as white rabbits and black cats is exquisite and visualized. His grasp of animals' emotions is also clear and symbolic. This article is aimed to giving a preliminary analysis of the symbolic meanings of the animal images through correlating the imageries with Lu Xun's state of mind in the specific era.

Key Words: Lu Xun; animal images; symbolic significance; life attitude

---

① 钱理群:《从〈兔和猫〉读起》,《语文建设》2003年第3期。
② 鲁迅:《呐喊》,第143页。

"新女性"的局限
——从茅盾小说《创造》看"新女性"的三个特征

谢东玲[*]

【摘 要】 茅盾的《创造》塑造了从封建伦理中觉醒,获得思想独立的"新女性"形象。促成"新女性"思想蜕变的原因来源并不明确,因而她们的思想具有极大的可塑性与不可避免的局限性;"新女性"比传统女性进步,但她们的行为缺乏目的,往往只是追求强烈的刺激,因而她们对事物的分析仅停留在表层;"新女性"追求独立与自由,却无法摆脱市民阶级骄奢的生活习性,无法获得和谐的家庭生活。思想蜕变原因的不明确性、行为缺乏目的、自身阶级的习性,造成了"新女性"无法建立自身主体性的局限。

【关键词】 新女性 思想蜕变 行为无目的 市民阶级习性 局限

引 言

"新女性"是五四新文化运动提出的"新时代"的女性概念,即具有现代意义的、追求自由、平等的知识妇女。作家们在那个时代从各种角度描述了"新女性"的社会生活风貌。《创造》是茅盾1928年创作的短篇小说,作品描述了一对小资产阶级夫妻在早晨的对话,展现了妻子娴娴曾被丈夫君实"创造",最终成长为新的自我的过程。一般认为,由于作家秉持"表现社会生活"的文学信念,客观体察时代的风云变幻,在《创造》中成功塑造了"新女性"的形象。比如文学评论家邵伯周评论《创造》:"作品对人物内心世界描写得极为细腻,具有独特的风格。"[①]

本文将结合文本中隐含的社会背景,对茅盾所呈现的"新女性"形象加以分析,详细论述"新女性"的三个特征。这一分析指出,这一小说展现出了"新女性"的三个显著特征,即思想蜕变原因的不明确性、行为的缺乏目的性、而这都归因于自身作为市民阶级的局限性。

一、思想蜕变原因的不明确性

《创造》塑造的新女性在思想上的蜕变是显著的,但促成新女性思想蜕变的原因来源并不明确,从文本中不能推测出她们的思想是否发生本质的变化。

---

[*] 谢东玲 厦门大学人文学院 福建 厦门 361005
① 茅盾:《茅盾小说精选》,北京工业大学出版社2012版,第34页。

新女性的思想原先受丈夫引导,摆脱了传统的女性思想,后来她们的思想超越了丈夫,但丈夫并不是促成她们思想蜕变的原因。文本一开始就呈现了娴娴在思想上的蜕变,书桌上乱糟糟的物品、沙发上乱堆的女衣景象都颠覆了传统的贤妻形象,一本《妇女与政治》更是凸显了她作为"新女性"表面上热衷政治的特征。娴娴先是在丈夫君实的引导下一点点改变了厌恶政治的思想,但之后娴娴思想蜕变的原因就不明确了,甚至丈夫都觉得"娴娴的确善于感受外来的影响,但是他自己的思想对于娴娴却是一丝一毫的影响都没有"。他否认了自己曾给娴娴带来的的影响,对娴娴的变化感到诧异与迷茫。"你变成了你自己,不是我所按理想创造成的你了。"①"娴娴,你是在书本子以外——在我引导的思想以外,又受了别的影响。"②由此可见,丈夫虽然是促使"新女性"摆脱传统女性思想的助力,但"新女性"思想发展到超越了丈夫的阶段,是有新外力介入的。这种原因在文本中没有得到详细解释。

"新女性"的行动极易受其他"新女性"如女伴的影响,但这些外界的新女性也并不是促成她们思想蜕变的原因。在文本中,娴娴的女伴李小姐天天忙政治运动,强调女子要独立,要社会地位,甚至不满于现状要革命。娴娴的丈夫认为是李小姐这个"女政客"改变了娴娴的思想。但文中只是侧面展现了李小姐作为"新女性"激进的形象,并没有阐释她对娴娴所造成的影响。娴娴自己也对丈夫说:"然而你说我又受了别的影响。我自然知道你是指着李小姐。但是,君实,你何必把一切成绩都推在别人身上;你应该骄傲你自己的引导是不错的呀!"③从娴娴的话中可看出,娴娴只是肯定了丈夫过去对她的思想引导,对李小姐的影响虽不否认但也没明确指出。因此,"新女性"之间的影响关系并不明确,促成"新女性"思想蜕变的原因最终不能归于其他"新女性"。

"新女性"有自己的社交圈子与社交活动,她们容易接受社会的新事物,但社会因素也不是促成她们思想蜕变的原因。在文本中,作者并没有表现出时代激荡的狂热,也没有展现社会变革的场景,我们只能通过君实的话推测社会状况。例如在"全民政治"的社会背景下,女子也频频参与政治活动。作为脱离了传统女性思想的娴娴可能会受到社会新事物的影响,成长为"新女性",但是文本中没有对此做出明确解释。陈建华认为:"《创造》在叙述娴娴的思想成长过程时,事实上把她作为中国妇女的一个集体指符,勾画了'新女性'如何受新文化启蒙而最终认同'革命'而走向自我解放的历史。"④可见文本中隐含了社会中诸如"新文化启蒙"的因素,但这些因素是含糊不清的,也无法确定它们是促成"新女性"思想蜕变的原因。

"新女性"自身意志薄弱,主观思想极易产生动摇性,她们自己也不是促成自己思想蜕变的原因。文中的娴娴作为一个被创造者的形象而存在,她只接受过丈夫的引导,从文本中无法看出她的主观方面对自己思想的影响。她提倡新思想,想抓住现在,用现在的理解做应该做的事,但她自己往往因意志薄弱陷入矛盾中。"她在动定后的刹那间时常流露了心中

---

① 茅盾:《茅盾小说精选》,第 16 页。
② 茅盾:《茅盾小说精选》,第 16 页。
③ 茅盾:《茅盾小说精选》,第 23～24 页。
④ 陈建华:《革命与形式:茅盾早期小说的现代性展开 1927—1930》,复旦大学出版社 2007 年版,第 161 页。

的彷徨和焦灼","然而她狂笑时有隐痛,并且无端的滴了眼泪了"①。从这些话可判断出"新女性"的意志是薄弱的,主观思想是时常动摇的,她的行动也是出于冲动。她们的思想往往易被外界塑造,她们依靠自己不能成长为一代"新女性"。

二、行为的缺乏目的性

《创造》塑造了从封建伦理中觉醒,获得思想独立的"新女性"形象。"新女性"比传统女性进步,但她们的行为缺乏目的性,往往只是追求强烈的刺激,因而她们对事物的分析仅停留在表层。

在文本中,作者塑造的"新女性"具有时代的思想,她们关心政治动向,但她们参与政治的目的并不明确。作者运用了一个富有意义的象征,文本提及的《妇女与政治》是当时觉醒的新时代女性阅读的标志性杂志,显然暗示了女主人公娴娴便是具有新时代思想的女性。娴娴最初只是在丈夫君实的引导下读政治理论,留心国际大势,品论国内时事,从文中可推测出后来她可能和李小姐一起参与了政治活动。然而,推动她参与政治的力量始终来自外界,她在主观上是被动的,她没有透露出参与政治的目的。作者从侧面塑造了另一个"新女性"形象李小姐,然而她参与的"政治活动"也没有明确的目的性,在君实眼中只不过是"主观能力不够,客观上条件未具"②,是新式少奶奶追求时髦罢了。从中国的历史来看,女性在五四运动后日益认识到要摆脱男权压迫,妇女运动也进入高潮,然而"中国的妇女解放运动势必要成为反帝、反封建、反殖民主义的组成部分,与政治革命联系起来"。③ 所以当时的"新女性"多热衷政治,渴望在革命中获得自身的解放。但由于她们在新事物如政治运动面前,缺乏自己的主观判断和理性思考,容易随波逐流。正如文中的娴娴,她说:"我应该说下一点钟,下一分钟,下一刹那,也许你变了思想,也许我变了思想,也许你和我都变了。"④这是随波逐流的表现,娴娴只注重当下的事情,关心当下的政治活动,并没有对未来做长远计划。因而在思想方面,她是善变的。可见"新女性"参与政治并没有明确目的,只是追求强烈的刺激感,把这当作一件时髦的事情,她们对政治的理解是肤浅的。

在文本中,作者塑造的"新女性"在思想上呼唤自由与平等,她们反对封建伦理思想,但她们反对的目的并不明确。书桌上的兔子是作者运用的又一个象征。娴娴把兔子上"丈夫"二字刮掉了,象征着新女性对封建传统夫权的反抗。至于反的目的,作者一笔带过,娴娴只是"以为'丈夫'二字太富于传统思想的臭味,提到'丈夫',总不免令人想到'夫者,天也'等等话头"。因而娴娴的行为像是带着调侃的发泄,这样做的目的既不是要改变自己的地位,也不是要与原有的生活决裂,仅是她用新思想对抗封建伦理思想的表现。"女性"概

---

① 茅盾:《茅盾小说精选》,第 26～27 页。
② 茅盾:《茅盾小说精选》,第 11 页。
③ 寿静心:《女性文学的革命:中国当代女性主义文学研究》,中国社会科学出版社 2007 年版,第 27 页。
④ 茅盾:《茅盾小说精选》,第 24 页。

念在五四时期出现,这之前"中国社会占主导地位的话语不存在一个超越人伦关系的女性概念"。① "新女性"带着反封建伦理的精神,但她们没有深刻认识到封建伦理对女性地位的破坏。"国民之一,国家所有,非家族之私有,非男子之私有,是完全人格者也。"②文中的娴娴有了人格独立的要求,意识到了自己并不是丈夫的私有物,但是她并没有找到实现这一需求的途径。可见"新女性"只是在表面上反对凸显夫权的称呼,对于建立女性自身的地位却没有具体且可行的方案。因而这种只停留在精神领域的行为是缺乏目的性的。

在文本中,作者塑造的"新女性"有自己的交际圈,一改在家里伺候丈夫的传统女性形象,但她们参加交际活动的目的并不明确。文本的最后,娴娴离家而去,照她所说,是因为她"十点钟又有事"。娴娴又去参加交际活动了,她转告给王妈的话颇具意味,王妈说:"她叫我对少爷说:她先走一步了,请少爷赶上去罢。——少奶奶还说,倘使少爷赶不上去,她也不等候了。"从"先走"可推测出她在思想上进步于丈夫,她参加的也许是"政治活动"。但她没告诉丈夫她去哪里,为什么去,我们无法从文本中获悉她此行的目的。一句"赶不上去,她也不等候了"又代表什么呢?前文提到娴娴答应晚上回家听丈夫细讲他的梦境,她自己也说"也许我却是比你先走了一步了,但我们还是同一方向"。③ 所以她此行的目的不是为了永远离开丈夫,只能显示出她思想中有新的内容在萌芽,这种新的思想与传统思想形成了暂时性的对抗。翟德耀认为:"在茅盾看来,新女性必须是'解放的妇女',必须与陈旧的传统思想观念彻底决裂。"④茅盾笔下的"新女性"思想激进,以参加当下的交际活动来对抗陈旧的传统思想,展现进步的思想。但这些缺乏深刻目的性的活动往往使她们受到质疑,难以获得身边人的理解与支持。

三、市民阶级的习性

《创造》塑造的"新女性"拥有进步的新思想,但是她们的思想与现实具有不可协调性。此外,她们追求独立与自由,却无法摆脱当时中国的市民阶级的骄奢习性。

"新女性"思想进步,但在经济上依靠丈夫,在生活上需要佣人照顾,依旧不能摆脱小资产阶级的生活方式,无法获得真正的独立与社会地位,这使她们精神无依,时常陷入迷茫与动摇的状态。文本开头展示了诸多奢华的衣饰,如"天蓝色沙丁绸的旗袍"、"镂花灰色细羊女皮鞋"等等,"凡是少妇手袋里找得出来的物件,都在这里了"。这些都暗示了娴娴是奢侈娇贵的少奶奶,保持着挥霍奢靡的生活习惯。娴娴想实行目前的主张,但还不能摆脱旧习惯,她在经济上依靠丈夫,在生活中又需要佣人王妈的照顾,所以她也会产生彷徨和焦灼。而文中另一位新女性李小姐要求获得独立与社会地位,但她也是一个没有摆脱旧生活方式的新式少奶奶。在君实这一类握着经济实权与夫权的人眼中,新女性追求独立与社会地位,

---

① 寿静心:《女性文学的革命:中国当代女性主义文学研究》,中国社会科学出版社2007年版,第25页。
② 耿云志:《胡适年谱》,四川人民出版社1989年版,第130页。
③ 茅盾:《茅盾小说精选》,第23页。
④ 翟德耀:《走近茅盾》,中国文联出版社2001年版,第16页。

参与政治活动,就如同赶时髦,跟小资产阶级看电影、跳舞没什么区别。由此可见,"新女性"一方面获得了思想的解放,积极追求独立与自由,但另一方面她们又受制于现实,摆脱不了市民阶级的生活习惯,无法真正独立。思想与现实的不可协调性使她们陷入苦恼。

"新女性"追求生活的强烈刺激,往往采取对抗的形式来反对束缚她们的旧思想,甚至不惜牺牲和谐的家庭生活。娴娴在趣味、起居服用方面的意见常常和丈夫相反,与丈夫争执多了,她渐渐要求自己的主张完全胜利。这种思想层面的激烈对抗最终使他们"各行其是",造成了家庭生活的分裂。小说的结尾耐人寻味,迎合了人物思想的转变,颇具《玩偶之家》中"娜拉出走"的意味。① 在当时,许多进步的"新女性"如娜拉一般从"夫"的家庭中走出,寻找自由和自我。娴娴虽斩钉截铁地说赶不上就不等了,但现实中她是脱离不了家庭和丈夫的经济保障的。鲁迅认为"一切女子,倘不得到和男子同等的经济权,我以为所有好名目,就都是空话。"②为了生存,娴娴还是会回来,并在这种不和谐的家庭中生活下去,一切的思想对抗终将会变为虚无。因而,在男权主宰的社会中,"新女性"无法在新思想与家庭生活间找到协调与平衡,她们往往牺牲和谐的家庭生活,换取思想的自由。由于现实社会与理想的反差,新女性向男权中心文化发出的抗议之声是微弱的。金仲华认为妇女"绝不可能跨越了社会的阶段从家庭直接踏上政治"。③ 在中国妇女依然没有摆脱"夫权"的大环境下,娴娴从事政治活动,与丈夫进行的思想对抗,只能以家庭生活分裂为代价。

结　语

综上所述,《创造》展现了"新女性"的三个显著特征。"新女性"思想蜕变的原因具有不明确性,她们的思想在丈夫、其他"新女性"、社会事物等客观层面与自己主观层面交织的世界中蜕变,但思想蜕变的原因不明确,使得她们的思想具有极大的可塑性与不可避免的局限性;"新女性"的行为缺乏目的性,她们参与政治,反对封建伦理思想,参加交际活动,但没有明确的目的,她们对事物的看法往往停留在表层;"新女性"的思想与现实具有不可协调性,她们追求独立与自由,但无法摆脱市民阶级骄奢的生活方式。思想蜕变原因的不明确性、行为的缺乏目的性、无法摆脱市民阶级骄奢的生活方式的阶级局限性,造成了当时中国的"新女性"无法建立自身主体性的局面。

【参考文献】

[1]茅盾.《茅盾小说精选》,北京工业大学出版社 2012 年版。
[2]寿静心:《女性文学的革命:中国当代女性主义文学研究》,中国社会科学出版社

---

① 《玩偶之家》:挪威作家易卜生 1879 年创作的话剧,娜拉勇于离家出走、摆脱丈夫束缚的形象,引发了众人对妇女地位等社会问题的思考。
② 鲁迅:《关于妇女解放》,见《鲁迅全集》第 4 卷,人民文学出版社 1989 年版,第 598 页。
③ 金仲华:《妇女问题的各方面》,开明书店 1934 年版,第 55 页。

2007年版。

[3]耿云志:《胡适年谱》,四川人民出版社1989年版。

[4]翟德耀:《走近茅盾》,中国文联出版社2001年版。

[5]陈建华:《革命与形式:茅盾早期小说的现代性展开 1927—1930》,复旦大学出版社2007年版。

[6]鲁迅:《鲁迅全集》,人民文学出版社1989年版。

[7]金仲华:《妇女问题的各方面》,开明书店1934年版。

婚恋综合症和身份焦虑
——对张爱玲"闺阁小说"的心理—政治阅读

王晓平*

【摘　要】　对张爱玲小说的阐释一般从弗洛伊德性心理学的角度来进行。这篇论文提供了从身份政治角度解读她的作品的新视角,并与西方对张爱玲的研究展开对话。它深入到作者表面上非政治性的"闺阁小说"中暗含的身份政治层面,指出这些故事里展示的婚恋综合症含有一种特定的焦虑:它不但关乎个人的身份升迁,实际上也是一种集体性的阶级/国族身份难以建立的症侯。

【关键词】　婚恋综合症　身份焦虑　个人主义　闺阁小说

对张爱玲小说的阐释常常从弗洛伊德性心理学的角度来进行。然而,从身份政治的角度解读她的作品更为有效:作者小说的主导性题材意涵是一种在被围困封锁的社会里对于婚恋的深刻焦虑,它显示作为社会机制的婚恋其时落入一种复杂的困境。而这些故事里展示的婚恋综合症包含着一种特定焦虑:它不但关乎个人的身份升迁,实际上也是一种集体性的阶级/国族身份难以建立的症侯。

《沉香炉:第一炉香》:病态都市里的堕落

作者在《传奇》中绝大多数的"爱情故事"并非描写爱作为一种浪漫感情的经历,而是关于欲望,诸如调情、通奸、三心两意的追求等等插曲。它们往往既以肉体满足为目标,又关乎经济利益的考虑。夏志清在他对作者表面是悲剧性的"苍凉"的罗曼史的实质非悲剧性的评论中已经看到了这一点。他说:"张小姐宣称不遵循悲剧的古典程式,因为她相信纯粹是习惯与兽欲的重负已经排除了任何长期的崇高或激情飞扬的可能性。"[①]确实,作为浪漫感情的爱经常要求自愿和自我牺牲,一种蕴含崇高感情的激情。但是大多数情况下,张氏小说中受挫的生理和社会的欲望带来的却只是变态的追求和残酷的算计。然而,这些种种表面上是"非人道"的算计并不表明这些角色没有人性,而是指向了爱与婚姻作为特定社会里的特殊机制。在现代中国,这些机制有它们独特的性质和功能,而这显示了在一个"非正常"社会里文化的病态:在作家生活的时代,婚姻作为一个社会机制,其真正性质是为了保证当事人的社会地位、生存,甚至因此实际成了"长期的卖淫"行为。比如《沉香炉:第一炉香》就

---

* 王晓平　厦门大学人文学院　福建　厦门　361005
① 夏志清:《中国现代小说史》,印第安那大学出版社1999年版,第398页。

描写了一个少女在香港这个病态都市里心灵如何受创乃至堕落的过程。

薇龙是从上海移居来的中等人家女儿。为了完成她的学业,她向她富裕的姑母求助,后者是一个富裕商人的遗孀。但这个姑母却乐衷于各种舞男和花花公子,而她同意提供薇龙资助也是暗含着一个利用后者作为她引诱年轻男人的诱饵的企图。(后来,她也确实抢走了喜欢薇龙的一个男同学)。薇龙曾力图让自己洁身自好,远离这些龌龊的追逐,但她很快便经不住姑母所提供的舒适的衣物等物质享受的诱惑,以及乔琪乔,一个混血舞男的性诱惑。

乔是一位声名狼藉的花花公子,一个大家族的第13个子嗣(被称为"乔家第十三少爷")。他的父亲在这个殖民地以其担任洋买办的"功劳"获得宗主国英国颁发的爵士的名号,而其母却是个来自澳门的葡籍妓女。由于乔放荡的生活得来的恶名,他实际上已经失去了从父亲方面来的资助。薇龙轻易地落入了他的网罗。但在她接受了对方的进攻后不久,她就发现乔同时与一位女佣有染。她的歇斯底里的发作暴露了她的隐私。为了掩盖这一丑闻,她的姑妈(梁太太)促成了她和乔的婚事,但她劝导乔接受这一安排的说辞却是后者可以在以后任何厌弃的时刻休了薇龙。一个没有说出的理由还是乔的父亲可以因为这个较为体面的婚事恢复对他的经济资助,果然,似乎各方的愿望都借此达成,皆大欢喜。

与《金锁记》里的曹七巧相比,薇龙的婚事应该是前者梦寐以求的。二者的差别在于薇龙不同的社会地位。虽然她们都需要社会地位和经济上的安全感,对来自底层(卖油郎家庭,未受过任何教育)的七巧来说,物质的依靠的考虑占了上风;但对薇龙这样一个受过中等教育,对现代婚恋观念有所见闻的年轻学生而言,她明白自身的堕落:来自一个能自给自足的中等市民家庭,她本可以期望有着更高社会地位和更好名声的体面丈夫。她也懂得她现在的丈夫的本质、她们婚姻的目的以及这个婚姻最可能的结局(她显然比《倾城之恋》中的没有接受新知教育的流苏庆幸自己能与花花公子柳原结婚更多了理智)。

因而,当乔取笑她说路上的欧洲水兵误将她当作妓女来调戏时,她能淡然承认事实:"她们是不得已,我是自愿的。"她清醒地意识到她被毁掉的青春以及她的未来的无望前景:"在这灯与人与货之外,有那凄清的天与海——无边的荒凉,无边的恐怖。她的未来,也是如此。"以沉浸在琐碎的小玩意中来忘却现时处境以寻得自我安慰,被这个生活在殖民地的年轻女子来排遣她堕落生活中的绝望。她无法自拔于其中。这当然显现了一个缺乏救赎的"无边的苍凉"。

这个堕落即来自薇龙自己(并不工于)算计的内心,也来自其时其地堕落的社会和文化。对后者而言,李欧梵曾经敏锐地指出,"梁太太……代表了香港其时滞后的物质主义文化。乔琪乔和他的姐姐,二者都是欧亚混血儿,则代表了那些陷于这种文化之中,被中国人和欧洲人都一样拒绝,只能在一个纯商业环境中生存的人的困境。因此,薇龙嫁给乔是最后埋葬在这一文化之中"。[1] 耿德华也颇有见地指出:"最终,这样一个社会并不是为它自身而被刻画,而是作为人类状况失败的一个代表,在其中主人公必须或者毁灭她自己,或者将她的徒劳的向往屈从于生活必然带来的毁灭之中。"[2] 无疑,在薇龙一系列决定(在父母返回内地时留在香港,投靠她恶名昭著的姑母,以及最终同意嫁给乔)背后的根本动机是一个赢得

---

[1] 李欧梵:《上海摩登》,哈佛大学出版社1998年版,第310页。
[2] 耿德华:《不受欢迎的缪斯:上海和北京的中国文学,1937—1945》,哥伦比亚大学出版社1980年版,第224页。

她的社会经济地位和安全感,以及在可能情况下,发展她的个人前途的欲望。但由于她的不谙世事,她一步错,步步错,打错了算盘。

《金锁记》:深陷于传统家族网络和等级制的悲剧

《金锁记》中的曹七巧有同样的考虑,但这导致了她的悲剧甚至比薇龙更甚。本篇是作者最享盛名的中篇,因此已有许多精彩的分析。我只是提出一个略有差异的角度:与此前分析多注重人性的缺陷(如虚荣、拜金主义以及性欲等等作为常人难以躲避的"金锁"而导致的悲剧——由此引起了读者的惊惧和同情,类似亚里士多德的悲剧观)不同,我则侧重指出曹七巧的变态是社会系统性的矛盾所导致的后果:在她被哥哥唆使嫁入豪门后,她的悲剧注定要发生,问题在于以何种方式与程度发生。因此与其怪罪她的种种不齿恶行,不如思考是哪些社会因素(矛盾)多元决定了她的结局。

小说中接连不断的关于繁琐礼仪与程式的介绍并不能给人以富丽堂皇的快感(如《红楼梦》在前半部所给予人的),而是给人以一种阴冷潮湿的幽闭恐惧症患者所能感受的气氛。这是一个处在颓败期的贵族家庭:由于朝代更迭,这个以"姜公馆"为号的家族作为遗老遗少"避兵到上海来"。传统的家庭结构与文化体制并没有多大变动,古老得像考古发掘的场所。

当我们初次听到七巧之名时,她只是丫鬟们口头闲言碎语里的"二奶奶"。从这些不敬的带着对这一人物不屑鄙视之气的闲话中,我们知道了七巧的出身:来自社会的最底层,家庭是开麻油店的;并且也得知她嫁到这个没落但仍有一定钱势的官宦家族的原因:本来由于她的卑贱出身,她最多只能成为这个上层家族内的一个填房,但因为她待嫁的丈夫是个不能为人的残废而无法再找到地位和财产相当的女子为正妻,因此他家"索性聘了(她)来做正头奶奶,好教她死心塌地服侍二爷"。这些下等丫鬟之所以瞧不起她们的这个主子,是因为她的低贱出身给予她的下等人的粗鄙的行为作风,俚俗的说话方式,这些已经成了她无法察觉的无意识而深深印刻在她心底,常常无意中显露出来,而她本人却认为自己的言行是能引人好感的行善之举,而其实却甚至令这些耳濡目染上层习气的丫鬟脸红。由于家人的教唆,她也染上了抽鸦片的陋习。她已深深陷于自身的阶级惯习中,所以尽管她通过嫁入豪门进入了本不属于她的门户,她并不习惯于它的做派和常规,而是将自己的固有观念和下层习气投射于她所生活的环境。她试图让自己的举止象一个"二奶奶",但她其实与这个家庭上下格格不入。

七巧的颓丧的生活与暴跌的脾气可以追溯到她残疾而不能为人的丈夫。她因此不得不压抑自身的欲望,翘首等待他死后自己继承大笔遗产。十年后这个时刻似乎来临,但她等来的不是从无尽的厌烦和望眼欲穿的期待中解脱。相反,她从过去所过的屈辱生活中所得的回报甚少:作为孤家寡妇,她在分家产的争斗中并没得到梦想的份额,她过一种更好的生活的愿望落空了。这些年,她还暗含对三爷姜季泽的欲望。而后者作为有公子哥儿习气的主子虽在外面游荡,却因惧怕闲言碎语影响自身利益而不敢与她有染。只有在分家完后,他才抱着不可告人的目的:从孤儿寡母手里再骗得一笔钱的愿望而来。当七巧觉察到这个阴谋时,甜蜜的喜悦迅速转为歇斯底里的愤怒。然而,这一发作不但打碎了她心中爱的幻影,而且也摧毁了支撑她生活勇气的一大支柱。因此季泽走了以后,她就落入懊恼之中,叙述的声音以完全认同她的感情的方式的叙述性独白呈现:

> 今天完全是她的错。他不是个好人,她又不是不知道。她要他,就得装糊涂,就得容忍他的坏。她为什么要戳穿他?人生在世,还不就是那么一回事?归根究底,什么是真的,什么是假的?她到了窗前,揭开了那边上缀有小绒球的墨绿洋式窗帘,季泽正在弄堂里往外走,长衫搭在臂上,晴天的风像一群白鸽子钻进他的纺绸裤褂里去,哪儿都钻到了,飘飘拍着翅子。

这种无法分辨对错之感延伸为视听的幻觉:当七巧看到窗前走过的各色人物(警察、车夫、男孩与邮差)的幻影时,叙述者再次道出她的情感触动:"都是些鬼,多年前的鬼,多年后的没投胎的鬼……什么是真的,什么是假的?"由于七巧的心被为保全自身生存与虚幻的"荣华富贵"的金锁(让我们想起了宝黛终归一场空的"金玉良缘")所禁锢住,她的过去、现在和未来的生活被连成一线并被封锁住。

然而,将真纯的意图与虚假的感觉等同,将有意味的生活与浑噩异化的生存相混淆的原因,只能在她所生活的这个特定时空状况或特定的社会里才能被理解。而非简单归于所谓"普遍的人性(弱点)":其时纯真情感不复不常被牺牲、妥协以求得生存的首要需求;婚姻作为一个社会机制很大程度上不是出于爱的需求,而是出于延续(个体和群体)持存的要求。

当这一最后的爱的幼芽被她自己扼杀之后,七巧的生活只是在一个空洞的、同质的时间内漫无目的游走。更糟的是,她受扼制的欲望与无望的向往似乎将她变成一个无情的摧毁她自己子女的恶魔。她和独生子操持暧昧关系(后者在她的调教下成为顺服的意志脆弱的人,没受过多少教育,很早就染上荒唐生活的恶习),要他整夜伴其说话,并且要他报告他和妻子床笫间的秘密。他的妻子无法忍受这种羞辱而自尽。她还将自身的悲剧传于她女儿长安,出于嫉妒恶毒,以精巧算计的闲言断送了她和一位男子纯真的感情。她知道女儿为此恨死了她。这种对周遭人群(尤其是她的亲人)的非人的阴毒是她对毁了她一生的社会的变态的报复。虽然她从来没能适应"上层等级"的作风和规范,她却成为后者最痛切的发言人。僭越阶级界限的行为使她付出了远远超过她自己所料的代价。她在这个过程中性格受到扭曲,直至最终被这个阶级系统所吞噬。这个系统以此惩戒在不受欢迎的情况下意图跨越阶级区隔与分化的企图。

由此看来,小说是对一个已石化的历史的令人恐怖的叙述性描写。在她对隐藏在历史死亡面具下无意义的空洞的恶毒反抗中,七巧同时在读者中引起了同情和厌恶的情感;而这一世界抑闷的深度、厚度与繁复网络也得到暴露。她在这个世界笼罩一切的总体性中无处可逃。七巧静默的、如鬼一样的出没是在时间流逝中如阴影般存在的传统生活形式的人格隐喻和象征。以形象和物质具体性而非概念出现的传统生活的遗留方式和它的枷锁,展示了它的衰老的面庞和无情的规训。深陷于传统家族网络和阶级等级的社会状况中,这个悲剧在根本上是反浪漫的社会悲剧。

在此世界,真纯感情的表达是不可能的,这一点由叙述者一遍一遍地提起:"在这个世界上,什么是真,什么又是假?"这一犹疑与玩世不恭显示了在一个转折期社会人们情感的混淆:在这一时期,爱与婚姻家族作为"情感的结构"或者社会文化体制,在急剧地被动摇和转变。出于一种关于普遍人性的视角,叙述声音将此悲剧归因于某种(非)历史的循环性[因此我们看到叙述者在小说的叙述的框架中微妙地表达了她对这一悲剧的看法:在起始她告诉我们悲剧发生在三十年前(即晚清时期),而在结尾她回到了这一月亮的意象,带出了关于悲剧连续性的一个感伤的气氛:"三十年前的月亮早已沉了下去,三十年前的人也死了,然而三十年前的故事还没完——完不了。"]似乎这是一个出于人性本能的没有希望逃脱的永恒循环(最古老的传统的出于命运的悲剧观)。它传达了作者关于悲哀的人性状况、命运似乎无可避免的悲观主义。这深植于一种不管社会经济结构如何变迁,历史如何演进,人性是亘古不变的看法。

《沉香屑:第二炉香》:中西(世俗)文化对比

婚姻作为一种社会体制在作者早期的一个故事里得到了不同的处理,这就是《沉香屑:第二炉香》,尽管它好像是《第一炉香》的续集(它们是作为作者的处女作发给杂志编辑的)。它的发生地也是在香港,但它的内容却与《第一炉香》迥然不同。表面上,它只不过是一个关于性知识的缺乏引起悲剧的故事,事关弗洛伊德的变态心理学。但首先引起注意的是当事人均是来自宗主国的异域人士而没有中国人参与。通过显示在严格殖民者控制和无缝封锁下的扭曲的、"不自然"的生活形式,这一故事似乎是对殖民社会里统治阶级的虚伪作风的揭露。

但是历史潜文本的另一面却需要引进来讨论,而这也与它的语言风格密切相关。李欧梵注意到小说"处在第三人称叙述语言(显然是中国人的)框架中,它人化了和中国化了它们(这一故事)"。这导致了"角色的言语模式显然是中式的"。① 如何理解这种叙述选择?李氏认为由于这种安排,它的语言给人"很少有疏离的感觉"。实际上,这些本身为英国人,但语言和行为举止却被"汉化"的叙述给人的阅读感觉是很奇怪的。我认为,作者这一叙述风格上的选择与她意图进行一种微妙的中西(世俗)文化对比息息相关。

耿德华注意到作者对女角色的描写在一些地方有相近的意象。② 虽然我同意她所说的这些被灵巧加以运用的意象很可能是用来"提高作品的质量,尤其是它的中心主题"③,我却认为她忽略了这些意象中微妙的中国因素。这些描述如"牙齿……白得发蓝""小蓝牙齿……尖利的獠牙"将在普通中国人心中立刻引起对"鬼"的传统想象"青面獠牙"的联想。如果我们记得中国人在当时常把外国称作"洋鬼子",那么作者的故事里的这些意象会引起更

---

① 李欧梵:《上海摩登》,第 311 页。
② 比如,靡丽笙是如此被描绘的:"她提到她丈夫佛兰克的名字的时候,薄薄的嘴唇向上一掀,露出一排小小的牙齿来,在灯光下,白得发蓝,小蓝牙齿……罗杰打了个寒噤";罗杰白慬细身上看到了相似的地方:"笑的时候露出一排小小的牙齿,白得发蓝。……小蓝牙齿!但是多么美!"而当他最后自杀前,他似乎又看到了这个形象:"他把火渐渐关小了,花瓣子渐渐的短了,短了,快没有了,只剩下一圈齐整的小蓝牙齿,牙齿也渐渐地隐去了,但是在完全消灭之前,突然向外一扑,伸为一两寸长的尖利的獠牙,只一刹那,就'拍'的一炸,化为乌有。"参见耿德华:《不受欢迎的缪斯:上海和北京的中国文学,1937—1945》,第 206~207 页。
③ 耿德华:《不受欢迎的缪斯:上海和北京的中国文学,1937—1945》,第 206~207 页。

多的联想。

　　这些重复出现的意象暗示了在这里表面上看上去天使般纯洁的女士们的面孔下邪恶的一面。愫细似乎是个天使般的人物,然而为显示她的纯洁,她毫不犹豫地将爱她的罗杰展示给外人一个变态淫棍的形象。她是天使还是魔鬼呢?当然,对一种特定的人性话语来说,这两方面共存于人的本性中,但除了上面讨论过的导致这种无知的社会原因外,一种寓言式的解读在这里对我们颇有帮助。这能引起我们对中西方文化的微妙比较;特别是关于性习俗的差异。我们需注意到小说发生在一个殖民领地上的一个社群(香港大学),而这个社群里关注这出滑稽悲剧上演的大多是在那里就读的中国人。如果如罗杰这些来自据称是更文明的现代程度更高的宗主国,据信是肩负来"启蒙开化"无知愚昧的中国人崇高使命的外国上层人士通过他们变态的生活、她们的伪善(那些女士竞相勾引罗杰),那么他们道德的崩溃就显示了他们宣扬的宏伟叙事的虚妄和自欺欺人。虽然他们对性持有一种似乎是维多利亚式的清教徒观念的外表,但它私下的表现以及所导致的悲剧似乎证明了中国的世俗性风尚更自然,更实际,也更"文明"。这种对性风俗(作为有关婚姻社会机制)的潜在比较有意无意颠覆了在殖民者(西方)和被殖民者(中国)之间关于文明程度(现代 VS.传统,新 VS.旧)的等级制。

　　这种潜在的文化比较在另一个小说《红玫瑰与白玫瑰》中更为明显。这一故事进一步探讨在中国化(但非现代)与现代(但非中国性的)之间模糊的界限,显示它们常常并非泾渭分明的。据以承载这个探讨使命的是作者一贯的主题:不快乐的婚恋。然而这里《第二炉香》中呈现的微妙的优越感时却显然被一种焦虑所取代,而这一焦虑以反讽与讽刺的外表来加以掩盖。

《红玫瑰与白玫瑰》:"理性不足"的现实化隐喻

　　小说的主人公佟振保是一个卓有所成的海归实业家,现在在他的家乡上海一家外资企业里担任高级经理和工程师的职务。他曾在英国(象征其时最先进的西方工业革命发源地,现代性的源头)的爱丁堡进修,新近返国为国服务。肩负着社会对这些西化了的社会精英的高度期望,他"决心创造一个'对'的世界"。这个"对"的世界当然也是社会期望于他的,因为他拥有其时很少有人能享有的留洋的特权。但他与社会习俗与秩序的密切合作也可以看作是他从英国得来的经验,因为在那里社会的"理性化"已经带来一个高度"合理化"的社会(即中产阶级的成熟、私有财产制与资本主义生产方式的确立,带来了市民阶级伴随私有财产权的种种观念的体制化),在其中一个英国绅士被期望以无意识的方式中规中矩地行使他的权利,展示他的风度。所以当振保返国之际,他也带来了(同时被国人期待带来)这种严格的个人行事的风度。由此看来,他表面上强健的权力意志("创造一个对的世界")是一个充满希望的主体性的表现。但在面临中国的社会现实前,这一主体性甚至在它已经建立之前就坍塌了。

　　故事的主线是振保的情感经历,这伴随着他对不同国度、风格的女子的优劣比较。他的第一次性冒险是在巴黎时和一个当地妓女进行的。在此过程中,我们看到他在镜中见到她的形象,这个形象让我们想起了上面《第二炉香》对妇女体貌的描写:"眼睛是蓝的罢,但那点蓝都蓝到眼下的青晕里去了,眼珠子本身变了透明的玻璃球。那是个森冷的,男人的脸,古代的兵士的脸……"显然,他感到自己受到了威胁。在巴黎这个人称的"浪漫之都",这个经验颇不同寻常。它所带给他的印象是西方女子,或总体上的西方文化,是缺少热情的冷酷的,像"古代的兵士的脸"。在这个形象面前,显然主奴关系中的主人是那个女人,她把这个男人玩于股掌之中。从此后,他对西方女人的印象就不佳,这预示了他从今以后唯有对中国女人有兴趣,并进而分门别类,品头论足。但在这进一步展开之前,他需要另一个(西方)女人来测试他的品质。这是一个带有一半英国血统的女人。虽然她十分爱他,振保却控制自己不去满足自己的欲望。关于他的行为和心态的所有描写都意在证明他是一个没有性别平等观念的半传统的中国人,他仍拥有父权制的男性沙文主义。

这两个事件可以看作是他的某种成长经历,因为从第一次事件他成为"男人",而从第二事件他以某种"主体性"来控制他的欲望。但若根据黑格尔的主奴辩证法,一个主体需要在主体 vs.客体关系中形成,而这一客体需要有和主体可比的主观意志,以供主体用智慧和力量去挑战,由于这个有半个中国血统的女孩如此轻易接收男人的性进攻,也太温顺以致振保无须拿出什么男人伟力来炫示。因此,他的"主体性"在此时并没有形成,更不用说他后来常常后悔其时没有占有她。①

这个女孩有蓝色的眼睛,"眼白发蓝。仿佛望到极深的蓝天里去"。因此,她是如此西化以致不能满足他的兴趣——她的外向行为和什么事都无所谓的举止使他无法接受她,因为他根本上来说是一个坚持中国传统道德的头脑保守的人士。所以当他返回母国之际,他有一双重人格:西方(尤其是英国绅士)的理性和中国式的伦理;并且是中国道德成为他根本坚持的"原则",而西式理性是他的外表(中体西用)。这是一个分裂的世界,但是这个张力在他分裂的人格中似乎平衡得很好。

小说以对两类女性某种形而上的讨论开始:"振保的生命里有两个女人,他说一个是他的白玫瑰,一个是他的红玫瑰。一个是圣洁的妻,一个是热烈的情妇——普通人向来是这样把节烈两个字分开来讲的。也许每一个男子全都有过这样的两个女人,至少两个。"正像"节烈"这个词语指涉及了某种特定的中式道德标准,我们也需要把这个双关语放诸其时中国特定时刻的背景下来探讨:他对贞洁的妻子和热烈的情妇的划分与其说是从在西方生活的经验得来,不如说从中国传统而来,特别是晚清以来中国绅士阶层的颓败的生活习气[经常拥有一妻(至少)一妾]。在振保生活的民国初年,这一做法已不太流行,但它残留的影响仍无远弗届。一些自认为是"开明的新青年"借"恋爱自由"之名在婚姻之外拥有三两情妇。新文化运动并没有成功将关于性别平等的观念在社会上体制化。甚至在婚姻之内,许多中国人仍然将西式标准加以扭曲,以适应他们习以为常的传统做法。

如果我们明白当时这种情况,我们就会理解叙述者针对振保人格的讽刺性评价,它和即将在他身上发生的故事恰成对比:"在振保可不是这样的。他是有始有终,有条有理的,他整个地是这样一个最合理想的中国现代人物,纵然他遇到的事不是尽合理想,给他心问口,口问心,几下子一调理,也就变得仿佛理想化了,万物各得其所。"这一"最合理想"的男

---

① 黑格尔说:"现在真正考验他的不是一种独立的意识,而是一个依靠的意识。因此,他并不确定自身是自为存在的,是他本人的真理。"黑格尔:《精神现象学》,米勒译,牛津 Clarendon 出版社 1977 年版,第117页。

人从西方学到的是他可以在某种程度上发展婚外情关系,但不像在西方这种婚外情会导致离婚和再娶的是,中国的社会习俗要求他不得打破婚姻形式上的体制,因为这样将让孤儿寡母情何以堪?为此,它要求男人不惜任何代价以维护正直的外表。这是因为在中国传统里,如果一个读书人访妓或者娶二房,他将被称为"风流";只要他的正式婚姻不受触动,社会将原谅他这样的行为。但如果他因为与婚外女人的感情而导致离婚,他会被认为是淫荡不负责任的人而备倍受指责和鄙视。正是由于这一观念的强力限制,振保作为作者曾谈到的上海小市民中"不彻底的人物"竭其所能以适应社会期望。

因此,虽然他感于朋友的妻子王娇蕊(一个新加坡华人,在她留学伦敦的时候就是著名的社交明星),虽然后者如此爱他以致愿意为他离婚和自我改造成一个"贞洁"的女人,振保并不能抛弃他的社会面具,毁掉他长期的职业规划。因此,他继续保留着中国道德要求他的作外表上一个正直的人,一个卓有前途的工程师和一个孝顺之子的形象。为此他抛弃王娇蕊,依循社会惯习娶了一个名叫孟烟鹂的顺从的太太。孟出自一个门当户对的家族,也受过当时少有人享受的大学教育。她为振保生了一个女儿。一切都上了正轨,如社会预期的那么理想。当小说开始时,她的女儿刚刚九岁,"大学的教育费已经给筹备下了"。

但孟烟鹂却并不是一个有现代女性意识的女人,她显得太软弱,太无趣。作者甚至暗示她性冷淡。振保很快对她失去了兴趣,而到处寻花问柳以排遣欲望与烦闷。然而因此随后发生的一切却超出了振保的预期和控制。烟鹂对她居家生活的厌倦和对自己在家不受尊重的地位(由于经常被丈夫打骂,连佣人都瞧不起她)使她与经常来往的裁缝发展了婚外关系。但振保仍然没有与其离婚,而是在私人生活里更加放纵自己。几年之后,他在公车上偶遇娇蕊,在获知她已经会控制自己欲望,放下虚荣,"改过自新"过一种简单纯朴生活之后,"忽然,他的脸真的抖了起来,在镜子里,他看见他的眼泪滔滔流下来,为什么,他也不知道"。他是因为羡慕她的"快乐和真正"的生活(或者,平庸和粗鄙,因为她变得肥胖而失去原有魅力),一种为中产阶级女性所向往的状态吗?或者,他是在为他早年的犹豫和对"真纯之爱"的背叛而感到悔恨吗?尽管我们可以对振保不平常的举动有不同的理解,无疑对他来说,生活是一场痛苦的搏斗,它甚至要求牺牲他个人的幸福。因此,在再次经历许多次的颓丧放荡之后,他一次次"改过自新,又变了个好人"。

表面上看,通过纵贯整个文本的微妙的叙述者的主观介入(以反讽的语气与充满机智的双关语),故事显示了男主角的决心与权力意志。但是没有人会错过叙述者不加掩饰的嘲讽的语调和反讽的双关,它们显示了他对不快乐的生活的妥协和对社会习俗舆论的迁就。但与叙述声音所力图给予我们的印象不同的是,振保其实未必将自己看成是"好人",或者对自己有能力控制他的命运具有信心:因为他确知自己一贯放荡的生活(因此作为市民阶层精英人士的双重人格,人前人后两个面孔)——而这在他发现烟鹂的通奸行为后更公开而无所顾忌——以及他对家族福祉的忽视(他拒绝给妻子提供零花钱),将彻底摧毁他的公众形象。他无法掌握自身行为以及在家族事务中的无能已经与中国古训"修身齐家"相悖,他又如何能做到"治国平天下"?他的暴躁和徒劳的努力,如他在娇蕊面前的落泪所展示的,只不过暴露了他的无能感、无力感和失败感。但被大多数读者和批评者忽略的是,他自始至终不想毁掉的与其说是他的婚姻和名声,不如说是他长远的职业规划和人生抱负。

虽然叙述声音似乎是以一种冷冷的无动于衷的口气来叙述,但它却时不时显示了一种嘲讽语调,这暴露了它的潜在女性惯习——这显然是个由女性叙述者来传达的叙述(比如,当她述说到考虑到他的社会责任时,他觉得"不止有一贯母亲,一贯世界到处都是他的老母,眼泪汪汪,睁眼只看见他一个人"。这里显然有一个叙述者的主观介入)。虽然这一女性声音无法控制自己,时常跳出来评论男主角,什么是支撑振保不折不挠努力的精神力量来源却没有被说明(除了轻描淡写"社会责任"之外)。我们不难感到,这个叙述者意图加给我们一个印象,即是振保的保存脸面的虚荣心使他持有双重人格,过着双面生活。当然,这个叙述声音也并不公然表明他是个伪君子,但我们却需要自己努力去找出叙述者没有兴趣探讨的、促使他以其独特方式行事的终极原因。

小说总体上是关于振保一生中的几年光阴。虽然他常被自身欲望和外在诱惑所触动和骚扰,并且常常怀疑他自己,他却有保持一个"对的世界"的强烈愿望。他无法并且也不欲打破社会秩序。促使他保有一个统一人格心理的是他的长期职业规划,据叙述者说这是"第一先把职业上的地位提高。有了地位之后他要做一点有益社会的事,譬如说,办一贯贫寒子弟的工科专门学校,或是在故乡的江湾弄个模范的布厂"。作为一个社会精英,他有意识地肩负了贡献自身力量于社会的崇高负担(实业救国,工业救国),而社会当时还被传统道德观念所束缚而缺少"理性化"。他的焦虑、不安、双重人格和双重生活、甚至他的希望和堕落,只有把这些社会历史因素结合起来考虑才能被理解。

然而,对于这一自我牺牲,叙述者从一个女性的角度保有相当大的嘲讽,她冷冷地述说他的挣扎和失败。从她角度看,娇蕊后来过的庸常生活是"真"的幸福的,而振保的牺牲却是虚伪的,不值得的。他的自我压抑,作为市民阶层的精英人士为达到社会所期望他所扮演的角色,被认为是不真实的而被诉诸嘲讽。但我们却无法忽略叙述的反讽所在:总体上看,这一对包括振保的两个中国女人的"不彻底的人物"的描写,显示了五四以来一直被提倡的中国的"现代意识"的不完全性(或者说新文化运动作为一个社会文化方案的缺少效力)。在这之中不但"新女性"的观念没有也无法完成其目标,而作为"新人"的观念总体也不能通向关于现代性的康庄大道。小说以一种社会通俗剧的方式既提示了现代中国市民阶层的道德伪善(它的堕落生活习惯),也提示了它的艰难挣扎与奋斗。

因此,小说最后表明的其实是半传统中国社会自身岌岌可危的状况:由于执行这个使命的精英阶层自身的缺点(振保如耿德华所言的无法"超越他的有缺陷的视角"①),并且时常陷于自我麻痹和颓废放荡之中,它搁浅于一个最终结局可疑的"理性化"过程中。换句话说,振保自始至终无法形成他的"主体性"是当时社会由于传统的羁绊而无法塑造一个新的、现代的身份(以市民阶级的"理性"为核心)的一个症状和隐喻。

振保可以看作是上海现代工商阶级的一个典型代表。作为通商口岸长大和留洋海外的人,他接受了西方工业文明和启蒙的洗礼,这个阶级与在明清时期士绅官僚统治下的旧的商人有很大区别。它清楚意识到自己作为精英集团的权责,而致力于建立现代(即资本主义的)商业规范。但虽然这一新阶层与恶劣环境和自身局限性做斗争以期建立一个新秩序,它最后却悲剧性地失败了。在海外中国历史学界有一个公认的史观认为,现代中国的民族资产阶级之所以无法最终获得它的权利及相关社会地位与发展空间,至少部分与国内政权有关,因为后者"错过了如西方国家在其资本主义兴起时的鼓励和协助(其发展)的职责,或

---

① 耿德华:《不受欢迎的缪斯:上海和北京的中国文学,1937—1945》,第212页。

者说因为国家陷入了军事主义的无果泥沼中"。① 这一研究将现代中国国家和社会间充满冲突矛盾的关系摆上台面。而这一充满波折的关系在作者的其他小说中以个人心理创伤的方式获得隐喻性的呈现。

《茉莉香片》:身份探寻的扭曲式超现实寓言

《茉莉香片》是一个关于自我身份探寻的故事。这一探求是通过寻找和认同一个父亲角色的过程来展现。它也是一出游移于双城之间的戏剧:青年男主人公与他的鸦片鬼父亲与继母从上海移居香港,以躲避日军侵略。

聂传庆是一个二十岁上下的大学学生,但他却显得比自己实际年龄更苍老,而在体格与精神气魄上却是孱弱的。他在发现自己的逝母冯碧落和教他国文的言子夜之间曾经相爱后,变得郁郁寡欢,并常伴有神经质似的举动。他开始幻想如果当时他的母亲足够勇敢与言私奔的话,他将成为今天言教授的独生子。他没有做出努力改进自身的学业,而是自暴自弃于自己的"命运"。

这一幻想导致了他对教授女儿言丹珠的扭曲的看法。对她是他母亲冯碧落真正爱人言子夜的女儿的身份妒忌,他显现了妄想狂患者的各种症状:又爱又恨,妒忌、自厌,甚至是自戕和自毁的冲动。然而,作为一个自我中心的少年,他并不爱任何人,他只是想达到他和丹珠之间的一个奇异的关系,以壮大他自己受挫的自信心和抛弃他自己幻想的不光彩的过去。一次,他激烈地对她说:"对于我,你不单是一个爱人,你是一个创造者,一个父亲,母亲,一个新的环境,新的天地。你是过去与未来。你是神。"一个看上去是叙述的独白他末日将临的感觉:"跑不了!跑不了!索性完全没有避免的希望,倒也死心塌地了。但是他现在初次把所有的零星的传闻与揣测,聚集在一起,拼凑一段故事,他方才知道:二十多年前,他还没有出世的时候,他有脱逃的希望。他母亲有嫁给言子夜的可能性。差一点,他就是言子夜的孩子,言丹朱的哥哥。也许他就是言丹朱。有了他,就没有她。"

由于这个荒谬的推理只可能出自一种心神恍惚的癫狂状态,它只可能是传庆自己歇斯底里心态的非直接呈现。但是否真的如此呢?我们将看到他的莫名恐惧症将演变成某种复仇的非理性冲动,而这被强加给丹珠:

> 传庆从牙齿缝里迸出几句话来道:"告诉你,我要你死!有了你,就没有我。有了我,就没有你。懂不懂?"他用一只手臂紧紧挟住她的双肩,另一只手就将她的头拼命地向下按,似乎要她的头缩回到腔子里去。她根本不该生到这世上来,他要她回去。他不知道从哪儿来的蛮力……他不能不再狠狠地踢两脚,怕她还活着……身子就像在梦魇中似的……

他的怨恨释放了他的焦虑,而这是他对"他者"的妒忌的投射。在他心里,这个他者从

---

① 波尔格(Marie-Claire Bergère):《中国资产阶级的黄金时代,1911—1937》,剑桥大学出版社1989年版,第5页。

反面定义了他不名誉的身份。由于对他的家族背景感到羞耻（因为他出生在一个旧式家庭而非社会的新道德所重的出于"爱的结晶"），他同时幻想与这个"他者"一起共创一个"新天地"，并且展示了一种占有欲的狂躁症：我所没有拥有的，你也不能获得。他的憎恨是这个妒忌的一种变形。因此他试图把丹珠的头挤下去（"似乎要她的头缩回到腔子里去"），而这间接地显示了他对自己出自一个"非正常的子宫"，因此身为"不健全的人"的焦虑。

如何理解这一有如此不正常心态的人的非同寻常的故事？由于他有一对压制他的堕落的父母，导致他成为屡弱的内向者。在他对自我身份的寻求中，他对他们的过去感到羞耻，也感叹于他失去了成为爱的结晶的机会。然而，他通过对丹珠的虐待和对其所享有的幸福的嫉妒，显示了他仍然深深陷于见不到他途或"补救"之道的旧有世界。他作为"被毁掉的一代"，过着见不到希望与拯救的荒废的生活，因为这个可悲的灵魂仅仅只是在近于绝望地试图发现他（本真）的自我，他的自我重要性，但他所忽略的却是这一自我的社会性内涵；换言之，他只是向过去缅怀性追寻他的过往"史前史"，而不是向今天要求与创造属于他的"在世"身份的经验与业绩。由此，他的"未来"被毫无希望地注定了。在小说的结尾，他听说他的父亲和继母给他安排了一个妻子。并且他也知道自己试图杀害的言丹珠并没有死，她很可能将向她父亲汇报发生事情的经过，"他跑不了"。

如果我们不将故事关联社会历史经验，则我们见到批评家常常诉诸弗洛伊德对变态心理学的阐释来解释这个事件以及传庆所有的诡异作为。这种做法显示了解释作者这类小说的一种惯常倾向，它有时也关联了作者自身的经验。然而，需要指出的是，虽然这些不快乐的婚姻、父子之间不正常的关系与作者本人早年家族生活纽带有一定关系（或是她耳闻目睹的一些现象拼凑起来的），我们却需要超出这些自传性因素，来把它和广阔的社会历史背景（作为潜文本）联系起来理解。——因为作者描绘的男主角聂传庆实际上是现代中国史上特有的一种颓废现象，因此它可以从当时特定时刻的一个阶级的视角加以理解和检视。一旦我们将小说与社会历史的潜文本联系起来，将它解作一则寓言，我们将看到更有价值的探索方向。首先，是由于两个家庭按传统观念来看不匹配的背景——言子夜来自一个商人家庭，而商人在传统中国"士农工商"的等级里是位于最后一层最受人鄙视的职业；而冯碧落是来自一个官宦士绅家庭——因此他们才不被允许结合。出于这个刺激，言子夜才出洋留学。但虽然他有将愿望付诸实践的勇气，中国半传统社会却不让他有完成他梦想的机会：他的爱人惧于社会舆论不敢与他私奔，而是不情愿地嫁给一个富裕的亲戚；当他毕业回国后，中国社会也不允许他有充分贡献才华的机会。他所教非所学，现在仍然讲授中国古典文学，而非西洋新知。他在课上易发的怒火只不过是释放了他的深刻的挫折感。

他的无力无能感也是传庆所具备的。但是后者的失败感和焦虑却更严重：他不但无法像他"应有"的父亲那样有意愿打破社会传统，而且掉入了他生来即有的社会网络不能自拔；在这一网络里，他的父权制的、老式的生理上的父亲虐待他，而他的继母则嘲讽轻视他。他的恋父情绪因此是寻找一个理想父亲来定位他的"真正身份"的过程。但尽管他渴望寻找一个新的社会时空秩序，这个世界却不能在既存现实中找到，因此他的社会身份从来没能建立。

但我们仍然需要深入一步更紧密地连接特定的时空秩序。小说开头叙述者的开场白提醒读者，将要发生的是关于香港的一个悲哀的故事："我给您沏的这一壶茉莉香片，也许是太苦了一点。我将要说给您听的一段香港传奇，恐怕也是一样的苦——香港是一个华美的但是悲哀的城。"除了在读者与将要叙述的事件间制造一种批评的距离外,这一叙述框架强调了将要发生的是与香港作为一个"悲哀的城市"紧密相连的故事。作为一个与它的母国近在咫尺,但却在心理距离上相隔甚远的英国殖民地,香港其时是来自内地的许多前朝遗老遗少聚居的地方。传庆的家庭即是此中一员。跟张爱玲小说中许多作为主角的遗老家庭背景一样,他们这些人通常无法赶上时代的节拍。

在这样一个家庭里,传庆自小就接受了传统教育,所以他的中国文化程度看来应该比他在香港的同学更强。但其至在他本该已经很熟悉的中国文学史课上,由于他的情急和缺少自信,他的表现甚至无法差强人意,显得胆怯而萎靡,这使得授课的言教授勃然大怒。但只有我们将后者的失败感(对自己教学的不成功)与他对国家命运的关切联合起来考虑,我们才能明白他为何如此斥责传庆:"中国的青年都像了你,中国早该亡了!"

但我为理解这一文本的象征喻义,意图更进一步提出一个假设:如果我们将传庆理解为中国处于幼年期的民族资产阶级的化身或者象征,那么这个故事作为一则寓言是否会更具启发性?这一年幼而孱弱的阶级正从传统商人与士绅阶层变形而来,但由于缺乏一个强有力国家的保护与促进发展,显得岌岌可危。而且这一新出现的、缓慢发展的阶层被高度专制的、在很多方面以旧式统治术驾驭的政权所滥权压制(虽然这一政权也致力于发展资本主义经济)。它的自身是二等国民、没有真正的社会和身份、得不到一个正直上层保护的感觉,都促使它发展出来一种自卑的心理。但虽然传庆对他血缘的复杂情感显示了他对自身可耻出身的羞耻感,而这可以理解为新生资产阶级对他们直属祖先的道德暧昧(对自晚清以来已社会声名不佳的官僚士绅商阶层的厌恶),他自己陷于与往事的纠结、对幻想的沉溺以及拒绝面对当前情境与改造自我,均显示了这一阶层意图逃避现实的倾向。同时,他对拥有光荣正统子嗣系统的偏执也同时是对一个可以作为偶像崇拜的正直的精神父亲的追寻,而这在他的生身父亲那里显然无法实现。缺少一个坚实的社会经济地位和政治权利,以及随之而来的自我形象身份的文化政治意义上的自信心,这一新的阶层缺少男性雄风和充沛活力。更糟糕的是,这一焦虑可以转变成一种对社会的复仇感,一种冲动,这可以见之于传庆对丹珠的法西斯般的虐待狂冲动。它暴露了他占有狂的心态、要从社会上的弱者那里施加虐待以获取他认为他应该拥有的公平与正义。这似乎可理解为当时对强权孱弱的民族资产阶级对待比自己社会地位与权利更低下的底层发泄的对社会的不满与憎恨。虽然这未必是作者有意识想表达的内容。

在这一视角下,这个故事最终也可以读作是关于两代中国知识分子的故事:以言子夜为代表的五四一代知识分子没有完成他们的梦想,在面对落后保守的社会时,他们发现自己无法贡献他们的技能而充满沮丧;以及一些如传庆那样性格的后五四知识分子,由于他们的对于出身的自卑心理,缺少活力甚或愿望去改造当时社会。这样一个对自我身份的存在主义探寻的执拗因此在传庆身上得到寓言化的呈现。作为这一阶层的一个人格化身,他经常觉得自己"无路可逃"。这种感觉乃出于他陷于自身有缺陷的感知世界中,也出于他无力接受与面对现实的软弱,而这是由当时严酷的社会历史(包括家庭)原因所造成。一个由于传统世界及其伦理观的崩溃导致的先天营养不良、后天道德教育失调,缺少社会实践经验的跛足少年传庆,作为这个孱弱充满内在矛盾性的阶层的人格化身,没有意志与愿望通过自我改造以打破他陷入的先天与后天的困境,他的无助与末日将临的宿命感是社会与历史性(多元)决定的。

《心经》：身份认同困惑的"伊拉克特拉情结"投射

《心经》是另外一个有关恋父情结的故事。它的主角现在是一个类似传庆以自我为中心的年轻女性，她也在寻求一个可以作为偶像来崇拜的父亲（以及似乎作为性爱对象来爱，虽然这里的性爱色彩大大降低）。与她的父亲峰仪有强烈的情感，小寒将自己看成是一个超越常人的女神（就自恋而言，她和传庆不相仲伯，但她这种先天而来的优越感与传庆的自卑感似乎正相反，但其实也是后者的镜像或者变形）。与丹珠类似的是，她也有操纵男人的虚荣心。为此，她不但通过嘲讽母亲的梳妆打扮与对她父亲的亲密感的流露而破坏了二者之间的爱意；而且为了引起父亲对她的注意乃至触动他的嫉妒之心，而利用了她的追求者龚海立的感情。为了平息龚的热情之火，她还试图在他和同学绫卿（后者恰巧长得像她）之间促成好事。但是机关算尽，她最后却只是发现她的父亲将绫卿纳为情妇。显然，她的父亲找了一个与她外貌相似的人作为替代品以避免乱伦之举（虽无法避免乱伦之念）。她还发现她的母亲早就发现她的父亲在外的风流韵事，但为了保持家庭完整而充耳不闻。对现实所发生的事情深感失控，"她突然感到一隄强烈的厌恶与恐怖。怕谁？恨谁？她母亲？她自己……小寒哭了起来。她犯了罪"。

这种罪显然不是原罪。用"人性论"中的人生而虚荣、贪婪而犯了十诫中的每一条都无法穷尽本篇的内涵。那么它意味着什么呢？题名《心经》有一种强烈的佛教色彩，它暗示人性中有恶念，而在本篇中，人物的自我欺骗与幻觉也无处不在。小寒的父亲曾试图向她阐明他所认为的她对他情感依恋的原因：出于对她的安全感（缺乏）的保全的欲望，而这也出自她在童年时对她的关怀的回忆。这种自我中心的考量出于她与生俱来的骄纵感，因此她拒绝成熟到进入成人的关系当中。她的自私计谋的不期然失败和她极端个人主义遭受的挫折表明个人主义神话的破产。然而，这篇故事的伦理复杂性仍须和上篇一样被带入社会历史的层面去加以检视，或者说后者作为已存在的潜文本须被同时加以分析，只有这样我们才能理解这种心理变态的社会原因和寓意。

我们首先注意到主角所居住的是一个西式洋房，故事开始，她就"高高坐在白宫公寓屋顶花园的水泥栏杆"。这里有电梯，还有长长的走道。李欧梵已经注意到"一个西式洋房或公寓常常是距离陌生感和引起不安的场所"。① 它意味着不但居住者们的心理压力被这些建筑所强化，而且他们的心理变态也是住在一个半西方、半传统的地点引起的焦虑的间接后果。因为住在这样一个地方，有关性欲望的刺激的暗示常会在商业化社会环境中显现（以商业招贴画、广告、电影等方式）。当它与传统的已经恶俗化的堕落生活方式（如纳妾抽鸦片）相结合，性爱的虚幻感觉可以导向一种更高层次的心理失序与乱伦欲望。

但我们需要越过这样的过于实际的探究而深入到故事的社会寓意层面。在这一上升了的高度来理解人物，那么小寒不成熟的心理状态，她的众多同样在寻找精神之父以获得安全感的闺密（包括成为她父亲情妇的同学），以及她母亲为求家庭完整而"忍辱负重"的行为，都可以从历史角度找到它们的象征对应物。比如，对于小寒的恋父情绪而言，她的推断和撒

---

① 李欧梵：《上海摩登》，第 272 页。

谎都是她相信她能超越人类命运,她是与众不同的,以及她可以任意加诸(个人欲望)于世界的自我欺骗。本质上,它是为了保存在她生命中作为'黄金时代'的七八年的幼年时光,这是一个有安全感和无条件的爱的时期:"啊,七八年前……那是最可留恋的时候,父女之爱的黄金时期,没有猜忌,没有试探,没有嫌疑。"

这种对"黄金时代"的怀旧式缅怀,这种对一个不存在的精神之父的无法割舍的依恋,是为了在现实中找到一个可以保护一种不完全的生活形式的保护人和监护者的需要。它是一个寻找安全感的心理需求,而后者是出于自己觉得被他者所威胁,在恶劣的社会环境中社会身份未能形成而感到的岌岌可危感。绫卿渴望在她身边找到一个男人以便走出她不快乐的家庭,但她出于经济考量却毫不犹豫地成为峰仪的情妇。小寒也曾经对她父亲说:"你早该明白了,爸爸……我不放弃你,你是不会放弃我的!"这种热切的恳求是出于一种幼稚的依赖感,以及随之而来的对自我身份的不确定感。然而,这一表面上是个人的存在主义式追寻却只是对一个社会问题困境的移置,一个关于文化—政治问题的代替,以及对一种经济与政治需求的力比多投射。它带有一种独特的阶级印记。由此看来,这些包括传庆、丹珠、小寒与绫卿在内的青年男女不应该只是被理解为没有羞耻感的无情(或多情)之人。他们的自我欺骗和有缺陷的视角及导致他们堕落的认识,都需要和他们所生活的时代的历史经验相结合以便得到合理而全面的阐释。这可以引向一种富有成效的政治阐释学实践,在这一操作下这类作品都可以被读解为现代主义寓言:这些角色的心理变态、思想/政治上的不成熟与经济依赖性,他们对一个可靠保护者角色的吁求(以保证他们脆弱的生活方式)的心理上的和实际的需要,是当时这些人物所属的阶级缺少经济与政治权力、安全感,以及文化—政治意义上的身份认同的一个寓言性对应。在一个充满艰险的(半)殖民半封建社会中(香港当时已是殖民地),这一孱弱的新生市民阶级步履蹒跚,也囿于自身各种法西斯和力比多的冲动而见不到未来,充满了失望与失败感。

结　语

本文指出张爱玲作品中主导的主题关切是关于婚恋的焦虑。为排遣这一焦虑,它试图利用一切可能机会无羞耻感地越过其阶级地位来攀爬到更高阶层以获得经济安全感和提高社会身份。这一原型主题导致了一种关于自我身份的焦虑。(而婚恋的焦虑也是自我身份焦虑的一部分。二者都是社会体制之一)。由于社会欠发展而带来的"理性化"的缺乏,以及种种国内阶级矛盾与国际民族冲突(它们显现为作者笔下出现的"战争"的修辞),一个民族资产阶级的主体性很难被建立起来。在它对婚恋作为旧式社会体制发生危机的反应中,这一焦虑表明、象征、也投射了社会政治的种种困境。当这一女性(化的)意识被投注于更大的社会领域,从中观察中产阶级男性徒劳地获取一个"正常"的市民阶级受尊敬的社会地位与阶级身份的过程中,它常常从一个特定的(女性)视角被讲述,因此充满了某种偏见(如《红玫瑰与白玫瑰》)。作者小说中常常出现的苍凉感、悲凉感乃至绝望感由作者的"我们觉得被抛弃了"的感叹得到感性的表达,它响应了这一深沉的充满社会与阶级危机感的情绪。

Matrimonial Complex and Identity Anxiety:
A Psycho-Political Reading of Zhang Ailing's "Boudoir Stories"

Wang Xiaoping

Abstract: The interpretation of the works of the famed modern Chinese female writer, Zhang Ailing (1920—1995), is generally couched in the Freudian psychoanalysis. This paper offers a new perspective of reading her stories through the angle of identity politics. In analyzing the paramount thematic concern of the writer's stories, which shows a profound matrimonial anxiety in a besieged city, it delves into the identity politics of her ostensible apolitical stories. It suggests that the matrimonial complex shown in the stories harbors an idiosyncratic anxiety pertaining not only to an individual identity, but also to a sort of collective, class/national identity.

Key Words: marriage syndrome; identity anxiety; individualism; boudoir fiction

呼兰河畔的"娜拉"言说
——论萧红的女性自传体小说写作

汤晓琳*

【摘 要】女性自传体小说写作起源于"五四"新文学时期,并开始形成一种特色鲜明的创作潮流。作为深受"五四"新文化、新文学熏陶的女性作家,萧红是其中代表性人物之一,她创作了以《呼兰河传》为代表的女性自传体小说。本文依据现代文学发展线索,着眼于萧红的女性自传体小说文本细读,结合她的创作理念和风格,重点探讨她的创作缘起、创作动机、叙述视角,揭示蕴含其中的女性体验和反抗的精神内涵,论述她的抒情、沉郁的艺术风格,展示她对"自我"意识的时代透视的创作理念。

【关键词】 萧红 女性自传体小说 精神内涵

中国现代的女性自传体小说缘起于"五四"那个狂飙突进的时代。女性在"个性解放"的时代号召中"抬头"——女性主体意识觉醒,她们渴望挣脱封建的枷锁,冲出父权和夫权的压迫,抒发"自我"。而自传体小说恰好实现了她们的诉求,初登历史舞台的女性作家们开始使用直接的取材方式——从身边事出发,揭露自身的苦难和表达自我的反抗。因此,可以说女性自传体小说承载着女性自我解放、群体解放的宣言。

萧红(1911—1942)是中国现代文学史上最具个性的女作家。在短暂的31年的生命历程中,她的前期创作和后期创作体现出明显的分野:前期的以《生死场》为代表的作品被纳入"抗战文学"中,萧红也因此被认为是一个左翼作家;而后期她成长为一个"善于描写她私人经验的自传体式作家"①,她长久以来因为这种对时代主流的疏离而备受文艺界批评。而萧红的创作中,能纳入女性自传体小说的主要是她的后期创作:《呼兰河传》、《家族以外的人》、《后花园》、《小城三月》。对这些作品的研究有助于这个被文学史冷落了多年的女作家"自我"的声音"浮出历史地表"。对于萧红的这些女性自传体小说文本,这里采取更为全面客观的视角(结合萧红个人成长经历、思想变化和时代背景)去审视,从而去探寻在时代风云下萧红的个人心路历程,挖掘出蕴含其中的"五四"新文化启蒙所宣扬的发现"自我"、反对封建男权、追求自由平等等思想内涵,并由此指出萧红作为"五四"新女性的"进步性",而后期她作为"漂泊者"走向对个体经验的描写,则是体现了五四后期以来知识分子追求精神家园而不得的一种时代困境。

---

* 汤晓琳 厦门大学中文系 福建 厦门 361005
① 葛浩文:《萧红传》,复旦大学出版社2012年版。

一、由内而外的审视：萧红创作的叙述视角

萧红的自传体小说创作于风起云涌的战争年代，但是在她的自传体式作品中几乎看不到战争的炮火，也没有伟大的英雄人物，而是将其目光转向自我，转向乡土，呈现出独特的女性叙述视角。

（一）儿童视角的自我透视

萧红的自传体文本的叙述视角不是当时惯用的当下视角，而是回忆式的儿童视角，《呼兰河传》、《后花园》、《小城三月》、《家族以外的人》均采用这种叙述视角。在《呼兰河传》中，萧红以一个活泼天真的小女孩儿的眼睛向读者展示呼兰河人民生活图景，如扎彩铺、卖麻花、火烧云、跳大神、放河灯、野戏台子、娘娘庙大会等。这些看似平凡、琐碎的日常生活事件在萧红孩童式的眼睛中都充满了简单、纯粹的趣味。小说中最富于孩童般梦幻色彩的要数爷爷的"后花园"了。后花园里有花儿、鸟儿、倭瓜、蝴蝶、蜜蜂……这构成了一个自由游戏的世界，无忧无虑，作者用孩子的手来作画，不矫饰、无浓墨重彩，简单清新外又充满了诗情画意。

另外，因为"童言无忌"，采用儿童视角的文本更能让作者放开去说，吐露更多的真言真语。在《呼兰河传》中，"我"厌恶祖母，毫不掩饰地表达"我不喜欢她"，而对祖父的喜爱则是毫无保留地袒露出来："等我生来了，第一给了祖父的无限的欢喜，等我长大了，祖父非常地爱我。使我觉得在这世上，有了祖父就够了……"在《家族以外的人》中，"我"赤裸裸地揭露了有二伯的偷盗行为，但"我"关注的仅仅是冒险的趣味和对自己愿望的满足，从而削减甚至掩盖了对有二伯的道德批判。文中小女孩儿形象是真实饱满的，她以孩童的是非善恶观去对成人世界进行关照，一定程度上"净化"了成人世界，同时也"轻松化"了小说，让人读来不禁哑然失笑。

萧红儿童言说的叙述策略使得文本聚焦于日常生活中的人和事，较少涉及民族、国家等大事件，更利于善于发现身边事的女性作家进行自我把握。而且，童言无忌的表达对当时还不怎么敢于"发声"的女性作家来说，在一定程度上为写作提供了自我掩护、解除束缚的可能，从而更利于自我真情实感的流露。

（二）群体生存的个体关注

虽然萧红短暂的人生所接触的社会生活范围，并不算怎么广泛，但是她的艺术视野却是广阔的。她的自传体小说并没有停留在女性一己私情的宣泄，而是跳出个人情感的狭小圈子，用个体回忆的方式表达对某种群体生存的关注。

萧红以日常化的题材，写出了东北人民的生活状态。在《呼兰河传》中，呼兰人民在一片"冻裂"中展开了一天的生活，而后，卖麻花的、卖凉粉的、卖拨浪鼓的、卖瓦盆的等依次出场，作者刻画了一幅幅北方农村生活群像，这是生活的常态，也是生活的动人之处。然而，萧红并没有局限于流水账式的叙述，在其中，融入了对生命存在的意义的探索和思考。"那里边的人都是天黑了睡觉，天亮了就起来工作。一年四季，春暖花开、秋雨、冬雪，也不过是随

着季节穿起棉衣来,脱下单衣去地过着。生老病死也都是一声不响地默默办理。"小城的农民葆有一种"向死而生"的生存态度,对于偏居一隅的苦难农民来说,物质的温饱更胜于精神的思考,这是属于那个时代的农民的愚昧性和悲剧性。需要注意的是,萧红吸收了其导师鲁迅的国民批判的精神,在回望故土的时候,以一种批判的角度来审视故园。这种批判视角在作品中多有反映,如对呼兰小城中大泥坑的描写,从由大泥坑引发的各种悲喜剧和不同人对大泥坑的态度,戏剧性地描绘呼兰人民的守旧、短视和麻木不仁。

作为经历过诸多苦难的女性作家,萧红同情女性、关注女性,她的自传体小说中的女性人物都融入了她个人命运的体察。萧红直接揭示了女性生存的困境,《呼兰河传》中被虐待致死的小团圆媳妇、因嫁给冯歪嘴子被邻居嘲笑侮辱的王大姑娘,还有《小城三月》中无法自由追求爱情而抑郁早逝的翠姨。这些女性人物形象都是美好的,但在生存压力和生养后代的压力下逐渐憔悴,甚而消亡,还要因为女性的身份而遭受不公平的待遇和社会偏见,没有追求爱情和婚姻自主的权利。萧红在社会的大背景下关注女性的生存,对女性命运进行总体思考,体现出"那个时代朦胧气息中的一道亮光"。①

二、女性的体验与反抗:萧红创作的精神内涵

萧红的创作和她的生活密不可分,她生活的年代正是中国进行着剧烈变革的历史转型期,时代环境与成长体验影响着她的创作。她的女性自传体小说唱响对女性个体觉醒的赞扬,对封建家庭表现出决绝背叛的态度,在反抗男权中肯定"自我"。同时,萧红"出走"之后,历经漂泊,身心疲惫,她一方面渴望回归,另一方面却自知回不去了,由此产生一种清醒的幻灭感。

(一) 反抗男权与自我肯定

"五四"新文化运动促进女性"自我"的觉醒,她们发现在男权中心社会中,女性大多是"无名"、"失语"、"缺席"的,"自我"被发现后却无从表达。而女性自传体写作,无疑帮助女性在历史中找到自我的位置,成为有名有姓、能发声的、在场的主体。作为"五四"时期受启蒙的女作家,萧红的女性自传体写作毫无例外地以反抗男权的方式来表达"自我",肯定"自我"。

家庭书写在萧红的自传体小说中占据着极大的比重,但理应作为家庭书写核心的父亲形象在萧红的自传体小说几乎是不存在的,呈现出一种明显的父辈的消隐和缺席。在长篇小说《呼兰河传》中,对父亲只有寥寥几笔的刻画,父亲唯一的一次出场是在暴打一生都在"我"家的有二伯。在另外一篇自传体短篇小说《家族以外的人》中,父亲出现时仍旧是在对有二伯进行着咒骂和暴打。而为什么会出现这一现象?学者李学东认为父亲形象根本不出现,说明是作者的"有意逃避","对父亲形象的回避,可以说就是避免与传统家族文化的权

---

① 宋士伟:《论20世纪三四十年代女作家自传体小说》,山东师范大学中国现当代文学专业硕士学位论文,2012年。

威性象征——父亲的正面交锋"。① 在萧红的童年中,父爱是缺失的,对父亲的记忆也仅仅是"父亲常常为着贪婪而失掉了人性。他对待仆人,对待自己的儿女,以及对待我的祖父都是同样的吝啬而疏远,甚至于无情"。② 而成年后,父亲的对萧红的人生选择上的残暴和专制更直接导致了她的出走,开启她不断逃离的苦难人生。这样,或是潜意识的不自觉,或是有意识的选取,萧红的自传体小说文本中对父亲形象进行了规避。正是在这种无声的规避中,萧红发出了自己对传统父权有声的反抗。

萧红作为出走的"娜拉",决心以写作反抗传统男权对女性的压迫。这使得萧红在作品中经常不自觉地作为在场的主体跳出来,为女性"代言",争取女性话语权,从而制约男性中心话语。在《呼兰河传》的"放河灯"一节中,萧红对鬼节发表评论,说道七月十五出生的孩子多半是恶鬼投胎,以后命不好,难嫁娶,而如果是男孩子若是有钱就没多大关系,而女孩子在这方面确是"万万不可,绝对的不可以"。在讲到唱野台子戏时的指腹为亲时,萧红以"女子上不了战场"的古话引出自己的批评:

> 其实不对,这井多深,平白地你问一个男子,问他这井敢不敢跳,怕他是不敢的。而一个年轻的女子竟敢了……那么节妇坊上为什么没写着赞美女子跳井跳的勇敢的赞词?那是修节妇坊的人故意给删去的。因为修节妇坊的,多半是男子……③

这是对男权社会中男女不平等的不满和嘲讽,而这种不平等并不只存在于人间,萧红通过四月十八娘娘庙大会的描写指出:这种性别等级差异从古至今,"神鬼齐一"。本来求子求孙是应该到娘娘庙去的,却先要到老爷庙去磕头,是因为"阴间也是一样重男轻女,所以不敢倒反天干"。泥塑像的人是男人,把老爷塑造得凶猛吓人,把娘娘塑造得温顺,这是在告诉人们"娘娘还怕老爷打呢","男人打女人是天理应该,神鬼齐一"。这些描写和议论都流露出一种现代早期的女性女权意识。

(二) 女性意识的清醒与幻灭

从中国的"娜拉"们选择离家出走开始,有两道门一直横亘在她们面前——一道是父亲的家门,一道是丈夫的家门。对她们来说,走出哪道家门都是不容易的,需要反复地思考,甚至是不断地进进出出,踌躇、徘徊于门口。这种生存困境正如鲁迅所预言的:"人生最痛苦的是梦醒了无路可走",个体清醒后的幻灭感在萧红身上体现得分外明显。

萧红说过:"女性的天空是低的,羽翼是稀薄的,而身边的累赘又是笨重的!"④萧红意识到自己是失败的,总是孤独地一个人走的她体会到强烈的寂寞感,甚至连熟悉她的茅盾都惊讶于在香港的"她那时的心境会这样寂寞"。漂泊者的寂寞和艰困让萧红渴望心灵的安全和依靠,新旧社会的缝隙间女性尴尬的处境更加重了内心的孤独感,这个时候,灵魂的回归

---

① 转引自赵静:《中国现代作家的"祖孙书写"》,西南大学中国现当代文学专业硕士学位论文,2013年。
② 萧红:《永久的憧憬和追求》,乐齐主编:《精读萧红》,中国国际广播出版社1998年版。
③ 萧红:《呼兰河传》,长江文艺出版社2005年版,第69页。
④ 骆宾基:《萧红小传》,黑龙江人民出版社1981年版。

和精神的慰藉就成为萧红在香港进行自传体写作时有意无意的主题。

萧红的渴望回归,体现在跨越父辈而从祖辈身上寻找温情的"祖孙书写"。《呼兰河传》的前三章几乎都在写"我"和祖父,萧红幻化为一个天真烂漫的儿童,在回忆的叨叨絮语中感受后花园的美好和祖父给予"我"的温暖和爱。但是她转而发现回忆无法永远,终归要落地到真实的虚无,她是始终是回不去了。后花园是一个伊甸园式的梦,但萧红梦醒后不得不面对现实的残酷,在第四章中她反反复复地言语道"我家是荒凉的",后花园终究是颓败了,蒿草退却了繁华,显得荒凉寂寞。而后她写老胡家的小团圆媳妇儿、游离于家族以外的有二伯、磨坊里的冯歪嘴子一家……在一系列的人群悲剧的描写中,萧红不自觉地回归到成年女性的锐利目光和冷峻语气。这样,体现出一种孩童的语气和成人的思想的矛盾与交织,回忆一点一点沉重起来。成人思想对儿童语气的中断暗示出:想要回归童年是不可能的了。在《呼兰河传》的结尾,萧红用了十几个"了"进行回忆了结,表达了自己清醒的幻灭感。尽管心灵可以超越时空的阻隔回到家园,但现实终究是破碎的,"失去了的国土"再也回不去了。实质上,这种历经漂泊后渴望回归,却发现家园已破碎的矛盾是现代知识分子(特别是"五四"后期以来)普遍面临的精神困境,凝聚了寻找现实出路的现代知识分子的哲学思考。

三、唯美的至诚理想:萧红创作的艺术品格

萧红是一个敢于挑战传统并建立自己风格的作家,她曾说过:"有一种小说学,小说有一定的写法,一定要具备某几种东西,一定要写得像巴尔扎克或契科夫的作品那样。我不相信这一套,有各式各样的作者,有各式各样的小说。"①她的自传体小说承载着她这种个性化的艺术理念,体现出独特的艺术品格。

在遣词造句、叙事表述上,萧红的自传体小说行文精炼优美,有着诗样美。通读《呼兰河传》可以发现,小说中每一段的字数都很少,难见长篇累牍的叙述;在记叙日常琐事的同时言简意赅,又不乏形象生动,读来竟不觉是小说,而是一首首极富跳跃性和节奏感的诗歌。萧红善于写景,鲁迅先生就曾评价说她"叙事和写景,胜于人物描写"。故乡的火烧云和三月的春景,使这些日常所见再普通不过的景物在萧红笔下变得变幻莫测、生机盎然,充满了诗歌的灵性,无怪乎茅盾会说萧红的小说是"一篇叙事诗,一副多彩的风土画,一串凄婉的歌谣"②。

萧红的创作是不拘泥于陈规的,她以"诗性的智慧"创造出个性化的抒情小说,在作品中体现出来的是小说、诗歌、散文完美融合的特点。萧红的自传体小说不着重于时间顺时的、线性的书写,而是以生存环境、生存空间来结构,形成"后花园"式的儿童童话空间。这样的结构形式让《呼兰河传》看起来全篇没有贯穿始终的情节和人物,没有严格的逻辑链,而是每章都可以独立成篇,但章节的独立没有妨碍整体的和谐,有着散文化小说之美。并且,对"后花园"、"呼兰河"等空间意象的散文化叙述,正是诗化的艺术手法的运用,象征着人群的普遍生存境况,这样的诗歌和散文笔法的化用可以说是出神入化。

童年和少年时期的艺术启蒙形成了萧红清丽优美的艺术气质,而女性坎坷的人生经历

---

① 聂绀弩:《回忆我和萧红的一次谈话》,《新文学史料》1981年第1期。
② 茅盾:《〈呼兰河传〉序》,萧红:《呼兰河传》。

又培养了她敏锐的生存体验和历史感悟,对人性和人类生存价值有着通达的理解和无可奈何的喟叹,蕴含着沉郁的心理情感。这一方面体现在她对乡土社会中人类的生存状态及其生存价值的揭示。她在自觉与不自觉中建立一系列空间意向——呼兰河、后花园、小城,这是对人类整体生存动态性的把握,形成一个个"生死场"。呼兰小城的人们是空虚寂寞的,他们年年重复着放河灯、逛庙会、跳大神,看似热闹,其实包含着一种群体性的生存困境:生命在"生死场"中不断循环,人类成为自然的奴隶、时间的奴隶,默默承受苦难一直往前走。另一方面体现在她对乡土社会中农民的劣根性的怜悯和批判。萧红的自传体文本中形成了一种悲悯—批判—悲悯的复调,这种复调萦绕全文,不管是在群像的刻画中,还是个别人物的塑造上。热衷于围观和说长道短的邻居、屡次偷盗而受辱的家外人有二伯、对己吝啬而为封建愚昧大方的小团圆媳妇婆婆……对于这些人,作者想要同情却又出离同情地愤怒无奈,"不失分寸感的讽喻同她内心出离悲悯的苍凉和忧郁融化在一起"①,情感浓烈而沉郁。

结　语

对萧红而言,自传体小说创作是终点也是起点。自传体小说是萧红生命末站的主要创作成就,她的自传体小说创作实践对之后女性自传体小说的兴盛与成熟做了大量的尝试和铺垫,这是极具时代意义的。更重要的是,萧红通过女性自传体文本对男性中心话语进行了强烈的反抗和挑战,通过女性叙述展示了自由、平等、独立的精神追求,激励和启发了新时期中国许多女性作家进行自传体小说创作。但是,萧红的女性自传体小说也存在一定的局限性。如缺少一条明显的情节线索,显得散乱;缺少典型环境中的典型人物,少能发现能深入人心的人物形象。而且,她在把女性的苦难命运归咎于男性中心社会,而少有对女性自身固有的依附性地位造成的奴性心理的审视与反思,这是萧红也是许多五四女作家所固有的缺陷。

总之,萧红记忆以寂寞的童年始,以寂寞的漂泊终,她是一个寂寞的女人。对政治、时代的疏离状态,构成了她的个体性与私语性的叙述空间,她以自己的方式体验着历史与人民,在宏大的时代叙述边缘发出自己女性的声音,这也是对五四的"人的文学"的呼应。在热闹与纷争的大时代中,她看见的不是现时的逃亡、血腥、耻辱,而是一颗女儿心飘荡回千里之外的呼兰河,独自"悄吟"。

The Discourse of Nova besides the River of Hulan:
On Xiao Hong's Autobiographical Writing

Tang Xiaolin

Abstract: The female autobiographical novels originated in the May Fourth. From then on, it had been a distinctive creative trend. Xiao Hong, who was deeply affected by the May

---

① 刘思谦:《"娜拉"言说:中国现代女作家心路纪程》,河南大学出版社 2007 年版,第 202 页。

Fourth's new culture and new literature, is the representative figure among the female autobiographical writers. She created the story Hulan River, which is a landmark or the autobiographical novels. This paper focuses on the female autobiographical writings by Xiao Hong, discussing her lyrical and gloomy artistic style, by which to explore Xiao Hong's creative idea on the "self consciousness."

Key Words: Xiao Hong; female autobiographical novels; self consciousness

寻找与审视女性身份的自我认同
——论铁凝《玫瑰门》的性别书写

董 辰*

【摘 要】 铁凝在1988年发表的《玫瑰门》是其性别身份认同发生转变的关键之作。本文以这部标志着铁凝艺术个性的成熟的代表作为例,以女性自我认同为切入点,探寻铁凝寻找女性合理生存方式的心理轨迹,致力于研究铁凝这位当代女性作家的性别身份认同问题。表现了她对女性历史与现实境遇深刻、近于冷静地质询,对父权制社会中女性位置的一种设问。

【关键词】 女性·性别认同 身份认同 父权制 母性书写

20世纪80年代后期,铁凝触及女人、文明、历史的主题,从而开始了对父权制社会的批判。1988年,铁凝在《文学四季》上发表长篇小说处女作《玫瑰门》,并于同年出版单行本。这部三十多万字的作品表现出了铁凝惊人的勇敢与真诚的反省精神。在1989年召开的《玫瑰门》研讨会上,铁凝发言说:"我以为男女终归有别,叫我女作家,我很自然。这部小说我想写女性的生存方式、生存状态和生命过程。我认为如果不写出女人的卑鄙、丑陋,反而不能真正展示女人的魅力。我在这部小说中不想做简单、丑陋的道德评判。任何一部小说当然的会依附一个道德系统,但一部女子的小说,是在包容这个道德系统的同时又有着对这个系统的清醒的批判意识。"[①]从这段文字中,我们可以清楚地看到铁凝已具有明确的女性意识:其一,她思考问题的起点是从男女的差异性出发,并不讳言自己是女作家的身份;其二,她已具备了鲜明的女性自省意识,并将对女性的展现和审视作为作品的主题;其三,铁凝认识到女性在世界范围内的边缘地位,并力图保持边缘的清醒,从而发起对中心的批判。

西方女性主义理论家肖瓦尔特曾经指出,在男性作家的笔下存在着"厌女症"的现象。他们所塑造的妇女形象有两个极端:美丽、温柔、纯洁是理想和完满的女性形象普遍具备的特征,作为其对立面的则是强悍的蛮妇和淫秽的荡妇。这种传统的女性角色正是显示生活中男性对女性的期望和控制、偏见和惧怕。可是,《玫瑰门》中的女人,无论是主要人物司猗纹、苏眉,还是其他的次要人物如姑爸、宋竹西,都远离了男性臆造的神话,解构了男性对女性的书写,从而使这部作品真正成为为妇女而写作的女性意识极强的作品。

《玫瑰门》讲述的是北京四合院里祖孙三代女人的故事。外婆司猗纹的一生贯穿了现代中国的历史:她经历过五四运动的思想启蒙,但纯洁的初恋还是被父母毁掉;她以自己的精明能干维系着摇摇欲坠的夫家,却得不到认可和爱情;她希冀改头换面做新中国的主人,

---

* 董辰 厦门大学中文系 福建 厦门 361005
① 盛英主编:《二十世纪中国女性文学史》(下),天津人民出版社1995年版,第773页。

但走上社会的道路被先后堵死;她在"文化大革命"中精心出演,但换回的只是偏安一隅。父权制文化的压抑最终把她扭曲为一个充满仇恨和报复心理的人物,她不仅巴结奉承各类人,还窥探亲人的隐私,干涉她们的私生活。"她走上了变态释放压抑,以自虐和虐人为游戏的道路,开始向亲人、向社会进行疯狂的报复。"小说中另一主要人物是外孙女苏眉,她曾经目睹了不男不女的姑爸两腿间被红卫兵插入铁棍,在外婆的挤压和"文革"的混乱中,苏眉终于长大成人,拥有了自己的事业和家庭。但新生女儿头上那弯与外婆酷似的新月疤痕,还是让作者发出了"她爱她吗?"的深深疑问,并作为小说的最后结束语。

"玫瑰门"是"生命之门",同时又是"女性之门",是连接女人天性与社会之间的一道大门,大门之内是女性个体生命欲求,大门之外是社会利益对女性生命的强制性享用。铁凝正是借助三代女性的命运为人们描绘了一幅女性生存图景,吸引笔者注意的是,铁凝对三个女性人物的塑造俨然构成了她对女性问题思考的三个层次:第一,姑爸式的化装成男人的女人,会造成自我意识的严重分裂;第二,司猗纹式的由男权社会生产出来的女人,会仿照男权文化的模式继续生产女人;第三,苏眉式的新一代女性,自审而反思,但"反成长"的结局仍表明女性的成长之忧。本文围绕上述的三个人物展开论述,剖析铁凝颠覆男权历史和建构性别自我的心路历程。

一、性别越界与男性观念内在化

姑爸是《玫瑰门》中极具隐喻性惊骇世俗的形象,她本是庄家的小姐,司猗纹的小姑子,但她的生命之花在青春年华刚刚绽放初始便被无情地摧毁了:新婚之夜新郎不见了。姑爸对自己女性生命的扭曲,演出了一场性别越界的悲剧。戴利西斯在《女性的觉醒》中指出,女性心理实际上代表着一种欲望的沉积以及男性的一种失望。T.S.艾略特曾经评说,"文明本身,都是男人一手造成的。"铁凝正是通过姑爸这个形象,展示了沉积在人类历史深处的一种无意识心理以及在这种心理作用下女性所遭受的致命打击。而更为深刻的是,女性无意识对男性标准的顺从和女性内心的生命体验之间所发生的矛盾,最终会造成女性自身的时空分裂。从该角度讲,这才是"半疯格魔"的姑爸最让人震惊之处。

(一)男性观念的内在化

从表面看来,姑爸的悲剧源于一场只有三天的婚姻。姑爸在少女时代也拥有过梦想和期待:她的"乌黑的大辫子,丰满的胸脯,不胖不瘦的身材,不长不短的脖子,不粗不细的腰,不宽不窄的鼻子"和一定的学校教育使她享受了一个无忧无虑、充满梦幻的少女时代。接着她对"父母之命,媒妁之言"的婚姻满意而又虔诚,她欢欣而又悲壮地告别了父母姑嫂,准备迎接她的不会幸福离奇但也不至于困守闺房的女性生活——但是,新婚三天之后,她披头散发地被抬下汽车,抬进她做姑娘时的闺房。到底是什么原因使得这个既非革命者,又不是恶棍的普通男人不辞而别呢?大概唯一合理的解释就是姑爸长了个大下巴。只因为外貌上的瑕疵使富家小姐遭受了婚姻的重创,这次打击足以使她对自己的性别归属产生恐惧、怀疑甚至强烈的厌恶,以至于她回家躺了数日之后起身的第一件事就是让她的父亲向全家宣布她改名为"姑爸"的决定,随之人们又不得不接受她的一系列性别修改:长发变短发,长裙变西装马褂,胸部变得扁平,并且有一支不离手的烟袋。

当人类社会发展到父权制度的时候,男性就开始以其合法性的机制,将女性置于社会配角的地位,并对女性进行贬低、压抑和排斥,这就直接导致了女性主体身份的被剥夺与女性的被客体化,而强化这个过程最行之有效的手段就是审美。

女性成为审美活动中的客体,这在历代文人对女性外观的想象模式中亦可见一斑。"在这种人体取物品之美的转喻中,性欲或两性关系实际上已发生了一个微妙转变,它不仅表现或象征着一种对女性的欲望,而且借助物像形式摒除了女性自身的欲望,它所表现的与其说是男性的欲望,不如说是男性的欲望权。"①当女性被比喻为可把玩可弃置的红花弱柳时,男性顺理成章地将自我想象成唯一的欲望者,剥夺女性欲望就意味着她们将顺从男性的欲望。"女性的审美起点,从被关照走向关照,是一个有条件的起点。这个条件就是历史——历史将女性的审美起点衍化成一个漫长的过程,这个无法抛掷、既成事实的客观条件,已经演变成'集体无意识',将男性的意志和男性的审美趣味灌输在女性审美意识的各个角落。"②因此,女性心甘情愿地按男性的妇女观自觉地进行自我关照和自我改造。

姑爸就是这样的一个将男性审美观念深深内在化,结果将女性自我戕害的悲剧。她的主体身份在社会上无法落实,除了自己,她再没有什么可资操纵的对象,于是姑爸只能把历史已久的男性成规作为拉康意义上的"镜像",完成对自己的观照和改造。在这个"镜像"面前,她既可以是自己,也可以是他人。她用男性"他者"的眼光打量自己,打扮自己,进而迎合"美"的要求,但所有这些还是没有阻止新郎的离去。姑爸试图实现对女性性别规定性的最大意义上的逃离,她以换装的姿态演绎了一场性别越界的闹剧。

(二)性别越界与分裂的自我

以换装的姿态进入历史,这在历史上反复出现过。如果说花木兰女扮男装替父从军还有点不得已的成分,那么五代时的黄崇嘏就是主动为之了。后者从小就将女性身份掩藏起来,冒充成功并最终得以被举荐为代行司户参军,这是一个因反叛性别身份成功而得以流传的典型。黄崇嘏的传奇,一方面是女性的能力并不弱于甚至强于男性的证明;另一方面又是身为"第二性"的女人在男权文化之网中绝望的抗争。为什么古往今来的优秀女性得改头换面化装成男人才能进入男性所把持的历史呢?

姑爸一心一意做人妻的出路被男人堵死了,于是她试图逃脱这个可怕的宿命。她在苏醒之后就萌生了冒充男人的念头,并急不可待地宣布了自己的新名字——姑爸,且将这命名赋予仪式一般的庄重。但从这又是"姑"又是"爸"的命名中,我们还是可以看到性别越界的矛盾和摆荡。对姑爸而言,性别不再是内在本质,而是透过"身体的样态化"制造出来的权宜效果,是一种以身体姿势、动作建构出来的持久性别自我幻象的世俗方式。然而,她并没有成功地将自己塑造成一个符合男权社会规范的男人,而只是成了一个不男不女的怪物,一个无所事事的寄食者,一个被社会抛弃的零余人。即便如此,男权社会也不会容忍一个明目张胆的僭越者,"文化大革命"的失范使一群半大不小的红卫兵拥有了制裁这个性别越界者的权力。一根通条彻底结束了姑爸要做男人的痴心妄想,并结束了她那扭曲许久的女性生

---

① 孟悦、戴锦华:《浮出历史地表》,河南人民出版社1989年版,第16页。
② 李小江:《女性审美意识探微》,河南人民出版社1989年版,第48页。

命。"文革"的暴力再次显示了由来已久的性的威力和政治的威力,一旦性别与阶级联系起来,资产阶级出身的姑爸必然要沦落为无产阶级革命的对象。姑爸是主动逃离自己性别身份的典型,但最后还是被根深蒂固的男权排斥了出来。铁凝的这种"反性别"书写,已深入到对人类文明、人类行为方式本身的反思层面。

新精神分析学家卡伦·霍尔奈(1885—1952),在她的最后两本书《我们的内心冲突》和《神经症与人的成长》(1950)中,系统地描述了人们为了应付心理需求的挫折而采用的人际和内心的防御战略。她认为,健康的自我是一个自我实现的过程,而不健康的发展是一个自我疏远的过程。自我疏远一开始防御的是"基本焦虑",也就是由疏远、无助和敌意所产生的一种强烈的不安全感和模模糊糊的恐惧。但是我们得设计出方法来应付,以使自己受到最小的伤害。借助霍尔奈的理论,我们可以清楚地看到,姑爸实施变性行为的心理动机实际上是一个女人在遭遇挫折后所设置的一种防御机制。面对男性把持的世界,她几乎出自本能地逃离了性别之所,逃向了处于优势地位的男性身份,但这毕竟是背离生命本相的行为,它促使姑爸寻求性别认同的这个基本焦虑具有爆发的攻击性。她手持一把银制耳挖勺,瞄准了女人的耳朵眼儿,从初来乍到的小眉眉到精明的老女人司猗纹,再到北屋的实权派人物罗大妈都不能幸免。她们受着姑爸的摆布,因为"没有胆敢面对一根小小的耳挖勺挣扎的人吧"。姑爸在耳挖勺的所向披靡中独享着权力带来的快乐,那几乎是一种带着快感意味的宣泄。这根耳挖勺,其攻击的对象无一例外地指向了四合院的女人,而对同一生活空间男性不闻不问,这样我们就可以推论:这银制的器物实际上是姑爸对男性权力的模仿。

我们发现,姑爸身上实际存在着相互竞争的四种自我:真正的自我,理想的自我,遭鄙视的自我和现实中的自我。真正的自我以生物学禀性为基础,这是姑爸的女性本真。理想的自我是一种想象中的创造,自我为是而不切实际,这是姑爸男性的表象。遭鄙视的自我则软弱无用,与现实不符,这是因为姑爸的不男不女、半疯魔。现实中的自我就是一个人的真实存在——一种强壮和软弱、健康和神经症的混合体。姑爸始终处于自我时空分裂中,直到生命的最后一刻。最典型的表现就是姑爸和大黄的关系。姑爸和大黄相依为命,出于母性本能仔细照顾着大黄的饮食起居,其精细程度远远超出了对自己杂乱、敷衍的生活的关心。大黄成了她的盼头,她的一切。所以大黄被罗家大卸八块后,姑爸彻底丧失了分裂的自我中仅存的一点平衡,最终爆发出歇斯底里的咒骂,并因这咒骂导致了罗家的报复,遭受了惨无人道的戕害。"……一天一夜她只在屋里吃大黄,大黄终于被她吃光了。她吃着大黄研究着自己……她将它融进了她的肠胃,她用自己的残缺换来了大黄的完整。"

"她想要完成在大黄完整之后她对自己的完整,那么她吃得掉她自己……于是她看到了一扇能够容纳她的门,一扇红通通的门,那门是铜铁皮造就,想必任何利器都不能戳破,那门正是她母亲的肚子。门就是肚子,肚子就是子宫,那子宫四周都有铜铁皮环绕着就好了,她可以把自己缩成一个胎儿蜷曲进去。她向着那门开始了自己的跑和飞,她终于跑着飞着进了那门……"

姑爸死了。在精神错乱与癫狂中,她回到了人之初的渴望,并以死亡作为对女性走出生命之门后所遭受的历史命运的彻底逃离。值得注意的是,她梦想的死亡场所,正是生命的最初所在——母亲的子宫。对子宫的渴望,透露出姑爸对女性角色的回归。这是一个女性面对男权社会出于自我保护而打的一场异常艰苦的防御战。但因为她对自己身份的背离,就导致了她身不由己地陷入了自我分裂的境况而不能自拔,只有在其生命的最后时刻,万念俱灰之时,她才回到了性别的自我。造成女性与男性之间不平等的原因不是两性之间在生理上的差异,而是两性的社会性别差异,波伏娃的《第二性》就是对这种理论的发挥。作为作家,铁凝通过姑爸的形象展示了她对女性问题的见解:男女之间生物性的差别是思考性别问题的起点。女性只有在正视自己的性别身份的基础上,才可能进一步培养起女性性别意识——以女性的眼光对自身探究,进而将自己从男性的阴影和秩序中剥离出来,还原女性的自我本质。否则,女性的解放将是无源之水、无本之木。

二、女性的再生产和母性的解构

(一) 女性的再生产

与姑爸相比,司猗纹无疑是小说着意刻画的主人公,《玫瑰门》以集中的笔力叙述了这个顽强得令人作呕的女人七十多年的人生历程。与姑爸试图实现对女性性别规定性的最大意义上的逃离相比,司猗纹一生最大的愿望就是以一个纯粹的女人的身份进入历史,而不仅仅是一个既定秩序之外的旁观者、边缘者。这是一个能言善道、精明能干、审时度势的女人,是一个顽强得让人厌恶又让人心酸的女人,是一个试图在男人呼风唤雨的时代巨变中把握自己命运的女人。然而,她所有的努力最终还是滞留在了自己无比憎恨的"家庭妇女"身份上没有改变,反而由最初的受虐者变成了最终的施虐者,直到完全变成一个曹七巧一样的审慎而机智的疯子。

司猗纹的原型是铁凝的外婆,创作的最初动机是"因为这个人使我受了很多罪"。可是当童年情结转变成有意识的创作时,已步入成年的作家逐渐发现:这个人物带给她的已经不是发泄私愤的快感,而是女性与世界纠缠在一起的复杂。小说既是对母系族谱的纵向涉及,同时也是女性之间"仿男性斗争"式的关系的逼真描写。司猗纹"无时不在用她独有的活的方式对她的生存环境进行着貌似恭顺的骚扰和亵渎,而她每一个践踏环境的胜利本身又是对自己的灵魂的践踏"。[①] 日积月累的结果使得司猗纹变本加厉地将男性原则伸向她四周的女性空间,这样就形成了一个再生产的循环:男性生产着女性,女性又依据着男性的模式生产着自身。

这个出身官吏家庭、先是接受了正统的传统文化教育、又在教会学校被现代文明熏染的女性最初并不缺乏对旧家庭的反抗素质,她生命历程中最初的、也是最决绝的一次反抗无疑就是她对自己十八岁遭遇的那场爱情的捍卫:她一意孤行地与华致远这位革命者建立恋爱的关系,直到华去农村参加斗争,她用奉献少女的初贞作为自己毅然决然的行为标示。但父母无法容纳她的爱,原想与父亲做强硬抗争的她遵从母亲的遗愿违心嫁给了门当户对的庄家,传统道德感召下她努力争取得贤妻良母的名分。在新婚之夜她面对庄绍俭遗憾自己的不贞、不洁,婚后她忍受着庄肆无忌惮的强暴与侮辱,并一直容忍着庄在外面寻花问柳的行径,这充分显示了她对主流文化一种本能的服从与认同。只是在忍受了一次又一次不堪忍受的耻辱之后,司猗纹心里升起了反抗的念头:"女人是否有办法声讨男人?"

[①] 铁凝:《〈玫瑰门〉恳谈录》,《文学四季》创刊号,作家出版社 1988 年版。

由北京到扬州千里迢迢寻找庄绍俭的过程是她由被动变为主动的开始,在这次主动的性爱关系之后,司猗纹开始以居高临下的姿态经营那个日趋衰落的家庭,表示出对世界和男性的鄙视和不屑。经济上的支配权与优越感无疑给司猗纹带来了更为深刻的一份自信,使得她不再把很少露面的庄绍俭放在眼里,甚至开始无视庄老太爷的存在。当庄老太爷在日记里表达着自己对儿媳的愤怒和仇恨并企图在现实中显示自己的权威时,司猗纹又以极富有亵渎色彩的行为最终彻底粉碎了庄老太爷苟延残喘的挣扎:她用自己被庄绍俭玷污了的肉体实现了对庄老太爷的压迫与"袭击"。司猗纹对七十高龄的庄老太爷的嘲弄从根本上就是对父权制社会秩序与价值体系的漠视和背叛。

但司猗纹生命的生动意味和家庭内部权威性的确证并没有能够挽救她作为一个女性生命中另外的缺失——两性之爱的缺失,或者可以说正是她具备了使得自身生命走向生动的可能性才使得这一缺失最终构成了对她的另一重压抑:在男性权威所带来的另一种压迫倒塌之后,司猗纹无意识中陷入了一种因生命残缺而导致的心灵压抑,中年司猗纹的生活遭际和压抑感使她的心灵开始发生畸变,由最初的受虐转向最终的施虐。受虐和施虐之间的相继转换既是历史生产的结果,同时也是女性自身参与生产的结果。受虐和施虐间的竞争促使作为文化承载个体的女性最终走向自我的分裂。她不仅窥视与跟踪两性交往、限制并压抑更为年轻的同性的习惯:对儿子与儿媳竹西性生活的好奇与窥探,用精心设计的方式让竹西与大旗的暧昧关系得以证实,追踪捕捉竹西和叶龙北、苏眉与叶龙北的私人交往……最典型的例子是她对同父异母的妹妹司猗频的出卖。在明知妹妹的继父已阵亡的情况下,向外调者提供的却是此人在台湾的假证,结果就连国庆夜绕胡同巡逻这种只有政治上最可靠的人才能担当的角色居然也有她的份儿。

铁凝异常深刻地洞察了历史和人性的自身的轨迹,从而在对司猗纹人格分裂的描绘上及其原因的探索上做出了双重贡献。司猗纹的不幸既是社会强加给女性的扭曲和不公平,同时也是女性因这种扭曲而变态的结果。这就是司猗纹、曹七巧们悲剧的真正原因:女人成了促使自己走向疯狂的帮凶。在这里,铁凝以新的视野,形成了一种自审意识,从而向女性本身进行着执着的自我探索。

(二) 反转母性书写,解构母亲神话

在父系文化体系中,"男性所自喻和认同的并不是女性的性别,而是封建文化为这一性别所规定的职能"。① 中国传统文化中的女性没有性别意识,只有由性别职能而规定的性别角色——女儿性和母性。苏眉在五岁时与外婆司猗纹的第一次见面就不愉快,七岁时就开始寄居在外婆的四合院中。十四岁时,外婆用进口化妆品将她精心打扮,发现外孙女竟如此酷似年轻时的自己,从那时起司猗纹就开始了对苏眉的处心积虑地占有。"这不是眉眉的十四岁,这就是十八岁的司猗纹,这就是两个司猗纹在镜前的相逢在镜前的合影。"

司猗纹要对镜中的"他者"进行彻底的改造,这样有血缘之亲的眉眉就将真正成为一个自己,而不仅仅是两个司猗纹在镜中的合影。聪明、贤惠的司猗纹从父门一脚迈进夫门,面对自己毫无意义的努力和既成秩序中无处定位的处境,她不可避免地发生了认同危机。她不断地追问自己,"她为什么要活着呢?她是谁?"这是一个长久萦绕在脑际的问题。所有

---

① 孟悦、戴锦华:《浮出历史地表:现代妇女文学研究》,第16页。

的努力走向失败的过程,就是司猗纹的自我认同分裂、瓦解的过程。渐显老态的司猗纹终于在十四岁的苏眉身上看到了希望,她对苏眉迫不及待的改造和占有,实际就是以血缘名义建构、证明自我的一种认同。在苏眉成长过程中,司猗纹对她不断骚扰、窥探甚至跟踪盯梢,因为忌妒苏眉的青春和美丽,她故意挑剔苏眉的言行举止让她觉得不自在,为了达到自己和其他女人的斗争的目的,她让苏眉做各种她不愿做也不该做的事情,她甚至设计让幼小的苏眉去捉奸以至于逼迫苏眉愤然出走。那是祖母极力借血缘链条想再找回一个自己、复制一个自己的愿望,司猗纹无疑在外孙女这面"血缘之镜"中照见了自己的过去和未来。而苏眉对于这个"穷追不舍的婆婆"则是厌烦、恐惧以至逃离。苏眉的舅妈竹西是一个生命力旺盛的女人,作为苏眉现实生活中另一个母亲角色的她,除了给苏眉一些鼓励和支持,她也将性意识过早地带给了幼小的苏眉。当母亲变成一种权力和欲望的象征之后,母爱便失去了她本身的意义而成了一种压迫和摧残。这里的"母职"变成了统治,这里的"母爱"变成了虐待。苏眉就是在这样一个群体母亲的包围与折磨中成长着,一边长大一边受着惊吓。苏眉的受害是极其无辜的,女性特性中的母性的缺失与变异是对苏眉那颗脆弱的儿童心灵的严重打击,也是对苏眉女性意识的一次次重创。占有与反叛,认同与逃离,背叛与回归……一系列矛盾的情绪困扰着司猗纹和苏眉的祖母关系,竹西和眉眉的母女关系,使其在相依为命的亲情相恤中又充满愤懑和无奈。铁凝对女性世界的洞察在此显示出非同寻常的深刻:她改写了历史上的母性书写。"实际上,母性是一个在父权制微笑着的脸谱后面哭着的女性。"一方面是母女相继中的血缘、性别、命运间的深刻认同,另一方面是因性别命运的不公而拒绝认同的张力;一方面是下意识地对父子权力秩序的模仿,另一方面是寻找自身合法性存在的奋力突破。一切矛盾的冲突结果都使母女之间的关系异常的复杂,甚至将富于侵犯性与危险性的爱作为寻找自身生命压力的出路。

铁凝对司猗纹的刻画,是反转以往母性书写的典范,它的首创之功在于连接起了20世纪八九十年代关于母性谱系的重新书写,并将之演化成90年代以陈染为代表的女性小说的重要母题之一。90年代以后,伴随着多元文化时期的到来及女性自我意识的张扬,一批自觉追踪母系血缘关系的作品如王安忆的《纪实与虚构》、张洁《世界上最疼我的那个人去了》都以饱满的情感描写了历史与现实中的母女关系。从铁凝开始的女作家们对母女关系的重新书写,通过对女性血缘的重新清理,撼动了既往以男性为中心的历史神话链条,从而为真正建立起属于女性自己的历史做出了贡献。

对苏眉和铁凝来讲,性别文化身份的认同绝非重新回到父权制文化体系中认同不平等的男女二元对立的差异,而是一种批判性的认同。这种认同既包含文化的解构,同时又包含文化的建构。铁凝通过司猗纹的形象,完成了对父权制文化系统和系统内对女性再生产的双重解构;同时又通过苏眉歪七扭八的成长,完成了对女性的历史传统和现实经验的书写,并通过这种书写探索女性作为一个性别群体历史存在的特殊性以及女性的生命本相,从而开始对女性性别身份的辨识与确立。而这种性别身份的意识更确切地说是从一连串的否定开始的,这正如英国女性主义电影理论家劳拉·穆尔维那句广为传诵的名言:"我们无法在男性天空下另辟苍穹。"或者如翟永明所说:"所有的天空在冷笑/没有任何女人能逃脱/我已习惯在夜里学习月亮微笑的方式。"①

三、反思对话体和反成长的主题

《玫瑰门》借助三代女性的命运描写女性的生存图景,是立足于一个女性——苏眉的视角进行观照的,这个站在这个时代的女性对她上下两代及她的同时代女性(妹妹苏玮等)带有距离感的观望使得小说获得了一种理性精神。铁凝在写玫瑰门的时候开创了一种很独特的手法,用自我对话反思的方式来剖析女性隐秘的心灵世界,作品中特意安排了六个章节的篇幅,来写成年苏眉和幼年眉眉之间的对话,这其实是苏眉灵魂和精神的对话,这六节对话通过苏眉对谎言、真实的深切体认,对人性本质的探索追问,表达了苏眉对女性悲剧命运的深切感悟,同时也展示了苏眉要走出司猗纹的阴影,走向女性自我救赎之路的精神历程,她要打碎几千年的封建文化造就的畸形的女性观念,突破女性的历史宿命,开始不同于外婆的另外一种人生。王一川在《探访人的隐秘心灵》一文中把这种由内心的反思和对话占据主导地位的文体样式称为"反思对话体",这种新文体的出现正是铁凝本人日益高涨的女性意识与社会文化问题想象性解决的共同结果,铁凝小的时候也曾在北京外婆家寄居了几年,她和苏眉的经历和心理有着类似的地方,因此我们可以把苏眉的心理对话看作是铁凝对个人记忆的提取。这是一次深刻而持久的女性的自我质询,更是针对女性"共同深处"的寻找,铁凝本人呼之欲出的性别认同冲动置换成了主人公苏眉对另一性别自我眉眉的反思与审视,这种反思审视的过程就是主体性增长的过程,也是苏眉走向女性身份的认同过程。

继1988年铁凝发表《玫瑰门》开始,90年代的文坛出现了一系列由女作家创作的、以女性成长为中心的、强调性别身份的中长篇小说。小说中的女性人物成长的结果或者是在现存的文化秩序中开始又一个轮回,或者从中逃脱,或者被毁灭,从而形成了"反成长"主题。铁凝把以苏眉为代表的女性身份和女性经验放置在小说的中心位置,从性别立场出发来展示人物的人生体验。

在"文化大革命"惊悸和外婆的阴影中成长起来的苏眉终于有了自己的事业、婚姻和家庭,并且即将通过新生儿获得母亲的崭新角色。然而,分娩时"女婴和产钳配合着撞开了母体,把苏眉毁坏得不轻,把她撞开了一个放射般的大洞,缝了四十针。"在她艰难地生产同时,有两个情节同时交叉在一起。一个是竹西家鼠害成灾,她到处寻找灭鼠良方,最后还是决定先药死"女鼠"。另一情节是苏眉在美国的妹妹苏玮对一条名叫"狗狗"的德国纯种母狗施行了绝育手术。之后苏眉也想给女婴取名"狗狗",这是否说明经历了成长和生育双重创伤的苏眉,在潜意识中希望女儿绝育?"她(苏眉)迫不及待地想亲亲女儿的大脑袋,她想给她起名叫狗狗,她发现狗狗额角上有一弯新月形的疤痕,那是器械给予她的永恒。"这个特别的情节构成了小说意味深长的结尾,在苏眉亲手结束了外婆那没有任何意义的生命之后,她的新生女儿头上竟与太外婆头上被丈夫毒打后留下的疤痕极其相似,这也许正喻指了司猗纹那源自传统的人格畸形与变异心态已成为潜伏在苏眉内心深处的"怪物"。创伤的

---

① 翟永明:《女人 憧憬》,见陈思和、李平主编:《二十世纪中国文学精品 当代文学100篇》,学林出版社1999年版,第870页。

再现,是否暗示了无可规避的女性宿命的轮回?苏眉想通过"绝育"来终结这种虚妄的历史,然而又无力抵抗自然延续的生命。因此,她始终处于一种希望和失望相交织的矛盾状态而不能自拔。难道只有拒绝生育和母性才能实现对自古以来文化圈套进行的有效突围吗?一向敢于追求新生活的宋竹西不也是在庄坦、罗大旗和叶龙北三个男人之间寻觅、挣扎又逃离,最终重新过起单身女人的生活吗?难道精神和肉体的流浪就是女性亘古以来的命运并将无限地继续下去吗?一连串的疑问致使铁凝最后以一个意味深长的短问做结:"她爱她吗?"从而完成了女性话语的自我质询。这既是对自我的追寻,更是对所有女性宿命的追问。"在三代女性人生之路的悲剧中,她(作家)交织起女人的清醒与迷惘,背负与绝望,逃脱与落网。"从根本上说,铁凝的矛盾正是对建构女性身份主体性的困惑。因为她清醒地看到了女性在历史和现实中的处境,苏眉和宋竹西最后不约而同地走向了对司猗纹的认同;但同时由于自身主体性的孱弱,铁凝又让她们对前路表示了无所适从。

以铁凝为代表的这些女作家不约而同地走向了性别"反成长"不归路的行为表明:随着女性意识的增强,女作家开始反思女性主体在社会历史中的身份。在文明社会的知识谱系中,对男性话语的简单斥绝与抛弃并不能挽救女性的迷惑、茫然与内在匮乏,重要的是以女性独特体验、独特视点去反观男权文化的文化立场。从女性作家的作品中,我们看到女性的成长很难获得约翰·克里斯多夫式的"欣悦的灵魂",最终她们只是历史或现实中的一份空洞的能指,一个没有性别地位只有性别角色的"他者",一具徒有其名无其实的女人之躯。

结 语

《玫瑰门》这篇小说包容了作者"对东方女性,或者说是中国市民阶层女性的一套比较完整和明确的感想和认识"。姑爸、司猗纹、苏眉分别代表了三种不同类型的女性生存方式,铁凝通过这三个人物,完成了对她们的拷问和对自己生命的谛视与反省。在这篇小说里,铁凝把笔锋直抵人心深处的丑陋,以此探询生命之谜,尤其是女性发展自我、找寻自我的真正道路,来揭示人之奥秘。铁凝曾说:"重要的是我们不必否认自己是女人。只有正视自己才能开拓自己,每一次开拓自己即是对世界的又一次发现。"正是这种"正视"和"发现",使她对于女性灵魂的剖析达到了一种"审丑"的高度,为新时期的小说开辟了一个新的灵魂自审领域。

那么,怎样看待这种残缺呢?铁凝说:"女性就像一个钱币的两面,有时只认那一面。作为一个女性作者,真的有勇气把那些让人不愉快的、真实的本想表达出来,可能女性的真实、那个本相更打动人。"司猗纹身上的确有"恶"的光彩,但"恶"的背后是强烈的想法被认可,被承认,有着极为强大的生命力。回顾司猗纹一辈子八十多年生命的跋涉历练,为了生存她挖空心思,卑微的、扭曲的都做过,然而她的魅力正体现在她的"不甘心"上。铁凝之于女性这样的书写,表现了她对女性历史与现实境遇深刻、近于冷静地质询,对文明社会中女性位置的一种设问。正如戴锦华所言:"铁凝所关注的,不是或不仅是社会性别歧视与不公正;因为她不曾仰视并期待着男性的崇高与拯救,所以她也不必表达对男人的失望与苛求;她所关注的,是女性的内省,是对女性自我的质询。或在不期然之间,铁凝完成了将女性写作由控诉社会到解构自我的深化。"①

【参考文献】

[1] 铁凝:《玫瑰门》,人民文学出版社 2007 年版。

[2] 孟悦、戴锦华:《浮出历史地表:现代妇女文学研究》,河南人民出版社 1989 年版。

[3] 陈惠芬:《神话的突破:当代中国女性写作研究》,上海社会科学院出版社 1996 年版。

[4] 张京媛:《当代女性主义文学批评》,北京大学出版社 1992 年版。

[5] 陈思和、李平:《二十世纪中国文学精品当代文学 100 篇》,学林出版社 1999 年版。

[6] 盛英:《〈玫瑰门〉恳谈录》,《二卜世纪中国女性文学史·铁凝篇》,天津人民出版 1995 年版。

[7] 铁凝:《写在卷首》,《铁凝文集:之五》,江苏文艺出版社 1996 年版。

[8] 李琳:《论铁凝书写女性的独特方式》,《现当代文学研究》2000 年第 8 期。

[9] 耿英春:《〈玫瑰门〉女性形象探析》,《青海师范大学民族师范学院学报》2003 年第 5 期。

[8] 朱桂林:《女性命运的历史演变——简析铁凝〈玫瑰门〉》,《山东教育学院学报》2003 年第 5 期。

[9] 贺绍俊:《女性觉醒从倾诉"她们"到拷问"她们"——论〈玫瑰门〉及其文学史意义》,《海南师范学院学报(社会科学版)》2005 年第 1 期。

[10] 张春芳:《女性"伊甸园"的失落与追寻——80 年代以降都市女性小说的女性意识流变》,郑州大学硕士学位论文,2008 年。

---

① 戴锦华:《真淳者的质询——重读铁凝》,《文学评论》1994 年第 5 期,第 28 页。

当今中国面临的最大挑战:资源与环境危机
——从 25 年前《国情研究第一号报告》的警告说起

陈衍德*

什么是当今中国面临的最大问题和挑战?可能有人会说是腐败,可能有人会说是贫富分化。这两个问题当然很严重,也很值得国人重视并予以应对。但是,笔者认为,国人面对的头号问题或挑战乃是资源与环境危机,因为这是每一个人每一天都必须面对的问题,是每时每刻都在困扰着每个人的问题,所以应该排在第一位。

资源与环境危机对中国这样的大国来说,当然不是一夜之间就出现的。在漫长的历史进程中,中国的每一次"人祸"几乎都伴随着"天灾"而来。每当王朝末年天下大乱时,总是有各种水旱灾害相伴而来。历代史书中的有关记载比比皆是,"赤地千里"、"人相食"等触目惊心的字眼屡见不鲜。华夏文明发祥地之一的黄土高原,在几千年前与江南水乡相差无几,可是后来变成了沟壑纵横的荒山秃岭,此乃人祸加天灾的结果。不过人类生产力比较低下的封建社会时期,对自然环境的破坏和对资源的消耗毕竟还是有限的。可是工业革命以后人类的生产力大大提高,破坏环境与消耗资源也就不再停留在浅层次上,而是以惊人的速度向深层次发展,从而反过来威胁到人类自身的生存。这恐怕是一心追求发展的人类没有预料到的。近代以来不断在"落后—挨打"中循环的中国,为了赶上西方先进国家,更是不遗余力地朝着发展的道路狂奔而去,让环境与资源完全服从于发展的需要,特别是改革开放三十多年来,经济以惊人的速度发展,终于导致了当今环境和资源所面临的严重局面。

那么,当今中国的环境与资源危机究竟严重到何等地步?或许是笔者孤陋寡闻,至今没有见到一部国家级的、全面的、权威的环境与资源评估报告。不过,人们从大量的媒体报道,从个人的切身感受中,也能窥一斑而见全豹,也能感受到问题的严重性。然而,笔者在这里首先要提出一个疑问:目前这种严重的状况是不是不可避免的?换言之,它是不是中国现代化必然要付出的代价?因为这一问题比前一个问题更具根本性。即使人们认识到环境与资源危机的严重性,甚至也采取措施治理了,但如未从根本上对环境资源与经济发展的关系有清醒的认识,还是会重犯牺牲环境资源而发展经济的错误。君不见,改革开放起步的1978—1979 年间,不是与 1958—1959 年间的"大跃进"仅仅相隔 20 年吗?可是人们似乎对当年的惨祸已经淡忘了。

对环境与资源危机是否为中国现代化的必然代价的思考,使我想起了一本书——《国情研究第一号报告:生存与发展——中国长期发展问题研究》(以下简称《国情报告》)。这是一本由权威的"中国科学院国情分析研究小组"写作并于 1989 年由科学出版社出版的调查报告。这本书有两段话给笔者留下了极为深刻的印象,其中的一段是:

---

* 陈衍德　厦门大学人文学院　福建　厦门　361005

回顾30多年来,决策者对于中国国情的本质及经济发展前途的分析、认识和判断,一直存在较大的盲区,大都犯了认识论上的错误:主观与客观相分裂,理论与实际相脱离。为此,我们花费了高昂的代价。今后,由于中国现代经济起飞的机会既是最后的又是唯一的,客观上就要求决策者不能再犯重大决策失误。①

显然,这段话是以1949年以后的三十多年的历史,来警醒国人:中国再也犯不起类似的错误了!其中的关键,是再也不能犯"主观与客观相分裂,理论与实际相脱离"的认识论上的错误。而要做到这一点,就要对中国的国情和国家经济发展前途有一个符合客观实际的正确认识与分析。

《国情报告》出版至今已经25年,而且因其权威性,很难说相关决策者完全不知晓,这在实际上就部分地回应了笔者前面提出的疑问,那就是:当今中国的环境与资源危机,并不是完全不可避免的,因为本书早在四分之一世纪以前就以新中国成立后30年的历史向决策者们提出了警示。如果说上面那一段话还比较抽象的话,那么下面摘录的本书的另一段话就说得十分具体了:

面对我国的资源状况,我们必须选择与发达国家不同的资源组合方式,这实际上就意味着选择一种非传统的现代化发展模式,其核心思想是实行低度消耗资源的生产体系;保证社会效益与社会公平的社会体系……合理开发利用资源,防止污染,保护生态平衡。该发展模式的资源消耗和生活消费特点是:(1)较低的食物消费水平……(2)较低的能源消费水平,人均能源1000公斤标准煤(1986年为765公斤),以自行车、公共交通为主的居民交通运输体系,而不是普及家庭小汽车。(3)较低的住房水平,城镇人均居住面积10～15平方米(1985年为5.1平方米),乡村人均居住面积15～20平方米(1986年为14平方米),发展公园、娱乐场所等公共设施,人均月生活用电量20度,而不是提倡私人别墅、花园、空调等……②

请对比一下上面的描述与当今现实的巨大反差吧,从中不难发现适度发展与"跨越式发展"对环境和资源会产生如何不同的影响。也许有人会问,该报告所描绘的现代化发展模式是不是过于保守了?当今许多中国人不是过上了比此书所言更好的生活了吗?笔者认为,这样的设问忽略了一个基本的问题:发展的成本。我们应当承认,与改革开放相伴随的发展使大多数中国人受益,大多数人的生活水平有所提高。但是,真正过上有汽车、别墅并享受高档消费品生活的人毕竟为数不多(在总人口中只占不大的比例)。更重要的是,这种发展付出了多大成本?得失如何?有没有透支本应留给子孙后代的资源?有没有破坏本应造福子孙后代的环境?如果付出了本不该付的过多的成本,如果透支了资源、破坏了环境,那么我们就不得不承认该报告预测的准确性(至少大部分是准确的),就不得不承认目前这

---

① 中国科学院国情分析研究小组:《国情研究第一号报告:生存与发展——中国长期发展问题研究》,科学出版社1989年版,第63页。
② 中国科学院国情分析研究小组:《国情研究第一号报告:生存与发展——中国长期发展问题研究》,第67～68页。

种资源与环境的危机实际上是可以避免的(至少在一定程度上是可以避免的)。总之,这本书证实了笔者的怀疑,那就是,中国现代化在利用资源、环境的问题上所走的弯路,确实不是不可避免的。

现在可以来谈谈当今中国的环境与资源危机究竟严重到何等地步了。关于空气污染和雾霾问题,人们已经谈得够多了。这里只想引用北美《世界日报》的一篇报道《污染撑经济,代价惨重》再加以佐证。该报道说:"中国空气污染究竟严重到何种程度,欧盟全球大气排放数据显示,中国在2011年制造97亿吨二氧化碳,为美国54亿2000万吨的两倍。"该报道又引用亚洲开发银行的调查结果说,中国500个大中城市当中,只有不到1%符合世界卫生组织要求的空气质量标准。该报道接着说,2013年初中国中东部发生大面积雾霾,北京、上海、广州和西安四市的空气质量指数(AQI)都超过每立方米500(每立方米200即为重度污染),而北京的这一数值更高达755。该报道引用北大公共卫生学院的估计说,2012年上述四市因PM2.5超标引发的多种过早死亡疾病将达8500多人,经济损失约68亿余元。该报道最后指出,中国三大污染源为制造业、冬季供暖和汽车排气,而前二者的能源主要来自燃煤,汽车拥有量近年来则急剧增加,仅北京就超过500万辆。①

再以笔者居住的厦门市为例。原先以空气清新著称的厦门,近年来也每况愈下。根据"厦门网"的报道,2004年以前,厦门市霾日天数为平均每年10.2天,最多的一年也只有20天。2006年厦门岛内观察到的"霾"的日数达56天,2007年厦门市霾日数62天,2008年为74天。② 该网没有提供近一二年来的霾日天数,但据笔者亲身体验,恐怕已经达到全年天数的三分之一以上。厦门是联合国授予"宜居城市"荣誉称号的沿海城市,情况已如此不妙,更不用说其他地方了。厦门雾霾的增多,汽车的急剧增加"功不可没"。《厦门日报》2013年的一篇报道说:"截至今年6月……我市现有机动车保有量达到97.3万辆,同比增长13.19%……今年第一季度的增长率保持在13.98%。按照这一增长速度,我市已经踩在百万机动车时代的门槛上……岛内小汽车千人拥有率为全省第一,全国前列。"③小小的厦门岛,除了人口密集外,又加上车满为患,空气质量不下降才是怪事!

无论是北京还是厦门,都可以看出,汽车拥有量与空气污染程度是呈正相关关系的。由此我们不得不佩服《国情报告》的先见之明,它在25年前就提出中国应发展"以自行车、公共交通为主的居民交通运输体系,而不是普及家庭小汽车"。令人费解的是,中国本来就是自行车大国,而这种最"环保"的交通工具如今反而成了罕见之物!

再来看看水污染和水资源缺乏的情况。中国毫无疑问是一个缺水的国家。以中共中央党校一批学者为主编写的《中华人民共和国专题史稿》第5卷《世纪新篇》当中,在谈到可持续发展时,有一段描绘我国生态环境的话,其中关于水资源的两句话是这么说的:"北方每年因干旱缺水的城市数以百计,南方因水污染面临'守着江河没水喝'的困境。'50年代淘米洗菜,60年代洗衣灌溉,70年代水质变坏,80年代鱼虾绝代'这首民谣是我国许多地区水污染的生动写照。"④近年来媒体披露的大量有关不负责任的企业任意排污从而污染江河湖

---

① 北美《世界日报》2013年1月27日。
② 厦门网,2014年5月12日。
③ 《厦门日报》2013年7月25日。
④ 《中华人民共和国专题史稿》第5卷,四川人民出版社2004年版,第194页。

海的事例更是触目惊心。国土资源部最近的调查显示,全国水资源的品质有 60% 是"差"和"极差"。浙江电视台曾发起"寻找可以游泳的江河"的运动,网民指名道姓地要求某些地、市的环保局长先下到当地的江河游一游,这是社会对水污染严重关切的典型事例,也是水污染已到了难于容忍的地步之表现。

有一种缺水的情况是过量开采地下水造成的,如北京、河北等地的地下水位严重下降就是这样。北京地下水开采连续 15 年严重超标,每年超采地下水约 5 亿立方米,使目前的地下水位下降到地表 24 米以下,相当于地下七八层楼那么深。目前北京地下已形成了一个 1000 平方公里的巨大漏斗,这也是地下水严重超采的后果之一。即使南水北调也无法根本解决北京缺水的问题。河北省为了缓解地下水严重超采造成的水资源短缺,不得不决定改变农业生产结构,亦即减少小麦种植,而改种其他耗水量较小的作物。①

还有一种突发性的缺水可能与滥采滥挖有关。一则题为"重庆山村地陷,泉水断井干涸"的报道说,重庆铜梁县庆隆乡冬笋村 28 社十几户人家的农田近日出现 20 多处地陷,地陷坑最大的直径约 5 米,深约 2 米。中新网报道,当地村民称,地陷出现后,当地山泉断流、水井干涸,致 100 多户村民饮水困难。据报道,原先村民生产生活用水 80% 以上都是依靠山泉和井水,一直以来基本不缺水。可是地陷出现以后,整个冬笋村 28 社的水井全部干涸,即使用水泵也抽不出水来。②

在资源破坏和环境污染的诸方面,笔者特别关注土壤这一项。因为土壤是农业生产最基本的物质条件,关乎粮食安全;土壤又是构成生态环境的基本要素之一,无论何种产业都需要"土地"的支撑。二十多年前我在为学生开设的《中国经济史》课程中,引用了历史地理学家研究黄土高原水土流失时的论述:每公分(厘米)适宜耕作的土壤要在自然风化的条件下形成,起码需要上万年时间。而要使这些土壤变成"熟田",亦即能够生产一定产量的粮食或其他作物的农田,又需要若干时间的耕作和培养地力,使土壤具备各种养分。可见土壤是多么宝贵的资源,而土壤的毁坏或流失,失去的不仅是土壤本身,而且还包括土壤所含有的养分在内。

然而,无情的事实告诉我们,中国土壤资源的浪费和破坏,已经到了史无前例的地步!先举几个笔者亲耳所闻、亲眼所见的例子。例一,厦门翔安开发区在建设过程中需要动用一些基本农田,按规定必须层层上报,直至国家相关机构批准,才能动工。可是亲自主持该项目的当时的厦门党政一把手下令先动工再上报,有人提出如此做法是否合适,该领导即刻板起脸说:"谁不愿干谁走人!"大家于是不再敢作声。此事乃是当时在场的一位工程师亲口告诉我的。例二,去年笔者在成都时,当地一位友人告诉我,成都市以西的都江堰灌区,是历届政府规定的不得用作他途的基本农田。然而,周某人任四川省委书记时大笔一挥,批了其中的几万亩农田用于房地产开发,造成了"天府之国"的农业经济的不可弥补的巨大损失!例三,今年笔者在洛阳时,当地友人开车带我到洛南新区观看城市新貌,并对我说,洛南是历代王朝明令禁止动用的"皇家基本农田",可是如今这些千年良田已经荡然无存。放眼望去,只见道路宽敞,高楼林立,壮观则壮观矣,只可惜历史悠久的洛南粮仓已化为乌有!以上三例的症结,都在于"自己制定的规则自己违反",这是一种领导人带头破坏环境资源的最

---

① 中央人民广播电台"中国之声"2014 年 4 月 27 日报道。
② 北美《世界日报》2010 年 10 月 21 日。

可怕的潜规则!

中国经济的飞速发展,需要大量用地,于是耕地大面积缩减,土壤资源破坏严重。本来中国的耕地只占世界耕地总量的7%,却要养活占世界22%的人口,人地比例已远低于世界平均水平,耕地已渐成稀缺资源。但地方政府却以卖地为财政收入的主要来源,这就进一步加深了耕地缺乏的危机。上届中央政府制订了确保18亿亩耕地的"红线",法律也规定,各地政府若要占用耕地来发展房地产等非农产业,必须按照"占多少,垦多少"的原则,开垦新耕地作为补偿。然而地方政府却大钻法律空子,开垦毫无耕种价值的"生地"来补偿被占用的高产农田。更有甚者,有些省的政府还规定,在确保基本农田总量不减少的前提下,各县市之间可实行有偿调剂,即无钱有地的穷县市可将多出的"耕地指标"卖给有钱无地的富裕县市。这就导致了严重的后果。例如,2010年浙江省龙泉市政府被揭发,"在山区疯狂破坏生态、伐木开垦沙石瘦地梯田扮'良田',再出卖'耕地指标'给其他富裕县市,年收入高达16亿。而富裕县市买到'耕地指标'后,可填平本地农田肆意开发"。新华社报道此事时,指出这是"浙江各县市联合欺上瞒下,致使该省良田大面积缩水,不仅严重破坏环境,更影响到国家粮食安全",因为那些新增的沙石瘦地连水源都成问题,根本无法耕种。①

还有一种土壤资源的毁坏是与矿产资源的滥采滥挖密切相关的。笔者在"知识青年时代"曾经有过在煤矿工作数年的经历,深知科学采掘绝非易事。煤层的走向因地质情况的千变万化而十分复杂,要尽可能地多采煤就必须以科学的手段进行采掘,因此有了"回采率"的概念,亦即实际采到的煤与已探明的煤蕴藏量之间的比例关系,"回采率"越高表明遗留在地下无法采到的煤越少。改革开放以后,小煤窑遍地开花,并不具备相关知识和能力的"煤老板"们为了利益的最大化而滥采滥挖,根本不顾及矿产资源的合理科学利用,其恶果是,一方面因"回采率"降低而浪费了许多煤炭资源,另一方面因未回填采空区而致地表(包括山体和农田)塌陷。这种情况当然不限于煤矿,各种矿产资源的所在地都普遍存在。请看以下数则采自北美《世界日报》的报道。

在一则以《人为破坏废弃土地,高达2亿亩》为醒目标题的报道中,有这样一段文字:"中国土地矿产法律事务中心20日发布《低碳发展与土地复垦政策法律研究报告》,称目前中国因矿产资源开发等生产建设活动,挖损、塌陷、压占等各种人为因素造成的破坏废弃的土地约达2亿亩,约占中国耕地总面积的10%以上。中新社报道,该报告表示,从20世纪50年代以来,随着工业化发展,生产建设破坏土地的情况十分严重,特别是20世纪80年代以后,随着生产建设规模的不断扩大和开发速度的加快,资源破坏规模和程度都远远超过以往,可以说是资源的掠夺性开发……"该报道还指出,为了弥补耕地损失而进行的复垦,其比率只达到15%。②

上面这则报道只是宏观性的,再看以下两则微观性的具体事例报道:一则题为《福建轰然地陷,50米坑埋6人》的报道说,福建省龙岩市新罗区适中镇一家石粉厂19日发生地陷,一个深约30米、直径约50米的深坑形成,边上的富成石粉厂的食堂和厂房随之塌陷下去,6名工人被埋,尚无法救援。龙岩官方称,陷坑直径约50米,地面面积约2000平方米,可见深度约30米。周边村民表示,去年已发生过类似塌陷,怀疑是附近石灰石矿区挖掘,破坏岩溶

---

① 《毁山林造荒田,浙官方牟利》,北美《世界日报》2010年9月11日。
② 北美《世界日报》2010年11月21日。

的原有结构所致。但根据官方说法,这次事件属岩溶塌陷,是自然灾害,具体原因待查。①

另一则题为《河南滥采铝土,副乡长疑收费》的报道说:"河南渑池县坡头乡城头村附近的一条荒沟内里,竟有上百家无任何手续的非法铝矾土矿。非法业者一天24小时不间断地盗采宝贵的铝矾土资源,远远看上去,山坡就像是马蜂窝。据知情人透露,在副乡长的授意下,每个矿口都需要按照每年30万元,每吨矿石100元的标准向一家名为'北京鑫泰矿业管理咨询有限公司'的企业缴纳'管理咨询费'才能生产。"该报道还引用一位当地矿工的话说,铝矾土矿大约每吨四五百元,每个矿井一天就能收入四五万元。报道还说,当外界质疑此事时,该县国土资源局一位主管矿山的副局长竟颇不耐烦地说:"我们去查就是了。"②

由此数例报道可知,矿物资源的滥采对土壤资源的破坏之酷烈,尤其是第二、三例报道显示,其中的违规开采或有官商勾结的嫌疑,可见资源环境的破坏污染与腐败问题是有关联的。顺便说一下,矿物资源是一种不可再生资源,其损失令人万分痛心。矿物资源与土壤资源同时遭到人为破坏造成的双重损失,更是不可饶恕的犯罪行为。

上文很不全面地描述了我国空气、水和土壤三方面的污染与破坏情况,仅从这些片断的、个案的描绘中,即可见其程度之严重。现在再回过头来看看《国情报告》中对20世纪80年代的相关描述,以及该报告对此后污染破坏发展趋势的预测。下面是该报告的相关引文:

> ……城市工业高速增长与不少乡镇企业的盲目发展,造成环境污染的迅速蔓延,直接影响农业生产;此外,不仅城市(包括众多小城镇)和农村建设大量占用有限的耕地,而且部分沿海地区农村由于弃农经商,耕地荒废或挪作他用,使业已十分紧张的人地关系,随人口压力的不断增加而显得更加严峻。③

> 有80%以上的污水未经处理直接排入水域,经对全国532条主要河流的监测,有436条河流受到不同程度的污染,七大江河流经的15个主要城市河段中,有13个河段水质严重污染;城市大气中的降尘和颗粒物普遍超标,多数城市的空气质量近年来没有明显的好转……据调查推算,受工业三废污染的农田约一亿亩,每年减产粮食一二百亿斤……约有1.7亿人饮用受有机物污染的水……目前我国每年因环境污染和生态破坏造成的外部经济损失近860亿元,约占1987年国民生产总值的7.8%。④

> 废水排放量由1987年的349亿吨,预计到2000年达到412.9亿吨,其中工业废水占70%以上;废气排放量2000年达到11.5万亿立方米,其中二氧化碳和二氧化硫排放量仍是世界上排放量最大的国家之一;工业固体废弃物产出量的增长也非常迅速,本世纪末将达到6.9亿吨,比1985年增长50%。到2000年,全国70%的淡水资源将遭受污染而不能直接使用;主要农牧产品也受到不同程度的污染,综合食品卫生评价指标可能达到中污染型,其中蔬菜等食物可能接近不能食用的地步,届时因食用被污染食物而导

---

① 北美《世界日报》2010年10月21日。
② 北美《世界日报》2010年11月21日。
③ 中国科学院国情分析研究小组:《国情研究第一号报告:生存与发展——中国长期发展问题研究》,第31页。
④ 中国科学院国情分析研究小组:《国情研究第一号报告:生存与发展——中国长期发展问题研究》,第34页。

致各类疾病发病率及死亡率有所上升。因污染造成的各种外部经济损失，占国民生产总值的比例可能将增至10%以上。①

从上述引文中，可以看到20世纪80年代中国的环境污染已日益严重，而其预测后来也大部分成为事实。这几段话实际上是对三十多年来中国环境污染发展进程的追溯，当今的严重局面就是这一发展进程的结果。

至于《国情报告》对中国自然资源的总体评价，可以用三句话来概括："我国自然资源总量虽多，但人均占有量低于世界平均水平"；"我国自然资源雨热条件好，但水土匹配和质量欠佳"；"我国人口负荷过重，农业自然资源接近承载极限"。②

基于以上论述，《国情报告》就资源与环境做出的基本结论是："人口增多，耕地减少，局部地区和多数城市供水不足，是我国人口与资源矛盾的基本格局"；"我们正以中国历史上最严峻的生态环境，负担着中国最多的人口和最大的活动能力，上述压力超越了大自然许多系统的临界平衡极限，已直接威胁着当代以及子孙后代的生存条件，并将不断演化为下世纪上半叶中华民族生存与发展的最主要的危机之一"。③ 这是以对民族国家和人民大众的高度责任心而大声发出的疾呼和警告。

当然，事物都有其两面性。该报告不免有其时代局限性。笔者认为，它带有某些计划经济时代的思维痕迹，并且没有预测到经济全球化将给中国带来何种影响。尽管有此局限，尽管报告预想中的某些危机至今没有完全变为现实，如中国并没有如它所预测的那样发生粮食危机。但是，报告的基调是正确的，绝大部分的论述是站得住脚的。当今没有发生的危机并不意味着永远不会发生，它有可能是一种潜在的危机，而在四分之一世纪以前就指出这种危机的可能性，正体现了报告作者强烈的忧患意识，这与当今某些陶醉在"中国崛起"的虚幻中的人士形成鲜明的对照。孰是孰非，历史自有公论。

既然《国情报告》是基本符合中国实际情况的，是值得肯定的，那么为何它又如此之快地淡出了国人的视线呢？也许笔者的了解不够全面，但该报告似乎没有引起太多的关注，应是一个事实。其原因之一，或许是报告出炉之后不久，中国的政治风向发生了转变，其对经济领域的影响，使主张加快发展步伐的人士占据了上风，从而使该报告所持的"有条件的谨慎乐观论"④不为主流派所重视。

不过邓小平以及他之后的几代中国领导人都还是理性的务实派，20世纪90年代中国领导层提出的"可持续发展战略"即为明证。其理论基础与《国情报告》颇为吻合。然而历史上常有一种"形势比人强"的情况，当中国经济以加入"世贸组织"为融入全球化的起点迅速步入快车道后，它开始由不得自己了。就外因而言，以资本全球化为基本特征的经济全球

---

① 中国科学院国情分析研究小组：《国情研究第一号报告：生存与发展——中国长期发展问题研究》，第35页。
② 中国科学院国情分析研究小组：《国情研究第一号报告：生存与发展——中国长期发展问题研究》，第25、27、29页。
③ 中国科学院国情分析研究小组：《国情研究第一号报告：生存与发展——中国长期发展问题研究》，正文前第12、13页。
④ 中国科学院国情分析研究小组：《国情研究第一号报告：生存与发展——中国长期发展问题研究》，正文前第16页。

化,必然使中国成为低端加工的"世界工厂";就内因而言,追求 GDP 快速增长成为一种思想动力。二者叠加的结果,就是顾不上超速发展的负面后果了。这就为资源与环境的恶化埋下了伏笔。

尽管如此,中国的有识之士还是对资源环境问题有清醒的认识,并做了不懈的努力。1994 年中国发布了《中国 21 世纪议程》,其中的第四部分是关于资源的合理利用与环境保护,包括水、土等自然资源的保护与可持续利用,生物多样性保护,土地荒漠化防护,保护大气层和固体废物的无害化管理等。此外,截至 2001 年底,中国制定或完善了环境保护法律 6 部,自然资源管理法律 13 部,防灾减灾法律 3 部;国务院制定了人口、资源、环境、防灾等方面的行政法规 100 余部。2002 年,中国核准了《京都议定书》。①

问题在于,立法相对容易,执法则颇为困难,因为许多法律法规对经济行为的限制,损害了某些个人和集团的利益。中国著名经济学家吴敬琏说了这么一句令人深思的话:"在中国的理论和政策讨论中常常发生一种'引喻失义、数典忘祖'的现象。一种观点或政策经过辩论好不容易被学界和政府官员普遍接受,写进了党的文件,成为政府的工作指南,可是不要多久,在人们头脑中保留的,往往只是一句空洞的口号,至于它的内容,则在实际执行中发生飘移畸变,甚至完全走样。"②此话完全适用于描绘立法与执法之间的巨大偏差,否则就无法解释诸多法律法规为何无法限制、阻止哪怕一个小小的企业的污染行为。

再者,中国的大多数民众可能还没有意识到,资源环境的破坏污染会直接损害自身的利益,以为环保治污是政府的事。要求那些终日为温饱劳作奔波的下层民众具有环保意识,在中国恐怕是一种苛求。我们可以看到,二十几年前对农田的掠夺性经营所造成的土壤破坏,至今没有改变,甚至有恶化的趋势。从中即可看出这就是中国的国情。

25 年前的《国情报告》是这样描述相关情形的:"……尤其是近年来,相当多的地方,农村生态环境保护处于半无政府状态(承包责任制一方面给发展农村生产力创造了活力,另一方面其短期行为又给农村生态环境伏下了危机),一些农民贪图近利,利用政策上的不完善之处,乱挖滥采,实行掠夺性经营,造成了对资源破坏性开发,使生态平衡失调;部分地区土地的长期集约经营,重用轻养,不适当地使用农药、化肥,绿肥种植面积和施用有机肥减少,水利等农用基础设施失于修缮,改变了传统的有机农业耕作模式,造成土壤肥力下降、土壤结构破坏和农药的污染……"③

而中央电视台近日有这样的报道:中国的耕地占世界的 7%,使用的肥料却占世界的 35%。大量肥料的使用使得地力严重下降,适宜耕作的土层日益变薄,同时土壤的酸性大大提高。虽然中国至去年(2013 年)为止连续 10 年粮食增产,但在土地的使用方面付出了惨重的代价。许多经营农户以大量施肥这种竭泽而渔的方法使用土地,只顾眼前利益而不顾长远利益。再加上土壤的污染,比如残留塑料薄膜严重超标,比如许多地方重金属含量超标(湖南省所产大米镉含量严重超标即为一例),使得中国的耕地及其土壤的现状令

---

① 《中华人民共和国专题史稿》第 5 卷,第 195、199～200、203 页。
② 吴敬琏:《转型,为何仍然困扰着中国》,《文汇读书周报》2013 年 11 月 8 日。
③ 中国科学院国情分析研究小组:《国情研究第一号报告:生存与发展——中国长期发展问题研究》,第 31 页。

人堪忧。①

  两相比较即可看出,仅土壤资源的保护一项就困难重重,其破坏趋势难于遏止。要想全面有效地实施合理利用资源、保护环境、治理污染的国家战略,恐怕还有相当漫长的路要走。

  本文写作至此,笔者认为,要面对资源与环境危机的挑战,还是应该先回到认识论上面来。有一位对"发展主义"提出质疑的学者这样说:"我们生活在一个以'发展'为中心的时代……'发展才是硬道理'……奠定了发展主义在中国的主流话语地位。这一话语被无限制引用后就带来了不平衡发展的结果……"②我对此话的理解是,他并非质疑邓小平的"发展才是硬道理"这句话本身,而是反对不顾一切的无限制的发展,那样会导致整个世界(不仅是中国)各方面的不平衡。我认为,中国面对的资源环境的挑战,其实质是,中国的快速发展已经超越了本国的资源环境所允许的条件,使速度与支撑速度的物质条件失去了平衡。所以,问题可能出在对"发展"的认识上。其中的速度问题,也包含了这样一层意思:把本应留给后人做的事拿到今天来做。如今中国确实存在着过度发展和过度开发的问题。比如在城市建设方面,有些领导人恨不得把地下都挖空(建地铁和地下商场等),把地上空间都填满(建高楼大厦和高架交通线等),这既非最佳选择,也不是非做不可,徒然使城市人文生态失去平衡。过度发展之所以错误,在于它有损于生存,没有了生存谈何发展?因此笔者不赞成"跨越式发展"的口号,因为它就是过度发展的代名词。而经济发展有它自身的规律,任何阶段都无法跨越,一旦人为地去跨越它,必然受到惩罚,迫使"跨越者"回过头来"补课",这样岂不是得不偿失?

  居于对中国乃至全人类生存的担忧,《极化的发展》一书的作者发出了这样的感叹:"人类发展能力的扩张,已经把地球数亿年的资源积累、人类几千年的文化积累以及子孙后代赖以生存和发展的基础,都在这个发展主义的时代变现了。"③其逻辑推演和理论基础与《国情报告》是一脉相承的。请不要以为他们的警告是危言耸听。不要以为在全球化时代我们可以从国外大量进口粮食,加上国内高产水稻品种的培育成功,就可以高枕无忧了。其实无论科技如何发展,"靠天吃饭"乃是世界大多数地方农业的生存之道。何况国际风云变幻,粮食进口并非完全靠得住。现在回过头来想,我们对传统小农经济的批判是不是过头了?其实依靠人力、畜力以及有机肥的小农耕作,相比于今日的"石油农业"和"化学农业"自有它的优势,至少是在食用安全方面。无奈的是那个时代已经一去不复返了,人们只能望历史而兴叹!

  为了使本文不致过于冗长,笔者打算就此打住。最后再说几句。记得中国经济起飞之初,人们常说,我们不要走西方国家先污染后治理的老路。事实是我们仍旧走了人家的老路了。有点庆幸的是,现在至少有部分国人已经意识到:是到了改辕易辙的时候了。至于该怎么改,那已经超越了本文的范围。本文只是提出问题而非欲解决问题(那不是笔者所能胜任的,也不是任何个人所能胜任的)。在结束本文之前,我想对国人说两句不太中听的话。我想对手中握有权力的官员说:你们在批准一个项目时,不妨将政绩观与生态观放在良心的

---

 ① 中央电视台第2套"经济频道"2014年4月26日报道。
 ② 周立:《极化的发展》,海南出版社2010年版,第4页。
 ③ 周立:《极化的发展》,第16页。

天平上称一称,看看何者为重？我想对普罗大众说：你们在结束每天的生活时,不妨扪心自问,想想今天我自己为节水节电、环保治污做了些什么？但愿这两句话不会被认为我是在教训人,那只是我发自内心的一句话的另一种说法。那句话是：节能环保,从现在做起,从我做起。

2014 年 5 月 18 日,于美国亚拉巴马州蒙哥马利市

卜弥格·丝绸之路·"哈尔滨人"
——波兰汉学家爱德华·卡伊丹斯基先生访谈

王承丹*

2014年2月初,为了筹备厦门大学人文学院将要举办的中国波兰文化宣传活动,同时也为了与波兰弗罗茨瓦夫大学古典地中海东方研究院共同开展卜弥格研究项目,笔者前往波兰北部海滨城市各但斯克,采访了波兰著名汉学家爱德华·卡伊丹斯基(Edward Kajdanski)先生。

爱德华·卡伊丹斯基先生出生于中国黑龙江省的哈尔滨市,在当地波兰侨民学校及高等院校接受初高等教育,成年后回到自己的祖国波兰。后来,他以波兰外交官的身份,重返第二故乡中国,先后在波兰驻广州、北京的领使馆任领事等职务。他是波兰声名卓著的汉学家,研究范围涉及卜弥格及与之相关的中波、中西交流史,中国传统文化,特别是新中国的政治经济等诸多领域,其成就之全面巨大,可谓出类拔萃。他可以使用汉、英、拉丁等数种外语,虽早过古稀之年,但仍笔耕不辍,有时还到当地的大学演讲,内容大多与中国文化有关。他多才多艺,学术著作中的中医图谱、地图等,都是自己亲手绘制,中国工笔画、仕女图更是惟妙惟肖,这在他所赠送的画册、挂历,以及数种书籍中可见一斑。

采访是漫谈式的,主要内容包括:卜弥格,丝绸之路,"哈尔滨人",等等。采访全部使用英语,由笔者翻译整理为中文稿,经由卡伊丹斯基先生授权在中国发表。

一、卜弥格

王承丹(以下为"王"):卡伊丹斯基先生您好!这次对您的采访,主要受厦门大学人文学院和弗罗茨瓦夫大学古典地中海东方研究院的委托,为举办中波文化交流活动,以及申报卜弥格研究项目做前期准备。

爱德华·卡伊丹斯基(以下为"卡"):谢谢。现在厦门大学也有波兰学生吗?

王:至少有十几个吧。厦大人文学院已经与波兰的大学开展了师生交流项目,最近还有一个波兰学生在厦大人文学院修读完了博士课程。正是通过他,我才找到了您的联系方式。您这本关于卜弥格的书,还有这些您在中国生活工作的文章、照片,都是他送给我的。

卡:《中国的使臣——卜弥格》,是张振辉教授译的,他把很多波兰作品译成中文。张振辉教授和张西平教授还翻译了卜弥格的文集,去年12月出版的。

王:但目前您著作的中译本还不是很多,我只看到卜弥格这一本,希望以后有机会把您

---

* 王承丹 厦门大学人文学院 福建 厦门 361005

更多的著述翻译成中文。您曾到访过厦门?

卡:很多年前我去过厦门,是1980或1981年,应该是1981年。那时我正在广州,在波兰驻中国广州领事馆任领事。我们当时去了厦门,还有福州、泉州等地。泉州非常引人注目,对我来说很重要,因为马可·波罗曾到过那里,我也研读他写的东西,主要想把他与卜弥格及其著作对比。在波兰,我出版了关于卜弥格作品研究的著述,涉及的资料远比这些要多,有的来自中国,也有相当一部分是来自不同国家和地区。因为卜弥格在欧洲和中国之间穿梭往还,先后经过马来西亚、锡兰、印度、波斯、亚美尼亚、土耳其,然后到达东欧,再到威尼斯,最后到了都灵。他是波兰伟大的旅行家,从欧洲到中国,再从中国回到欧洲,来回往返三次,这在欧洲是第一次。他最初在中国工作的地点,应该是海南岛。他到中国后,为明代最后的皇帝之一,也就是南明王朝的永历皇帝服务。

王:您书中就是这么写的。

卡:对。正如我在书中所写……作为南明永历皇帝的使臣,他被派回欧洲,向教廷求助。他的这次欧洲之行可谓历尽艰辛,最初甚至不允许住在罗马。您知道,当时北京的满清朝廷只允许传教士为他们服务,禁止为南明政权工作。卜弥格肩负着南明集团的使命,历尽磨难回到罗马教廷,而清朝派遣的另一个耶稣会士也在这前后到达了罗马。教廷选择支持满清,卜弥格被送到意大利的另一个小城。他在那里度过了4年,直到老教皇去世,新教皇登基,局面才有所改变。卜弥格见到新教皇,表达了南明王朝的请求,随后被送回中国。接着,再返回欧洲。这样的旅程往返3次,长达6年之久,历经了海上苦旅与陆路上的艰难跋涉。旅途的艰难困苦耗尽了生命的能量,他因此元气大伤,一病不起,最后长眠在中国的土地上。

王:是在泰国与中国交界的地方?

卡:是广西。他从越南到广西,当时越南倚重清朝政府。经过河内到海防,来回往返,再到中越边境,最后到了广西,病逝在那里。他在人世的最后时光,辞世的确切地点,都没有人知道,没有人知道……

王:没有留下墓穴、碑碣?

卡:没有,没有的……那是个兵荒马乱的时代,要知道他当时的具体情形,太难了。

二、丝绸之路

王:请谈一谈您的其他著作,如《丝绸之路》好吗?这对我们举办文化活动,申报合作研究项目,等等,都会有益助的。

卡:你们要举办什么样的活动?

王:厦门大学人文学院准备办"波兰文化周"之类的文化宣传活动,与中波及中西交流史有关的内容,如丝绸之路,包括卜弥格和与他相关的研究成果,特别是您本人的著作,以及您在其他方面对新中国广泛而又深入的研究,都将是我们重点关注的对象。

卡:我赠您几本书:这是我的画册,中国古代的侍女图;这是全本的《卜弥格传》,波兰语的,刚才我们谈到的中文译本只是其中的一部分。波兰语本中的许多内容,是我从拉丁语译过来的。如果不通拉丁语,就无法撰写这种书。现在,即使在欧洲,特别是在波兰,学用拉丁语的人也很少了,能翻译拉丁语原著的人就更少了。但是,对于学术研究来说,拉丁语太重要了。另一本,是我与女儿一起合著的《丝绸之路》,留个地址,稍后我再寄过去。《丝绸之路》这本书,您读过吗?

王:没有,只知道这个题目。

卡:几年前,有中国学者曾建议把《丝绸之路》译成中文,但后来没有了结果。我觉得这本书对中国人来说很重要,因为里面不仅写了中国的丝绸,还涉及丝及丝绸制品在中国的生产过程、印染工艺,以及向海外的传播,就是通过中亚、波斯、土耳其等国家和地区,最后到达欧洲。中国的读者应该会对这本书感兴趣的,我们写了与丝绸之路,以及与此有关的内容,比如……比如丝绸之路的陆上通道,或海上通道……陆上和海上,都写了。陆上就是我们刚刚谈过的,经中亚等地到欧洲;海路则走缅甸、印度等地,最后到欧洲。

王:陆上或海上的丝绸之路,应该有很多不同的路线吧?

卡:当然是这样。我们通常说的丝绸之路是东西方交流的主干道,除此之外还有其他小道、辅道,它们通达很多地方,向东就能连接日本。丝绸之路的作用太大了!我在哈尔滨生活的时候,也受益于丝绸之路。比如,中国东北的瓜果,香瓜、西瓜什么的,大多并非土生土长,许多是通过丝绸之路带来的。公元前2世纪前后,域外的物品通过丝绸之路,由中亚进入中国。哈尔滨的冬天非常寒冷,夏天又比较热,有时也能到40摄氏度呢,跟中国南方差不多。因此,西瓜可以在那里种植。还有一些波兰人,也曾沿着丝绸之路向东走,最后到达中国,在那里工作过,通过不同的方式为两国交流做出了贡献。我也写过一本书,其中提到20个波兰人,他们先后到过中国,把有关中国的知识带回波兰,传播到整个欧洲。

王:这20个波兰人是从古代到当代吗?

卡:是的。其中的先驱人物是本尼迪可特,相对于整个欧洲来说,他也是深入亚洲的第一人。但他并没有真正到达中国内地,没去过北京,只去了当时的蒙古汗国,从新疆到了蒙古。

王:我听说波兰·本尼迪可特撰写了两本书,其中一本叫《鞑靼史》。

卡:是用拉丁语撰写的,在波兰只有残本。他是写了中国,但大多是道听途说式的。他在蒙古汗国遇到了中国人,与他们交谈,然后凭着别人的翻译和自己的记忆写到书中。关于中国的历史,他写得很不全面,更不准确。

王:另一个汉名叫卢安德的波兰人,他出生的地方现在属于立陶宛,就是安德烈·卢多明纳,您也写到了吧?

卡:卢多明纳,但我没有很深入地研究他。作为波兰传教士,他到中国的福建传教,最后死葬在那里,去世时只有30多岁。他主要针对中国人翻译和写作与基督教有关的书籍,这与卜弥格恰恰相反,后者是向欧洲介绍中国和中国文化。

王:您觉得,我们从中国的角度研究东西方之间的交流史,特别是中波交流史,最应该关注什么?

卡:以人物个案入手比较好。据我所知,但我并没有仔细研究过,18世纪,有中国旅行者到了波兰。卜弥格返回欧洲时,同行的也有中国人。

王:是向导?或者翻译之类的人?

卡:是的。有一个中国人,他叫……我一时想不起他的名字了,这人应该是个医生。因为,如果没他这样的人帮助,卜弥格很难从事他的中国药物学、中医学研究。若没有中国的专业人士帮忙,那些知识难以真正弄懂。我在翻译写作与卜弥格有关的著作时,深有感触。

前段时间我应邀访问中国,就利用那里的图书馆,查阅关于中国医学哲学类的书籍,与中国医生讨论阴阳、五行之类的话题。

三、"哈尔滨人"

王:卡伊丹斯基先生,最后请您简单谈谈"哈尔滨人"这个话题好吗?

卡:19世纪末,在中国的东北修一条铁路,由俄罗斯承建。当时的波兰不是个完全独立国家,部分属于俄罗斯,去中国的人没有波兰护照,都是俄罗斯的。波兰工程师参与修建这条铁路,他们付出了艰辛的劳动。有一位工程师,选择铁路经过的地点,在那里建设哈尔滨这座城市。哈尔滨就在松花江边,对我们"哈尔滨人"来说,松花江是一条大河,您知道,在波兰没有这样的大河。您知道维斯瓦河吧?从华沙流过来,不是很宽。从哈尔滨流过的松花江,非常宽阔,1公里多。很多波兰人在铁路上工作,1920年代,俄罗斯发生了革命,又有一些波兰人来到哈尔滨。这些曾在哈尔滨工作、生活过的波兰人,后来大都回到波兰定居,包括他们的后辈,自称为"哈尔滨人"。1907或1906年,我的父亲只身一人到了中国,在铁路上工作。俄罗斯革命后,已经回国的他再一次返回中国。我在哈尔滨出生、长大,接受教育,26岁时回到波兰。

王:在当时,"哈尔滨人"是怎么保持自己特有的民族文化传统的呢?

卡:我们有自己的波兰社区,有教堂,教堂现在还在哈尔滨。我们有自己的波兰学校,我们学习中文,但不是太好,只是学习。

王:除了学习母语波兰语、汉语,还学其他语言吗?比如日语。谈一谈您在中国的受教育经历好吗?

卡:主要学习英语,是的,还学日语,但学得很少,现在都忘得差不多了。我是在中国上的大学,在哈工大,哈尔滨工业大学。对,现在是一所十分著名的大学,那时没有现在这么大的名气,当时规模比较小。现在规模大了,名气大了,听说现在还有船舶制造类的专业。对了,我还要赠您一件礼物……我自己画的丝织品、中国服饰,我女儿也参与了一部分。

王:是中国画挂历,太精美了!非常感谢!我要把它转给厦门大学人文学院,以作纪念。

致谢:

对爱德华·卡伊丹斯基先生的采访,先后得到了周宁、尤德良(Andrzej Juchniewcz)、Gosciwit Malinowski诸先生,以及青年汉学家卡霞(Katarzyna Proctor)和Aneta Marchewka女士的支持与协助,在此表示衷心感谢。

辛亥的遗产
——"辛亥革命研究"述评

张林明*

【摘　要】　辛亥革命是中国近代史上极为重大的历史事件，它改变了中国历史命运的走向，更是给国人留下了一笔丰厚的精神财富。本文从辛亥革命的性质、改良与革命的论争、辛亥的历史寻踪，以及辛亥的文化遗产等四个方面出发，综合国内外各方观点，并进行评述，以求给国人一个辩证而客观的认识。

【关键词】　辛亥革命　革命性质　历史真相　精神遗产

一百年来，辛亥革命从未被忘却，也从未被说清，颂扬、惋惜、质疑，甚至是批判，历史的迷雾一直伴随着它。不同历史时期、不同地域的人们对它做出很不一致，甚至是截然相反的评价。辛亥革命那段历史离我们越来越远，但其在人们内心中的分量却是愈来愈重。近年来，随着各种相关史籍档案的浮出水面，人们对辛亥革命的历史研究不断深入，国内外社会各界对辛亥革命的认识也越来越多元化，教科书式的盖棺论定已经不再是国人统一的认识。社会各界对于辛亥革命的研究，已经逐渐走出单一的意识形态的束缚，而开始重新审视辛亥革命的多重意涵和复杂面向。在辛亥革命的研究领域，有探究某地域的辛亥革命史的，有研究辛亥时期的帮会、教育和科技的，甚至有研究辛亥革命历史文化与城市旅游之关系的，等等，不一而举。这些研究自有其意义和价值之所在，但与辛亥的精神价值并无直接关联。在此，本文主要从辛亥的历史定位、改良还是革命的论争、辛亥革命真相寻踪，以及辛亥的精神文化遗产等方面来展开，述百年共和之路，以观今日之中国。

一、辛亥的历史定位

一直以来，无论是大陆还是台湾，虽然对于辛亥革命的性质论定持不同观点，但对于辛亥革命的评价都是极高的，每逢双十，两岸都举行隆重纪念。辛亥革命的象征人物——孙中山，更是被两岸尊称为"国父"。客观而言，两者都是官方思想界对辛亥革命的评价，都是基于一种革命价值谱系内的评价。自新时期以来，民间思想界对于辛亥革命的评价开始下降，提出"告别革命"的观点，有的更是对辛亥革命持否定的态度，出现了诸如"革命不如立宪，立宪不如维新，维新不如洋务"，"孙黄不如康梁，康梁不如李（鸿章）张（之洞），孙中山不如袁世凯，光绪不如慈禧"等极端保守的观点。同时，也有一部分学者对辛亥革命的评价依然

---
* 张林明　北京师范大学珠海分校艺术与传播学院　广东　珠海　519087

很高,但是却有别于官方的革命价值谱系评定,他们对辛亥革命的评价主要是基于辛亥革命对现代政治文明实践的肯定。

在 2011 年 10 月 8 日,《人民日报》发表了一篇重要评论员文章——《开启民族复兴的百年征程——写在辛亥革命一百周年》,文章说,辛亥革命开启了民族复兴的百年征程,开启了改造中国社会、改变国人命运的现代化进程,开启了思想自由的大门,思想自由、言论自由、出版自由,国人可以自由地思考。辛亥革命虽然是一场并不彻底的资产阶级革命,但是"判断历史的功绩,不是根据历史活动家没有提供现代所要求的东西,而是根据他们比他们的前辈提供了新的东西"。文章同时指出,辛亥革命的发生绝不是偶然的,因为任何偶然的背后都有着历史演进的必然逻辑,正是这个必然逻辑把以孙中山代表的革命党人推上了历史舞台。文章认为,更重要的是:辛亥革命为中国先进分子探索救国救民道路打开了新的视野,为新民主主义革命的到来准备了经济基础与阶级基础,为社会主义思想的传播和中国共产党的诞生创造了社会条件,一个顺应时代潮流、能够领导中国政治变革的新的政治力量应运而生了。①

也有学者认为,辛亥革命建立了中华民国,这是中国由封建帝制国家向近代民族国家转型的起点,中国由此开始真正进入了近现代文明世界,这是基于近代民族国家视角所给出的历史评价。譬如,李禹阶在《辛亥革命与中国近代国家和民族的转型》一文中就指出,"辛亥革命不仅是一次结束中国封建帝制的革命运动,而且是中国近代国家与近代民族形成的新起点,是一次将封建王朝国家和以'夷夏之别'为标志的古代民族向近代世界主权国家和近代民族转化的政治革命与民族革命。这使辛亥革命在中国近代国家和民族产生、形成的历史进程中,具有划时代的里程碑意义"。②

对于辛亥革命的进步性及其历史意义,阙光联则认为,辛亥革命给中国社会带来了非常积极的影响,这主要体现在两个方面:第一,共和政体成立以来,虽然政坛乱象纷呈,但在经济社会领域、思想文化及新闻舆论领域,国民自由度、社会开放度都比革命之前有大幅度的进步。第二,现代政治理念开始在中国的政治生活中产生广泛影响,为国家的制度建设奠定了现代政治文明基础。同时,他认为辛亥革命最具历史开创性的是创造了中国两千多年来历史上堪称第一次的创举,即:辛亥革命告别了成王败寇之类的专制野蛮传统,"第一次通过政治妥协实现权力交接和政体变革","第一次真正实现没有失败者的政治变革","第一次彰显了现代国家的权力公有属性,打破了中国两千年来'打江山者坐江山'的专制政治逻辑"③。可以说,这才是辛亥革命最值得纪念和传承的地方。

关于辛亥革命成功与否的认识,袁伟时在《辛亥革命与百年宪政》④中表达了不同的观点,他认为辛亥革命是一个伟大的胜利,但跟一般所说的"辛亥革命推翻掉 2000 多年的帝制"的结论不同。他认为,皇帝对一个现代国家来讲不是问题,很多国家有皇帝,但宪政推行得很好。另外,历史证明,辛亥革命并没有彻底推翻专制。辛亥革命的伟大之处在于,一是社会政治制度的大变化,一举建立了三权分立的现代国家制度;二是自由度大大提高。言

---

① 任仲平:《开启民族复兴的百年征程——写在辛亥革命一百周年》,《人民日报》2011 年 10 月 8 日。
② 李禹阶:《辛亥革命与中国近代国家和民族的转型》,《红旗文稿》2011 年第 18 期。
③ 阙光联:《走向文明:辛亥革命的是非成败辨析》,http://www.aisixiang.com/data/41596.html。
④ 腾讯网,燕山大讲堂,第 127 期,http://view.news.qq.com/ysdjt.htm。

论自由,结社自由,出版自由,这是前所未有的胜利。辛亥革命最后失败了,是因为刚刚建立的宪政体制被摧毁了。他认为,袁世凯当选和称帝都不是辛亥革命失败的标志,辛亥革命真正终结的日期应该定在1926年4月,这个标志就是3·18事件以后段祺瑞政府下台,这标志着宪政共和的失败。因为东北军阀进关后成立了军政府,放弃了共和体制,国民党也师从苏联建立了党国体制,政治自由、言论自由、学术自由在国民党的统治下基本终结,这是一个大的历史倒退。

另外,对于传统革命史观所说的辛亥革命的历史局限性和阶级局限性,傅国涌表达了不同的看法:他认为辛亥革命的局限性恰恰是应该值得肯定的。他认为,辛亥革命是一次有限革命,但是有限革命要比无限革命更好,因为它是有节制的,破坏性不强。辛亥革命最重要的一点,就是没有把革命无限扩大到社会各个层面,没有把整个社会结构打得粉碎,没有对整个社会造成巨大的破坏,而是停留政治革命的范畴内,也就是仅限于政治制度的改变。1912年2月12日,清王朝发布《清帝逊位诏书》,政治制度改变了,革命也就结束了。他说:

> 这个政治革命的结果是如何产生的,靠的是有节制的讨价还价,妥协、对话、相互让步,靠的不是暴力,更不是大打出手、血流成河,不是把整个社会砸烂了重新来过,最后达成一个双方都不是最满意,但都可以勉强接受的结果。从辛亥当时来说,通过谈判、妥协打出一个政治革命,建立了亚洲第一个共和国,这在中国历史上是破天荒的,既空前,到今天为止也还是绝后的。①

此外,对于辛亥革命发生的必然性,学界有人通过对相关史料的研究,提出辛亥革命这一事件的发生存在极大的偶然性,并不是历史的必然性,因为历史的发展是有多条路径的。辛亥革命这一偶然事件的发生,偶然间改变了中国命运的走向,造成了民国以后的中国战乱不断的局面。

李泽厚就认为辛亥革命成功的偶然性太大。他认为,晚清政府已经准备立宪,原来设为九年,革命派觉得太长了,后来改成五年,革命党还是认为太长。不过,遗憾的是,慈禧在这期间死了。"如果她早死十年就好了,戊戌变法就成功了;如果她晚死十年也好了,就不会有辛亥革命了。"②武昌起义后,清政府派袁世凯去镇压革命军,北洋军把汉口、汉阳打下来后,袁世凯就按兵不动了,与革命军和清政府开始讨价还价。李泽厚认为,假如慈禧在世,袁世凯根本就不敢这样做。慈禧有权谋,政治手腕老练,如果慈禧活着,即使发生辛亥革命,也会很快被慈禧镇压下去,这也是辛亥发生的偶然性之一。

无独有偶,张鸣在其著作《辛亥:摇晃的中国》中也提到,"辛亥年,武昌发生的那些事,是一场意外,意外里的意外。"③他说,革命党人在汉口俄租界宝善里的据点试验炸弹时不慎爆炸,逃走时把枪、武器、钱和花名册统统丢给了租界巡捕,后来落到了湖广总督瑞澂手里。瑞澂杀了花名册上的3个新军士兵(彭楚藩、刘尧徵和杨洪胜),并把他们的人头挂在城楼上示众。当时的情况是,革命党人不知道花名册里还有谁,一时新军士兵人人自危,匆忙之

---

① 傅国涌:《辛亥百年变局》,《名作欣赏》2011年第25期。
② 李泽厚:《告别辛亥革命》,《信睿》第6期。
③ 张鸣:《辛亥:摇晃的中国》,广西师范大学出版社2011年版。

间就揭竿而起了,各省革命派和立宪派于是也遥相呼应,辛亥革命在不经意之间就成功了。而此时,革命派的领袖人物,黄兴在香港,孙中山则远在美国,辛亥革命这么顺利就成功了,这也是孙、黄二人所始料不及的。

二、革命,还是改良

革命好,还是改良好?关于这个话题的论争从来没有如今天这般激烈。新时期以前,大陆对于辛亥革命的反思,主要是反思辛亥革命中资产阶级的局限性。新时期以后,随着革命的神圣性日益黯淡,对革命/激进主义的反思也日益兴盛,国内思想界出现了一股反思革命乃至"告别革命"的思潮,并逐渐获得了向执政党思维转变的官方思想界的默认。清末立宪日益获得好评,更是出现了"革命不如立宪,立宪不如维新,维新不如洋务","孙黄不如康梁,康梁不如李(鸿章)张(之洞),孙中山不如袁世凯,光绪不如慈禧"等越来越保守的看法,并逐渐流行开来。他们假设,如果没有辛亥革命,清末的新政、立宪运动,可以温和渐进地将中国引上现代化国家之路,而辛亥革命的出现则打断了中国现代化的正常发展进程。然而,革命也好,改良也好,历史都不能就此重演,因为历史是不能假设的,但是这些思考却是当代中国政治建设应该关注的。

李泽厚在《信睿》第6期接受采访时,重提"告别革命"。他认为在辛亥革命之前,清政府已经在进行相关的改革,如果没有辛亥革命,中国有可能通过渐进改良的方式逐步推进民主宪政进程。他举例说,那时制订的法律即使在今天来看也是很超前的,法律赋予国民以言论出版自由的权利,很多主要省份都有了咨议局,议会已经成型,许多新的制度、机构、规则也在不断建立、筹划和实行中。他认为,改良要比革命更加有建设性,破坏性较小。因此,在改革中一定要保证政府的稳定性。哪怕是一个要垮的政府也比没有政府强,无政府状态是最可怕的事情,因为任何个体都可以为所欲为,社会陷入蛮荒的"丛林状态"。辛亥革命成功,随着清政府垮台和袁世凯的去世,威权的消失令中国陷入一片混乱状态中,中国并没有由此进入现代化进程,这就是辛亥革命的不良后果。他认为:

> 辛亥革命的胜利是一个偶然性事件,之后形成了很强的历史惯性。不要以为清政府是一个力量非常小的体制,它在人心中还是有很大作用的。以中国之大,人口之多,观念差异之大,各种利益的冲突、各种情况的不均衡,等等,要重新建立一种统一的公认的权威体制,谈何容易!清政府被打倒以后,人们就无所适从了。辛亥革命开始不久,就开始滥杀人了,谁军权在握,想杀人就杀人。辛亥革命、二次革命、国内大革命,前后搞了六七十年。有大量资料证明,辛亥革命后的中国,并没有加速现代化,而是相反。[①]

对此,美国汉学家史景迁在接受《财经》记者采访时也表达了与李泽厚同样的看法。他认为,从某种程度上讲,辛亥革命破坏了"秩序","干预"了中国一个前行的重要进程,即省议会的发展,因为当时每个省都在为北京的议会选出人才。如果没有"武昌首义"这个辛亥

---

① 李泽厚:《告别辛亥革命》。

革命的导火线,就不可能改变"省议会"的发展进程,中国很多省份如四川、湖南、湖北都在进行选举,最后有人赢得选举,尽管女性还没有选举权,但已试图进行公平选举。①

然而,对于近来备受推崇的"清末新政",以及对改良的推崇,著名历史学者余英时却认为并不存在什么"清末新政"。他认为,晚清政府的改革仅限于经济方面、技术方面、行政方面,并没有涉及根本的政治权力改革。行政改革不同于政治改革,政治改革是要涉及整个体制的。虽然清末提出了"立宪",但也仅仅是"预备立宪",而且还要等待九年以后才开始,慈禧更是至死都不肯放弃权力,不肯改变有秦以来"君主专制"的体制。清末皇室和满洲权贵最关心的问题是亡大清,而不是亡中国,大清比中国要重要得多,这就是当时清政府的心态。不进行改革,绝不妥协,这是辛亥革命爆发的主要原因。②

雷颐在《百年前的立宪者》③中也认为,立宪不成功的根本原因在于清政府自己的政策,自己不改革导致立宪没有成为中国的选项,立宪派最后转向革命是清政府拒不改革和妥协的结果。他指出,武昌首义之所以获得成功就在于很大程度上得到了立宪派的支持和响应,绝大部分省的独立都是由革命党和立宪派共同完成的,而且相当多的地方是立宪派起了主要作用。正是因为有了立宪派的支持,清政府才会垮台。立宪派的主体是绅商阶层,这是清政府统治的基础阶层,因为当时中国的统治形式是绅商管理地方的。立宪派最初坚决反对革命,主张立宪,可是晚清政府却拒不妥协。从1910年国会请愿运动到清政府最后拒绝妥协,皇族内阁和铁路国有政策的出台是立宪派在最后时刻走向与革命党合流的一个不容忽视的重要原因。从反对革命到支持革命,甚至参与革命,立宪派态度立场的变化是辛亥革命获得成功的最重要的一点。

对于思想界出现的批评革命的思想走向,邢贲思在《求是》杂志上发表了《从旧民主革命到新民主革命》的文章。他认为,应该正确评价辛亥革命和新民主革命,辛亥革命推翻了封建帝制,开启了民主共和,新民主革命则推翻了帝国主义、封建主义、官僚资本主义的统治,实现了民族独立和人民解放,二者的历史地位和功绩绝不容否定。革命避免不了使用暴力,改良再好,在近代的中国也是完全行不通的。他指出:

>有人据此否定革命,认为革命的代价太大,不如采取和平渐进的改良方式为好,这种观点貌似有理,但它脱离具体情况抽象地议论改良和革命孰优孰劣,实则毫无意义。马克思主义从来都是把问题放到一定的历史条件下进行分析,只有把问题放到中国近代史的具体条件下,才能找到正确的答案。改良虽也能对社会起到一些改进作用,在历史发展的一定阶段具有进步性,但改良不触动社会的根本制度,不破坏反动阶级的统治根基,就中国近代史的具体情况说,既解决不了救亡图存问题,也解决不了强国富民问题,作为权宜之计则可,作为变革社会的根本大计则不可。④

---

① 参见史景迁:《突破循环的历史变迁》,《财经》评论总第1期,2011年10月17日。
② 参见余英时:《回首辛亥革命,重建价值观念》,《财经》评论总第1期,2011年10月17日。
③ 腾讯网,燕山大讲堂,第126期,http://view.news.qq.com/ysdjt.htm。
④ 邢贲思:《从旧民主革命到新民主革命》,《求是》2011年第19期。

三、寻找历史的真相

辛亥革命那段历史已经渐行渐远，但是随着更多史籍档案和民间材料的揭秘，当我们超越国别、种族、党派和阶级的立场，以更加宽容、自信和平和的态度面对那段历史，并将其放置在一个更加宏阔的历史长河中进行考察的时候，我们对于那段历史也就有了一个更为清晰的轮廓，也就更有可能逼近扑朔迷离的历史真相。当下，国内史学界对于辛亥革命性质的论定，已经不再是"阶级革命论"一统天下了。资产阶级革命论、民族革命论、政体革命论、全民革命论等各种观点并存；对于推动辛亥革命的历史力量也有着不同的侧重，但是有一点已经达成学界的共识，那就是革命派并不是推动辛亥革命的唯一力量，以士绅阶层为主的立宪派、以袁世凯为代表的北洋军，乃至清末政府的新政和《清帝逊位诏书》的颁布，以及清末大规模爆发的自然灾害、粮食危机和金融困局，甚至是西方列强的中立态度，都可以被视作是推动中国走向民主共和的力量。

至此，历史不再是单线条叙事，不再是胜王败寇的霸道史观，历史看上去是如此的杂乱无序和碎片化，可是却最大程度地逼近了历史的真相。我们应该清楚，过分清晰的历史从来都不是真实的历史，而是被捡拾过的历史，真实的历史是丰富的、杂乱的、混沌的，是难以穷尽的。在这里，我们综合各方观点，也是为了帮助大家去了解那段尘封的历史和革命。

国内传统史观将辛亥革命定性为一场失败的资产阶级革命，没有动员中国底层最广大的人民群众，没有旗帜鲜明地反对帝国主义，也没有解决最根本的土地问题，这些都体现了资产阶级的软弱性，这也是导致辛亥革命最终失败的根源，这是中国共产党人对辛亥革命的定性。辛亥革命属于旧民主主义革命的范畴，这是有别于中国共产党所领导的新民主主义革命，客观而言，这是中国共产党从无产阶级革命史观出发所得出的对于辛亥革命的评价，这个观点是我们在教科书中所经常看到的，也是当前在中国影响最大的。

对此，海峡对面的思想界自然是不赞同的，他们认为辛亥革命应该是一次全民革命。台湾学者张玉法就认为，在辛亥革命中，孙中山虽然没有直接参与，但却是最重要的思想指导者，他的三民主义，不管是民族主义、民权主义，还是民生主义，都是没有任何阶级性的。他指出，中山先生是主张阶级调和而不是阶级斗争的，这不同于中国共产党关于辛亥革命是不彻底的资产阶级革命的看法。孙中山是为了整个民族的独立和国家的发展，他的革命目标和革命指导是没有任何阶级性的，因此辛亥革命是一次全民性质的革命。[①]

关于辛亥革命的性质，华裔历史学者周锡瑞在《改良与革命》一书中指出："辛亥革命有两张面孔：一张是进步的，民主共和主义的面孔；在某种程度上，掩盖着另一张'封建主义'的面孔。两者都把中央集权独裁专制，当作攻击的目标。"[②]需要说明的是，周锡瑞所说的封建，并非通常意义上所说的"半殖民、半封建"意义上的封建，而是中国历史西周时期曾经出

[①] 张玉法：《辛亥革命是全民性质的革命》，http://news.163.com/11/1009/12/7FU2M2LO00014L39.html。

[②] 周锡瑞：《改良与革命》，江苏人民出版社 2007 年版。

现过的类似欧洲中世纪的分封制。对此,许纪霖在《辛亥的另一张面孔》①一文中也指出,辛亥是一场共和对专制的革命,也是地方对中央的革命,是封建对皇权的革命。辛亥革命是从美国革命式的地方独立开始的,本来也应该走以制宪为中心的合众建国道路。然而,辛亥革命后虽然创建了新的政治共同体,却没有同时创建共和政体赖以存在的正当性基础——宪政,权力归属问题始终压倒权威重建问题,各个派别纷纷追逐国家最高权力,这就造成了民国以后的政治乱象。

另外,对于辛亥革命建立的共和政体,美国汉学家费正清认为这只是一个历史的假象,他认为:辛亥革命建立的新政体只是覆盖在旧中国上的薄薄的一层皮。它距离中国民间社会极其遥远。共和政体只是国外的、空洞的仿制品,于中国的历史传统、社会土壤中毫无根基。这一观点与鲁迅先生所说的辛亥革只不过是"一朵没有结出果实的花朵"之观点殊途同归,鲁迅在散文《范爱农》中曾描绘过绍兴光复时的情景:"我们便到街上去走了一通,满眼是白旗。然而貌虽如此,内骨子是依旧的,因为还是几个旧乡绅所组织的军政府,什么铁路股东是行政司长,钱店掌柜是军械司长……"鲁迅所说的"内骨子是依旧的",也就是孙中山在1923年所说的"有民国之名,而无民国之实"之喟叹。

然而,国内有学者对费正清的看法却并不苟同,阙光联在《走向文明:辛亥革命的是非成败辨析》②一文中指出,辛亥革命是单纯的政体革命,是一场有限革命,它没有把社会翻一个底朝天,只要达到清帝退位,建立共和政体,其革命目标即告完成。这个目标是有限的,只停留在政治层面,因此辛亥革命只是一个政治革命。他认为,辛亥革命的革命对象并非哪个阶级,简单地以阶级属性来定性这次革命,以某种先验的意识形态教义来附会历史史实,必然会导致对辛亥革命的真实历史及其意义的误读。因此,不应该用社会革命、阶级革命的观点来分析评价辛亥革命,而应该将其放在20世纪中国走向现代国家的历程,或者说是宪政民主化的历程之中,从政治发展的视角来分析和评价其是非成败。

对此,萧功秦则认为,辛亥革命并不是资产阶级的软弱革命,而是一个激进的排满革命;不是民主革命,而是一场民族革命。他认为,在1899年庚子之变后,排满的民族主义思潮已经开始在社会上弥散开来,这一思潮在新军中的影响力最大。新军军官都是汉人,他们到日本去留学,而日本就是一个排满革命的大本营。新军军官离开中国时满怀君主开明专制思想,但是从日本回来后却变成了激进的排满革命思想,由此这种排满的激进民族主义思潮就在新军中传播开来,辛亥革命也就是这种思潮下由新军发动的。③

对辛亥革命性质的论定,至今依然是百家争鸣,众说纷纭,但是对于推动辛亥革命的历史力量,国内外学界已经有了一个基本的共识,争论极少。

傅国涌在《辛亥百年变局》一文中指出,研究辛亥革命不能仅仅从1911年10月10日到1912年2月12日隆裕太后下达诏书宣布退位的120天来看,如果单纯从历史上的这120天来看,那么辛亥革命无疑是一次剧变。但是,如果将辛亥革命的研究视野拉到近代中国一百年来看,那就是一个从量变到质变的过程,太平天国摇一次,戊戌变法摇一次,八国联军摇一次,立宪运动摇一次,最后辛亥革命再摇一次,清王朝就倒塌了。他指出:

---

① 许纪霖:《辛亥的另一张面孔》,《同舟共进》2011年第9期。
② 阙光联:《走向文明:辛亥革命的是非成败辨析》。
③ 参见萧功秦:《革命的乌合之众摘了清王朝的烂桃子》,http://www.21ccom.net。

以往关于辛亥革命的历史几乎是革命党人单方面书写的,这样的辛亥革命史是不完整的,它只呈现了一个侧面,可能有夸张、有虚构,自我表扬的成分很大,由国民党人书写的辛亥革命史,和后来由自称继承了孙中山遗志的共产党人书写的辛亥革命史都是不完整的,因为它只说出了他们经历的那一面。今天看辛亥革命,如果只看革命党人提供的单方面事实是不够的,因为它完全地排斥了当时的中产阶层、绅士阶层、官员阶层、新兴的工商业阶层对那个时代的贡献,它只强调了革命党的贡献。①

傅国涌认为,千年帝制崩溃,辛亥革命获得成功,主要是在三股力量的推动下完成的,第一股力量是孙中山所代表的革命派,第二股力量是以往认为比较保守、甚至反动的袁世凯所代表的北洋派,第三股力量则是长期以来被忽略的,实际上在当时非常重要的,以张謇、梁启超为代表的立宪派,这三股力量有一个共同的起点,那就是变革的思想。三派同源,和平谈判,彼此妥协,确定共和政体,这是决定辛亥革命的三股力量。②

黄克武在《辛亥革命是怎么成功的?》③一文中也指出,要真正研究和了解辛亥革命,必须追溯到道光、咸丰年间,因为从那时起,魏源、徐继畬等人就开始引介西方的思想观念,还有西方的传教士所带来民主、民权、自主之权等观念。林则徐、魏源、梁廷枏等人引介英国的君主立宪与美国的民主共和政体,并将华盛顿描绘成尧舜那样的明君,进而倡导他所树立的民主风范。晚清后十年,随着留学生的增加,译介新思潮的内容更为丰富。正是这些民主思想和革命观念的传播,才对彼时之国人有了思想上的启蒙,立宪派和革命派也正是在这些思想观念的影响下,开始构想中国的自由、权力和宪政体制,进而奠定了辛亥革命的基石,这些都是研究辛亥革命所应该注意的。他也认为,"辛亥革命的成功,除了兴中会这些抛头颅、洒热血的革命党人参与外,还有其他的力量与群体,其中势力最大的就是以康、梁为首的立宪派。事实上,辛亥革命之所以能成功,真正的转折点是革命爆发之后在各地得到立宪派人士的支持"。

袁伟时在《大清帝国的两道催命符:倒行逆施其实是最大的错误》④一文中也指出,辛亥革命是多种因素汇合的产物。他列举了1911年11月15日《东方杂志》上发表的一篇文章来予以说明,这篇文章是该刊主编杜亚泉用高劳的笔名发表的《革命战争记》,对辛亥革命的分析比较全面:

> 当时下有鼓吹革命之党人,而上复有制造革命之官吏;立宪其名,专制其实;商路则收归国有;外债则任意大借;代表则递解回籍;内阁则专任亲贵。凡可以离民之心,解民之体者,行之惟恐不力! 又值各省水灾,饥民遍地;天时人事,相逼而来。宜乎广州之变方起于前,川省之事又继于后。……殆武汉事发,各省响应,革命军之旗帜遂翘然高举于禹域之内矣!

---

① 傅国涌:《辛亥百年变局》。
② 参见傅国涌:《三派同源,殊途同归——我看辛亥革命》,《书屋》2010年第12期。
③ 黄克武:《辛亥革命是怎么成功的?》,《南方周末》2011年10月1日。
④ 袁伟时:《大清帝国的两道催命符:倒行逆施其实是最大的错误》,《炎黄春秋》2011年第7期。

四、辛亥的文化遗产

清末新政何以失败？辛亥革命何以发生并结束了千年帝制？辛亥革命最大的创举是什么？辛亥革命所建立的民主共和政体何以最后以失败告终？中国的历史命运之舟将会驶向哪里？……辛亥革命离我们逐渐远去，却留给我们无尽思考的空间，这些反思就是辛亥革命留给我们的最宝贵的精神遗产。辛亥革命所留下来的精神文化遗产，其中自然也包含国人对中国近现代两百年历史的思考成果，这些思想为中国未来的发展提供了充满历史智慧、超越派别隔阂、饱含国家情怀、具有重大意义的建设性意见。

哈佛大学教授裴宜理认为，辛亥革命有两方面的政治遗产：一个是结束了帝制，如果没有帝制的结束，就不可能有中国新的政治体系的实验；第二个就是中国真正开始探索国际上的政治模式，这种努力和探索自辛亥革命延续迄今。虽然从某种程度上讲，辛亥革命失败了，没有成功建立起一个共和政府，并实现稳定的国家治理，以致造成之后的军阀混战。但是，中国对新体制的探索开始了，这是辛亥革命留给现代中国的最重要政治遗产。①

萧功秦认为，今天反思辛亥革命，一个最重要的教训"就是在现代化转型和改革过程中，应该加强学习能力和试错能力，培育多元的社会整合机制，让每一个个体和社会组织都有一定的自主能力，帮助国家来完成社会转型。要创造一些制度增加社会的试错能力，避免大的动荡，不要等到这个社会矛盾激化到一定程度的时候才进行改革。这是下一个一百年中国走向成功的现代化的希望所在"。②

雷颐也认为，如果一个社会组织良好，杜绝贪污腐败，并能够不断改革、调适、变化，那样激进分子永远是在边缘，就不可能出现革命。他认为：

> 从某种意义说，鸦片战争以来中国面临的现代化转型始终没有完成，尽管现在提中国模式，实际上没有几个人认为中国已经在大的框架中，总觉得有大变动，关键是往哪个方向变动的问题。是往左走还是往右走，这还是中国从1840年鸦片战争以来各种探索的过程中，所以辛亥革命没有过去。社会要变，不希望以激烈的方式变，既然都不想用激烈的方式变……与时俱进，不断的调适才是好方法，不是说要忍着，老百姓没有一个忍得很久的。③

回溯辛亥，我们发现，立宪派的态度之所以会发生根本性变化，原因就在于既有体制已经无法满足其要求，正如亨廷顿所言："向上攀登或期望过高的集团和僵硬不灵活的制度是制造革命的原材料。"所以，"在能够扩大权力并在其内部放宽参与的政治体系中，革命是不可能发生的"。革命"最可能发生在曾经经历过某些社会和经济发展，而政治现代化和政治

---

① 参见裴宜理：《中国尚未完成的制度探索》，《财经》评论总第1期，2011年10月17日。
② 萧功秦：《革命的乌合之众摘了清王朝的烂桃子》，http://www.21ccom.net。
③ 雷颐：《百年前的立宪者》，腾讯网，燕山大讲堂，第126期，http://view.news.qq.com/ysdjt.htm。

发展又已落后于社会经济变化的社会"。① 因此,只有扩大政治参与,积极推进政治体制改革,才能"告别"各种各样的"激进主义"。

与众多研究者视角不同,但是殊途同归的是法学家高全喜对《清帝逊位诏书》的解读,他指出,辛亥革命的重要遗产就是宪法精神的确立。在《立宪时刻——论〈清帝逊位诏书〉》一书中,他选取了中国历史中被人忽略乃至遗忘的篇章——《清帝逊位诏书》这一历史文本,从政治宪法学的角度来进行法学意义上的解读,并论证了其蕴涵的宪法意义。他认为:第一,逊位诏书对冲、稀释乃或阻止了南方政权的种族革命激情,避免了类似法国革命的趋势;第二,通过清帝逊位,把王权交给了一个立宪共和政体,改变了中国传统政治制度的结构;第三,清帝逊位的优待条件不仅仅是一项政治赎买,更是一个建国契约,它对复辟帝制构成某种制约;第四,逊位诏书确立了中华民国的两个主题,一个是建立共和政体,一个是人民制宪,实现"五族共和";第五,天命流转问题,逊位诏书隐含着承认人民主权是中华民国的新天命。从形式上来说,逊位诏书并不是一个形式完备的宪法文本,但它总结和承载了晚清以来若干次或被动或主动的改良立宪运动,有效节制了革命激进主义的潮流,弥合了革命造成的历史裂痕。②

关于宪政权威的重要性,许纪霖在《晚清新政如何催化辛亥革命》③一文中也指出,重建宪政权威比权力易主更加重要。当时,革命派与立宪派所抓住的分别是权力与权威的两端。革命派推崇革命,认为只要革命成功就会带来民主共和的新秩序;立宪派则主张应首先立宪,认为只要确立了宪政原则,即使保留了君主制,国家的权威也会从君主转移到宪法。

梁启超从法国革命的历史教训中发现,民主同样会造就民粹专制,而避免专制的关键就在于按照宪政制衡权力,为政治秩序建立一个新的权威——宪政权威。立宪派担心缺乏宪政的共和政体会以人民的名义执行新的专制,古代罗马独裁政权和近代法国大革命就是例证,在民主专制之下,宪法徒具一纸空文,议会也只是成为了一个摆设。历史的进程也正如梁启超所料,辛亥革命虽然创建了共和政体,却没有同时创建共和政体所赖以存在的正当性基础——宪政。这就造成了权威性的缺失,军阀混战继之而起,革命内战接踵而来。至今,宪政权威依然阙如,中国依然承受辛亥革命留下来的复杂精神遗产。

许耀桐在2011年9月22日的《社会科学报》上发表了名为《中国政治民主化的进程有必要提速——关于辛亥革命的新认识》的文章。他指出,正统观点认为辛亥革命之所以失败,是因为资产阶级革命派没有彻底的反帝反封建纲领,没有解决农民的土地问题,因此也不能够充分发动和依靠农民阶级这个中国革命的主要力量。但是,1949年新中国建立后,农民的土地问题得到了解决,帝国主义被赶跑了,反动的旧国家机器也被推翻了,形成的仍是权力过度集中的"苏联模式"政治体制,并没有很好地推进和实行民主政治。

在文章中,他通过对民主政体的分析指出,凡致力于推进和实现政治民主化的国家,都需要执政者及执政党对政治民主化的认同和市场化经济发育成熟这两个必备条件。但是,这不等同于只要两者同时具备了,政治民主化就会自动到来。对于经济文化落后的发展中国家而言,鉴于其政治基础和经济基础处于一种十分薄弱的状态,因此应该在先行推进经济

---

① 塞缪尔·菲利普斯·亨廷顿:《变化社会中的政治秩序》,上海人民出版社2008年版。
② 参见高全喜:《立宪时刻——论〈清帝逊位诏书〉》,广西师范大学出版社2011年版。
③ 许纪霖:《晚清新政如何催化辛亥革命》,《中国改革》2011年第8期。

市场化的情况下,再适时跟进和推动政治民主化。据此,他认为:

> 自1978年中国实行改革开放后,中国的市场经济从原来的5%左右向前快速发展。现在,当中国经济的市场化程度已达到73.8%~78.3%,当已经有越来越多的国家承认了中国是市场经济国家后,中国已经具备了实施新的民主政治发展模式的条件了。使我们感到奇怪的是,似乎还有人认为,现阶段中国还没有到可以谈政治民主化发展的时候。应该说,这是多么糊涂和站不住脚的观点。我们再没有必要去争论中国要不要搞民主政治的问题了。现阶段中国政治民主化的进程,不但必须紧紧跟上,而且需要给予必要的提速了。①

此外,除却执政党自上而下的改良和社会精英群体的中坚效应,平和、理性、稳健的民间力量的培育也是不可或缺的。傅国涌认为,国家要建设而不要破坏,要对话不要对抗,要和平不要暴力,要理性而不要非理性。一个社会能否不流血、少付代价、不经过大规模动荡,顺利地完成和平转型,就是要依靠民间社会的进一步的发育,培育出大量的具有"群角意识"的新一代公民,只有这样才能真正改变历史,支撑起一个现代制度。而这种现代的制度和现代公共生活方式需要每一个人去创造,光靠主角与配角是创造不出一个现代社会的,这是辛亥革命留给我们的精神遗产。②

诚如余英时先生所说:"21世纪的中国最重大的、最核心的题目就是重建中国的民间社会,重建被连根拔掉的那个民间社会。"

结　语

"一切历史都是当代史",历史只有与当前的视野对接时才能被理解,在对历史的解读中能看到人们对当下的认知和对未来的期许。当下,国人对辛亥革命记忆历史真相的挖掘和深度解读,事实上也是对当代中国生存困境的解读。近年来,随着中国社会经济的快速发展,经济市场化的快速推进和政治体制改革的滞后这一矛盾日渐突出,因此对于辛亥革命的反思和回顾,无疑是国人对于中华民族现代文明进程的一种现实焦虑,是对全球文明进程中的中国当代命运的一种迫切思考。章开沅在《辛亥百年遐思》③一文中提出了反思辛亥革命"要看'三个一百年'"的观点,即辛亥革命前一百年、辛亥革命后一百年、由今日起又一个一百年。这是一个宏阔的历史视野,我们今天讨论辛亥革命,也是为下一个一百年做准备,一百年后的中国将会怎样,需国人共同努力。

---

① 许耀桐:《中国政治民主化的进程有必要提速——关于辛亥革命的新认识》,《社会科学报》2011年9月22日。
② 参见傅国涌:《辛亥百年变局》,《名作欣赏》2011年第25期。
③ 章开沅:《辛亥百年遐思》,《近代史研究》2011年第4期。

A Commentary on the Study of the 1911 Revolution

Zhang Linming

Abstract: The 1911 Revolution is an epoch-making event in modern Chinese, which altered the course of Chinese history and left an invaluable spiritual legacy. Through the viewpoints which integrated with the quality of The 1911 Revolution, dispute on improvement and revolutionary, the history of revolution and the cultural inheritance, Chinese people can know the modern Chinese more objectively, more comprehensively, and more profoundly.

Key Words: the 1911 Revolution; the quality of revolution; the truth of history; the cultural inheritance

老校长的亲笔信

郑启五[*]

萨本栋(1902—1949),物理学家、电机工程学家、教育家。1921年在清华大学毕业后赴美国,先后在斯坦福大学和伍斯特工学院攻读电机工程和物理学,成绩均优异。1927年获理学博士学位。1928年回国,任清华大学物理学系教授。1937年任厦门大学校长。1945年任中央研究院总干事兼物理研究所所长。萨本栋全力献身于科学教育事业,特别是抗战时期厦大的建设和发展,积劳成疾,英年早逝,他被认为是厦门大学历史上最伟大的校长,是厦大精神的代表人物之一。我的父亲母亲都是萨本栋的学生,萨本栋是我们家崇敬的伟人。

2015年1月26日,我父母亲在长汀时期的老同学、福州萨氏家族的成员、93岁高龄的萨兆钤先生从香港辗转送来一封萨本栋老校长的亲笔信,让我代表他转送"厦门大学图书馆萨本栋纪念室"。这是我第一次瞻仰萨公的手迹,老校长一手毛笔字娟秀可人,竖写的汉字和横写的英语在一张信笺上和谐共处,而且赏心悦目。信件的全文如下:

彦堂先生:

阔别年余,生活想尚称意。朋友自美回来,都说先生工作顺利,甚为欣慰!前数日Cressy先生带来先生惠赠的精贵Parker51一套,真不敢当,谢谢!现有一事奉告,芝加哥大学艺术系主任L.Bach-hofer教授对于考古颇具兴趣,闻已向Full-bright教育基金会请求来华到本院史语所研究。此地美大使馆曾来询事前有无接洽,经查夏作铭与李济之先生均无所悉。弟已复以此间无所闻,并告以最好须先与现在"新居"之傅孟真先生商妥后再来。此君先生亦知之否?便先赐知。先生何时返国?都在念中。

端颂

著安

弟萨本栋顿首

五、廿一

这封信的收信人彦堂先生即董作宾(1895—1963),原名作仁,字彦堂,号平庐。河南省南阳人。甲骨学家,第一届中央研究院院士。知名文史学者,在考古学、殷商史、文字学、书法及篆刻艺术等方面颇有贡献。曾于福建协和大学、中州大学、中山大学、台湾大学执教,1951年1至6月任"中央研究院"历史语言研究所所长。据考,董作宾1947年任美国芝加哥大学中国考古学客座教授,1948年回国。(顺带一提,1986年9月,我曾和厦大台研所所长陈孔立教授一起前往美国芝加哥大学,专程出席该校远东研究所主办的

---

[*] 郑启五　厦门大学公共事务管理学院　福建　厦门　361005

"第二届台湾国际学术研讨会",并宣读论文,可见芝加哥大学与中国学者间的学术交流由来已久。)

此信的书写时间是1948年5月21日,萨公此时已经离开厦大,出任南京中央研究院总干事,私事公事尽在信中,既有学者之间个人的交谊,也有当时中美两国学术交流的轨迹,所提及的中方人物都是当时顶尖的大学者,其一"李济之"为李济(1896—1979),字受之,后改济之,人类学家、现代考古学家,享有"中国考古学之父"之誉;其二"夏作铭"为夏鼐(1910—1985),原名国栋,字作铭,清华大学历史系毕业,中科院院士,著名考古学家、历史学家、社会学家、社会活动家,享有"新中国考古学奠基人"之誉;其三"傅孟真"为傅斯年(1896—1950),字孟真,历史学家、五四运动学生领袖之一、中央研究院历史语言研究所创办者,时任中央研究院院士。短短一函,大腕会集,信件的文史分量越发沉甸甸了。

不过按理说,这样的私人信件不应在萨氏族人手中,萨兆钤先生年高耳背,不宜打扰,我在困惑之际,有热心人从网上发来此信在2014年4月被"中国嘉德国际拍卖有限公司"拍卖的情况,有图有真相,萨本栋这封信的估价为5000～8000元人民币,而拍卖的成交价是34500元人民币。近年名人信札的收藏热持续升温,但成交价出现如此飙升的结果还是令人瞠目结舌的,也可见萨家后人的志在必得。

萨本栋纪念室应该是萨本栋亲笔信的最佳归宿,我不敢怠慢,马不停蹄,携这封珍贵的老校长亲笔信直奔厦大图书馆,我与馆长萧德洪是朋友,萨本栋纪念室直属厦大图书馆,于公于私,都顺理成章。不巧德洪兄外出,那就请副馆长代为接受,并郑重其事摄影一张,留下交接的镜头和凭证。

我平静地走出厦大图书馆大楼,思绪如潮,萨兆钤学长之所以委托我转交此信,除了我留守母校,交接方便,还可能因为我近来对书信文化日渐用心,长文短论接二连三。再说,我的父母亲都是萨本栋的学生,他们在长汀厦大时期,就曾经和萨本栋的书信有过接触:

《中央日报》(福州版)1944年5月18日第4版上《厦大艺展——欢送萨本栋校长赴美讲学》(4000字),作者半圭(即笔者的母亲陈兆璋,当时为厦门大学历史系二年级学生),该文分为"天上·人间"、"艺展全貌"、"厦大一日"、"会场出口记趣"和"尾声"共五个部分。

该文记录了1944年5月7日,师生员工们特在大礼堂举办《欢送萨本栋校长赴美讲学——"厦大艺术展览会"》,这次展览会组委会主席是厦门大学经济系四年级的郑道传同学(即笔者的父亲)。展览会内容十分丰富,有余莺、虞愚、何励生、陈三畏的书法,三畏、枫野、世权的金石,一雄、启典、金徕的水墨写生,尚安的铅笔画和纪杜的漫画;还有许多木刻和校园摄影,以及《厦大一日》的十篇优秀征文。大四学生出版股连夜出版了多达四张的"艺展壁报"。师生们争先拿出自己的特长,抒发对萨校长依依难舍的情感!展览会上最为引人注目的是两张照片,一是萨校长八岁时的旧照,二是萨校长与萨夫人伉俪的结婚照,使整个展览会亲和的像一个其乐融融的大家庭。郑道传别开生面的展品是"萨校长来厦大的前前后后",选辑了一叠叠的电文和信札,让历史的邮件真切地诉说当初萨师创业的艰辛!临行前的萨本栋校长和夫人兴致勃勃地参观了展览,在师生们的各种作品前流连忘返,展览会设有一本签名题词本,萨校长的题词"艺术家是天生的",亲切而幽默,且字迹娟秀可人。萨夫人的题词是"文化的提高有赖天才的人服务大众"。

家父郑道传当时仅仅是一名大四学生,何以能有那么大的能耐,弄来校长的亲笔信札和电文布展？我估计是因为他当时和校长秘书王梦鸥是忘年交,他们间的交情我在《王梦鸥和徐君藩亲笔信的抗战往事》(刊《人文国际》第 6 辑)已经有详细的描述,其实当时整个厦大长汀时期的师生犹如一个其乐融融的大家庭,这种忘年交是不足为奇的。

白驹过隙,事情过去了整整 70 年了,没想到我也与我们萨本栋老校长的亲笔信札来了一次亲密接触,这是人间的奇缘,堪称我们家两代人的血脉传承。

沈从文书信中的张以瑞案

董立功*

【摘　要】 1966年11月6日,沈从文和张兆和的内侄张以瑞被北京师范学院运动系的造反派们殴打致死,并被诬陷是跳楼自杀。张以瑞之死对沈从文内心的打击是沉重的,并成为他的一个心结。"文革"期间,沈从文多次在其书信中提到张以瑞被害的案子,表达了对张以瑞之死的愤慨。1974年,国家计委为张以瑞召开了追悼大会,但这并不能抚平沈从文内心的痛苦。

【关键词】 沈从文　书信　张以瑞

1949年1月,在人民解放军的强大攻势下,北平和平解放。此时,北大校园里的沈从文却意外出现了精神失常的情况。1月28日是农历除夕。这天早上,沈从文已被朋友接到到清华园休息调养。张兆和给沈从文写了一封信,信里说:

> 后来中和来了,说起你一路情形,说起见到思成一家人,你们一同吃饭情形,我想到你在那样朋友环境中精神兴致都会比较好,我也高兴了。这一阵我为你情绪不安宁心情也异常紧张,你能兴致勃勃的回来,则对我也正是一种解放。接着小老爷也到了,他一个人耐不住寂寞,赶来城中过年,最后来的你道是谁?原来是以瑞,于是十八号暂时喧宾夺主成了张氏天下了。①

信中的"中和"即张兆和的堂弟张中和,时为清华大学土木系学生。不过,信中还提到了一个名字——以瑞。这个"以瑞"是谁呢?

原来,这个"以瑞"指张以瑞,系张兆和堂兄张瑢(又名张鼎和)之子,也就是沈从文和张兆和的内侄,当时为天津北洋大学学生。

张以瑞背后有一个鲜为人知的显赫家世——合肥张家,可谓系出名门。他的高祖张树声,曾经担任过清廷的直隶总督。他的父张瑢,于1936年被国民党杀害后被追认为革命烈士,那年他才八岁,母亲吴昭毅做小学教员,艰难维持一家生计。尽管童年历尽艰难,聪慧过人的张以瑞还是凭借自己努力,于1946年18岁时考入了当时赫赫有名的北洋大学机械工程系,并于毕业后成为一名技术人才。而他的四个堂姑,就更广为人们所熟知了,大姑张元和嫁给了当时风靡整个戏曲界的名伶小生顾传玠,二姑张允和嫁给了赫赫有名的语言学家周有光,三姑张兆和嫁给了誉满天下的小说家沈从文,四姑张充和则嫁给了享有国际声誉的

---

* 董立功　厦门大学人文学院　福建　厦门　361005
① 参见《沈从文全集》第19卷《书信》,北岳文艺出版社2009年版,第6页。

美国德裔汉学家傅汉思,人称"合肥四姐妹"。

张以瑞考入北洋大学的时候,国共内战已经爆发,共产党已开始在国统区积极发展地下党组织。据同年考入北洋大学的张振锐(又名王武)事后回忆,抗战胜利后,为了充实大学里的党组织力量,在上级党组织的安排下,刚刚入党没多久的王武于1946年下半年"考入"北洋大学学习。当时,北洋大学里只有少数几个分散的党员,互相也不认识。只能单独作战,开展工作。1947年秋,上级党组织根据形势发展决定组织建立"北洋大学地下党支部",王武任首任书记。① 张以瑞班上有个叫杨启绍的同学,后来也担任过这个秘密组建的北洋大学地下党支部书记。

1950年,在北洋大学潜心修习四年,修满了所有课程后,22岁的张以瑞顺利毕业。他所在的班级一共48名同学,不少人后来成为车辆和机械领域的专家。如后来担任机车车辆研究所副所长的吴瑞,在天津大学任教的祝毓琥,担任一汽厂长的黄兆銮,在太原重型机器厂工作的刘振霄等。也有一些人后来选择从政,如后来担任天津市市长、市人大常委会主任的聂璧初,也是张以瑞的同学。可谓一群青年才俊。

一个值得注意的细节是,张以瑞在北洋大学读书的四年,始终没有参加地下党组织的活动,可见其对政治的热情并不高,但这并不代表张以瑞没有自己的业余爱好。除了学习机械专业知识外,他曾担任过北洋大学一个进步剧团的负责人,可见其对曲艺和表演有一定的兴趣。

1950年,张以瑞大学毕业。当时被分配到了重工业部,在该部计划司担任技术员。后来又被调到第一机械工业部计划司、国务院第三办公室、国家经委机械工业局等单位担任技术员和工程师。值得注意的是,张以瑞参加工作的最初几年,没有入党。一直到1956年,他才加入党组织。

1959年,张以瑞的职业生涯迎来了一个转折点。这年年底,张以瑞开始担任国家经委物资办公室谢北一同志的秘书。1960年5月,国家成立了物资管理总局。谢北一同志于1961年2月任物资管理总局副局长。1964年9月,物资管理总局又改为物资管理部,谢北一同志任副部长。在此期间,张以瑞一直担任谢北一同志的秘书。直到1965年7月份,谢北一同志调至国家建委工作,张以瑞才调到物资部机电局二类产品处担任负责人(当时是科级干部)。1965年底,张以瑞被破格提拔为机电局副局长。

1966年5月16日,"文革"爆发,似乎打破了一切常规与秩序,张以瑞也未能例外,同年6月18日,刚刚担任机电局副局长没多久的他便被借调到北京市委文教系统办公室任简报组组长。

张以瑞被借调到北京市委文教系统后,"文革"犹如狂放野火,已疯狂肆虐起来。北京师范学院自也未能例外,被裹挟在了各种运动的洪流中。张以瑞被市委黄志刚(华北局候补书记)派到北京师范学院运动系了解革命串联委员会(以下简称"革联")和革命战斗委员会(以下简称"革战")两派之间的争执情况。运动系是北京师范学院一个较为特殊的系,是1960年新成立的一个系,其前身是北京市运动员集训队。当时,北京市运动员代表团刚刚从1959年召开的第一届全国运动会上载誉而归,团体总分位居全国第二。时任北京市长刘仁对北京市的体育事业寄予厚望,也尽量给运动员创造好的生活条件。先农坛体育场看台

---

① 参见王武:《我的学运生活》,载《天津日报》2009年10月17日。

西侧有一幢灰砖楼房,当时是国家体委的招待所。在刘仁和张友渔的支持下,北京市拿出一座同等面积的楼房和国家体委交换,将先农坛这个招待所改成了北京市运动员宿舍。1960年,经北京市委批准,北京市运动员集训队成为北京师范学院运动系。①

现在看来,张以瑞去北京师范学院运动系了解两派争执情况,并不是一项太复杂的任务。他完全可以置身事外,只需要分别向两派了解相关情况,再向黄志刚汇报即可。然而历史总是有些让人哭笑不得的巧合,或许是上天冥冥之中早有安排,张以瑞曾担任过物资部副部长谢北一的秘书,而谢北一的儿子当时就在北京师范学院运动系"革联"一派。这一消息不胫而走,最终成了张以瑞的生死砝码。"革战"一派认为,张以瑞在向黄志刚汇报的过程中袒护"革联",很是不满,于是他们便紧锣密鼓展开了相关活动。

11月1日,北京师范学院运动系"革战"一派的王兴斋等几人欲拉张以瑞去检查。后来据张以瑞的爱人许芳同志回忆,当天她曾劝张以瑞先看病以后再去。张以瑞说:"我既不是工作组,又不是联络员,只是按黄志刚同志指示去了解一次情况,没有说过什么错话,我去把情况说清楚就回来,革命嘛就要敢字当头,怕什么呢?顶多打几下,也没有什么了不起。"

然而,在北京师范学院运动系,等待张以瑞的,绝不仅仅是"打几下"那么简单。检查期间,"革战"一派将张以瑞关在先农坛体育场的一间房子里,限制其人身自由,并派人轮流看守。

11月4日9点30分左右,北京师范学院先农体育场主席台下宿舍楼中走廊里一声巨大钝重的"扑通"声,打破了冬日校园的宁静。最先听到声响的几位红卫兵女生,起初并未在意,以为不过是什么东西不慎掉落,谁知隔了几分钟,宿舍内闯进来二男一女,迅速从宿舍的窗户跳到走廊里去。不一会,一具血淋淋的尸体被抬了出来,女生宿舍里顿时惨叫声一片!

死者的身份很快被调查清楚,正是张以瑞。从张以瑞被借调到发生不幸,仅仅不到五个月时间。这五个月时间里究竟发生过什么?张以瑞究竟是缘何而死,是自杀还是他杀?青天白日突然坠楼,究竟又是什么导致了这一惨剧?

11月4日当天,北京市委文教办公室通知物资管理部党委,称张以瑞"跳楼自杀"了。北京市委仓促发布的张以瑞"跳楼自杀"的结论引起了物资部的极大不满。在物资部机电局的要求下,11月8日0点50分,北京市委连夜召集解放军总政治部、物资部、北京市公安局、北京师范学院运动系等在先农坛体育场革命造反楼402房间召开了一个紧急座谈会,时任北京市委书记处书记丁国钰、北京市委常委兼宣传部长李立功主持会议,《解放军报》的两位记者和张以瑞的爱人许芳也参加了这次会议。笔者有幸淘到了一份当时油印的会议记录,现将会议记录内容抄录如下:

> 编者按:张以瑞同志,男,现年三十八岁,革命烈士子女出身,中共党员,物资部机电局副局长,文化大革命期间,在北京市委文教系统办公室简报组工作。十一月四日惨死于北京师院运动系,同日北京市委以"张以瑞跳楼自杀"的结论,通知物资部党委。经过了解,我们对此结论感到怀疑,并与市委进行了座谈,现将座谈记录公布如下:

---

① 参见该书编写组:《刘仁传》,北京出版社2000年版,第479页。

参加单位:1.《解放军报》记者;2. 物资部革命群众;3. 北京市公安局;4. 北京师范学院运动系革命师生;5. 张以瑞同志的爱人许芳;6. 解放军总政治部。

地点:先农坛体育场革命造反楼402房间。

时间:一九六六年十一月八日零时五十分

李立功:昨天搞了一天,找了几个法医,验了一下尸体。原计划办两件事。下午想看一下现场,同时找革战(北师院体育系革命战斗委员会的简称)谈一下当时情况,这事没办成。"革战"的同志都不在,有些主要当事人躲开了,见不到,管钥匙的人也不在,谈不清楚。昨天机电局革命群众没来,《解放军报》就来了两位记者,"革战"也来了两人,一个是委员,一个是红卫兵大队长。公安局通知了"革战":第一条,要"革战"通知当事人,甄九成(系11月1日—4日监视张以瑞的人)等人于明天(十一月七日)上午九时前回来,如不回来,我们要采取措施。第二条,在这期间,不准外出串联。原来我们想今天九时来,看现场,进行调查,双方都有代表。今天九点我们来了,因找医院保护尸体,所以晚了一点。今天"革战"中的当事人,没有来,搞不清楚怎么回事。"革战"的负责人说,他们已通知了,说不敢来,怕扣下,怕打死人,怕被围。还说,中央文革不来人,不行。他们对市委、公安局都不相信。

革命师生:我们对公安局不信任,因为他们极不负责。现场被破坏,他们来观察现场的人,仅照了死人往外抬的现场,其他窗户没有照,凳子、鞋也没有照。肇事者材料转移,搞假象,公安局不管,而照对已破坏的现场,公安局作了查看,也不再来说明。由于市委有责任,躲躲闪闪,我们认为这是有组织、有计划的政治谋害,这是阶级报复。

丁国钰:我看了家属的几点要求,对市委的批评很应该,市委逃不了这个责任,死的原因没有弄清,就说是自杀,是错误的。我们接受批评,你们要求市委把事情弄清,应该尽快弄清,我们尽力办,我们有困难设法克服。

物资部革命群众:向北京市委提出最强烈的要求(五点,提出时间下午1:30)。

丁国钰:我们尽量办,二十四小时前我没有把握。谈自杀是错误的。

物资部革命群众:怎么办?

丁国钰:市委负责。书记处没有这个结论,如果下面讲是错误的。

物资部革命群众:你们通知物资部袁宝华(物资部党委书记)是否代表组织?

李立功:这事我有错误。张以瑞死后,我要叶荣(音)通知的,怎么通知法,我没有讲清楚,我有错误。

物资部革命群众:你以个人名义还是组织名义说的?

李立功:当然代表市委的啰!

丁国钰:市委要负责。

李立功:我有错误。

物资部革命群众:怎么纠正?你们造谣说自杀,怎么消毒?而且已传到东北去了。

丁国钰:我负责查。

据会议记录上的时间显示,这个会开完的时候,已是凌晨3点25分。北京市委连夜召开会议研究此事,可见此事的严重性。

多年以后,李立功在其回忆录《往事回顾》中也谈到了这件事:

我分管的单位很多,也很杂,最难搞的是体委的体育专业队,如武术队、摔跤队、乒乓球队等,每个单位都是两派,两派一斗,就找来让我表态,我如果表态,他们回去后就立即传播说某某说了,他那一派是革命的;另一派听到后马上又找来了,闹个不停。当时乒乓球队造反派在揪斗工作组长时,发生了人命案件,结果闹得不可收拾。工作组长叫张以瑞,是物资部的一个司长,工作组撤离时被一派揪住,他撤不出来。为什么揪他呢?因为张以瑞同志给曾任国家建委副主任的谢北一同志当过秘书,谢北一的儿子是乒乓球队的,是体委一派的头头。就因为张以瑞给谢北一当过秘书,便认为张和谢的儿子是一派的,另一派便把张以瑞揪去了,白天揪去,到了晚上还不放回来,一直批斗。我便给他们打电话,说明天要开会,传达中央的重要指示,要他们把张以瑞放回来。就在这天夜里,他们逼得张以瑞跳楼自杀了。此事谢的儿子那一派当天夜里不知道,第二天得知后,要把张以瑞的尸体抬上游行,高音喇叭喊个不停,说是张以瑞是被推下楼去害死的。对立的那一派的压力很大,跑到我的办公室向我报告说,他们请了医生,张以瑞是自己跳楼的,要我给他们签字认定。……字我不签,他们便恨我,不让我走。另一派抬着张以瑞的尸体游行到了中南海门口,惊动了周总理,吴德、余秋里都参与了这件事的处理。①

李立功的回忆内容也被笔者淘到的物资部"文革"办公室11月9日的一份公告所证实,这份公告的内容如下:

今晨四时接总理办公室通知:

一、总理决定对张以瑞同志死的问题进行调查,中央成立领导小组由李富春同志、谢富治同志、吴德同志组成。
二、此事请转告张以瑞同志的家属。
三、由国家计委等单位推选代表参加专案小组。

物资部"文革"办公室

中央专门成立的这个领导小组对张以瑞死因的调查结果如何,因为材料缺乏,现在还不得而知。但1967年10月21日,六十五岁的沈从文在给其次子沈虎雏、张之佩夫妇的一封信谈到了此事的结论。沈从文在信中写道:

闻以瑞大表哥事已公布为"被谋害",有了定案,我们还未看到正式文件。似乎从小平处听来的。②

从信中看,中央最后对"张以瑞案"的定性是"被谋害"。这样一来,总算是否定了"革战"一派强加在张以瑞身上的"自绝于党、自绝于人民的可耻叛徒"的不实之词,也总算是还

---

① 参见李立功:《往事回顾》,中共党史出版社2008年版,第289页。
② 参见《沈从文全集》第22卷《书信》,第68页。

了张以瑞这一革命烈士之后一个清白。而这时,距离他告别这个世界已经有一年多了。

1968年5月,饱经沧桑的吴昭毅带着巨大的丧子之痛和无尽的遗憾离开人世。如果张以瑞还活着,这一年,他四十岁,属于风华正茂的年纪。

作为沈从文的内侄,张以瑞之死对沈从文内心的打击也是沉重的,并成为他的一个心结。1969年6月,沈从文在他获得"解放"前的最后一次检查中写道:

> 至于图博系统培养一个有丰富实践知识的文物工作者,实在相当费事,费时间!特别是因为我的一个内亲张以瑞,在体育师范学院被谋害后,反被谋害他的人诬为叛国自杀,一时无法澄清,更增加我头脑纷乱。①

1969年11月12日,沈从文在给张兆和的信中,再次表达了对张以瑞之死的愤慨和世态炎凉的感慨:

> 所以"人世险峨"四字虽认识,内容可说并不深懂。这次运动,眼见以瑞死去,还被诬为叛国。又为了工作,处处爱护范某,到时却反被他陷害。……大知,小知,为人阴险竟一至于此,真是不易令人相信。②

1974年,国家计委为张以瑞召开了追悼大会,年逾花甲的沈从文也参加了。但这并不能抚平沈从文内心的痛苦。这一年的12月28日,七十二岁的沈从文对张以瑞的死依然难以释怀,他在给洪廷彦的信中写道:

> 抗日八年,看到一个文件,就死去两千三百万人!别的不说,仅仅从我一九二三年来北京算起,北大、燕大、清华、中法四大学相熟的人,为革命而牺牲的,就在十分九以上。更接近的亲友,也不少,其中还有两代死去的!我的爱人堂兄张璋和内侄张以瑞父子就是个例。③

沈从文本来是计划为张以瑞的父亲张璋的故事为蓝本写一部长篇小说的。从1948年起,沈从文即开始为这部长篇小说搜集资料。1960年初将其正式列入工作计划。遗憾的是,小说还没开始写,就传来了张璋之子张以瑞坠楼身亡的噩耗。学者卢军指出,"可以说是张以瑞的惨死宣告了沈从文创作张鼎和长篇传记小说计划的彻底终结,因为沈从文撰写这部传记文学的初衷是纪念其父的革命热忱和牺牲精神,给后来者以极大鼓励的。现在对沈从文来说,小说的撰写已没有任何意义了"。④

和弟弟张以瑞相比,姐姐张小璋是幸运的。她坚持到了"文革"结束。1981年,在父亲张璋的老战友中共安徽省委第二书记顾卓新的关照下,张小璋回到了故乡——安徽省肥西

---

① 《沈从文全集》第27卷《集外文存》,第273页。
② 《沈从文全集》第22卷《书信》,第214页。
③ 《沈从文全集》第24卷《书信》,第240页。
④ 卢军:《从书信管窥沈从文撰写张鼎和传记始末》,载《文学评论》2011年第6期。

县,环视了父亲的坟地。在她写的《回忆父亲张璋和我们的一家》一文中,仍旧念念不忘自己的弟弟:

> 弟弟从小聪敏过人,爱读书,思维敏捷,写一笔好书法和流利的文字。北洋大学毕业后,长期担任领导同志的秘书。在刘少奇同志倡导培养接班人时,他被破格提拔为物资部的机电局副局长,他风华正茂,正是为祖国建设贡献力量的时候,却惨死在"四人帮"的屠刀下。

图像与历史:以利用汉代图像资料研究历史为中心的讨论

章潇逸*

【摘 要】 在历史学研究中,长期处于潜流的图像资料之运用近来越来越受到学界的关注。其中,学界对汉代画像砖石资料有着较长的研究史,研究的展开也较为成熟和全面。本文将以对汉代画像砖石的研究为例,讨论学者运用"图像证史"方法,将画像资料作为证据研究文化史、社会史、思想史、中西交通史等历史学问题的概况,以试图梳理其方法论特点、基本特点及局限性。在此基础之上,我们将进一步探索图像与历史的关系问题,以揭示图像资料在历史学研究中得到进一步利用的可能性。

【关键词】 图像资料 汉代画像砖石 图史关系

在历史学研究之中,图像资料之运用长期以来是潜流,较少拥有其一席之地。近代以降,尽管历史学者们逐渐开始意识到图像的重要性,但在较长一段时间内,大家似乎并没有办法如处理文献资料那样摸出一条切实可行的路子,对于应用图像资料的方法论思考也较为欠缺。一方面,在较为传统和宏观的历史学研究课题当中,文献史料仍是支柱,许多图像资料难以与宏观课题建立直接联系,无法进入主体历史叙事,便常常只能作为历史叙事的插图,或为其提供一个旁证,成为"图说历史"和"图像佐史"。另一方面,由于大量图像资料及出土文物、文献的积累,给历史学的研究事实上提供了更多的可能性,许多新话题的讨论因此得以展开,历史学者不得不开始面对图像资料,并探索如何利用它来研究历史学的问题;亦正是因此,近来历史学者关于"以图证史"的思考也越来越多。在中国史研究领域中,汉代画像砖石资料有着悠久的发现和研究史,学界对其研究涉及到多样和复杂的历史学问题,各研究的展开亦有着相当的深度。本文将以利用汉代画像资料探讨历史问题为例,对历史学者利用图像资料进行历史学研究的学术理论、方法论及其局限性进行分析;并以此为基础,尝试对图像和历史、图像和文本的关系提出一些自己的见解。

一、"生活之写照":物质文化史和日常生活史

宏观历史叙述中较少能见到老百姓的身影,这大概是一个共识;而另一方面,古代史上的即使是中上层阶级人士的生活图景,若仅从文献的记载上来分析,亦只能得到一幅模糊的

---

* 章潇逸 厦门大学人文学院 福建 厦门 361005

图景。在20世纪初中国新史学兴起时,"民史"便被作为一个口号而提出①,1949年以后,"人民的历史"更一直是主流意识形态的话语之一;但正如罗志田先生曾指出的,真正的"民史"至今仍尚未成功地建立起来。② 这样的现象之产生,一方面与研究者的学术兴趣和学术界的主流话语,乃至政治时势和意识形态相关;另一方面,资料之有限亦限制了讨论展开的可能性。然而,随着考古出土的实物以及画像资料的积累,对物质文化史和日常生活史的讨论成为可能。总体说来,物质文化史主要涉及的是技术和人工制品,为一个文化人类学概念,似乎更多指的是器物之历史,③在写作中也更多表现为对于器物及其使用方法和相关技术的解说。但是器物之生产、制造和使用必然涉及人的生活和人类社会,并且能够探讨的问题恐怕并不局限于物质层面,亦触及社会史乃至思想、心态层面的话题,故本文不将物质文化史作为考古学或人类学的一个分支,而与日常生活史一同讨论。而一些民俗史的研究虽然在方法论和问题意识上与历史学者的研究稍异,然而研究所用的资料和讨论的话题基本上大同小异,本文亦将涉及部分民俗学研究的内容。④

最早试图对汉代物质资料进行系统性整理的研究成果,应该要数林巳奈夫先生和京都大学人文科学研究所的一批学者合编的《汉代的文物》一书⑤;当时,林先生集结了一批包括考古学、文献学、历史学、艺术史等领域最优秀的日本学者,以汉代的出土文物资料为中心进行了一系列合作研究,完成了这本正文五百多页、图版二百多页的巨著。现在看来,《汉代的文物》一书的范式意义仍然十分重要。不仅参与其中的研究者有着多样的学术背景,其试图处理和解读的资料亦涵盖了从传世文献到包括出土文献、实物资料和画像资料在内的

---

① 20世纪早期提倡民史最早,也最有名的一个代表,盖要数梁任公提出"为国民作史"的《新史学》,连载于光绪末年的《新民丛报》上,见梁启超:《新史学》,《梁启超史学论著四种》,岳麓书社1985年版,第241~274页。

② 罗先生指出,无论是20世纪初提出的"民史"还是后来的社会性质论战,均体现寻求"全体国民"历史规律的倾向,而很少涉及具体史事,可谓一针见血。见罗志田:《转变与延续:六十年来的中国史学》,收入氏著:《经典淡出之后:20世纪中国史学的转变与延续》,三联书店2013年版,第52~104页,尤见92~97页。另,罗先生认为:"这种状况到1949年后有较大转变,但仍更多偏于理论主张(并屡有争议);即使在讨论备受重视的农民战争史时,也不过较多涉及经济层面而已",亦是确论。我们以为,在农民战争史受到关注的时期,这种对经济层面关心的目的更多是为了解答"农民为何要反抗(起义)"这一疑问,而不完全是出于对农民生计状况的关心;而这些受到极大关注的理论上的"人民"和"农民"在多大程度上是"老百姓"而非"帝王将相之成功的或失败的候补人选",这些讨论多大程度上能触及活生生的生活面相而非一个模糊抽象的带有研究者"为民众代言"色彩的模式化图景,或许还值得我们思考和进一步讨论。

③ 俞伟超序,见孙机:《汉代物质文化资料图说》,文物出版社1991年版。近来又出版增订版,见孙机:《汉代物质文化资料图说(增订本)》,上海古籍出版社2011年版。

④ 民俗学者对"风俗"或"民俗"的定义虽然各有异,但它们均涉及人类物质生活、精神心智、人类行为和社会等诸多层面,有时自然与人文环境亦被作为民俗或风俗的基础与外延部分而纳入民俗学者的讨论之中。由此可见,民俗学者所讨论的这一概念涉及甚广,有时很难与社会史、生活史和文化史等领域区分开;总体来说,历史学者虽然也讨论社会风俗等问题,但似乎较少使用风俗史这一概念。见彭卫、杨振红:《中国风俗通史·秦汉卷》,上海文艺出版社2002年版,第2页。

⑤ 林巳奈夫主编:《汉代の文物》,京都大学人文科学研究所1976年版。对于研究的缘起和相关介绍,见序和第545~548页的后记。林先生一生对于中国古代文物、生活史和图像艺术资料等方面的研究贡献极大,论著颇丰而不胜枚举,"国学数典"网站上有网友整理出了林先生一生发表的论文、著作目录:http://bbs.gxsd.com.cn/forum.php? mod=viewthread&tid=22430,访问时间:2014年4月8日。

丰富多样的历史资料。而其另一特色,乃是全书以东汉末年刘熙编著的训诂学著作《释名》作为基础构建其章节结构,以求在对器物的分类和认识上更接近汉代人的思维——从现在的学术眼光看来,不得不承认林先生的这一思路具有超前的意义,若能沿着这一思路深挖下去,学者们或许能摸索出一条研究汉代人的知识结构、思维观念和世界观的路子,然而目前学界还未能就这一论题充分展开,实在让人觉得有些遗憾。总而言之,《汉代的文物》一书对文物的解说采取的方式较为灵活;而文字、图像和实物资料各有其独立地位,可谓图像、文字和实物资料相结合的一个典范之作。二十年后,林巳奈夫先生又在此基础上整合原有内容,新增了林先生的研究成果"诸神"、"祭祀"二章以及最新的出土资料,以深入浅出的文字写成了《古代中国的生活史》一书,所涉及的时代亦向前延伸至先秦时代。① 林先生另有一部专门介绍画像石的著作《刻在石头上的世界》,较为具体和系统地阐述了林巳奈夫先生对于汉代画像石的基本看法和认识。② 本书的一部分意在讨论汉代画像石及其图像背后所蕴含的思想性、象征意义,另一半篇幅则通过图像试图探讨汉代的日常生活、物质资料的生产及技术等问题。这两本著作虽然都是面向大众的一般性读物,然可见林先生学问功底的深厚。若要吹毛求疵,大概林先生对于部分图像资料的解释我们不一定认可,而有些地方显得对日常生活的探讨不足而更偏于器物解释。国内学界亦有对于汉代物质资料进行系统整理的名著,孙机先生的《汉代物质文化资料图说》按今人熟悉的知识结构,以农业、手工业、车船武器、建筑、家具、日常用品、娱乐用具、丧葬仪式用具、少数民族和域外的结构顺序,对汉代的物质文化资料进行解说。虽然孙先生亦较为全面地处理了文献资料、出土实物资料和画像资料,但总体说来,图像资料和实物资料的地位似乎不如《汉代的文物》一书,类于文献资料的佐证,图像分析也并未得到充分展开。而二著在整体逻辑结构和分类基准上的差异,事实上体现的是两种不同指向的关怀,这亦是一个有趣并值得思考的话题。③

比林先生的《刻在石头上的世界》早一年,另一名日本学者渡部武先生对其此前发表的数篇通过画像资料讨论汉代中国的生活、民俗和技术的论文进行整理和修改,出版了一部题为《画像诉说的中国古代》的著作。④ 渡部先生是文化史学者,早年跟随日本民俗学大家、日本民俗学界"民具学"领域的早期开拓者宫本常一先生学习。⑤ 渡部氏的这一学术背景,在其行文写作中之体现十分明显:在资料选用上,渡部先生虽主要利用图像资料、包括明器模型在内的出土文物和传世文献进行分析,但其在行文中又常旁征博引近现代中国、日本乃至东南亚地区的民俗学田野资料来对画像资料和出土资料进行补充说明。这样的一种研究路

---

① 林先生逝世后本书又有再版。见林巳奈夫:《古代中国的生活史》,吉川弘文馆2009年版。新版后附有冈村秀典先生的导读,列出了林先生二书和《释名》各章节结构的对照表,可谓一目了然;而冈村先生对林先生新著中使用的新见出土资料的情况,也有简单梳理和说明,见第209~213页。
② 林巳奈夫:《石に刻まれた世界:画像石が語る古代中国の生活と思想》,东方书店1992年版;有中译本《刻在石头上的世界:画像石述说的古代中国的生活和思想》,唐利国译,商务印书馆2010年版,见其第一章和后记部分,第1~14、237~239页。
③ 关于金石学家和20世纪初中西学者对于中国艺术品进行分类研究之尝试的讨论,见巫鸿:《中国古代艺术与建筑的"纪念碑性"》,上海人民出版社2008年版,第21~24页。
④ 渡部武:《画像が語る中国の古代》,平凡社1991年版。
⑤ 周星:《日本民具研究的理论与方法》,收于周星主编:《民俗学的历史、理论与方法(上册)》,商务印书馆2006年版,第276~325页;渡部武:《画像が語る中国の古代》,第9~11页。

径视野广博,可谓是结合田野经验对于文献和图像资料进行解读的重要尝试,我们可以将其看成是具有民俗学、人类学视野的一种图像研究范式。但其论证的最大缺陷也在于此:作为时空距离较远的两种证据,在互证上是否能站得住脚?这是值得我们思考的。国内亦有关于汉代民俗史研究的大部头著作出版,讨论了汉代的饮食、服饰、居住与建筑、交通行旅、婚姻、卫生保健、丧葬、农业生产、信仰、节日、游艺和交际风俗与社会风尚十二个方面的问题,亦大量使用画像资料和随葬明器等资料进行论述。①

利用画像资料对各专门史问题,尤其是对社会生活和上文提及的民俗的各个具体方面进行的研究也一直在进行之中。② 并且参与其中的研究者,除了历史学者和考古学者之外,各个专门领域的研究人员似乎更多,也许颇与梁任公当年的设想和提倡相合,画像资料在各领域研究中可谓遍地开花,似是欣欣向荣之景。仔细观之,这类研究的基本理路相近:在汉代画像中找出与各专门领域研究对象相关的图像,再从文献和其他相关史料中寻找相应的解释和说明,再以此为基础进行发挥,指出画像反映的这些现象在各专门史上的意义。然而这类图像内容的确定,本身就是学者"按图索文",即根据图像的视觉观感和基本构成从相关文献中寻找解释并命名的结果。若不小心处理,论证过程便难免有以图像附会文字资料之嫌,而结论亦难免牵强。对于某些研究中存在的问题,已有学者严厉批评其为"看图说话"③。我们在此无意延续或扩大争端,仅想说明此种研究理路潜在的危险性。

更为重要的是,这类研究展开的基本前提及其对待画像资料的基本态度,是认为图像资料或多或少能反映当时的社会生活和物质资料的形态和情状,是或至少部分是当时生活的写照。然而这个命题究竟在何种程度上能够成立,还是个有待讨论的问题。画像砖石上对器物的刻画是写实的吗?抑或是抽象和夸张的?恐怕需要我们更深入地认知和反思。

二、思想与生死:思想史、信仰史与宗教史的展开

思想和信仰、宗教方面的问题,往往同被作为人类的精神生活受到关注;当然信仰和宗教还涉及组织、仪式和社会关系等诸多面相,故不纯粹是一个精神生活层面的问题。更为重要的是,近来的研究似乎揭示着,思想和信仰及宗教恐怕有着不同的根源:思想源于人类的求知欲,是人类对自身、人类社会及整个宇宙的认知及理性思考;而信仰和宗教来源于人类对于死亡的恐惧,由于必须面对和处理死亡而产生的关于死亡本身和死后世界的构想以及处理死亡的仪式,很可能是宗教产生的根源之一。④ 然而如果不考虑意识行为和社会关系

---

① 彭卫、杨振红:《中国风俗通史·秦汉卷》。
② 这类研究的部分情况,见刘太祥:《汉代画像石研究综述》,《南都学坛》2002 年第 3 期;杨爱国:《五十年来的汉画像石研究》,《东南文化》2005 年第 4 期。最近十来年,又陆续有相关研究性专著出版,如李荣有:《汉画像的音乐学研究》,京华出版社 2001 年版;刘朴:《汉画像石中的体育活动研究》,人民出版社 2009 年版;杨金萍:《汉画像石与中医文化》,人民卫生出版社 2010 年版;等。
③ 李玫:《图像研究还是看图说话?——评李荣有〈汉画的音乐学研究〉》,《文艺研究》2008 年第 5 期。
④ 鲁西奇:《人为本位:中国历史学研究的一种可能路径》,《厦门大学学报(哲学社会科学版)》2014 年第 2 期。

等方面,而仅从观念的层面上来看的话,将二者截然二分恐怕十分困难。① 一方面,这样的二分恐怕还是今人所加,而并非时人的认知和意识框架,况且从我们目前的认知经验出发,也能做出如下推测:古人对于世界的求知和理性认识,以及由于死亡而产生的仪式和对死后的构想,二者之间的界限不会十分明确,二者应该是互动和互相渗透的关系。另一方面,从研究状况来说,尽管问题意识或者分析理路有别,但是学者们讨论的基本话题,以及使用的资料都大致相同。故我们在本节中将这些问题放在一起讨论。

整体说来,我们在传统文献当中得以看到的更多是士大夫传统留下的关于当时的世界和社会的,恐怕相对来说会偏于理性认识的材料;当学者的视野从思想家和士大夫精英转向一般民众和社会全体之时,便会试图将传统文献中在不经意之间对于民间或者说更广大社会背景的思想、观念和信仰情态挖掘出来。② 自然,新资料的发现亦对研究的进一步展开和研究范围的扩大提供了许多可能。考古出土的实物资料、画像资料和简牍文献,以及墓葬本身,或许可以提供给我们更多社会中下层的,或者说是由更有一般社会意义的群体所制造、使用的资料;当然,这种研究的前提,是必须考虑资料出自谁手(包括制造、设计者),资料的流通及其使用乃至入土的过程;我们由此可窥见涉及这些环节的活生生的人际关系以及更加具体的当时的社会情境和社会结构(详后文)。

就目前的研究现状来看,利用墓葬中出土的画像资料讨论较为传统的思想史和宗教、信仰史关注的话题的尝试比较多,展开的也相对较早。这类探讨的主题或是儒佛道三家,或是某种观念。比较常见的做法,是利用某些画像母题,作为当时社会某类思想流行或者是有影响力的旁证;或者反而行之,以某些思想观念的流行或某些地区的社会文化作为某些图像主

---

① 这一问题还涉及对"宗教"(包括"宗教观念"或"宗教思想"或"信仰"等)和"思想"的定义以及学者对"宗教史"和"思想史"等研究领域的认识和界定。相对而言,我们倾向于采用蒲慕州先生对于中国古代宗教和民间信仰的定义;先生对一些主要学者关于宗教和民间信仰的看法也进行了梳理和点评,见蒲慕州:《追寻一己之福:中国古代的信仰世界》,上海古籍出版社2007年版,第3～16页。葛兆光先生在其名著中对于思想史的看法和阐述,也十分有见地,值得参考,见葛兆光:《中国思想史》第一卷《导论:思想史的写法》,复旦大学出版社2009年版。葛先生所说的思想史似乎囊括了智识(intellectual)、思想(thought)和观念(ideas)三个方面,然而近来的一些讨论似乎揭示着西文术语中的观念史(the history of ideas)与思想史(the history of thought)在研究对象、方法论和问题意识上有所差别,相关讨论见曹意强:《观念史的历史、意义与方法》,收于曹意强主编:《艺术史的视野:图像研究的理论、方法与意义》,中国美术学院出版社2007年版,第619～640页。

② 许多学者事实上都意识到了这一点,并进行了尝试与探讨。见余英时:《东汉生死观——余英时英文论著汉译集》,侯旭东等译,上海古籍出版社2005年版,第9～16页;蒲慕州:《追寻一己之福:中国古代的信仰世界》,第一版序第3页,正文第6～7、16～18页。葛兆光先生虽然主要意在重新检讨传统思想史研究中所使用的文献或资料之范围,认为更多新的资料应被纳入思想史研究范围,但也指出"常见的经典文献也可以对一般知识、思想与信仰史的研究有用",见氏著:《中国思想史》第一卷《导论:思想史的写法》,复旦大学出版社2009年版,第17～24页。

题产生和流行原因的解释。① 其存在的较为普遍的缺陷在于,其所揭示的图像和某类思想观念之间关系的联系恐怕太过于浅显和牵强,而研究中所使用的分析语汇,又常常是某些图像"反映"了某一类思想或观念,或者是某些图像是某一类思想和观念"影响"的结果。而将某类特定图像和儒、佛、道三家思想或者某种特定思想进行一一对应的分析方式,难免有牵强生硬和简单对号入座之嫌,亦容易从现代人的理解出发而人为地将古人的思想拆散,并划上各种条条框框,反而难以把握其思想脉络。从讨论之中所使用的资料上来看,将某类图像单独抽离出来进行分析的手法,容易使研究者忽视其在整个丧葬系统及其语境中的作用;而同一类图像母题在布局、构图和元素组合上的变化,是否亦有思想史上的意义,似乎在这些研究中较少受到学者的考虑。事实上,从某一墓葬或者某一地区出土的画像资料或者某一类图像出发进行思想史和宗教史问题的个案考察,从方法上来说并没有问题,甚至是比较可取和易于操作的一种研究路径。但我们很难否认的是,这些研究在图像的分析和释读上显得有些单薄,其论证逻辑又有点想当然。十分常见的将个案研究中得到的结论直接用于讨论整个汉代的宏观思想和信仰状况的做法,恐怕多少会显得有些空泛和不够严谨。相对来说,这种研究理路比较能够揭示的是某一类图像主题产生和流行的社会和思想背景,但恐怕以必要不充分条件为多,还不够有充足的说服力,展开得不够深入。从学术史的角度说来,这类研究为画像资料的理解、释读以及进一步研究提供可能的方向,并对思想史和宗教史上的部分问题的讨论提供思路和假说。

儒家思想统治地位的确立、道教的形成和佛教的传来,在传统汉代思想史和宗教史的研究之中始终占有核心的地位,至今为止的相关讨论可谓汗牛充栋,但这些问题仍然有着进一步展开的空间,并且有许多细节问题仍待厘清。② 相关图像资料的出土及其分布情况,事实上对这些问题的进一步讨论提供了可能性。其中有关佛教西来及其早期传播的问题,又不单单是一个宗教史的话题,亦涉及中西交通史和历史地理等方面的考察,一直以来是学界聚

---

① 较早的讨论常由考古发掘的墓葬个案出发,一方面学者认识到并强调其史料价值之所在,另一方面是通过考证和释读尝试理解这些新发现的资料,如孙作云:《评"沂南古画像石墓发掘报告"——兼论汉人的主要迷信思想》,《考古通讯》1957年第6期;孙作云:《汉代社会史料的宝库——"沂南古画像石墓发掘报告"介绍》,《史学月刊》1957年第7期;曾昭燏:《关于沂南画像石墓中画像的题材和意义——答孙作云先生》,《考古》1959年第5期。80年代以降的"思想探究"式讨论,有骆承烈:《从武氏墓群石刻看东汉时期儒家思想的渗透》,《齐鲁学刊》1987年第5期;朱国炤:《汉代画像中所见牛、鹿、羊车及其反映的社会意识》,收于《汉代画像石研究》,第234~245页;赵成甫:《汉画中儒道佛思想初探》,《中原文物》1996年增刊,第99~112页等。"观念背景"类讨论,有杨爱国:《汉代的忠孝观念及其对汉画艺术的影响》,《中原文物》1993年第2期;李卫星:《略谈儒家思想对山东画像石的影响》,收于韩玉祥主编:《汉画学术文集》,河南美术出版社1996年版,第167~172页;蒋英炬、杨爱国:《汉代画像石与画像砖》,文物出版社2001年版,第19~25页;贺西林:《古墓丹青:汉代墓室壁画的发现和研究》,陕西人民美术出版社2001年版,第115~137页等。

② 许理和(Erik Zürcher):《佛教征服中国》,李四龙、裴勇等译,江苏人民出版社1998年版,第1~6页。

讼之处。① 较为常见和普遍的做法，乃是以考古发现的实物和图像资料为话题，结合文献资料，以勾勒早期佛教的传播路线和分布状况。而关于早期道教的产生及传播问题，也有学者尝试通过综合梳理图像资料、出土实物和道教经典而展开综合的考察。② 现在看来，这些研究的局限性大概有三。第一，就早期佛教的传播问题而言，许多学者的讨论恐怕过于局限在汉文的传世文献和国内考古的出土实物和图像资料，而对于印度、中亚、东南亚的考古资料、碑刻铭文、图像资料和佛教文献的重视意识和利用能力远远不足，其得出的结论有简单粗暴的嫌疑。第二，与"思想观念"式的研究相类似，将画像资料中的某些母题与儒佛道三家的特定思想和经典形象进行对号入座的做法，在逻辑上恐怕有所缺陷。③ 我们认为，若要使这种宗教研究有意义，则避免根据研究者对图像的主观感受想当然地将其归类，而对所谓"佛教图像"、"道教图像"和"儒家历史故事图像"的定义进行重新检讨，是对于学术的发展有益的做法。即使这样的定义和区分常常难以做到泾渭分明，在论证上也有一定难度，④但本文希望强调的，乃是我们对于图像的辨识、阐释和运用应该具备足够的谨慎和方法论自觉。第三，总体上说来，学者关心的似乎更多是宗教本身在流传和发展之中的情况，以及其传播的

---

① 一些新遗址的发现往往带动类似的讨论，如20世纪70年代末发现的和林格尔壁画墓、80年代初发现的孔望山摩崖石刻、四川发现的摇钱树座、麻濠汉代崖墓等。孔望山遗址发现之前，俞伟超先生曾发表一篇论文，考及此前所见东汉时代的所有被学者认为是佛教图像的画像资料，见氏文：《东汉佛教图像考》，《考古》1980年第5期。关于孔望山造像的讨论文章，参见巫鸿：《早期中国艺术中的佛教因素（2—3世纪）》，收入氏著：《礼仪中的美术：巫鸿中国古代美术史文编》（下卷），郑岩、王睿编，三联书店2005年版，第289页注5、6和第290页注1。90年代，学界对于佛教入华南传道路的研究又比较热门，中日学者间曾举办过合作研究，并召开过数次国际学术会议；与此相类似，又有佛教传入的海、陆路争论，参见阮荣春：《佛教南传之路》，湖南美术出版社2000年版；屈大成：《中国早期佛教图像研究综述》，《民族艺术》2008年第3期。

② 巫鸿：《汉代道教美术试探》、《地域考古与对"五斗米道"美术传统的重构》、《无形之神：中国古代视觉文化中的"位"与对老子的非偶像表现》，收入氏著：《礼仪中的美术：巫鸿中国古代美术史文编》（下卷），郑岩、王睿编，第455～522页。近来，张勋燎、白彬和刘昭瑞三位先生都有大部头著作系统梳理考古资料探讨早期道教的相关问题，亦充分利用图像资料。见张勋燎、白彬：《中国道教考古》，线装书局2006年版；刘昭瑞：《考古发现与早期道教研究》，文物出版社2007年版。

③ 巫鸿先生曾指出在孔望山遗址、和林格尔壁画墓之外，国内学者未关注的武梁祠祥瑞图浪井、武氏祠前石室中的某一幅羽人图像中亦有印度艺术的因素，但东汉许多被认为是佛教造像的图像或实物，恐怕并无原有的佛教意义和宗教功能，而是被利用来丰富和表达中国本地宗教信仰和传统观念，见《早期中国艺术中的佛教因素（2—3世纪）》，收入氏著：《礼仪中的美术：巫鸿中国古代美术史文编》（下卷），郑岩、王睿编，第290～305页。巫文的英文稿发表的次年，阮荣春先生亦有文章对前引俞先生文章中论及的"佛教图像"提出异议。虽然阮先生全文的一些观点我们无法认同，但在和林格尔壁画墓问题上，阮先生对"仙人骑白象"图像的考察得到了与巫先生基本相同的结论，且阮先生此时恐怕未得见巫文；而在巫文中一笔带过，并且从俞先生之说认为其乃佛教中的"佛舍利图"的"猞猁"图问题上，阮先生考证此"猞猁"非彼"舍利"，而应是祥瑞动物的一种，我们认为其说甚可从。阮荣春："东汉佛教图像"质疑——与俞伟超先生商榷》，《东南文化》1987年第3辑。

④ 关于早期"佛教图像"和"道教图像"的定义探讨，见巫鸿：《早期中国艺术中的佛教因素（2—3世纪）》，收入氏著：《礼仪中的美术：巫鸿中国古代美术史文编》（下卷），郑岩、王睿编，第289～345页。邢义田先生曾指出早期"道教"和"非道教"文物在区分和论证上有困难，见《陕西旬邑百子村壁画墓的墓主、时代与"天门"问题》，收入氏著：《画为心声：画像石、画像砖与壁画》，中华书局2011年版，第631～677页，尤见第653页以降。

路线等问题。许理和几十年前提出的疑问,恐怕学界思考得还不够多。尤其是,新的宗教因素如何对具体的地方社会和人的观念、行为方式及仪式传统产生影响?产生了何种影响?在现有资料的基础上,不妨是一个可以尝试进一步展开的话题。

生死问题困扰着每一个人,无论富贵贫贱,人最终都难免要面对死亡;而在社会中生活的人,又要面对和处理他人的死亡。而每一个人在生活、生产以及与他人交往之中,在对于所生活的世界和他者的感知、认知和求知之中,会产生一些对宇宙、世界和人类社会的基本观念及认识。从这一意义上来说,由死亡而产生的信仰、宗教及一系列关于死后世界的设想,人们对宇宙和周围世界的认识,即更为普遍意义上的宇宙观和生死观问题,应该是葛兆光先生所提倡的"一般知识、思想与信仰世界的历史"的重要和基本话题之一。① 而汉代出土的大量丧葬画像资料由于其正是直接出土于墓葬或其他丧葬空间,正是丧葬礼仪空间的一个构成部分,应该与处理死亡的仪式和人们的死亡观念直接相关。而又由于许多画像资料(尤其是画像砖石)的使用者及其制作者可能更多来自汉代社会的中下层(详后),这使我们在士大夫传统的文献资料之外有了得以窥探时人关于生死和宇宙的想法的新资料。②

然而如此多的考古报告和画像资料,如何选取、组合和整理以使其能对这些问题的讨论有所裨益,是值得思考的。最常见的讨论仍是将某类图像单独抽出进行讨论,如透过帛画、壁画和画像石中的日月天象图讨论古人对自然世界及宇宙的认知(与天文史相交叉),以及其在丧葬仪式空间中的功能和意义等问题;这类讨论虽然亦涉及观念问题,然其出发点和落脚点是对于图像及其功能的考证和解释。③ 建筑考古的资料,相对来说较少为画像研究者所关注,然而巫鸿先生对明堂等礼仪建筑和丧葬空间中的图像所表现的"微型宇宙"的探讨,④以及王爱和先生在其对古代中国的宇宙观与政治文化的研究专著中,对墓葬和宫殿建筑考古遗址的方位问题以及汉代占卜工具"式"的图像和结构的探讨,⑤均相当有启发意义。缪哲先生亦曾从《鲁灵光殿赋》出发,通过文献和图像资料考释"图画天地、品类群生、杂物奇怪、山神海灵",并探讨汉代宇宙观及其思维方法、认知方式,颇有新意。⑥ 蒲慕州先生的《墓葬与生死》一书从墓葬制度的发展出发,探讨汉代的宗教信仰及社会变迁问题。其最大的特点乃是采用了统计学的方法量化处理考古资料,通过建立汉代墓葬数据库,以大量的统

---

① 葛兆光:《中国思想史》第一卷《导论:思想史的写法》,第 9~24 页。
② 透过文献资料试图对汉代生死观进行探讨的尝试,首推余英时先生的《东汉生死观》;该书所收的另一篇论文,则讨论了马王堆帛画和告地策等资料。鲁惟一先生亦曾通过对马王堆帛画所见的汉人天堂观念、铜镜图像和宇宙观以及西王母崇拜的产生这三个问题的讨论,探索"汉代人有关死亡和来世的基本信仰"。Michael Loewe, *Ways to Paradise: the Chinese Quest for Immortality*, London: George Allen and Unwin, 1979. 书评见余英时:《早期中国来世观念的新证据——评鲁惟一〈通向仙境之路:中国人对长生的追求〉》,李彤译,收录于氏著:《东汉生死观》,侯旭东等译,上海古籍出版社 2005 年版,第 119~126 页。
③ 关于南阳画像石中的天文与天象图的讨论,有一部论文集可参考,即韩玉祥主编:《南阳汉代天文画像石研究》,北京:民族出版社,1995 年。
④ 巫鸿:《"图""画"天地》,收入氏著:《礼仪中的美术:巫鸿中国古代美术史文编》(下卷),郑岩、王睿编,第 642~658 页。
⑤ 王爱和著:《中国古代宇宙观与政治文化》,金蕾、徐峰译,上海古籍出版社 2011 年版,第 44~78、129~157、194~198 页。
⑥ 缪哲:《释"图画天地品类群生杂物奇怪山神海灵"》,收入范景中等主编:《考古与艺术史的交汇——中国美术学院国际学术研讨会论文集》,中国美术学院出版社 2009 年版,第 183~236 页。

计数据试图勾勒汉代墓葬在空间结构上的变化,及其发展过程中在汉代各个地域的差别;书中亦对画像的题材及其在墓葬空间中各个位置的分布进行了统计,并试图用此解释汉代丧葬观念的问题。① 量化的方法和思路,是很值得参考和尝试的;不过蒲先生只统计了画像题材及其分布的问题,或许可以尝试将所有画像石墓的数据进行量化整理,譬如对画像石墓、壁画墓等的大小形制进行分析统计,也许可以更明晰地看出使用者的阶层性。蒲先生又另著综合图像资料、出土文献和传世文献,探讨早期中国民间信仰的基本特性。②

20世纪40年代,费慰梅女士在复原武氏祠堂时曾提出如下观点,并被后来的研究者所发展:③祠堂、墓室等空间是一个整体的仪式性建筑,而各类图像在其中的空间分布各有其仪式意义。而近来以巫鸿先生为代表的一些学者的研究似乎揭示出,这类丧葬空间很可能表现出时人对宇宙、世界和人类历史的结构性认识,如武氏祠的"上天征兆、神仙世界和人类历史",以及墓葬中"身后的幸福家园、天界和仙境"的三重界域;但这类认识和表达本身又存在选择和不完全性,因为其图像空间的构造及转化与其礼仪目的相关。④ 罗森女士亦发表文章从墓葬图像、艺术手册及文献资料探讨中国人的"关联宇宙观",并认为其是艺术、装饰和图案之源;另有数文讨论墓葬格局、艺术品及其反映的宇宙观。⑤ 信立祥先生曾从传世文献入手,认为汉代人的世界观和宇宙观分为天界、仙界、人间和地下鬼魂四个层次,而汉代画像石的内容表现了这四个世界,并且严格按照当时占统治地位的儒家礼制和宇宙观念被创造,在汉人面前"神"和"仙"是性质完全不同的存在,人在上天和诸神的面前是完全被动的。⑥ 虽然信先生的四层世界观说有其新意,但先生的一些看法我们恐怕不太能认同。首先,事实上在汉代文献当中,"神仙"连用,"求神"和"求仙"同义的现象均存在,⑦可见汉代人对"神"和"仙"的区分恐怕没有信先生想象中那么决然二分。⑧ 其次,蒲慕州先生曾利用秦汉墓中出土的《日书》资料探讨有关民间信仰的问题,发现《日书》的传播甚广,其中鬼神世界与人的世界密不可分,并且神和鬼性质相似,人们都可以用某种方法驱散或击杀它们

---

① 蒲慕州:《墓葬与生死:中国古代宗教之省思》,中华书局2008年版,第134~138、196~200页。
② 蒲慕州:《追寻一己之福:中国古代的信仰世界》,第224~229页。
③ 费慰梅(Wilma Fairbank):《汉"武梁祠"建筑原形考》,王世襄译,《中国营造学社汇刊》第7卷第2期,1945年10月。
④ 巫鸿:《武梁祠:中国古代画像艺术的思想性》,柳杨、岑河译,三联书店2006年版;《礼仪中的美术——马王堆再思》、《四川石棺画像的象征结构》、《汉代艺术中的"天堂"图像和"天堂"观念》,收入氏著:《礼仪中的美术:巫鸿中国古代美术史文编》(上卷),郑岩、王睿编,第101~122、167~185、243~259页;《黄泉下的美术:宏观中国古代墓葬》,施杰译,三联书店2010年版,第31~64页。
⑤ 蒲慕州:《追寻一己之福:中国古代的信仰世界》,第77~89页。
⑥ 杰西卡·罗森(Jessica Rawson):《作为艺术、装饰与图案之源的宇宙观体系》,陈莘译,收入氏著:《祖先与永恒:杰西卡·罗森中国考古艺术文集》,三联书店2011年版,第307~354页;《西汉的永恒宫殿——新宇宙观的发展》,邓菲译,同书第241~306页;《图像的力量——秦始皇的模型宇宙及其影响》,陈谊、陈莘、邓菲译,同书第211~240页。
⑦ 相关文献及讨论参见余英时:《东汉生死观——余英时英文论著汉译集》,侯旭东等译,第59~62页;蒲慕州:《追寻一己之福:中国古代的信仰世界》,第165~175页。
⑧ 郑岩先生亦指出,在许多东汉时期的图像资料显示,主宰神仙世界的西王母被认为居住在"天门"之内,见郑岩:《风格背后——西汉霍去病墓石刻新探》,收入氏著:《逝者的面具:汉唐墓葬艺术研究》,北京大学出版社2013年版,第18~54页,引文见第39页。

以保证平安。①《日书》的成书年代相比画像石的流行年代或许稍早一些,然而在汉画像流行的时代,恐怕人们也不见得在天神和上天面前是绝对被动的。生死观的问题十分复杂,我们很难同意所有汉代人都遵循着同样的笼统生死观,而所谓儒家礼制对画像石的内容有严格限制的说法,在逻辑和论证上也多少有些欠严谨。②

由于汉代丧葬画像中较少有与政治相关的直接资料,故利用其进行政治思想方面探讨的尝试还较少。目前可见的两例,一是巫鸿先生的《武梁祠》,二是包华石先生的《早期中国的艺术与政治表达》。巫先生试图通过对武氏祠的图像志及其空间结构的考察,结合武氏祠相关碑文和其他古代艺术资料以及文献传统中对汉代韩诗学派的记述,论证武梁祠曾由武梁本人参与设计,并表达其历史观及对当时政治的批评态度;③而包先生的视野则更为宏观,他试图通过汉代不同社会阶层的赞助者的艺术观和艺术品位,说明汉代的某些艺术题材和艺术风格之出现和流行很可能是新兴的官僚、学者菁英阶层对原有贵族阶层的品位和爱好的反动,亦是他们用以表达自己政治观念和诉求的渠道。④ 巫先生试图通过对武梁祠的个案研究,将武梁这位名不见经传而仅仅通过其身后丧葬建筑——祠堂及其碑文而为后人所知的具体个人在思想史上的意义发掘出来,其野心无疑是极大的,并且可透过此看出巫先生深厚的人文关怀;然其书中所存在的不少逻辑和论证方式上的缺陷已有学者指出。⑤ 包先生的分析框架中能很明显地看出马克思主义的阶级分析理路,以及哈斯克尔对艺术家和赞助人在艺术史中地位之强调的影响,是艺术史研究中非常新的思路;⑥但有时难以找到多数是从古代墓葬中发现的特定艺术品和图像母题与社会阶层之间的联系的直接证据,是此类研究的难点所在。二位先生的努力和关怀值得尊敬;在研究中的具体方法上,则需要我们鉴其长而避其短。

三、社会史细节之探讨及中西交通史的新资料

利用画像资料讨论汉代社会问题的尝试似乎还不算多,其中一个原因是出土的大量简牍资料为我们讨论汉代社会史问题提供了极其丰富的材料。然而画像资料应该可以提供给我们一些不同的面向。

最先受到关注的,应是出土丧葬画像资料的墓葬墓主身份,以及祠堂祠主的身份问题。这一问题的讨论最初似乎受到了如下一个与马克思主义密切相关的信念的指引:即艺术具

---

① 蒲慕州:《追寻一己之福:中国古代的信仰世界》,第77~89页。
② 邢义田先生亦曾指出从此类角度进行讨论的困难性及其论证上的缺陷,见邢义田:《信立祥著〈中国汉代画像石の研究〉读记》,收入氏著:《画为心声:画像石、画像砖与壁画》,第614~630页,尤见第624页。
③ 巫鸿:《武梁祠:中国古代画像艺术的思想性》,第117~121、161~249页。
④ Martin J. Powers, *Art and Political Expression in Early China*, New Haven: Yale University, 1991, pp.1~30.
⑤ 邢义田:《武氏祠研究的一些问题》,见氏著:《画为心声:画像石、画像砖和壁画》,第586~613页。
⑥ 曹意强:《艺术与历史》,中国美术学院出版社2001年版,第2、173~174页。

有阶级性,某一类丧葬建筑的使用以及图像题材的流行和使用与墓主人的社会地位(或阶级性)分不开,亦体现某一阶级的思想观念。① 这一前提在多大程度上能够成立,是一个我们无法在此详论的大问题——然而就最近的一些研究成果看来,资料所显示的具体情况恐怕要复杂许多。战国晚期至西汉的帛画多非一般平民墓中可见,似乎不太有问题。但一方面,许多墓墓主的身份难以确认;另一方面,从上至僭帝号的诸侯王,下至"中小地主或低级官吏",从社会阶层分布上来说已经较广,而东汉帛画目前仅在武威磨咀子一处有数件出土,墓主多为"普通地主",应是自由民身份。② 有关壁画墓和画像石墓主的社会地位探讨,通常的做法是根据墓葬图像的内容,结合同墓的随葬品情况等进行探讨。如汪小洋先生论证壁画墓墓主基本上是中上层贵族时,他提出壁画墓在空间分布上并无普遍性、文字史料中对壁画的记载、壁画墓中出土的考古资料和壁画中车马图像的规模壮大却缺少与底层老百姓相关的题材等四个方面的论据。③ 问题在于,汪文引用《洛阳古墓博物馆》一书中的"洛阳偃师杏(园)村壁画墓,墓主人是可以提出享受九乘安车要求的官员"、"洛阳金谷园东汉壁画墓和河南新安铁塔山壁画墓的墓主人,他们是享有门卒守门的贵族"两条结论作为"考古资料",但我们仔细读报告就可以发现,这两条论断的来源是壁画中有"九乘安车"和"门卒守门"的图像内容,④而车马出行图的规模问题,亦难以作为判断的依据。《洛阳古代墓葬壁画》的编者认为壁画墓墓主应该"不是一般的平民",但"上至王室成员、王侯,下到各级官吏、有一定政治地位或经济能力的人,都可在墓中绘制壁画,壁画不是衡量墓葬规格高低和墓主身份贵贱的标准"。⑤ 这是一个十分谨慎的结论,但很可能最接近事实情况。关于画像石墓的墓主,原来被较笼统地认为是地主阶级,近来略见讨论。⑥ 杨爱国先生通过纪年画像

---

① 最有代表性的莫过于李发林先生从马克思主义的观点对画像石的"地主阶级性质"进行的定性,见氏著:《山东汉画像石研究》,齐鲁书社1982年版,第25~41页。这一思想也在部分程度上对图像内容的释读和理解产生了影响,如蒋英炬、吴文祺:《汉代武氏墓群石刻研究》,山东美术出版社1995年版,第94~111页。曹意强先生亦指出20世纪50年代以降西方艺术史学界受此思想影响,产生了一批从此类假设出发写作的著作,并分析了其局限性,见《艺术与历史》,第50~53页。

② 陈锽:《超越生命:中国古代帛画综论》(上卷),中国美术学院出版社2012年版,第30~88页。我们以为,"中小地主"的身份很可能亦是编户齐民,只是有一定的经济力量,而得以使用帛画。陈女士同书第562~563页亦推测,在战国中晚期,帛画主要用于低级贵族墓葬,并可能下至庶民。

③ 汪小洋:《汉壁画墓墓主人阶层探讨》,《南京艺术学院学报(美术与设计版)》2006年第1期。

④ 杏园村墓的考古报告显示,该墓有二次加砌的痕迹,巨幅车马出行图在绘好后又被砌在墙内,报告撰写者认为或是此墓有越制之嫌,或是二次下葬时墓主家庭社会地位有大的变动,故被迫匿之。而墓本身曾遭盗掘,随葬品只剩陶器、铁镜一枚、玉石猪一个和铜钱近百枚。无论如何,仅从这些资料无法对墓主身份进行判断。见中国社会科学院考古研究所河南第二工作队(徐殿魁):《河南偃师杏园村东汉墓》,《考古》1985年第1期。而洛阳金谷园东汉壁画墓、河南新安铁塔山壁画墓两墓均无详细考古报告发表,而根据壁画图录的资料,亦可看出"享有门卒守门的贵族"这一判定来自两墓墓门两侧绘有守吏画像,并且除了图像资料之外,尚无其他考古资料可据以得出如是结论。见黄明兰、郭引强:《洛阳汉墓壁画》,文物出版社1996年版,第181~186页;洛阳市文物管理局、洛阳古代艺术博物馆编:《洛阳古代墓葬壁画》,中州古籍出版社2010年,第201~206页。

⑤ 洛阳市文物管理局、洛阳古代艺术博物馆编:《洛阳古代墓葬壁画》,第12~13页。

⑥ 如柴中庆:《南阳汉画像石墓墓主人身份初探》,收入南阳汉代画像石学术讨论会办公室编:《汉代画像石研究》,文物出版社1987年版,第45~52页;李银德:《徐州汉画像石墓墓主身份考》,《中原文物》1993年第2期;周保平:《对汉画像石研究的几点看法》,《东南文化》2001年第5期。

石的资料对这一问题的系统讨论,①是很值得参考的。杨先生发现画像石墓覆盖了从诸侯王到无官平民的各个阶层;墓阙与墓主的身份较为密切,祠堂次之,而墓室大小、多寡与墓主身份关联性最松散,在陕北和晋西北地区的画像石墓中尤其看不出等级关系;常被讨论的车马出行图若无榜题,很难判定其与墓主的身份是否相关,无官平民墓中亦有车马出行图。杨先生的讨论是目前可见最系统的讨论,将使用的资料限定为有题记的纪年画像石,论证十分谨慎,避免了许多猜测性的成分。从近些年的讨论来看,我们不难发现,利用壁画内容对墓主人身份进行判断的方法具有其危险性,许多原有的基本假设,如"墓葬图像是死者生前的记录"、"墓葬图像的内容与死者身份密切相关"等,不同程度地受到了质疑或被彻底否定。上述关于墓主人身份的探讨,基本停留在墓葬和画像研究直接相关的问题上,研究者也多为考古学者,应该还有进一步挖掘其社会史内涵的空间。

以汉代社会身份和社会关系为主题的探讨,也是一个核心的话题。较多受到学界关注的便是与妇女相关的图像,这与近来妇女史的兴起似乎不无关系。目前对妇女图像的研究路径似主要有两种,一种是通过宏观的妇女图像的收集,讨论各种图像中妇女形象的不同,以将其归类为不同身份的女性,并由此探讨女性在社会生活中的地位;②而另一种则是透过对画像中流行的以女性为主人公的故事的梳理,③或是相关艺术母题的探讨,④以窥探当时女性的,或至少社会期望之中的女性的形象和地位。与此相关的另一个讨论的主题则是儿童,亲子关系亦是重要内容之一。汉代出土的图像资料中与儿童直接相关者,是两块为亡故儿童所建的祠堂构件,一例是南阳出土的"许阿瞿墓志画像石",作为石材被用在魏晋人的墓葬之中,巫鸿先生曾论及之;⑤另一例是山东临淄石刻馆所藏的王阿命祠堂刻石,郑岩先生曾有专文论之。⑥ 杨爱国先生曾通过梳理纪年汉代画像石的资料,讨论母亲和儿童在汉代社会受重视的原因,从画像石榜题中整理出了专为母亲建祠建墓、夫妻合祭祠、早夭儿童等情况,亦提及许阿瞿、王阿命两石。⑦ 巫鸿先生曾在许阿瞿研究和武氏祠研究的基础上,进一步用汉代画像讨论了汉代的社会关系,包括家庭、友人与同僚、死者和墓葬建造者。⑧

---

① 杨爱国:《幽明两界:纪年汉代画像石研究》,陕西人民美术出版社2006年版,第171~198页。
② 如刘文平、孙金会:《论汉画中的妇女形象》,《南都学坛》2002年第2期;宋雅寒:《汉画像石中的女性造型》,曲阜师范大学硕士学位论文,2007年。
③ 如张勋燎:《四川东汉墓秋胡戏妻画像砖、画像石与常璩华阳列女传》,《西华大学学报(哲学社会科学版)》2006年第5期;邢义田:《格套、榜题、文献与画像解释——以一个失传的"七女为父报仇"汉画故事为例》,收入氏著:《画为心声:画像石、画像砖与壁画》,第92~137页;武氏祠中的妇女故事,见巫鸿:《武梁祠:中国古代画像艺术的思想性》,第184~196、271~286页。
④ 最多受到学者关注的一个话题便是"半启门"图,相关讨论文章见李明倩:《打开一扇门——中国古墓妇人启门图像研究综述》,《戏剧丛刊》2011年第5期;郑岩:《论"半启门"》,收入氏著:《逝者的面具:汉唐墓葬艺术研究》,第378~419页;吴伟:《"启门"题材汉画像砖石研究》,南京大学硕士学位论文,2013年。
⑤ 巫鸿:《"私爱"与"公义"——汉代画像中的儿童图像》,收入氏著:《礼仪中的美术:巫鸿中国古代美术史文编》(上卷),郑岩、王睿编,第225~242页。
⑥ 郑岩:《山东临淄东汉王阿命刻石的形制及其他》,收入氏著:《逝者的面具:汉唐墓葬艺术研究》,第98~125页。
⑦ 杨爱国:《幽明两界:纪年汉代画像石研究》,第199~207页。
⑧ 巫鸿:《中国古代艺术与建筑中的"纪念碑性"》,李清泉、郑岩等译,第248~323页。

在文献传统中较少看到、却为我们留下了大量可供讨论历史问题的资料的一群人,他们直接参与大量壁画、画像石、画像砖墓的创造,他们即是包括石刻艺人、壁画画手在内的汉代专业从事殡葬服务的人群。关于汉代壁画墓的画手,由于我们并未看到与他们个人直接相关的榜题文字,目前也未见专文讨论。关于画像石墓的石工,则有邢义田和杨爱国二位先生先后撰文讨论。[①] 二位先生均主要从画像榜题出发,结合文献资料、其他墓石资料上的石工刻名、画像风格上体现的同一工匠集团的作品等加以展开。两文均主要讨论了石工的社会地位,然各有侧重:邢文侧重于探讨画工与图像格套的关系,指出画工在创作中虽然按照粉本和格套进行制作,然而可能会有意识地造成视觉上的构图变化,形成典范和格套,带动流行,塑造职业上的传统;杨文则关注了石工的社会流动性、文字能力以及石刻艺人与殡仪服务的关系。这些研究给我们揭示了更为丰富的汉代社会细节,还为我们留下了在传世文献系统中很难听到的一部分人群的声音。

中西交通史利用图像的探讨,最基本的一种路径是通过特定图像母题、图像风格以及图像组合方式等随其相关器物在区域之间的传播、流行和变迁的情况,以对中西之间的文化交流做出评估。这一探讨得以成立的基本假设,应该是艺术具有特殊性和地域性。在具体利用汉代的画像资料进行研究的话题之中,除了上文提及的佛教传入的问题,另一个受到学界关注的便是胡人图像的问题。除了对胡人图像出现在丧葬空间中的原因和其图像构成、意义的探寻外,[②]最近的研究开始试图运用将画像资料、文献资料以及中亚直到印度的图像与考古实物资料相对照的方法,梳理其形象上的异同,从而理出一些形象在地区间传播的线索。邢义田先生首先进行了此类尝试,在域外考古资料的梳理上倾注了更大力气,发现汉代无论是在士大夫所掌握的文字传统中,或是工匠群体和更广阔中下层人群所接受的图像传统中,对异族文化的态度却有相当一致的印象化、简约化、刻板化和顽强持续的特点,从而将问题又引到了社会文化史的讨论,[③]可谓是这一路径的典范之作。朱浒先生在其博士论文中则系统梳理了目前可见的所有胡人图像,将其分区、分类并详细讨论了其对胡人外貌形象的描绘,并论证汉代画像中早期描绘的胡人是匈奴人,而常见的"尖顶帽"胡人形象的蓝本应是贵霜——大月氏人[④],然其部分论证似乎还有些不够严谨。除了胡人图像之外,缪哲先生亦曾梳理"鹰啄兔"这一母题的传播,并希望藉此为中西交通史提供一些新资料。[⑤] 在我们看来,通过域外母题的传播和变形来对中西交通史进行讨论,应是可以进一步展开和尝试的做法。

---

① 邢义田:《汉碑、汉画和石工的关系》,收入氏著:《画为心声:画像石、画像砖与壁画》,第47~68页;杨爱国:《幽明两界:纪年汉代画像石研究》,第132~144页。
② 如郑岩:《汉代艺术中的胡人形象》,收入氏著:《逝者的面具:汉唐墓葬艺术研究》,第126~146页;关于胡汉战争图的研究和解读,目前最好的是邢义田先生的论文,对研究史亦有梳理,值得参考,见邢义田:《汉代画像胡汉战争图的构成、类型与意义》,收入氏著:《画为心声:画像石、画像砖与壁画》,第315~397页。
③ 邢义田:《古代中国及欧亚文献、图像与考古资料中的"胡人"外貌》,收入氏著:《画为心声:画像石、画像砖与壁画》,第197~314页。
④ 朱浒:《汉画像胡人图像研究》,上海大学博士学位论文,2012年。
⑤ 缪哲:《鹰啄兔》,《中国汉画研究》第4卷,广西师范大学出版社2011年版,第157~192页。

四、图史关系：实践、讨论及新的可能性

我们在上文中讨论的内容，事实上涉及在历史问题的研究以及历史学著作的写作中对待图像资料的两种态度，即将图像资料作为从属地位的、不言自明的"插图"或"旁证"，或者对图像进行分析并将之用于历史学考证的"以图证史"。虽然在研究和写作的实践中，"以图证史"的方法已经理所当然地被许多学者所使用，但是关于这种方法的讨论和反思，是最近这几年才热闹起来的。

这并非说关于图像和历史、图像和文本关系问题的讨论是一个全新的话题。我国古代士大夫以及近代西方的许多艺术史和历史学者，都曾有过讨论，曹意强先生已有过一些梳理；①邓菲女士亦曾从学术史角度理论性地谈过图像艺术在跨学科研究中之应用的问题。②不过20世纪前期关于图、史关系问题的讨论还有几位学者需要注意。其一是梁任公。梁氏在《中国历史研究法》中述及"文字记录以外的"史料时，便提及"实物之模型及图影"：

> 实物之以原形原质传留至今者，最上也，然而非可多觏。有取其形范以图之，而图范获传于今，抑其次也。例如汉晋之屋舍、灶磴、杵臼，唐人之服装、髻型、乐器及戏剧面具，今日何由得见。然而有殉葬之陶制明器，殊形诡类至伙，若能得一标准以定其年代，则其时社会状况，彷佛可见也。又如唐画中之屋宇、服装、器物及画中人之仪态，必为唐时现状或更古于唐者，宋画必为宋时之现状或更古于宋者，吾侪无论得见真本或摹本，苟能用特殊的观察，恒必有若干稀奇史料，可以发见，则亦等于间接的目睹矣。③

任公此言有几处值得注意。一是社会史的取向，即透过实物或图像资料观察社会；二是任公虽然同意图像的内容来自社会现实，但他注意到了图像资料表现的内容并不完全与其时代是同时的；④第三，他认为分析图像资料需"特殊的观察"，似乎需要一种不同于分析文献资料的方法。另一位跟汉代的丧葬画像资料直接相关的，便是翦伯赞先生。翦老在其名著《秦汉史》的序言中，认为"除古人的遗物以外，再没有一种史料比绘画雕刻更能反映出历史上的社会之具体的形象"，"是一种最具体最真确的史料"，"假如把它们有系统地收辑起来，几乎可以成为一部绣像的汉代史"⑤，对画像研究者来说，这段话可谓人尽皆知，几乎任何一部画像石的研究专著都会引用之来说明画像资料的史料价值。但值得思考的是，在翦

---

① 曹意强：《艺术与历史》，第59～97页；《论图像证史的有效性与误区》，收入曹意强等：《艺术史的视野：图像研究的理论、方法与意义》，序第3～14页。
② 邓菲：《图像与思想的互动——谈跨学科研究中的图像艺术》，《复旦学报（社会科学版）》2012年第1期。
③ 梁启超：《中国历史研究法》，岳麓书社2010年版，第44页。
④ 但是我们认为，不能以此说明任公意识到了图像格套和保守性。更可能是他认为唐、宋的画家可能在社会生活中见到更早时代的产物，就像他前面所举出的明中叶的祖屋和宗族的例子一样，见梁启超：《中国历史研究法》，第40页。
⑤ 翦伯赞：《秦汉史》，北京大学出版社1999年版，序言第5～6页。

老的名著中,画像资料除了在对汉代艺术的地位进行评估之外,也仅仅是作了插图。翦老自言:"惟关于石刻画像之历史的索隐,乃是一种专门学问,我在这里,只是指出石刻画像在艺术史上的地位……"①总体而言,梁、翦二先生在看法上基本相近,而任公似保留更多一些,也注意到图像中的内容不完全是"当代的";而翦先生虽对画像资料的史料价值推崇备至,实际上也无法处理资料。

近来随着人文学科的整体转型,历史学家开始不得不面对各种新理论、新方法,也要求学者能够处理更多的资料;而艺术史也开始转型,反倒是许多艺术史著作中开始触及原来更多被历史学家思考的问题,这些都使得历史学家开始正视图像资料在研究中的地位问题,并引起了一系列有关"以图证史"方法论的探讨。彼得·伯克关于如何在历史学研究中应用图像资料的可能性及其陷阱的专著《图像证史》也被翻译成中文,这是一位英国历史学家对于图像证史问题的思考。②葛兆光先生曾有专文,举例说明哪些图像可以用作思想史的资料,可以提出哪些新问题,又应该如何解读图像;另有一文,从思想史家的角度谈思想史与艺术史的关系。③而通过"图像证史"在具体案例中的实践来说明图像利用的可能性及其相关问题,应该也是一个比较好的想法。赵世瑜先生曾通过区域社会史的视野对一幅清代云南的石刻画进行讨论,并由此讨论图像证史在理论上和实践中的相关问题。④赵先生的论证非常精细,又能够根据文献考订出图像母题中具体的人和事,并且能重构图像赞助者及其具体的社会环境,以此去解读图像背后的社会意义。总体而言,几位先生的讨论都非常具有启发性。几位历史学者的讨论,都不约而同地认识到了图像是一种历史记忆,并且图像的产生与具体的历史环境相关,背后隐含了人的思想性、偏见及意图,图像亦并非现实的忠实反映。

但仅有这些似乎还不是太够。既然我们认为图像是历史记忆的一种载体,那么就要考虑记忆本身之产生、表达及其传承的机制。无论这种记忆是对于世界的感知、认识或想象(思想的、宗教的及观念的),还是对于某一具体事物或某段具体经历的认识和印象(物质的、社会的、事件的),人们都需要对其先有一定的把握,才能将其表达和表现出来。这种把握与认识跟人类如何观察和认识世界直接相关,它本身具有结构性和选择性,是一种"应当是这样"的认识,其中屏蔽和过滤了一些人们不能或不愿认知和记忆的内容,也有一些内容会渐渐被强化,或者渐渐被淡忘。正因为如此,许多图像并不能当作写实作品对待,而同样具有抽象性。记忆的表达和表现,本身又是一个过程,这不单单指一幅图像或一件器物的创

---

① 这段话见于翦先生提及劳榦先生的画像论文的注释中,见翦伯赞:《秦汉史》,第578页注释1。劳先生的文章,见《论鲁西画像三石——朱鲔石室、孝堂山、武梁祠》,《历史语言研究所集刊》第8册,中华书局1987年版,第93~127页。劳先生的分析方法,基本是考据学的传统。
② 彼得·伯克(Peter Burke):《图像证史》,杨豫译,北京大学出版社2008年版。
③ 葛兆光:《思想史研究视野中的图像》,《中国社会科学》2002年第4期;《思想史家眼中之艺术史——读2000年以来出版的若干艺术史著作和译著有感》,《清华大学学报(哲学社会科学版)》2006年第5期。
④ 赵世瑜:《图像如何证史:一副石刻画所见清代西南的历史与历史记忆》,《故宫博物院院刊》2011年第2期。不过赵先生文中认为"甚至由于武梁祠已是清人重建的建筑,在多大程度上能够重构东汉的历史场景,也值得讨论",恐怕是有些误解了。清人虽名为"重修武梁祠堂",但修建的实际是陆续出土的武氏祠画像石的保管室。但即使我们已复原出它的形制,在事实上也的确很难将它还原至东汉的具体历史时空中去,这是确论。

作,这个过程本身也有相当大的技术性、传承性和多样性,也一定有着它的目的性。技术性,更多体现在表现手法、制作工艺和风格(style)上,这也是传统的形式分析派艺术史家热衷讨论的内容。传承性则指的是技术本身的传承及程序,邢义田先生便认识到汉代画像有一定的格套,①也正是因此,不止一位学者曾指出"程序的保守性"和"以图证史的陷阱"。② 目的性,则指向实用性、仪式意义、审美享受和情感的表达等方面。多样性,其一指的是技术、手法和图像母题本身的多样性,如果条件允许,人们便有可能选用不同的原材料、制作工艺、表现手法以及不同母题的组合来进行表达和创作;其二则是所有表达都具有个人性,即使是一个已经根本无法考证出其姓名的工匠的作品,也在某种程度上会带上其个人的色彩,更何况出自一人之手的作品亦会不断变化;其三是表达和创作的环境之多样性,包括创作者的生计状况和赞助状况,具体社会的文化风尚和心态等问题。正是因为有了前三种意义上的多样性,我们对作品和器物进行分类、构建艺术家的谱系以及鉴别作品真伪才成为可能;也正因为有这种多样性,历史学家面对的图像便不是"一类史料或文本",而是一整套表达和符号系统。图像记忆的传承,就不光光是表达技术本身的传承,还涉及了观看③、理解、接受、排斥和淡忘等诸个环节。厘清了这些,或许能对图像与文献、图像与历史之间的关系有一些新的思考。

还有几个较具体的问题也是值得思考的,它们与图像的形式和表现力相关。一是图像与叙事,即其对过程的表现问题。汉代的许多画像石虽然分格,但如果我们排除武梁祠的帝王图像、前石室以及和林格尔壁画墓的出行图这几个例子外,却较少能见到"连环画",更多的是对某个"瞬间"的定格。④ 近来学者们发现一些不同的例子,如邢义田先生指出,武氏祠的几幅荆轲刺秦王画像,事实上至少包含五个先后的时间段落,⑤然而从视觉效果上来说,它带给观者的仍是一幅定格的画面。而相对于图像,文字则更擅长叙述和表达因果关系。那么,从这种意义上来说,文史是互证、互补的吗?另外,相对于图像,文字似乎更弱于表达和"描绘"未知世界和想象中的场景。所以,图像到底是哪一种历史?用文献对图像进行考证的操作在何种程度上是可行的?(这涉及图像学的方法,将另文详论。)

总之,我们认为,在"以图证史"的实践已展开许久,而对"以图证史"的方法论的讨论越来越多的现在,似乎应该重新冷静思考图像和文献的关系,以及历史的更多可能性。

---

① 邢义田先生由此出发,反复思考并实践了通过榜题、格套解读画像的方法,有数文值得参考,见邢义田:《汉代画像内容与榜题的关系》、《格套、榜题、文献与画像解释——以一个失传的"七女为父报仇"汉画故事为例》、《汉代画像中的"射爵射侯图"》、《汉代画像胡汉战争图的构成、类型与意义》、《汉画解读方法试探——以"捞鼎图"为例》,以上收入氏著:《画为心声:画像石、画像砖与壁画》,第 69~196、315~439 页。

② 李淞:《论唐代龙门石窟净土堂的造像》,收入氏著:《长安艺术与宗教文明》,中华书局 2002 年版,第267~288 页,引文见 271 页;缪哲:《以图证史的陷阱》,《读书》2005 年第 2 期。

③ 郑岩:《关于汉代丧葬画像观者问题的思考》,收入氏著:《逝者的面具:汉唐墓葬艺术研究》,第 147~166 页。

④ 邢义田:《格套、榜题、文献与画像解释——以一个失传的"七女为父报仇"汉画故事为例》,收入氏著:《画为心声:画像石、画像砖与壁画》,第 92~137 页,尤见第 107~111 页。

⑤ 如巫鸿先生指出汉代四川的四块画像石上表现的是"白猿传"故事的几个不同瞬间,见巫鸿:《汉代艺术中的"白猿传"画像——兼谈叙事绘画与叙事文学之关系》,张勃译,收入氏著:《礼仪中的美术:巫鸿中国古代美术史文编》(上卷),郑岩、王睿编,第186~204 页,尤见第 187~192 页。

Picture and History:
Focus on History Researches Utilizing Burial Pictorial Art of Han Dynasty

Zhang Xiaoyi

Abstract: Pictorial materials used to be ignored, but historians recently tend to make use of them in history research. As an example, researches on stone reliefs and brick reliefs of Han dynasty have its long history with maturity and comprehensiveness. In this research, we will talk about researchers of culture history, social history, history of thought and the history of Sino-foreign communications using pictorial materials as evidences and analyze their methodologies from the aspects of features, fundamental assumptions and the limitation. At the last part of this paper, we will discuss further relationship between picture and history. And based on our results, the direction of further exploiting and utilizing pictorial materials in history research can be indicated.

Key Words: pictorial materials; stone reliefs and brick reliefs of Han dynasty; history research; relationship between picture and history

日本阳明学的近现代
——评大桥健二的《良心与至诚的精神史：日本阳明学的近现代》

李 亚*

一、简单的学术回顾

作为一部学术专著，其最大的价值莫过于在前人的基础上有所创新，并对后人的研究能有所启迪。因而，要判断一部学术专著是否具有学术价值，我们应当在相关学术史的视域中予以考察。因此，在评论大桥健二的《良心与至诚的精神史：日本阳明学的近现代》之前，我们有必要简单梳理下至今为止近现代日本阳明学的相关学术研究。

阳明学在日本近代不仅受到井上、高瀬等官方学派的青睐，也被其他思想流派的近代知识分子所关注，如内村鉴三、新渡户稻造、冈仓天心、北村透谷、中江兆民、植木枝盛、三宅雪岭、西田几多郎等等。而目前的先行研究中，虽然有不少阐述近代某一人物的思想与阳明学之间的联系的个别研究，但是将这些人物作为一个群体，并分门别类地阐述他们的思想与阳明学的关联，从而建构起近现代日本阳明学的整体框架的研究则寥寥无几。现将这些研究简单归纳如下：

该书出版之前，对日本近代阳明学进行系统性研究的代表人物是荻生茂博。其在《幕末·明治阳明学与明清思想史》①中分析了德富苏峰、三宅雪岭的著作中所体现的阳明学思想，并以吉本襄所主持的阳明学杂志为代表，分析了作为"国民道德"的日本近代阳明学。在《近代阳明学研究与石崎东国的大阪阳明学会》②中主要以大阪阳明学会为对象，分析了"反政府主导的汉学复兴运动"的近代民间阳明学。

该书出版之后，荻生茂博又相继发表了关于东亚近代阳明学的三篇论文。③ 这三篇论

---

* 李亚 厦门大学外文学院 福建 厦门 361005

① 荻生茂博：《幕末·明治阳明学与明清思想史》，收入氏著：《近代·亚洲·阳明学》，鹈鹕出版社2008年版，第335~387页。

② 荻生茂博：《近代阳明学研究与石崎东国的大阪阳明学会》，收入氏著：《近代·亚洲·阳明学》，第388~413页。

③ 荻生茂博，The Consrtuction of 'Modern Yomeigaku in Meiji Japan and Its Impact in China', in East Asian History 20, Institute of Advanced Studies, Australian National University, 2000, pp.94~120. 荻生茂博：《日本的〈近代阳明学〉的成立——东亚的〈近代阳明学〉Ⅰ》，收入氏著：《近代·亚洲·阳明学》，第414~444页。荻生茂博：《崔南善的日本体验与〈少年〉的出发——东亚的〈近代阳明学〉(Ⅲ)—1》，收入氏著：《近代·亚洲·阳明学》，第445~482页。

文分别概括了日本、中国、韩国的近代阳明学。其中日本部分,主张德富苏峰的《吉田松阴》与三宅雪岭《王阳明》是"近代阳明学"的出发点,阐明了二书中所体现的阳明学思想,最后提出了两大"近代阳明学"——官方阳明学(作为"国民道德"的阳明学)与民间阳明学(作为民间"革新"思想的阳明学)。此外,小岛毅于2006年出版《近代日本的阳明学》,以时间先后为顺序贯穿起了阳明学发展的一条线,阐明了三岛中洲、三宅雪岭、内村鉴三、东敬治所主导的阳明学在近代阳明学发展史上的影响力,最后分析了社会主义与阳明学的联系。

总体而言,上述学术研究中尚存一些不足之处。其一,在明治思想方面涵盖面还不够广,尚未对阳明学与自由主义、自由民族主义、基督教思想之间的联系做系统性阐释。其二,涉及人物过少,每种思想基本只选取了1~2位代表性人物,故对阳明学与这种思想的联系的论述稍显单一,不够饱满,无法构建起一个整体框架。其三,各人物身上所体现的阳明学特征稍显零散,没有形成主线(该书采用"良心"与"至诚"两条主线概括)。其四,在时间跨度上,较关注日本阳明学的近代,而未综合阐述日本阳明学在现代的延伸。因此,从学术史角度来看,该书是学界系统地勾勒近现代日本阳明学的整体形象的开山鼻祖。

此外,在该书出版之前,作者曾出版《日本阳明学奇迹的系谱》[①]一书,该书通过阐述江户时代至近代的思想家的思想及其言行中的阳明学特征,从而勾勒出日本阳明学的连续性系谱。该书人物囊括了以中江藤树为始的30位受阳明学影响的思想家,其中包括6位近代思想家。因此,《良心与至诚的精神史:日本阳明学的近现代》一书在作者的学术生涯中可谓是部承上启下的力作。

二、本书内容

该书的章节框架如下:

序　　言　　评价与否定——日本人的价值体系的构造变革
第一章　　"至诚"与"良知"——两种阳明学
第二章　　国家主义与至诚主义——日本阳明学的主流
第三章　　明治基督教
第四章　　自由民权与自由民族主义
第五章　　夏目漱石与西田几多郎——至诚·志士型·阳明学内涵
第六章　　阳明学的现代意义
主要引用与参考文献

在序言中,作者表明了著书动机,即通过探寻近代言说中所体现的"日本阳明学"的两大精神——主张至纯动机的"至诚"与先验主体性的"良知"(良心),以解决"阳明学对日本人的价值体系带来了怎样的构造变革"这一课题。此外,作者还概述了战后日本对阳明学的正反面评价。

---

① 大桥健二:《日本阳明学奇迹的系谱》,丛文社1995年版。

第一章基于先行研究,概括了日本阳明学的几大特色:一、培育了内在地推动社会行动的坚定精神与个性;二、中国阳明学的中心在于进行是非判断的"良知",而日本阳明学的基点则是象征至诚、无欲等绝对价值的"天";三、日本阳明学具有朱王折中的特色;四、阳明学在中国被视为"以致良知为中心的儒学",而在日本则与朱子学一同被视作"以诚为中心的儒学"。最后,作者提出了该书的关键词,即"两个'日本阳明学'"——"至诚"中心的阳明学与"良知"中心的阳明学。

第二章分析了日本近代阳明学的主流——国家主义(代表人物:井上哲次郎、高瀬武次郎)与至诚主义(代表人物:中野正刚、安冈正笃)。国家主义方面,作者回顾了明治后期国家主义抬头的思潮,以井上哲次郎的《日本阳明学派之哲学》[1]、高瀬武次郎的《日本之阳明学》[2]与《阳明主义的修养》[3]为基本史料,并结合山下龙二与南方熊楠对井上的批判,阐明了国家主义者的著书目的(即宣扬国民道德)、阳明学特色(即行动主义),并客观公允地评价了井上的功过。作者认为井上是系统概括日本阳明学系谱的第一人,但其从国家主义者的立场出发,把"日本阳明学"宣扬为"国民道德"的做法过于片面。而高瀬的阳明学则是"井上的阳明学理解的延长线"。至诚主义方面,作者以中野正刚与安冈正笃为例,分析了二者与阳明学相关的学问与事功等,认为中野是最后一位继承了幕末志士的阳明学精神的阳明学学者,而安冈阳明学的独特之处则在于精神至上主义的求道色彩。

第三章以明治新教徒(代表人物:本多庸一、海老名弹正、松村介石、内村鉴三、植村正久、柏木义円、新渡户稻造)与明治基督教文学家(代表人物:北村透谷、国木田独步)为例,阐明了他们的基督教思想与阳明学理解之间的联系。本多认为基督教与阳明学都蕴含有"伦理内面化"的契机;海老认为"良知"即是基督教中的"神",基督教是"良心"的宗教;松村则倡导"阳明学性基督教";内村认为阳明学是最接近基督教的东洋思想,并借用阳明学的"万物一体之仁"思想,呼吁"世界市民权";植村高度评价阳明学为超越儒学的"圣人学"宗教。柏木主张"人之本心即神之肖像,所谓天命之性,阳明之良知良能亦为此也"(原文日文);新渡户认为王阳明著述与《新约圣书》有不少类似之处。而作为明治基督教文学家的代表,北村文学中流露出知行合一、良知等阳明学因子,国木的"天地之儿"与王阳明的"万物一体之仁"则有异曲同工之妙。

第四章分析了自由民权(代表人物:中江兆民、植木枝盛)与自由民族主义(代表人物:冈仓天心、陆羯南、三宅雪岭)与阳明学之间的联系。自由民权方面,作者从中江与植木的阳明学理解、哲学思想、政治主张等方面入手,阐明了自由民权思想与阳明学以"精神的自由"为媒介存在着深刻的内在性联系。自由民族主义方面,冈仓主张阳明学具有果敢的行动主义与不拘泥于外在形式的本质主义,盛赞其为明治维新的主要刺激因素,并试图通过宣扬东洋哲学中具有"自我内部的发现"之内在精神的阳明学,来抵抗近代西欧文明的"全面入侵",唤醒日本国民的民族觉醒。陆羯南亦是倾心阳明学,评价王阳明、李卓吾是儒学界的自由思想家。三宅认为王阳明的才气凌驾于黑格尔之上,阳明学足以在世界哲学中流放异彩,并认为阳明学的"万物一体之仁"思想具有"激烈的社会主义"倾向。

---

[1] 井上哲次郎:《日本阳明学派之哲学》,富山房1900年版。
[2] 高瀬武次郎:《日本之阳明学》,铁华书院1898年版。
[3] 高瀬武次郎:《阳明主义的修养》,东亚堂书房1918年版。

第五章则阐述了上述框架之外的近代知识分子(代表人物:夏目漱石、西田几多郎)的思想中所流露的"至诚·志士型·阳明学内涵"。夏目漱石,曾就学于二松学舍(由明治阳明学者三岛中洲创立,现在的二松学舍大学),其所主张的"则天去私"、"至诚"动机、"独立"等思想无不与阳明学有着或多或少的共通之处。西田哲学的"纯粹经验"思想与阳明学的"知行合一"相类似,而"真的自己"、"统一力"思想则与阳明学的"良知"相近。不仅如此,熊泽蕃山、云井龙雄、河井继之助等阳明学人物对西田的人格形成也产生了深刻的影响。

第六章作者基于现代学者(代表学者:丸山真男、隅谷三喜男、武田清子、团藤重光)的阳明学评价,探索了阳明学之于现代的意义。丸山认为日本阳明学除了具有偏主观、行动主义的特点外,其余与朱子学无异,亦不具有反封建性的特性。劳动经济学者、基督教徒隅谷则主张基督教是近代思想的坐标轴,而近代日本受容基督教的最大精神要素正是阳明学。不仅如此,近代知识分子的阳明学素养还为明治知识分子提供了受容"市民伦理"的思想性土壤。武田亦指出阳明学是日本最初受容基督教的思想性土壤,同时强调了中江的自由主义与阳明学的关联,认为中江运用阳明学所蕴含的"伦理性自我规制"思想去把握"自由的概念"。刑事法学者团藤重光所提出的日本刑法理论上划时代的"主体性理论"、"死刑废止论"等理论,与阳明学的"知行合一"、仁爱思想有着密切联系。

最后,作者归纳本书内容,江户时代以后的日本阳明学所展开的"至诚"与"良心"这两个概念对近现代日本人的思想产生了深远影响。如今,"良心"这一概念对于解决现代日本"伦理弱化"的社会问题仍具有启迪意义。

三、本书特点与意义

该书的最大特点在于其独特的问题意识,即"阳明学对日本人的价值体系构造带来了哪些变革?"该书以接受了日本独特精神风土的熏陶后,逐渐日本化的近现代"日本阳明学"为研究对象展开讨论,利用"日本阳明学"这一关键词,探寻近现代日本人的精神基础。那么,"日本阳明学"的精髓到底是什么?作者认为"至诚"与"良心"思想是"日本阳明学"的基本骨架。"至诚"与"良心"这两个概念可以贯穿起日本阳明学系谱中的各人物的阳明学思想。该书基于上述研究视角,探寻了"日本阳明学"与日本近现代知识分子的核心思想间的内在联系,描绘出"日本阳明学"的近现代框架——阳明学与近代日本的国家主义、至诚主义、明治基督教、自由民权、自由民族主义、夏目文学、西田哲学等思想的内在联系及其现代意义。

其次,作者涉猎广泛,研究对象几乎涵盖了近现代思想的几大思潮。他们几乎都是近代日本思想史上举足轻重的代表性人物,如井上哲次郎、内村鉴三、新渡户稻造、北村透谷、中江兆明、冈仓天心、夏目漱石、西田几多郎等等。众所周知,这些人物对近代日本思想的形成产生了深远影响。并且,与阳明学思想产生内在联系的正是他们的思想精髓,而非是其边缘性思想。例如:对国家主义者而言,阳明学是近代国家的"国民道德";明治基督教徒接受基督教的思想性土壤便是阳明学,并发现了基督教与阳明学的相似性——伦理内在性;自由民权思想则与阳明学以"精神的自由"为媒介存在着深刻的内在性联系等等。因此,通过阐明这些人物的思想精髓与阳明学之间的内在联系,我们足以管窥阳明学之于近代日本思想的意义。总之,该书为我们思考"阳明学对日本人的价值体系构造带来了哪些变革"这一课题提供了诸多启示。

该书的另一个特点是史料庞杂多样,虽然该书课题宏大,但作者以小心求证、忠实于史料的严谨治学态度,涉猎了大量的相关文献,运用文献学实证分析与缜密比对的方法,阐明了各人物接触阳明学的契机、阳明学理解、其思想精髓与阳明学间的思想性联系等等,论证客观公允,论述铿锵有力。该书中所涉及的史料不仅包括各人物著作、言论中所体现的阳明学观、与阳明学存在内在联系的思想,还包含后人对各人物的阳明学观的评价等等,形式多样,内容丰富。该书旁征博引,力求客观的例子比比皆是。丰富庞杂的史料使人物思想中所体现的阳明学色彩鲜明而又饱满,同时也为读者提供了不少史料线索和研究方法的启示。

四、本书不足

第一,虽然该书利用"至诚"与"良心"这两条主线,梳理了日本近现代思想与阳明学之间的内在联系,但遗憾的是,该书未对这些内在性联系作总体性评价,即未阐释每种思想的代表人物的思想精髓与阳明学产生内在性联系的共性与个性。犹如画龙,整个轮廓已跃然纸上,却缺少点睛之笔。比如《第三章:明治基督教》,作者依次分析了代表人物身上所体现的阳明学因子后,论述便戛然而止。其实,根据作者对各人物与阳明学之间的联系的论述,我们不难发现这些内在联系存在共性:其一,他们加入基督教的思想性土壤大多是阳明学(该书中有所涉及,没有综合分析);其二,他们大都以阳明学的"良知"为视角,主张基督教与阳明学都蕴含伦理内面化的契机。再比如阳明学之所以能与自由民权思想以"心神的自由"为媒介产生内在联系,根本原因在于阳明学主张"心即理"。遗憾的是,作者分析了各个主张自由民权的思想家的阳明学思想后,并没有做总结性的分析。因此,若作者在梳理每个派别的各位思想家的阳明学思想的基础上,最后能画龙点睛地阐明下这些思想家身上所体现的共性与个性,那该书将更加生动有趣,给读者更多的启迪。

第二,本书虽然涉及人物多而广,史料丰富,但却忽视了近代日本阳明学彰显运动期间的标志性产物——阳明学会及其机关杂志。这些史料是我们在探讨日本近代阳明学时不容忽视的。首先是1896年,吉本襄于东京创刊《阳明学》(原名《陽明學》)杂志,宣扬阳明学是"国民道德的基础"。[①] 其次是1907年,私淑大盐中斋的石崎东国于大阪设立"洗心洞学会"(1908年改名为"大阪阳明学会"),曾先后发行《阳明》、《阳明主义》等杂志,旨在通过推广阳明学来革新文明混乱、人道堕落的日本社会。[②] 最后是1908年,东敬治创立"阳明学会",发行机关杂志《阳明学》,旨在利用阳明学以矫正当下轻佻浅薄之风。[③] 通过分析这些杂志中的文章,我们可以管窥阳明学与近代各种思潮的关联性及其影响力等等。

另外,若吹毛求疵地说,该书虽然选取人物涵盖多领域且具有代表性,但遗漏了几位近代阳明学史上的举足轻重的人物。如德富苏峰,其于1893年出版《吉田松阴》(原名为《吉

---

① 荻生茂博:《近代·亚洲·阳明学》,第355~356页。
② 荻生茂博:《近代·亚洲·阳明学》,第405~407页。
③ 小岛毅:《近代日本的阳明学》,讲谈社2006年版,第114~116页。

田松陰》），书中虽没有直接将松阴定性为阳明学者，但书中的松阴言论、气质带有强烈的"日本阳明学"的性格，所以在提到近代阳明学时，我们也有必要探讨下德富苏峰的阳明学认识。另外，三岛中洲也是近代阳明学史上不可忽视的人物之一。他不仅创立了"汉学塾二松学舍"（日本二松学舍大学的前身），实行先朱后王的教育方针，还为大正天皇讲授过阳明学。而日本近代极端民族主义者大川周明在其著作《日本精神研究》中主张改造国家即改造精神，真正的日本精神可从阳明学中探寻。作者的论述若能将这些人物的阳明学思想纳入讨论范围的话，那本书所构建的近代阳明学全体像将更为立体。

　　总之，大桥健二的《良心与至诚的精神史：日本阳明学的近现代》一书，围绕阳明学对日本人的价值体系构造所带来的变革这一课题，以"良心"与"至诚"为主线，详尽地阐述了日本阳明学与近现代知识分子思想的内在关联，系统地构建了近现代日本阳明学的框架，为日本乃至东亚思考现代人"伦理弱化"等现代问题提供了诸多启示。作为思想史研究的学术著作，该书无论在研究内容还是在研究方法上，都值得后人学习借鉴。

台湾史研究的一部集大成之作
——陈孔立《台湾史事解读》述评

吴 强[*]

作为大陆台湾研究的南派泰斗,厦门大学台湾研究院教授陈孔立先生自1962年因纪念郑成功收复台湾300周年而踏入台湾研究园地,迄今已逾50年。陈先生及其带领下的研究团队除了在政策层面为党和政府处理两岸关系贡献心力外,出身历史学的他在长达半个多世纪的风雨历程中将个人研究重心紧紧锁定那些台湾发展进程中的重大历史问题,从史料爬梳中寻求真知灼见、廓清历史迷雾、解答人们心中的疑惑,陈先生的基础性研究不仅是两岸交往的前提和基础,也是认识、了解并最终实现祖国统一的必然需求。就此而言,新近出版的《台湾史事解读》一书既是陈先生过往研究的总结,也必将对未来台湾历史研究有进一步的启示和殷鉴,值得每一个有志于台湾研究的后进细细研读。

综观全书,所选篇目既有微观解剖,也有宏观展望,较好做到了学术考实与动态评论的结合,作者根据有关主题将内容分为三大部分。

其一为影响两岸历史书写和国家认同的深层次史观表述问题。史观乃是人们对历史所形成的系统看法,其本质属于哲学领域的思维观念。由于历史本身不会说话,也无法重复演绎,后人对历史的认识很大程度上得仰赖于历史学家立足史料基础上的解读,不同人即便对于同一历史事件的看法也因而会受到外在客观环境和历史教育的影响。对于一个国家来说,史观看不见摸不着,但它之于凝聚内部群体共识、维系社会稳定却有着其他因素所无法替代的作用。简言之,一套史观的核心命题是为认同问题——也就是"我是谁"或"我们是谁"? 对于台湾来说,具体表现为到底是"认同台湾"还是"认同中国",这在陈先生看来才是困扰两岸历史编撰和民众心理体认的核心问题。大陆著名台湾史学者张海鹏也在《关于台湾史研究中"国家认同"与台湾史主体性问题的思考》一文中敏锐观察到认同问题已是台湾史研究中的一大关键。

正如陈先生所言:"由于两岸分隔多年,在史观上存在不同的看法完全是可以理解的,可以通过学术讨论,取长补短,共同提高。"[①]在与台湾各界人士的长期交流过程中,陈先生认为台湾学者在史观问题上也如万花筒一般,异彩纷呈。从早期国民党一党独大时代占据主导地位的内战史观、统一史观、中原史观、帝王史观到近20年来随社会多元化而来和西方社会科学思潮影响下所形成的社会史观、后殖民史观,部分"独派人士"则一直坚持他们的"台独史观"、"皇民史观"和"以世界史为框架的史观",偏安史观和分治史观也随着两岸分治60多年这一历史事实而逐渐浮出水面。

---

[*] 吴强 武汉大学历史学院 湖北 武汉 430072
① 陈孔立:《台湾史事解读》,九州出版社2013年版,前言第1页。

对此局面,陈先生承认这非常正常,但随即指出在目前台湾盛行的各种史观都可被纳入"台湾史观"与"台独史观"这两大框架之中,两者既有区别也并不完全一致。"'台独'史观是一种政治主张",他们之所以强调"台湾主体"的目的在于凸显台湾与"中国"之别,"扭转'中国主体,台湾附庸'的认知方式","脱离中国的规范","脱中国化",台湾史被作为"国史",而中国史则被视为"外国史"[1]。杜正胜所提出的"同心圆理论"[2]就是其中最为著名的代表,台大政治系教授张亚中直言"杜正胜的'同心圆史观'是绿营用来建构一边一国认同的工具"[3]。相比之下,"台湾史观"的学理色彩更为浓厚。"'台湾史观'是一种学术主张,一般不涉及政治,不愿意让政治干预学术,'无意卷入统独之争'"[4]。对于大陆民众的理解来说,陈先生指出建立在"台湾史观"基础上的"台湾认同"与所谓"台湾独立"并不能划等号。一方面,生活在台湾这片土地而又不认同台湾这本身就是悖论,于情于理都难融;另一方面,认同台湾并不是完全的政治态度,它主要是一种社会态度,因此,"台湾意识"也就不等于"台独意识","台湾史观"与"台独史观"并不尽相同,需要区别看待;最后,认同台湾与认同中国不仅不对立,而且还存在事实上的相互重叠,也就是有相当比例的民众其实既认同台湾,也认同中国。对这些人来说,他们是台湾人,但同时也是中国人。陈先生肯定"'双重认同'是符合两岸人民共同利益的一种取向,实现双重认同的可能性是存在的"[5]。或许台湾民众目前难有"大陆认同"(大陆民众认同台湾也有难度),但这并不妨碍建构两岸都能认可的"中国认同",关键在于双方能够做到求同存异而非夸大歧见。

求同存异的前提在于开展两岸之间更为坦诚和开放的平等对话,"争取作出能够互相理解和包容的解释,这可能是两岸台湾史研究交流中的一项值得重视的工作"[6]。在这方面,陈先生认为大陆历史研究和教学中存在的一些"固化观点"和"既定结论"(如"大一统"、"五阶段论"、"起义模式"、"变法模式")已经成为台湾史研究中的错误理论图式,比较典型的有过去教科书中一直强调三国时期孙权就已派卫温和诸葛直前往台湾,以此证明台湾自古以来就是中国领土,殊不知两人前去的目的并非一般性商贸往来,而是掳掠人口,良好愿望与历史事实出入太大,学术语言与政治语言两相混淆,这不仅不利于正确认识台湾历史,而且也无助于两岸交流,甚至因此而形成"历史心结"。与此同时,台湾方面则由于不同史观的投射而导致在具体历史问题上的认识难免偏颇,有些论调背后还潜藏着强烈的意识形态背景,如对日本殖民时期的"近代化建设"采取完全肯定的态度,有"糖业王国"、"米糖王国"、"糖业现代化"等说法,对日本殖民者在台湾的烧杀抢掠却视而不见(有意或无意),将郑成功收复台湾改称"攻占"或"进取"台湾,强化台湾的主体地位和发展舞台的独立性,直接跳过大陆而进至所谓"世界史视野"来观照台湾,强行切割台湾与大陆之间历史上的固

---

[1] 陈孔立:《台湾史事解读》,第6页。
[2] 根据杜正胜的解释,所谓"同心圆"的第一圈是乡土史、次之是台湾史、第三圈是中国史、第四圈是亚洲史、第五圈是世界史。按照教育计划,小学中低年级历史教育的重心在乡土史,高年级则是台湾史和中国史,中学为台湾史、中国史和亚洲史,大学主要讲授中国史、亚洲史和世界史。参见杜正胜:《历史教育要和松绑》,台湾《联合报》1995年1月23日。
[3] 张亚中:《异化的史观与认同:从我者到他者》,《中国评论》2012年第4期。
[4] 陈孔立:《台湾史事解读》,第6页。
[5] 陈孔立:《台湾史事解读》,第10页。
[6] 陈孔立:《台湾史事解读》,第11页。

有联系等等。

不论是台湾或大陆,在有关对方认知的史观构建上显然都需要检讨和反思。陈先生认为这里面应当有一个是非标准,即实事求是阐述台湾的历史,还历史以本原面目,而有意回避某些历史事实,甚至歪曲、捏造台湾的历史来为某种目的服务的研究已明显沦为单纯的政治工具,而由"同心圆史观"倡导者杜正胜主持编写的《认识台湾(历史篇)》这一教科书就体现得尤为突出。虽然"决心要超越统独意识,编出忠于历史的教科书","不论统独,单纯描述史实",但教科书甫一面世却招来各界强烈批评。诚然,该书不乏忠实叙述,但在有关"基本共识"和"台湾历史的特色"这两方面将台湾单独列举,多元文化、对外关系密切、对外贸易兴盛、冒险奋斗和克服困难的精神成为台湾的专有特质,事实上这些恰恰是台湾与大陆(特别是闽粤沿海一带)的共有精神资产或曰共性。至于一些不应有的"历史失忆"(如对中国古代各朝与台湾之间的隶属关系一概跳过)和看似中性的名词术语(如将日本甲午战后侵占台湾称为"取得"台湾,"日本投降、台湾光复"也被改为"终战")实则反映了编者明显的政治立场和倾向,这样的教科书显然会对台湾年轻一代的国家认同和历史意识造成巨大错置。

本书内容的第二部分则是陈先生就台湾史事中若干问题所做的翔实考证和入理分析。在《夷州非夷洲辩》一文中,针对有人所提出的"一千八百年前台湾就是中国的一个州"这一说法,陈先生根据史料指出三国时期的台湾被叫作夷州早已载明史籍,但从未有人从而引申出台湾是临海郡的一个洲,近人的这一全新发现能否经受实证检验呢? 陈先生认为:"'洲'是地理名词,指的是水中的陆地,而'州'则是地方行政单位,是有行政建置的"①,而《临海水土志》写到夷州时述其"众山夷所居"、"此夷各号为王,分画土地",可见台湾当时是由山夷自行管理而未被划入吴国行政区划,因而也就无所谓"州"! 此外,吴国地方行政制度由州、郡两级构成,全国一共下辖3州(分别是扬州、荆州和交州),各州之下又细分为郡,临海郡系属扬州,该州尚有丹阳、会稽等数十郡。既然州比郡要大得多,又怎么可能在扬州之下再设一个比它还要大的"夷州",这显然不合常理,之所以会犯如此大的误读恐怕和作者本人的史观有莫大关联!

有关元代所设澎湖巡检司的隶属及其年代同样也是台湾史研究一直以来争议较多的问题。就前者而言,大致有两种说法——属福建省晋江县、属福建省同安县。陈先生在文中提及南宋赵汝适《诸番志》、元代汪大渊《岛夷志略》、明朝后期陈懋仁《泉南杂志》等早期史料中都肯定澎湖隶属福建晋江,"元置巡司、隶属同安"的说法直至清朝才出现——康熙年间的林谦光《台湾纪略》最先提出澎湖旧属同安县,这一说法也被后来高拱乾《台湾府志》、陈文达《台湾县志》、周元文《重修台湾府志》和光绪年间《澎湖厅志》所沿用,尤其是最后一部作为当地的地方志也采用同江说而导致以讹传讹、谬传至今。陈先生认为造成同安说的错因在于澎湖游击曾经隶属福建南路参将管辖之故。但这"只能说明澎湖游击曾经受驻扎在厦门的南路参将管辖,并不能说明澎湖在行政上属于厦门或同安"②。就年代而论,国内外史学界共有6种说法:至元初、至元年间、至元末、至元中、元末、至正二十年。经过考证,陈先生认为设置澎湖巡检司的年代当在至元二十九年至三十一年之间(1292至1294年间)。

---

① 陈孔立:《台湾史事解读》,第94页。
② 陈孔立:《台湾史事解读》,第99页。

第二部分另有多篇文章涉及有关如何评价郑成功父子和施琅。陈先生主张在评价郑成功时既要看到他的阶级出身,更要注重他的实际行动。"他出身于海上贸易商兼大地主的家庭","恢复中兴、报国救民是他的政治思想的核心",郑成功的抗清和复台某种程度上有着相同的动机,即要以台湾作为抗清的根据地,以实现恢复中兴的夙愿。对于继承郑成功的郑经,学界过往将他说成是"分裂祖国"、"割据台湾"、"背叛郑成功事业"的历史罪人,甚至还有些将他树为"台独"始祖。陈先生认为这些评价多少都是对郑经言论的断章取义或者是以今天的标准去评判作为古人的郑经,"忽视了当今时代与300多年前时代的巨大差异、观念的巨大差异"①,不能用现代的标准要求郑经。在《施琅史事的若干考辨》一文中,陈先生详细分析了施琅叛郑降清的时间和原因,确定施琅先后两次投降清朝(一次在顺治三年,一次在顺治八年),而降清则是郑、施矛盾发展的必然结果。至于康熙对施琅的评价以及施琅与李光地、姚启圣两人之间的关系,陈先生认为"正因为施琅能够为康熙所用,所以康熙给他专征的权力,并且封侯受赏"。但康熙也从大局出发,"不允许施琅干预地方事务,不允许施琅触动既定的成法"②,而施琅坚决主张固守台湾和对收复台湾的巨大贡献也都非李、姚二人所能及。③

本书最后一部分实则在前述史观讨论的基础上以具体事例来说明台湾史研究中的历史失忆问题。"作为研究台湾历史的学者,不仅要告诉人们正确的台湾历史应当是怎样的,而且也有必要告诉人们哪些说法是错误的,这样才会使得伪造历史的人不能得逞,才会使得年轻读者免受其害"④。大致说来,陈先生书中主要围绕历史特色(台湾是海洋文化,求变、求新,大陆则是陆地文化,保守、封闭),台湾历史的开端(有些人把荷据时期作为台湾历史的开端),明郑政权的性质,移民与祖籍地的关系,台湾开港后与大陆的关系,是荒芜之地还是先进省份,谁应当对《马关条约》负责,所谓"自由选择国籍"、"地方自治选举"、"生活水准急速提高"和如何看待日据时期的建设等问题来展开。综合来看,陈先生的观点如下:以海洋文化和陆地文化这一简单划分来作为台湾、大陆之间的文化差异显然过于随意,实际上,海洋文化也是中华文化的一个组成部分;早在荷兰入侵台湾之前就已有大陆东南沿海一带的大量汉人移民台湾,不论是荷兰人还是郑成功都承认台湾属于中国,大陆移民更是开发台湾的主力军;郑成功所建立的政权不是一个自外于中国的独立政权,更不是什么外来政权,而是始终尊奉南明为正朔的地方行政单位;渡海来台的大陆移民并没有因为离开祖居而与大陆切断一切联系,没有"放弃中国",更没有"在中国社会圈之外",开港后仍与大陆保持十分密切的经济联系和贸易往来;清朝为了巩固海疆、稳固台湾,甲午战前就已在台湾开始多项现代化建设,直至建省后首任巡抚刘铭传更是在台湾全面推行现代化建设,使台湾成为当时全国最先进的省份之一,那种一概抹杀事实,独认和夸大日本殖民时期在台湾所做的一系列所谓"现代化建设"及其带来的台湾社会繁荣都将严重混淆视听,不利于下一代形成正确历史认知;《马关条约》背后说明了日本对外扩张蓄谋已久,清廷腐败无能、战败签约自然需

---

① 陈孔立:《台湾史事解读》,第197页。
② 陈孔立:《台湾史事解读》,第223页。
③ 施琅曾向康熙上奏《恭陈台湾弃留疏》一折,以说明台湾对沿海各省的战略意义和地缘价值,反驳弃守台湾的种种论调,而李光地则主张放弃台湾,历史证明施琅的眼光远高于李光地。
④ 陈孔立:《台湾史事解读》,第235页。

要承担其应有责任,但这不等于所谓"中国出卖台湾"。

台湾研究具有很强的时政性和政策性,其研究成果需为两岸关系发展和研拟对台政策直接服务,但任何研究的基点都必须尊重历史事实,廓清细节与脉络,否则将严重制约现实政策的水准。以此为标准,陈先生《台湾史事解读》一书不愧为大陆台湾史研究的一部典范之作!

中国形象的塑造与建构
——评吴光辉《他者之眼与文化交涉》

吴菲吟[*]

随着经济全球化发展,各国文化间的交流与撞击日益频繁,跨文化交流与跨文化研究已经成为刻不容缓的时代课题之一。正如著名学者周宁所指出的:"当今世界的跨文化关系模式是西方与非西方二元对立结构主导的。……直面东西文化之间的差异以及这种差异包含的虚构、误解、贬抑、欺凌的关系,已经成为跨文化研究的批判主流。"[①]

如今的中国,我们姑且不论它是否是一个强国,但是作为一个拥有九百六十万平方公里的广袤土地的和众多人口的大国,无论是在享誉"四大文明古国之一"之美称的过去,还是在经济腾飞、和平崛起的现在,抑或是在国力进一步增强,成长为一个强国的将来,它从未脱离过,将来也不会脱离来自世界其他国家关注的目光。跨文化形象学的研究正是从一种再思考的、批判的视角,深刻剖析了处在这样的自·他二元对立的思维框架而构建起来的中国形象,故而对于打破当前这一思维模式下的中国形象,实现中国形象的主体性建构存在一定的借鉴意义。

日本的中国形象究竟如何,一直是青年学者吴光辉关注的焦点。继之前的著作《日本的中国形象》(人民出版社,2010年)之后,吴光辉笔耕不辍,推陈出新,再次出版《他者之眼与文化交涉——现代日本知识分子眼中的中国形象》(厦门大学出版社,2013年)一书。作为学者周宁总主编的《跨文化研究丛书》系列下的一部作品,该书借用跨文化形象学的研究理论,以现代历史的发展轨迹为主线,针对日本的中国形象展开了动态化的剖析,为我们提供了一种重新认识日本的中国形象的视角,也为中国在目前的世界话语结构下如何构建自主性的中国形象这一问题提供了深刻的启示。

一

首先,在该书的第一章,作者依据历史脉络,分别阐述了日本近世(江户时代)以来至二战结束为止日本构建起来的中国形象,并将之动态性地把握为"文化他者化"的过程。

概而言之,第一节"中华意识"观念下所构建的中国形象,既包括前期尊中国为"中华",自认为"夷狄"的自我认识;也包括近代前夜,随着中国国势式微,日本人在思想上呈现出来

---

[*] 吴菲吟 厦门大学外文学院 福建 厦门 361005
[①] 吴光辉:《他者之眼与文化交涉——现代日本知识分子眼中的中国形象》总序,厦门大学出版社2013年版,第10页。

的自尊为"中华"、反视中国为"夷狄"的观念变化。在这一过程中,"自我"与"他者"的对立框架始终贯穿其中。到了第二节,近代中国形象沦为"东西文化"框架下的他者形象。这一时期的日本将中国视为西方先进文化的对立面——"东方"的典型代表,中国被树立为野蛮、停滞、落后的形象,与代表了进步、文明的西方文化,乃至日本形成了鲜明的对比,逐渐成为"作为恶友的他者"、"被奴役的他者",日本就在这样的东西方二元对立的话语结构下凸显出了自身的存在价值,并为其之后提出"大东亚圣战"奠定了思想基础。到了以内藤湖南的《支那论》所提出"代中国而谋"为代表的一个时期,日本的中国形象构造出现了第三种模式,也就是"东方主义"视野下的他者形象。日本之所以将中国树立为"东方主义"视野下的一个需要"被拯救、被同化的他者",其实质无疑是为了取代中国在亚洲的中心地位,重构东亚秩序。

日本学者子安宣邦如是说,"对于日本来说,中国曾经是一个巨大的他者存在,现在依然如此……若没有中国文化这个前提,日本文化是不可能存在的,这一事实亦无法否定。不过为了日本及其文化作为自立的东西得以存在确立起来,或者为了有可能去主张这种自立的存在,日本也需要将自己与中国及其文化差异化。只有把与自己的异质性强加给中国及其文化,也就是强有力地将中国他者化,才可能来主张日本及其文化的独立自主性。"①长期以来,日本始终在多重性的二元对立框架下,将中国摆在或者推向"文化他者"的位置,这是一个不争的事实。不过,通过列举详尽的史料和文献,剖析不同时期的各种各样的"他者化"的中国形象,探讨中国被树立为一个什么样的国家,也就是围绕"中国是什么"这一问题来展开解答,并加以批判,进而探讨这样的操作行为究竟对于日本自身的形象构建发挥了什么样的作用,且具有了什么样的方法论的意义,这或许才是吴光辉本章的真实意图之所在。

二

如果说第一章《文化他者化的中国形象》是围绕"中国是什么"这一问题展开论述,那么第二章《意识形态化的中国形象》,我们则可以理解为是日本对"中国将走向何处"这一问题提示了答案。但是我们必须认识到,日本在认识近代中国形象之时,并不是一开始就从资本主义与社会主义这样的意识形态的立场加以考量,正如在本章序言部分吴光辉所指出的:"所谓的'意识形态化'的中国形象……它是在一个日本式的东洋与西洋、传统与现代的紧张关系之下被提出来的,这一形象得以形成的机制,应该说源于西方的'近代化',且结合了日本近代以来的'反西方化的近代化'的内涵,从而构成了'近代·反近代'的模式下的中国形象。"②

因此,承接上文,吴光辉首先利用一节的篇幅,就"近代·反近代"模式下的中国形象展开了剖析,指出中国无论如何推动自身的近代化或反对西方式的近代化,其形象塑造均无法走出"西方现代性"的藩篱,也就是说中国无论在这一期间进行了怎样的反抗与抗争,最终都逃脱不了西方话语霸权的有形或者无形的"控制",而不得不依照西方式的近代化路线前

---

① 子安宣邦:《东亚论:日本现代思想批判》,赵京华编译,吉林人民出版社2004年版,第78页。
② 吴光辉:《他者之眼与文化交涉——现代日本知识分子眼中的中国形象》,第50页。

进。在这一"近代·反近代"的过程之中,为意识形态所左右的、"意识形态化"的中国形象也日益清晰与明确。

学者周宁曾经指出:"东西方二元对立的现代性世界秩序仍在加强与扩大,它已经不限于地理意义上东方与西方的界限,甚至成为'地理东方'内部的界限。东方内部也分裂为'东方'与'西方'。"①无论是近代民族主义、亚细亚主义话语空间下的人种问题,或是当代日本学者西村成雄笔下的"中国大国论"、"中国威胁论"、"中国崩溃论",日本始终站在以西方的意识形态为核心的话语结构下建构中国形象,赋予中国以"东方"的负面意义,中国在这样的话语霸权的压制下,失去了话语权和形象建构的自主性。不言而喻,这一"意识形态化的中国形象"也投射到了日本人针对中国文化的认识之中。

到了本章第三节"传统与现代"的紧张关系下的中国形象这一部分,吴光辉则有意识地选择了日本重要网站、重要学者编撰的辞典来作为重点加以论述,之所以如此选择,大概是考虑到了现代社会的文化传播、大众化时代的知识普及等一系列现代性特征,就此来探索在文化根底日本是如何塑造中国形象的问题。这样一来,中国形象的塑造也就在这一时期通过基础性的知识、辞书性的概念而获得了"普遍化"的认识,故而为之后的中国形象的塑造奠定了文化思想或者大众传媒的源点。

三

不可否认,日本知识分子对中国形象知识性的塑造与论理性的剖析,是日本的整体中国形象塑造的一个重要部分。但是,我们也无可忽视一个重要的现实:在高新科技迅速发展,新闻传播手段日益丰富的今天,大众传媒对于绝大部分没有了战争体验、没有机会亲身前往中国的日本人来说,似乎成为了他们了解中国的最为直接的一道窗口,尤其是到了如今,我们亦可以说,日本人心中的中国形象的构建,绝大部分依赖了现今的日本媒体的新闻报道。由此,在考察现今日本的中国形象之际,我们需要将日本的媒体报道拉入到我们的考察视野之中。

步入第三章的叙述之后,吴光辉首先提出了"交涉对象"这一概念。所谓的"交涉对象",指的是进入当代,随着中国经济发展、国力增强,中国越来越给世界以巨大的存在感。而中国与日本,无论两国政治关系是好是坏,都时刻影响着日本。不论日本主观意志如何,对日本来说,中国都已经成为一个不得不直接或间接交涉的对象。这一概念之所以出现,无疑是受到了日本关西大学陶德民教授的"文化交涉学"的影响,不过,吴光辉尝试赋予这一概念以新的内涵。

所谓"文化交涉",并不是一个自一开始就可以树立起来的对象,而是针对过去的"文化交流"、现今广泛传播的"文化对话"这样的概念而提出来的。事实上,无论是"文化交流"还是"文化对话",皆存在着可以交流可以对话,亦可以不予交流不与予对话的内涵,但是,一旦提到"文化交涉",则必然出现不得不展开交涉、必须展开交涉等一系列内涵。不仅如此,吴光辉在利用这一概念之际,还提到了将之作为动词来加以理解,也就是"交涉对象化"的

---

① 吴光辉:《他者之眼与文化交涉——现代日本知识分子眼中的中国形象》总序,第11页。

问题,换言之,为了"交涉"可以制造无数的借口或者理由,寻找无数的为己的有利条件,要求对方乃至逼迫对方不得不应对。

日本媒体的报道文本,无疑是这样的"文化交涉"的最好素材。吴光辉重点关注日本媒体报道之中的政治领域、经济领域、文化领域的问题,逐一展开了剖析与论证。就政治问题而言,基于历史问题、领土争端、意识形态的问题,日本媒体表现出了最为强烈的贬斥中国的倾向;就经济问题而言,日本报道无法忽视中国已经成长为一个新兴经济大国的事实,因而与政治上的一味贬低不同,将中国作为一个能够寻求经济合作、共同谋取双赢的交涉对象;就文化问题而言,日本的媒体报道则是刻意地强调两国之间的文化内涵、价值观念、生活意识的差异性,突出了中国文化的"他者化"。

作为结论,吴光辉亦提出,走出近代以来的东西方二元对立框架,以一种多元化的视角来理解对方、反省自身无比之重要。

四

日本的中国形象研究,背后所隐藏的根本问题,就是如何跳出"以中国人的角度认识中国"的狭隘框架,而将视野放在一个外部的立场来看待中国。不仅如此,研究日本的中国形象,其目的并不单纯是日本的中国形象之确认与论证,更重要的应该是探讨这样的中国形象建构过程之中所隐藏的日本·日本人的思维模式和话语结构的问题。

跨文化学说的理论基础是承认"他者"的存在,站在跨文化形象学的设定前提,即"他者形象是自我意识的延续"这一观点来加以理解,日本正是通过中国形象的塑造,从而把握自身,完成了近代以来的自我认识与身份构建的。也就是说,日本在构建中国形象之际实际上也在无形中构造出了一个与中国截然相反的日本形象。日本·日本人的中国形象,实际上带有了一种作为了解日本·日本人的媒介或者工具的重大意义。

不过,吴光辉撰写该书的根本目的,我认为实质上在于"批判"与"重建"。所谓"批判",最为重要的,就是针对现今普遍存在的东西方二元对立结构的批判——这一批判也是跨文化形象学研究的重点之一。通过这样一部跨文化形象学的著作,吴光辉将叙述的重点放在了批判西方学术体系,即"现代性"理论的"西方文明·东方非文明"的框架;批判日本屈服于西方学术,将中国树立为东方的负面的他者的认识,并将之理解为西方现代性的东方延续;批判近代以来日本的中国研究的本质是为了确立日本自身的研究价值,也就是将中国研究作为日本的"自我身份"的证明;批判这样的研究以一个"大众传媒"或者"辞书编撰"的方式被赋予了"普遍化"的认识,从而最深刻地影响了现今日本人的中国认识与中国形象塑造的问题。正是基于这样的一系列批判,故而提示了跨文化形象学的更为广阔的前景,这不可不谓是作者的一个创新,也是对跨文化形象学理论的一个延续。

批判本身即是建构,重建本身也是批判。事实上,跨文化形象学的目的并不在于日本或者他者,而是在于我们自身。正如周宁所指出的:如何从现代性思想中拯救中国的文化主体,才是以跨文化形象学为方法的目的。① 通过这样的一种批评与论述,可否为中国形象的

---

① 周宁:《跨文化研究:以中国形象为方法》,商务印书馆 2011 年版,第 12～13、338、1 页。

中国形象的塑造与建构——评吴光辉《他者之眼与文化交涉》

建构发挥出一定的借鉴作用，才是我们真正应该关注的话题。正如本书的标题——他者之眼与文化交涉，吴光辉借用这一标题，也为我们提供了理解与自主建构中国形象的一种方法。

首先是他者之眼。这一概念来自萨特，我们生活在他者眼下。但是，作为如今的我们，却必须关注他者，之所以如此，是因为他者是反观我们自身的一面镜子。作者通过"日本的中国形象"这一方法，给我们提供了一种全方位把握日本及其思维模式的途径，也通过日本这一"他者之眼"，为我们指明了通过反思日本塑造中国形象的思维模式与话语结构，我们应该如何摆脱西方现代性的话语霸权，进行中国形象的自主构建。

其次，吴光辉试图指出如今我们所处的一个时代，其根本特征即在于"文化交涉"。无论是"文化交流"还是"文化对话"，皆给予了我们以"和平"的想象空间，事实上，这样的文化活动，却始终充满了无比的紧张。日本学者船曳建夫曾经指出：摆脱西方的影子而创造东方独有的文化，以消除日本文化身份上的不安，是日本近代以来一直奋斗的方向。[1] 日本经历了无数的挫折与失败，这样的经验可以为我们提供一面镜子，就是整个世界并不是敞开怀抱欢迎中国，我们必将经历一个紧张、漫长的"交涉之路"。

最后，整个中国形象的构建，必须是多重性、多样化的一个过程。中国需要向整个世界塑造一个政治上拥护和平、能够担负国际责任；经济上发展迅速、具备维持国际金融秩序之能力；文化上历史悠久、兼容并包、积极向上的中国形象。不可否认，对中国来说，无论是在树立日本的中国形象，还是树立世界的中国形象，"文化交涉"这一手段皆是可行且有效的，我们无法阻止他者恶意地评价中国，但是我们却可以通过持续的文化交涉，来改变自身的形象，追求自我的进步。

如今，西方现代性的冲击遍布了整个世界，它正改变着我们的世界，改变着我们的生活，也在改变着我们的思维方式、价值体系。在这一过程之中，如何保持本国文化特色不受西方文化大潮冲击，成为世界各国不得不面对的重大课题之一。或许我们可以认为，面对这样一个"紧张"的现实，作为带有神秘色彩的"异文化"——中华文化或许反而会因为其不同于西方文化的特点，给人以耳目一新之感，成为中国对外自主建构形象的一把利器。但是，我们也必须认识到主体性地改变自己、创造性地树立自我形象的必要性。吴光辉的系列研究或许给我们提出了一个方法的可能性或者思想的起点，但是，这一条道路仍然是任重而道远，需要我们倾注更多的关注与思考。

---

[1] 船曳建夫：《〈日本人论〉再考》，日本放送出版协会2003年版，第36页。

"解救"张爱玲
——评周云龙《孤意在眉:1946和1947年的张爱玲》

许昳婷[*]

> 神圣既为世俗所累,也为世俗所益。
>
> ——题记

一、"反传奇"与"反娜拉"

这是周云龙写在他的新书《孤意在眉:1946和1947年的张爱玲》(上海三联书店,2014年5月版)"序"中的最后一句话。这句话用来解释张爱玲以及张爱玲身后浩如烟海的各类解读和研究,或许再贴切不过了。

《孤意在眉》分为两个层面对张爱玲的作品进行分析,即"反传奇"和"反娜拉"。前者主要从《传奇》增订本的篇目版本变迁考察上海文学场域中文化语境的变动;后者则主要从《太太万岁》和《色·戒》中的女主人公陈思珍与王佳芝的形象塑造上剖析"想象中国"的一种方法。这几部作品集中创作于张爱玲生命中最敏感的阶段——1946和1947年,这也是一代中国文人的生命体验中最复杂也最难以言说的时间节点。研究张爱玲,也是对中国现代知识分子精神状态的关怀。

《孤意在眉》分别从两个年份、两个层面切入张爱玲的"文"与"人",均极见作者的史料和理论阐释功力。第一部分对张爱玲《传奇》篇目的版本进行细致地考辩、解析,颇有萨义德在《人文主义与民主批评》中倡议的"语文学"工作的意味。萨义德指出,"语文学几乎是与人文主义相关的所有知识分支中最不赶时髦、最缺乏吸引力、最不现代的,而且在21世纪之初,它也最不太有可能出现在关于人文主义对生活之适用性的讨论之中。"[①]然而,"一种真正的语文学阅读是积极的,它包括进入早已发生在言词内部的语言的进程,并且使我们面前的任何文本中可能隐藏着的、或不完整的、或被遮蔽的、或被歪曲的东西泄露出来"。[②]周云龙对张爱玲《传奇》篇目做出的细致深入的版本校评工作,最终导向的是对张爱玲本人在修改作品背后的"被遮蔽的"文化心理探讨,正所谓"身外冷暖,背后文章"。这种细致的版本解读毫不枯燥,它不是一种简单的考证,而是上升到更高的层面,思考张爱玲为何要重新修改她的作品。这样的研究,在浮躁的"张爱玲工业"中,既充满新意,让我们对张爱玲有了

---

[*] 许昳婷　厦门大学中文系　福建　厦门　361005
[①] 萨义德:《人文主义与民主批评》,朱生坚译,新星出版社2006年版,第67页,译文略有改动。
[②] 萨义德:《人文主义与民主批评》,朱生坚译,第69页。

新的认知,更从阅读的角度为读者提供了一种弥足珍贵的姿态。

第二部分的研究属于一种文化批评,涉及电影研究、性别研究、表演研究和后殖民主义批评等多个领域,但是,其切入的视角是一个为中国现代知识分子魂牵梦绕的"娜拉"意象。在《孤意在眉》的封底上,有这么一段文字:"……作者秉持'身外冷暖,背后文章'的视角,从具体的文化文本和社会文本阅读出发,解析个人历史的焦虑不安与时代脉络间的复杂牵连。其中,张爱玲的希翼与怅惘、妥协与固守、私语与缄默、介入与疏离,均辩证地暗示了知识与身体之间幽微的结构契合和意义互文。"这段文字为我们阅读该书的第二部分(当然也包括第一部分)提供了一把极有用的钥匙。该部分把张爱玲编剧的影片《太太万岁》和小说《色·戒》的女主人公放在现代中国"娜拉"的谱系中,重新审视,既发现了她们与该话语秩序共谋的一面,也有其颠覆的一面。作为一个西方文化符码,娜拉在近代被引介到中国本土以后,从一般的戏剧艺术形象范畴无法清晰地讨论娜拉的跨文化意义,因为它往往会流溢到知识分子心态史的层面。中国现代知识分子不但在文本中译介、生产"娜拉",更在身体上践行、表演"娜拉"。娜拉在现代中国是一个意蕴丰赡的话题,其中暗隐着一代知识分子的精神密码。陈思珍也好,王佳芝也好,其实践的姿态始终都是在与"五四"话语商榷。当然,这一姿态也隐喻着张爱玲和"张爱玲们"的心态。事实上,《孤意在眉》已经超越了一般意义上的"张爱玲研究",转而深入到了中国知识分子心态史的层面和高度。

二、观念与方法

张爱玲的研究,早已成为一门"显学"。风靡了多年的"张爱玲热"和数不胜数的"张迷"似乎使关于张爱玲的研究充满了喧嚣与浮华,她可以被"神化",也可以被"俗化",但研究者却容易忽略张爱玲研究应有的"历史感"和具体的文化语境。被关注、被解读与被消费,使关于张爱玲的研究,既成为受益者,也成为受害者,这本身就是一种作茧自缚。人们在借张爱玲反抗文学压抑的时候,爆发的激情其实恰恰暴露了自我认知与文化处境之间微妙的情感结构。——这也是张爱玲在其作品中时时在追思的问题。只不过,新涌现出的反思性的研究,在试图"纠偏"的同时,也有可能再一次坠入神圣与世俗的陷阱。

1946和1947年,就像一把钥匙,解锁着张爱玲复杂且纠结的内心世界,也暗含着其创作生涯的全部文化密码。在这本书中,周云龙一直在试图说服读者,也在说服自己,张爱玲研究"应该是面对,介入社会、经济、历史、政治的文化研究"。文化研究的方法,是将研究对象放置于一个宏阔的视野和关系的网络中进行考察,张爱玲的创作不可能不与其身处的政治意识形态、历史语境、传统文化、大众传媒等因素时刻发生密切的联系,这些因素也会内在地影响到作品的文本结构及语言修辞。以此作为研究方法,不仅可以揭示张爱玲"神话"的构建过程,也可以对其进行解构和反思。

周云龙选择以版本变迁入手进行文化研究,因为版本的变迁不能仅仅看作是文艺作品自足运动的"表征",也并不由纯粹的作家个人艺术观念的变化而导致,不同的版本都不可避免地被裹挟进不同的时代激流中,带有不同的文化生态环境的烙印。版本变迁是作家与不同文化语境"共谋"的结果的体现,是一种意识形态策略。于是,这也就带来一个历久弥新的问题:张爱玲"神话"是如何产生的? 走下"神坛"的张爱玲,她的生命体验中究竟发生了什么？文学创作与社会政治文化空间之间的"互文"关系是如何建立又如何彼此拆解的？文学文本本身就具有其生产的"历史",作品通常会在各种因素和环境的作用下,主动或被动地做出变动。从版本的变迁入手,以史料为载体,注意每一个变动的细节,尝试从不同社会历史语境差异中去探寻作品版本变迁的原因,可以更加全面地掌握历史的面貌,真正地介入和体验张爱玲的创作。

从《传奇(增订本)》的篇目版本变迁来看,版本间的改变透露着叙事策略的改变,呈现着张爱玲"背离传统,走向现代"的追求。张爱玲对作品的修改无疑是以画地为牢的方式展现其追求现代性的姿态,但摆出追求现代性的姿态却并不等同于写作技巧和叙事策略走向成熟的标志。中国社会的现代性进程形塑、强化了文人的创作观念,但对政治性的强调不一定等同于意识形态有权力赋予作家和作品"文化习性"的合法性。从当时暧昧不明的政治前景来看,张爱玲的自我调适似乎并不成功,所以也就无法避免其在正统文学史中被边缘化和被污名化的命运。但颇有意味的是,这样的命运也成为其在研究中被"神化"和"俗化"的契机,成为被追捧的对象,不知应该是喜是悲。

版本比较的工作无疑是辛苦的,也是极为有意义的。版本比较研究成功与否的关键,就在于从版本的细致比较之中发现何种问题。这类研究的致命之处在于,极有可能做成制式化的比较罗列,既没有问题,也没有理论与方法。在这部书的前半部分,"问题"的线索无疑是明晰的,即作家的文化习性及与新的文学场域规则"共谋"中所体现出的现代性焦虑的问题。然而对每一部作品逐个进行比较分析的研究方法,却有可能将其间的问题拆解零碎,甚至不得不落入"家族类似"的无奈之中。这难道也是版本比较研究中一种无可避免的宿命？

三、姿态与启迪

从整部书来看,戏剧学的视角与方法被作者贯彻始终,这是由作者的教育背景和专业素养所决定的。而戏剧学研究的视野与功底,也能够为张爱玲研究打开一扇新的大门。——这样的方法也更为明显地呈现在下半部分"反娜拉"的研究之中。但凡戏剧影视类作品,都关注一个核心问题,即时空的塑造和其间的经验传递。时空经验可以隐喻现代中国的文化位置,也可以用它来建构中国\西方、传统\现代等一系列二元区隔,从而建立一种想象中国的另类方式。

时空是人类生产实践的产物,是一种社会关系,也是社会历史文化的产物。它不仅被社会关系支持,也生产社会关系和被社会关系所生产。人是生产塑造社会时空环境的主体,社会时空环境也在生产塑造人。戏剧影视的实践改变了舞台时空和表演时空,也就构成抵抗政治权力压迫,寻求解放,参与经济、政治、文化观念等多方面权力斗争的场域。时空经验在政治权力的操控之下,可能产生出具有意识形态性的、压迫性的时空,使自身变为政治工具。人的行为和思想可以塑造时空,而当人们生活于社会性的时空中时,时空也在塑造群体的行为和思想。戏剧影视作品中公私领域的划分营造出权力运作的空间,既能够如《太太万岁》等作品那样,成为性别表征的手段,也能够使人不得不追思权力操控的机制。"娜拉"早已成为中国知识分子践行国族使命的一面旗帜,但"娜拉"的尴尬处境也隐喻着他们无可逃避的文化宿命。中国现代知识分子通过跨文化实践,挪用西方知识以反抗传统父权文化,建构出一种立足边缘的文化意识,这种边缘处境主要来自传统父权文化和西方强势文化的双重压迫。在私人空间与公共空间之间的游走,构成张爱玲作品中的时空叙事方式,也传达了一种另类的想象中国现代性的方式。

值得注意的是,文艺作品"不涉政治"的宣言其实正体现着政治权力对文学场域内等级的划分,也在不期然间暴露了政治利益的目的。然而,主流的、功利性的艺术批评观念也有可能挑战文艺场域的相对自律性,使其面对自我解构的危险。在天地大舞台中,社会规范\秩序与文艺作品的"表演"之间究竟存在怎样的关联?如果说"身份"总是与某种社会和政治内涵相互呼应,那么就不得不注意社会公共舞台中的参与者、观看者、创作者之间的权力互动机制。这本书试图说明,张爱玲创作中的表演性行为和她对作品中人物的表演性的关注,是其思考文化认同的一种方式,或许也是其唯一一处能够进行自由"表演"的时空。当然,所谓的"自由"是相对于评论界对其《太太万岁》等作品的"规范化"批判而言的。

根据作者周云龙的暗示,"本书定题为'孤意在眉',其实是想一语多关。首先,想借助这个描述明代一位唱绍兴戏的女伶的短语,回应张爱玲'蹦蹦戏花旦'的核心意象;其次,'孤意在眉'潜在地包含着'深情在睫',这既是人性的呱呱啼叫,也可以形容张爱玲与她所处时代间的牵牵绊绊;最后,也是最重要的一点,'孤意在眉'可以用来转喻尼采式的 hostile calm 姿态,这似乎可以描述 1946 和 1947 年的张爱玲。而我们今天阅读张爱玲时,更需要这样一份姿态"。① 张爱玲创造了另一种现代性,亦实现了自我放逐。而《孤意在眉》的研究和写作本身,或许也可以成为"解救"被研究者"束缚"多年的张爱玲的一把钥匙。

---

① 周云龙:《孤意在眉:1946 和 1947 年的张爱玲》,上海三联书店 2014 年版,第 5 页。

《人文国际》诚挚征稿

　　《人文国际》是由厦门大学人文学院创办的综合性学术丛刊。本刊发表人文社会科学领域里的优秀学术论文。文章不以长短论优劣,而以学术内涵为准绳。现诚挚邀请国内外学者投寄稿件或推荐优秀论文,特别欢迎具有多重学术视野的研究成果。为促进本刊编辑出版的规范化,敬请作者在赐稿时注意以下事项:

　　1. 本刊为半年刊,定期在每年1月及7月出版。投稿截止日期分别为每年的10月底和4月底;投稿后一般在两个月内会接到有关稿件处理的通知。

　　2. 来稿请附上300字左右的内容摘要及3～5个关键词,要求中英文各一份。并请注明作者姓名、所属院校机构、通讯地址、电话和电子邮件等信息。

　　3. 为实行环保,请作者通过电子邮件提供稿件的电子版。中文稿件请采用 Microsoft Office 软件编排,注释一律采用页下注(脚注)。英文稿件请采用 MLA 规范格式。

　　4. 本刊刊登稿件均为作者研究成果,不代表本刊意见。

　　5. 本刊不设稿酬,来稿一经采用刊登,即赠5本样刊。

　　6. 联系方式:
中国福建省厦门市思明南路422号厦门大学人文学院
《人文国际》编辑部
邮政编码:361005
电子邮件:renwen2010@xmu.edu.cn
电话:86-592-2181306

《人文国际》编辑部

《人文国际》中文注释技术规范

1. 采用页下注。
2. 引用古籍应依次标明作者、书名、卷别、篇名。常见书可略作者。如：
(唐)欧阳询：《艺文类聚》卷四一《乐部一·论乐》。
《隋书》卷二四《食货志》。
《全唐诗》卷五四〇，李商隐《洞庭鱼》。
除先秦古籍外，引用古籍，一般不采用书名加间隔号加篇名形式(如《宋史·食货志》)。正文中为行文方便，可采用书名加间隔号加篇名形式，但在注释中仍应加注卷别。
3. 引用近人著作应依次标明作者、书名、出版社、出版年月、页码。如：
唐长孺：《魏晋南北朝史论丛》，三联书店1955年版，第158～161页。
4. 引用近人论文，应依次标明作者、论文题目、报刊名称、刊期(或日期)。如：
周一良：《关于崔浩国史之狱》，《中华文史论丛》1980年第4辑。
谢重光：《略论唐代寺院、僧尼免赋特权的逐步丧失》，载何兹全主编：《五十年来汉唐佛教寺院经济研究》，北京师范大学出版社1986年版。
5. 引用译作，应依次标明原作者(附外文)、译者、著作名称、出版社、出版年月、页码。如：
[日]加藤繁著，吴杰译：《中国经济史考证》第一卷，商务印书馆1959年版，第278～304页。
Bemhard Fischer, *Stock Market in Developing Countries*，转引自张军：《中国过渡经济导论》，中国立信出版社1996年版，第36页。
6. 引用经典著作应注明著作名称(全称)、出版社、出版年月、页码。如：
《马克思恩格斯选集》第四卷，人民出版社1972年版，第103页。

MLA Style

Print Resources	Works Cited List
book by a single author	Castle, Gregory. *Modernism and the Celtic Revival*. New York: Cambridge UP, 2001. Print.
book by two or more authors	Kelley, Robert E., and O. M. Brack. *Samuel Johnson's Early Biographers*. Iowa City: U of Iowa P, 1971. Print.
work in an anthology	Allende, Isabel. "Toad's Mouth." Trans. Margaret Sayers Peden. *A Hammock beneath the Mangoes: Stories from Latin America*. Ed. Thomas Colchie. New York: Plume, 1992. 83～88. Print.
article in a scholarly journal	Vickeroy, Laurie. "The Politics of Abuse: The Traumatized Child in Toni Morrison and Marguerite Duras." *Masaic* 29.2(1996):91～109. Print.
article in a monthly magazine	Giovannini, Joseph. "Fred and Ginger Dance in Prague." *Architecture* Feb. 1997: 52～62. Print.
article in a newspaper	Alaton, Salem. "So, Did They Live Happily Ever After?" *Globe and Mail* [Toronto] 27 Dec. 1993: D1+. Print.
article in a reference work	Le Patourel, John. "Normans and Normandy." *Dictionary of the Middle Ages*. Ed. Joseph R. Strayer. 13 vols. New York: Scribner's, 1987. Print.
anonymous article or book	*Encyclopedia of Virginia*. New York: Somerset, 1993. Print. "The Decade of the Spy." *Newsweek* 7 Mar. 1994: 26～27. Print.

Electronic Resources	Works Cited List
website	"Royal Shakespeare Company." *Encyclopedia Britannica Online*. Encyclopedia Britannica, 2009. Web. 21 July 2009.
journal article from library database	Collett, Anne. "Reading Kate Llewellyn's Garden." *Australian Literary Studies* 22.4(2006): 482～504. *Expanded Academic ASAP*. Web. 16 Mar. 2007.
journal article from web, with print publication data	Reynolds, Robert. "The Demise of Sadness: Melancholia, Depression and Narcissism in Late Modernity." *Australian Humanities Review* 41(2007): n. pag. *Australian Humanities Review*. Web. 15 Mar. 2009.
e-book	Nesbit, Edith. *Ballads and Lyrics of Socialism*. London: The Fabian Society, 1908. *Victorian Women Writers Project*. Ed. Perry Willett. Indiana U, May 2000. Web. U. 24 July 2009. Norman, Richard. *The Moral Philosophers*. New York: Oxford UP, 1998. *NetLibrary*. Web 23 July 2009.
scholarly project	Willett, Perry, ed. *Victorian Women Writers Project*. Indiana U. Apr. 2003. Web. 14 July 2009.
poem	Nesbit, Edith. "Marching Song." *Ballads and Lyrics of Socialism*, London: The Fabian Society, 1908. *Victorian Women Writers Project*. Ed. Perry Willett. Indiana U, May 2000. Web. 14 July 2009.

Volume 146 2010
Sherman Cochran &
Paul G. Pickowicz,
editors
CHINA ON THE MARGINS

978-1-933947-16-7 hc US$50
978-1-933947-46-4 pb US$25

Volume 154 2011
Mattias Burell & Marina Svensson,
editors
MAKING LAW WORK
Chinese Laws in Context

978-1-933947-24-2 hc $65
978-1-933947-54-9 pb $49

Volume 162 2011
Petrus Liu
STATELESS SUBJECTS
Chinese Martial Arts Literature
and Postcolonial History

978-1-933947-82-2 hc US$49
978-1-933947-62-4 pb US$39

Volume 152 2011
Pei Huang
REORIENTING THE MANCHUS
A Study of Sinicization, 1583–1795

978-1-933947-22-8 hc US$65
978-1-933947-52-5 pb US$45

Volume 158
Shu-ning Sciban & Fred Edwards,
editors
ENDLESS WAR Fiction and Essays
by Wang Wen-hsing

978-1-933947-28-0 hc US$65
978-1-933947-58-7 pb US$49

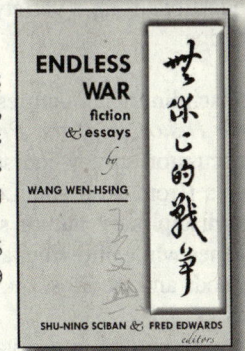

Volume 153 2011
Karen Gernant & Chen Zeping,
translators
WHITE POPPIES and Other Stories
by Zhang Kangkang

978-1-933947-23-5 hc US$35
978-1-933947-53-2 pb US$29

CORNELL
East Asia Series

For book details, please visit our website:
eap.einaudi.cornell.edu/eastasia/publication
To place an order send e-mail to ceas@cornell.edu or uhpbooks@hawaii.edu
Cornell East Asia Series, 140 Uris Hall, Cornell University, Ithaca, New York 14850, USA

美   加   克   哥   女   思
国   利   莱   伦   子   歌
              福   蒙   比   学   丽
              尼   特   亚   院   普
              亚   市   大
              州   道
                                      1030
                                      号

SCRIPPS
THE WOMEN'S COLLEGE
· CLAREMONT ·

1030 Columbia Avenue
Claremont, CA 91711, USA

"The paramount obligation of a college is to develop in its students the ability to think clearly and independently, and the ability to live confidently, courageously, and hopefully."
Ellen Browning Scripps

Our founder's words direct the College to develop undergraduate students' intellectual and moral capacities. In pursuit of this mission, the College values a diverse community of distinguished scholars and extraordinary young women from around the world. The College prepares its graduates to apply their intellects, talents, and principles in public and private lives of integrity, service, leadership, and creativity.

Scripps College provides a distinctive and challenging Humanities Core Curriculum based on interdisciplinary studies combined with rigorous training in the liberal arts. This course of study teaches young women to think clearly in defining questions from a variety of perspectives and to develop critical approaches for the pursuit of knowledge.

Building on Scripps College's tradition of interdisciplinary humanities, the Core program is a sequence of three courses with the common theme *Histories of the Present*. The Humanities Core begins with an initial combined lecture and discussion survey course, team-taught by 12 or 13 faculty members from many different disciplines (from Arts and Letters, Social Sciences, Natural Sciences and Fine Arts). The Core's interdisciplinary nature serves to introduce the students to a number of disciplines and their approaches while allowing, and even encouraging, a skeptical awareness of the limits of disciplinary methods and theories.

The ethos of the Humanities Core Curriculum is grounded in the values of integrated and humanistic education that guided the inception of Scripps College more than 80 years ago. It is designed to teach our students how to **think** critically, how to **challenge** unexamined assumptions, and how to become women who are not afraid to **innovate**. Core is what makes Scripps distinctive.

For more information: http://www.scrippscollege.edu/about/index.php

学者的使命

厦门大学人文经典系列讲座讲演集

------- 第一辑 -------

盛 嘉/编

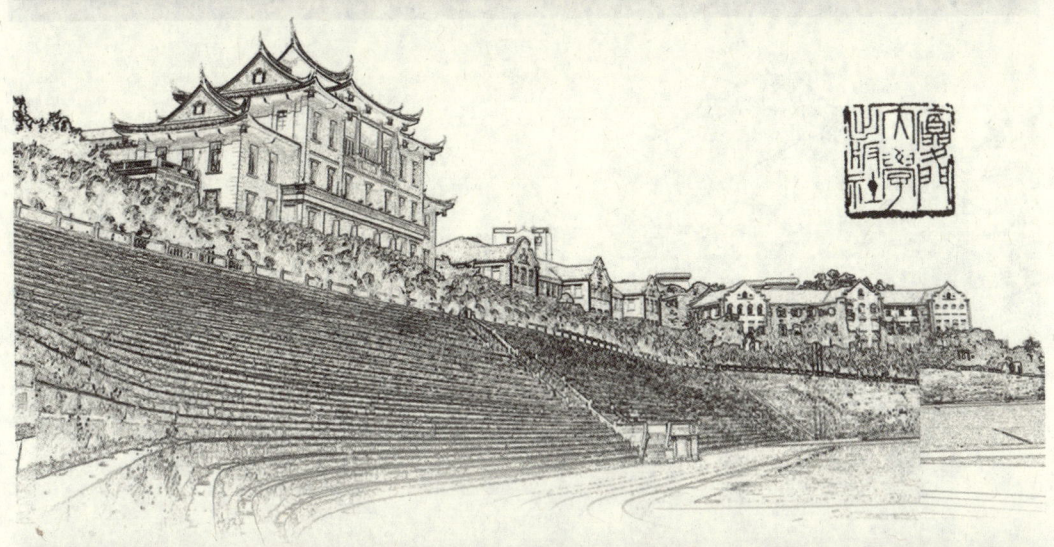

误读的经典

厦门大学人文经典系列讲座讲演集

------ 第二辑 ------

盛嘉 / 编

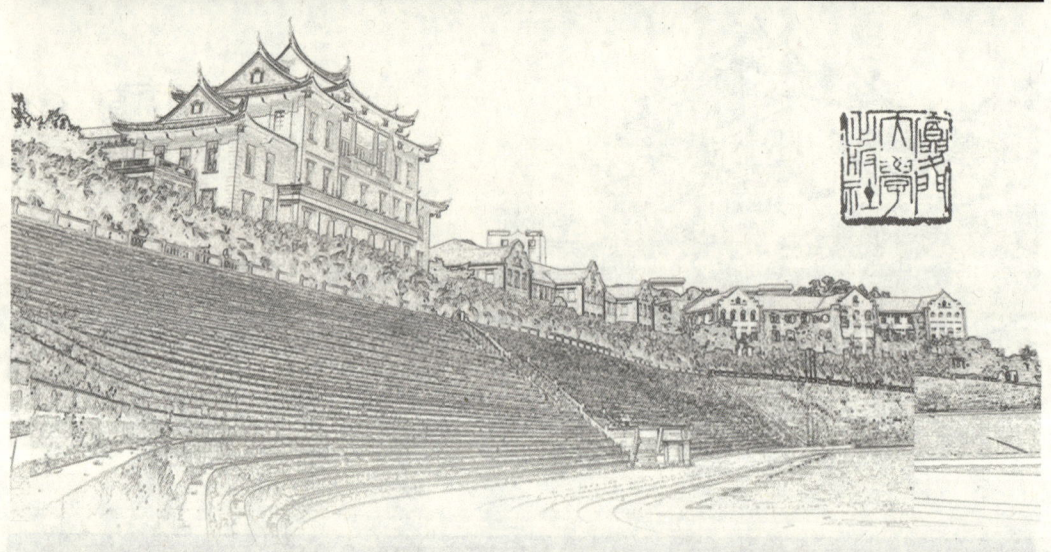

图书在版编目(CIP)数据

人文国际. 第9辑/周宁,盛嘉主编. —厦门:厦门大学出版社,2015.10
ISBN 978-7-5615-5634-4

Ⅰ.①人… Ⅱ.①周… ②盛… Ⅲ.①人文科学－丛刊 Ⅳ.①C55

中国版本图书馆 CIP 数据核字(2015)第 156682 号

官方合作网络销售商:

厦门大学出版社出版发行

(地址:厦门市软件园二期望海路 39 号 邮编:361008)

总 编 办 电话:0592-2182177 传真:0592-2181406

营销中心电话:0592-2184458 传真:0592-2181365

网址:http://www.xmupress.com

邮箱:xmup@xmupress.com

厦门大嘉美印刷有限公司印刷

2015 年 10 月第 1 版 2015 年 10 月第 1 次印刷

开本:787×1092 1/16 印张:14.75 插页:1

字数:360 千字 印数:1～2 300 册

定价:42.00 元

本书如有印装质量问题请直接寄承印厂调换